CAMBRIDGE LIBRARY COLLECTION

Books of enduring scholarly value

Religion

For centuries, scripture and theology were the focus of prodigious amounts of scholarship and publishing, dominated in the English-speaking world by the work of Protestant Christians. Enlightenment philosophy and science, anthropology, ethnology and the colonial experience all brought new perspectives, lively debates and heated controversies to the study of religion and its role in the world, many of which continue to this day. This series explores the editing and interpretation of religious texts, the history of religious ideas and institutions, and not least the encounter between religion and science.

Acta Mythologica Apostolorum in Arabic

The twin sisters Agnes Lewis (1843–1926) and Margaret Gibson (1843–1920) were pioneering biblical scholars who became experts in a number of ancient languages. Travelling widely in the Middle East, they made several significant discoveries, including one of the earliest manuscripts of the four gospels in Syriac, a dialect of Aramaic, the language probably spoken by Jesus himself. Originally published in the Horae Semitica series, this fascicule contains the Arabic text of the apocryphal acts of the apostles. Originally published in 1904 by Agnes Lewis, the text chronicles the lives, adventures and deaths of important figures like Paul, Thaddeus and James, the brother of Jesus. This fascinating volume features extraordinary tales of peril and persecution – one town's sinful population places a naked prostitute at the town gate to deter the apostles, but the archangel Michael levitates her out of their way – and is of great historical and theological interest.

Cambridge University Press has long been a pioneer in the reissuing of out-of-print titles from its own backlist, producing digital reprints of books that are still sought after by scholars and students but could not be reprinted economically using traditional technology. The Cambridge Library Collection extends this activity to a wider range of books which are still of importance to researchers and professionals, either for the source material they contain, or as landmarks in the history of their academic discipline.

Drawing from the world-renowned collections in the Cambridge University Library, and guided by the advice of experts in each subject area, Cambridge University Press is using state-of-the-art scanning machines in its own Printing House to capture the content of each book selected for inclusion. The files are processed to give a consistently clear, crisp image, and the books finished to the high quality standard for which the Press is recognised around the world. The latest print-on-demand technology ensures that the books will remain available indefinitely, and that orders for single or multiple copies can quickly be supplied.

The Cambridge Library Collection will bring back to life books of enduring scholarly value (including out-of-copyright works originally issued by other publishers) across a wide range of disciplines in the humanities and social sciences and in science and technology.

Acta Mythologica Apostolorum in Arabic

Transcribed From an Arabic MS in the Convent of Deyr-Es-Suriani, Egypt, and from MSS in the Convent of St Catherine, on Mount Sinai

Edited by Agnes Smith Lewis

Cambridge University Press

CAMBRIDGE UNIVERSITY PRESS

Cambridge, New York, Melbourne, Madrid, Cape Town,
Singapore, São Paolo, Delhi, Tokyo, Mexico City

Published in the United States of America by Cambridge University Press, New York

www.cambridge.org
Information on this title: www.cambridge.org/9781108018982

This edition first published 1904
This digitally printed version 2011

ISBN 978-1-108-01898-2 Paperback

ACTA MYTHOLOGICA
APOSTOLORUM

HORAE SEMITICAE No. III

ACTA MYTHOLOGICA APOSTOLORUM

TRANSCRIBED FROM AN ARABIC MS IN THE CONVENT OF
DEYR-ES-SURIANI, EGYPT AND FROM MSS IN THE
CONVENT OF ST CATHERINE, ON MOUNT SINAI

WITH TWO LEGENDS FROM A VATICAN MS
BY PROF. IGNAZIO GUIDI,
AND AN APPENDIX OF SYRIAC PALIMPSEST FRAGMENTS
OF THE ACTS OF JUDAS THOMAS
FROM COD. SIN. SYR. 30

BY

AGNES SMITH LEWIS M.R.A.S.

HON. D.D. (HEIDELBERG); LL.D. (ST ANDREWS);
PH.D. (HALLE-WITTENBERG)

LONDON
C. J. CLAY AND SONS
CAMBRIDGE UNIVERSITY PRESS WAREHOUSE
AVE MARIA LANE

1904

Cambridge:
PRINTED BY J. AND C. F. CLAY,
AT THE UNIVERSITY PRESS.

LITTERARUM UNIVERSITATI RUPERTO CAROLO
HEIDELBERGAE BADARUM
HUNC LIBRUM
GRATO ET REVERENTE ANIMO
DAT DICAT DEDICAT
AGNES SMITH LEWIS

فهرس الحكايا

فهرس الصور

ERRATA.

Page ٢٠٢, col. b, line 5 *for* ܕܐܬܐ *read perhaps* ܪܐܬܐ
" ٢١٤, " b, " 14 " ܕܟܣܝܢܗ *read* ܕܟܐܣܝܢܗ
" ٢١٥, " a, " 11 " ܕܐܬܢܣܒ " ܕܐܬܢܣܒܐ
" ٢١٦, " b, " 1 " ܐܒܗ " ܐܒܗܬ

نبذ من كتاب اعمال الرسل
وهو من الكتب غير القانونية

f. 18b

بسم الله الخالق الحى الناطق

⁘ ندا اندراوس [1]التلميذ المغبوط ⁘

⁘ [2]تلميذ يسوع المسيح ونداه الذى ⁘

⁘ كان فى مدن الكرد ولد بسلام ⁘

الرب امين

ولما خرج التلاميذ الى العالم ينادون بالبشرى لمملكة السما ترا لهم الرب وكلمهم قايلا [4]هكذا السلام لكم يا اخوتي واحبابي وارثى المملكة· اعلموا انى لست افارقكم· اقويكم وعاد الى متيس امره ان يسير الى مدينة الذين ياكلون الناس . واندراوس اخيه يمر الى لد لينادى فيها هو وتلميذه فيلمن ابن فيلبس· فان لى فيها شعباً عظيماً قد اخترتهم· فاجاب التلاميذ قايلين تكن معنا يا رب فى كل موضع تامرنا ان نسير اليه· واعطاهم الرب السلام· وصعد الى السما· وهم ينظرونه· عند [5]ذلك سار بطرس الى الموضع [6]الذى امره الرب· وان متياس سال اندراوس ان يخلى معه تلميذه روفس [7]والاسكندروس ليسيروا معه الى طنطران فاما اندراوس وفيليمون فانهما سارا الى لد· وان فيليمون

f. 19a

كان له صوت شجى ما مثله· وكان قد تعلم الحكم بتاييد روح القدس التى حلت عليه· وليس فى التلاميذ احد يتقدمه فى الحكمة الا بطرس ويوحنا· وكان التلاميذ اذا اجتمعوا يختارون هذين الاثنين ليقوموا يقروا التسابيح ليسمعوا حلاوة اصواتهم· وان اندراوس سار الى لد· هو وفيليمن لان نصف المدينة كانوا قد امنوا على يد [8]بطرس· وبقى النصف الاخر بلا ايمان وان اندراوس اتا الى البيعة التى للنصارى بلد· وخرجوا اليه وتلقوه· وبايديهم اغصان الاشجار بفرح ودخل البيعة وجلس على الاسقفية· وامر فيليمن ان يصعد على [9]الانبل· ويقول تسبيحة الليلويا والجماعة بعده يعيدون القول· ولما

[1] Cod. التلميد *passim* [2] Cod. تلميد *passim* [3] Cod. واد
[4] Cod. هكدا *passim* [5] Cod. دلك *passim* [6] Cod. الدى *passim*
[7] Cod. ولاسكندروس [8] Cf. Acts ix. 35 [9] = ἄμβων = منبر. Ethiop. *manbar*

سمع كهنة الحنفا صوت الجمع قالوا بعضهم لبعض· ما الذى فى هذه المدينة
اليوم: قالوا لهم تلميذ يسوع المسيح فى كنيسة النصارى يعلمهم ويامرهم
f. 19b ان يرفضوا الالهة ولا يحضروا الهيكل فاخذوا سيوفهم وحضروا الى البيعة
ليسمعوا ان كانوا يسبون الهتهم فيقتلوهم: ولما سمعوا حلاوة صوت فيليمون
Ps. cxv. 4—8 وهو يقرا قايلاً هكذا ان الهة الامم ذهب وفضة صنعة ايدى الناس· لها اعين
لا تُبصر واذان لا تسمع وانافا لا تشم لها ارجل ولا تمشى لها افواه ولا تنطق
ويشبه ⌈لها⌉ الذين يسجدون لها· فلما سمع الكهنة مثل هذا من قول فيليمون
وحلاوة صوته بكوا ودخلوا الى البيعة· وقبلوا قدمى فيليمن· ولما نظرهم
الجماعة قالوا لاندراوس يا ابانا هولاى من كهنة الهيكل· فاشار اندراوس الى
الجماعة ان يسكتوا حتى تنقضى التسبيحة لانهم خافوا منهم جداً لما راوا معهم
السيوف وسكتوا حتى انقضت التسبيحة وقام اندراوس ⌈ابتدا⌉ وكان يصلى
Gal. iv. 19 عليهم: ولما تم صلاته قال لكهنة الهيكل اجلسوا . ولما جلسوا قال ⌈يا اولادي
الذين⌉ اعتنقت بهم الذين سوف الدهر ⌈كيف⌉ اتيتم الى هذه البيعة اليوم:
f. 20a لانكم كل ⌈يوم يعبرون⌉ بكم النصارى· ضممتم ثيابكم ليلا تلمسوا ثيابهم .
اجابوه جماعة الكهنة قايلين يا ابانا اندراوس نحن نعلمك الحق انا لما سمعنا
انك دخلت الى هذه المدينة لتعلم وسمعنا اصوات الجمع سالنا ما الذى فى
كنيسة النصارى اليوم . فعرفنا انك اتيت اليها· واتفقنا بعضنا مع بعض نحن
خمسون رجلا· واتينا كما ترانا لنسمع هل تفترون على الهتنا لنقتل كل من
فى البيعة وها نحن قد حضرنا كما ترانا . ولما سمعنا حلاوة صوت هذا
الغلام حنت قلوبنا اليه ودخلنا ⌈اليك⌉ ونحن نسلك ايها التلميذ ان تعطينا
اليوم ما اعطيت هذه الجماعة حتى نستحق القرب من الاهك فنحن مبشرون
ان لا نفارق هذا الغلام: فلما علم اندراوس ذلك قبل راس فيليمن قايلاً حقاً
انك الذى قال روح القدس من سببك من البدى ان الصوت الحلو يجتمع
اليه الجماعات· حقاً الذى تستحق ان تدعا مخلص النفوس كما ان الرب بدل
f. 20b اسمانا وجعل لنا ⌈اخرى⌉ هكذا انت ايضاً ولما نظر الجماعة اندراوس يزحمونه
امرهم ان ينتهوا الى موضع متسع فساروا الى شاطى البحر . اجاب اندراوس

وقال للمومنين من منكم ان يريد الرب فلياتى الي ويستحم بيدي· فاتت الجماعة وعمدهم كلهم باسم الاب والابن والروح القدس الاله الواحد . وعدد الذين اعتمدوا اربع الف واربع ماية نفس . وعمد الخمسين كاهنا ايضاً· بعد هذا اتا الشيطان الى المدينة· [و]وجد صبيين يلعبان احدهما ولد يوحنا قس المدينه والاخر ولد رجل من اشراف المدينة· وفيما هما يلعبان· ضرب ولد يوحنا الصبى الاخر ضربة سقط من ساعته ميتاً وان اباه امسك يوحنا· وقال له سلم الي ولدك اقتله· كما قتل ولدي· والا سلمتك الى روفس الوالى ليقتلك عوضاً من ولدي الذى قتله ولدك· فبكا يوحنا بكا عظيما بمحضر من [فى] الجماعة· فقالت له الجماعة· لو انك تطالب باموال اديناها عنك انت تطالب بنفسك· قال لهم يوحنا· ما اريد منكم ذهباً ولا فضة بل ان يضمن احدكم وجهي
f. 21 a حتى امضى الى اندراوس فى لد يحضر يقيمه من الموتى فضمنته الجماعة لابى الصبى الى ان يمضى الى لد الى اندراوس رسول يسوع المسيح حتى يجي ويحيي له ولده . فاجابهم الى قولهم وجلس يندب ولده وسار يوحنا الى اندراوس فوجده يعمد الجماعة وخر وسجد له وقال ارحم كبر سني ولا تدعنى اموت· فاقامه اندراوس وقال له اتق بالله ولا تخف قل لى كلما اصابك فعرفه قضيته . فاجابه اندراوس لست اقدر احضر معك فى هذه الساعة لاجل هذه الجماعة الذين اعمدهم بل خذ معك فيليمن وهو يقيم الميت . فارسل معه فيليمن يقيمه من بين الاموات . وخرجا يريدان المدينة واذا هما سايران تشبه الشيطان برجل شيخ وجا الى والى المدينة وصرخ اليه قايلاً يا روفس انت جالس والمدينة القتلا فى شوارعها مطرحين . قم واطلب القاتل والا فهانذا ماضى الى الملك اعرفه ذلك . فلما سمع روفس هذا الكلام قام بغضب كبير وامر ان
f. 21 b يسرج له مركوبه وركب وهو غضبان جداً . ولما سمع اهل المدينة بذلك لم يبقا فيها احد الا الميت . وقدم يوحنا وفيليمن من عند اندراوس ووجدا الجماعة خارج المدينة وقالوا ليوحنا بعد علينا حضورك وخفنا وهوذا الوالى قد سبا المدينة . فبكا يوحنا قايلاً الويل ما اصنع الميت لم يُدفن . اجابه فيليمن لا تبك انا اذهب واقيمه . قالت له الجماعة لا تدخل المدينة ليلا يقتلك الوالى

قال لهم فيليمن ما استطيع ان اخالف معلمي بل اذهب واقيمه كامر معلمي اجلسوا مكانكم فان سمعتم انى تقتلت ارسلوا الى معلمي يحضر يقيمنى انا والميت . ودخل فيليمن الى المدينة وجا الى حيث الوالى وصرخ قايلاً يا روفس توليت هذه المدينة لتخربها اين اهل المدينة لم يتلقوك بعد عند دخولك اليها . وسمع الوالى قوله امر جنده ان يمسكوه ويعلق فى موضع العذاب وقال لهم لعل هذا الذى قتل الميت لذلك لم يغفل عنه دمه . وامسكه الجند ونصبوه فى موضع العذاب . وان فيليمن اجاب يا روفس الوالى لم تعذبنى· وانا طفل لم اخطا ولا وجبت علي القضية انا شبه ابينا ادم حيث كان فى الفردوس قبل f. 22 a
ان تخرج حوا من ضلعه اين معلمي اندراوس لينظر تلميذه ما يفعل به ليس فى قلبك رحمة ايها الوالى وانت تنظرنى انى طفل . ليس لك ولدا لتحنوا علي فكما انت تحب ابنك ابي انا ايضاً يحبنى· وصرف وجهه الى الجند وقال لهم: فما فيكم رحوم يتحنن علي ويذهب لد الى معلمي اندراوس ويعلمه ان تلميذه قد نصب للعذاب . ولما سمع الجند هذا بكوا من حلاوة كلامه . قال ايضاً اما فى هذه المدينة طاير . ارسله الى لد الى معلمي اندراوس ياتى الي انظره قبل الممات· ولما قال هذا اجتمعت اليه طيور كثيرة وكلموه كما كلموا نوح قديماً وقالوا له هوذا نحن من اردت منا ارسل فقدم اليه عصفورا صغيرا وقال انا اخف جسم من هولا انا اذهب واجى بمعلمك اليك قال له فيليمن انت زانٍ لا تسرع العودة ان لقيت واحدة من جنسك قعدت معها ولم تسرع العودة . فقام الغراب فقال له انا اذهب . قال له فيليمن المرة f. 22 b
الاولى التى ارسلت لم تعد بالخبر الى نوح مرسلك فما ارسلك . ودعا الحمامة وقال لها ايها الجنس الكريم الذى سماها الله بالدعة دون جميع الطير الذى اتيت بالبشارة الى نوح وهو فى السفينة فى زمان الطوفان وبارك عليها الصديق· امضى الى لد الى معلمي اندراوس وتقول له ياتى ينظر تلميذه فيليمن قد نُصب للعذاب . فاجابه الحمامة قايلة تقوى هوذا اندراوس قد حضر وهو يسمع كلامك· ولما سمع روفس· قام بسرعة وحل فيليمن بيديه من العذاب . وقال له حقاً لو ان فى هذه المدينة عشرة قتلا تركت الطلب لهم لاجلك . فلما علم

الشيطان ان روفس قد امن دعا جنوده وقال لهم ان روفس قد امن وهو صاحبنا وجميع المدينة قد كفروا بنا . فانا امركم ان يذهب احدكم الى بيت روفس فيمسك زوجته تصير كما مجنونة لا عقل لها· ويكلفها ان تقوم الى اولاده تقتلهم . وفي تلك الساعة فعل الشيطان ما امره به ابليس ومضى الى f. 23 a بيت الوالى وجعل زوجته مجنونة وكلفها الى ان قتلت اولادها· ولما علم عبيدها ما فعلت تجمعوا وامسكوها وجعلوها فى موضع حصين وارسلوا الى سيدهم واعلموه حالها· وقتلها اولادها . فقال الوالى لمن حوله لو ان البيت وقع عليهم ومات كل من فى الدار لم افارق هذا الغلام· وان روفس الوالى عاد الى فيليمن· وقال له . يا سيدي ما تسمع ما يقول هذا الرسول· انا اسلك ان تجى معى الى داري وان لم تجى لم امضى . اجابه فيليمن نفرغ مما نحن فيه هنا وبعد ذلك نمضى الى البيت . ودعا فيليمن الحمامة وقال لها امضى الى بيت روفس وقولى لمن فى داره لا تعملوا فى داري شياً حتى احضر· فمضت الحمامة واوصلت الرسالة· فلما سمع الجماعة الحمامة تتكلم عجبوا جداً· وسال فيليمن الوالى ان يرسل يحضر اهل المدينة حتى يقيم الميت· وارسل الوالى جنده اتوا بالجماعة· ولما حضروا ساروا جميعاً الى موضع الميت ووجدوا اندراوس داخلاً الى المدينة . قال له فيليمن· تعال يا معلمي لتقيم الميت . قال f. 23 b له اندراوس . حقاً انك الذى تقيمه . واتا فيليمن الى حيث الميت وجثا على ركبتيه· وسال هكذا الرب استمع لى يا رب الاهنا الراعى الصالح· الذى لم تتركنا رهينة فى يد العدو بل انقذنا بدمه الزكى· استمع لى انا عبدك اسل من كثرة رحمتك فاستمع دعاءي· وليقم هذا الميت بقوة اسمك· ثم رفع راسه وقام وصرخ بصوت عالى باسم يسوع المسيح الناصرى تقوم ايها الميت· وبسرعة قام الميت ولما نظرت الجماعة الميت قام حياً ازداد ايمانهم صحة بالرب يسوع المسيح· واعلم فيليمن اندراوس حال زوجة الوالى وفعلها ببنيه· وسار كل من حضر مع اندراوس وفيليمن الى منزل روفس· وتبعهم الارامل والايتام يرجون انهم يعطوا صدقة· ولما سار اندراوس الى بيت الوالى وجد ولده وحوله جمع كبير يبكون عليه والحمامة قايمة عند راسه . فقال اندراوس للحمامة كم ⌜عمركى⌝

قالت له ستين سنة، قال لها اندراوس اذ قد سمعت قول فيليمن تلميذي f. 24 a اخرجي الى البرية وتكوني محللة معتوقة من خدم اهل العالم . لا يكون لاحد من الناس عليك سبيل· وخرجت الى البرية كما امرها ونادا اندراوس الميت قايلاً باسم يسوع المسيح الذى ارسلنا الى العالم ننادى باسمه المقدس . قم حيا· وفى تلك الساعة قام الميت وسجد بين يدى اندراوس· فاقامه وقال له . اومن بالله يا ولدي . فاجابه قد امنت . واسلك يا ابي اندراوس ان تاذن لى ان اقول ما رايت . قال له تكلم· فقال الغلام لابيه· يا ابي لو انك اعطيت نصف ما تملك للايتام وللارامل وللفقرا لم تودى بعض ما يلزمك لموهبة الله التى حلت عليك· لان الذى تعطيه لاهل الحاجة تعطيه عن نفسك اعلم يا ابي فى تلك الساعة التى قامت علي والدتى وقتلتنى كان لنا فى ذلك خيرة عظيمة لانى اقبل الي الناس لهم اجنحة مثل النسور واخذوا نفسي ⌜الى⌝ موضع f. 24 b يسمى الجحيم ونظرت الى بيت عظيم يبنى بالكبريت والزفت وعدد البناايين ثلاثين ومعهم مصابيح عظام موقدة ينادون بامرهم بالبنا الى متى نبنى هذا البيت· امرنا ان نشعله بهذه المصابيح . قال لهم هل تحرقوه قبل ان يتم بناه· لان الى الوقت الذى يموت صاحبه· عند ذلك تحرقوه· قال الملاك الموكل بنفسي· نظرت هولاء· قلت له نعم· وسالته لمن يُبنى هذا البيت· ولم يُبنى بالكبريت والزفت· فقال لى هذه خطايا ابيك الذى يفعلها· تبنا الى وقت يموت يلقونه فيه· فلما سمعت ذلك لاجلك بكيت جداً وقلت الويل لى كيف يعلم ابي بمثل هذا· وفيما انا ابكى· قال لى الذى يمشى معى لا تبك· واذا خاطب اقبل بانسان ذو شيبة· ويتبعه ماية رجل· ويتبعه صبى عمره اثنى عشر سنة حسن المنظر جداً· وخاطب صاحب البناايين بكلام لا اعرفه· فامر عند ذلك ان يهدم البيت· وانه امر الملاك الذى يمشى معى حتى اخرجنى الى موضع واسع جداً وجا انسان اخر فى يده قصبة ذهب من ثلثة الوان· ووضع اساس f. 25 a بيت كبير باسمك مرتفع فى كل حايط منه ماية قصبة الاقصى وعرضه وطوله كذلك· فقال له الملاك· تم الماية قصبة⌝ اجابه صاحب البنا ليس يتم الساعة لان القمح لم يحصل فى المخزن واذا حصل تممناه· قال اندراوس لروفس اسمع

ما يقوله ولدك لو انه غريب قال مثل هذا لم تومن لكنه ابنك· اجاب روفس اندراوس اسلك ايها الرجل الصالح ان تاخذ جميع ما لى تفرقه على المساكين واهل الحاجة فقال له اندراوس قم خذ تلميذي هذا الى بيتك ليشفى زوجتك· وفعل فيليمن كامر اندراوس· وحضر الى منزله هو وفيليمن فوجد زوجته واقفة ساهية مثل صنم· ويدها ماسكة بشعر اسود· وهو يفرّ من [1]ايديها· وهى لا تخليه· وامسك يدها اليمنى فاتى بها الى حيث اندراوس وهى ماسكة الاسود بيدها اليسرى فحين نظرت الجماعة الاسود اضطربوا جداً وصرخوا وصاروا مثل قطيع f. 25 b ضان دخل الذيب فى وسطها فقال لهم اندراوس لا تخافوا بل تقدموا الي وتقوى قلوبكم حتى نعلم من هو واندراوس امرها بتخليته ورشم فى وجهها رشم الصليب . وحمل يده على راسها وقال باسم يسوع الناصرى الذى انادى اسمه تسكن حواسك ويرجع عقلك· فهدت وجلست بين يدى التلميذ· فعاد التلميذ الى الاسود· وقال له ما اسمك والسبب الذى هذه الامراة تعلقت بك· قال له الاسود· انا اصدقك اذا كان غلام قوي يسكن مع ملك ضعيف ويحضر معه الحرب فالغلام القوى الظافر بالحرب لا يسير الظفر اليه بل الى الملك· هكذا انا لى قوة عظيمة فى وسط الشياطين . وهانذا حصلت فى بيتك فقال له اندراوس ما الذى اقول من جهتك ايها الخبيث وطبعك السو لان قد حضر وقت الصلاة بل تكون معلقاً خارج المدينة الى الغد· وابتدى اندراوس فى الصلاة وتمها واعطا المومنين من السراير القديسة· وارسلهم بسلام . ولما كان الغد اجتمعت الجماعة وحضر اندراوس ونادا الاسود قايلاً اعينك ايها الاسود f. 26 a النجس الخبيث الروح المظلم اكشف حالك لهذه الجماعة لينظروك كلهم . اجابه الاسود ما انت الذى تدينني ولا الفاعل بى هذا· بل هى سو فعالي لانى ضيعت مجدي واهلكت كرامتي· قال له اندراوس ايها النجس المظلم هل كانت لك كرامة . قال له انت تقول انى اسود مظلم· الست تعرف طبيعتي من اين هى وانما ارادتك ان تورى هذه الجماعة من انا . الويل لى ما الذى يخلصنى مما انا فيه . وابتدى ينادى باسامى [ال]قوات من العلو قال له

[1] Cod. ايدها

اندراوس [1]تسكت وتتمكن ان تتكلم الا ان تقول لهولاء الجماعة من انت· اجابه قايلاً انا واحد من المايتى الملاك الذى ارسلوا لينظروا الارض· فلما نظرناها اسجسناها خالفنا ولم نعد الى مرسلنا واسمي ماجانا· اجابه جرحك كبير وحزنك وفضيحتك تعود عليك ويكون افتخارك هلاكا لك باسم الرب يسوع المسيح تهرب الى الجحيم ولا تعاين الى الابد· ومن تلك الساعة لم يرى له شخص . f. 26 b وقال روفس الوالى لاندراوس تامرنى ان افرق جميع ما لى على الفقرا وذوى الحاجة· واحضر جميع ما له الى اندراوس وفرقه كما قال وبلغ الخبر الى الملك ان روفس الوالى فرق ما له على الفقرا ورفض بالولاية ولا ينظر بين احد من اهل المدينة . ولا يحكم بينهم الا انه يقول ليتنى اقدر احكم على نفسي مما جهلت· ولما راى سلوكيس وزير الملك ان الملك يريد هلاكه [و]قتله فساله التوقف عنه· وقال له ان كان قد صار مع الرجل الصالح الذى من عبيد الله الصانع الجرايح من مدن العبرانين· فما تقدر عليه ولكن اكتب اليه ان كان زاهداً [2]للدين فيسلم جميع ما له يكون فى خزانة الملك· وكتب الكتب فارسلت الى روفس الوالى . ولم يوجد فى منزله وارشدت الرسل حيث هو عند اندراوس الذى هو يعلم تعليما جديدا غير تعليم الروم فحضروا الى شارع المدينة فوجدوا اندراوس وروفس وهو يخرج شيطان من رجل معترى به سبعين سنة f. 27 a ولما راى رسل الملك الاعجوبة امنوا بالله وسلموا الكتب الى روفس وقراها ولما سمع ان جميع ما له يوخذ الى خزانة الملك· ضحك اندراوس وقال لروفس حزن قلبك لان الملك ياخذ جميع ما لك· اجابه روفس انت تعرف كيف قلبي وانى لا افارقك· وكل موضع تسير اليه ما لى حاجة الى الاشيا الهالكة . من الهلاك جُمعت اليه مصيرها· قال له اندراوس كل المياه ترجع الى البحر ولا تمتلى· وكلما للبطن يذهب الى التراب . (Eccles. i. 7; Matt. xv. 17; Mark vii. 19) وفيما اندراوس يخاطب روفس· نداه صوت يامره ان يسرح الجماعة ويسير الى المدينة التى مقابله يعرفه ان له فيها شعبا عظيما وخدمة شريفة جليلة· وبعد ذلك تعود الى تلك المدينة· وكشف له ان سوف يكون له فيها تعب واضطهاد عظيم من

[1] Cod. تكون [2] Cod. الدين

الملك لاجل رسله الذين امنوا . فتقوى قلوبكم باسمي وتعلمون انى معكم وحال فيكم: فبارك اندراوس على الجماعة قايلاً يثبتكم الرب فى الامانة المستقيمة انتم وبنيكم وبناتكم الى الغاية القصيا امين ⁘ اجابته الجماعة اذهب بسلام ولا تطل f. 27 b الغيبة عنا لانا قد سمعنا الصوت مناديك ان سياتى على هذه المدينة اضطهاد من الملك لاجل رسله الذين امنوا· وقوا اندراوس قلوبهم: وقال لا تخافوا· الرب الذى امنتم به قوى وله قدرة يمنع عنكم: ولما قال هذا خرج من عندهم بسلام ⁘ والسبح لله دائماً ابداً ⁘

اعمال التلميذين اندراوس وبرتلموس ⁘
التى عملوها فى مدينة بربرس ⁘
بعد عودتهم من بلاد الواحات ⁘
بسلام الرب يسوع المسيح امين ⁘

بعد قيامة سيدنا يسوع المسيح من بين الاموات ولم يزل ملكا على السما والارض ترايا لبرتلموس فى مدينة الامم فى نواحى ماقطران . التى هى مدينة غارينوس . وقال له السلام لك يا برتلموس والحب والغلبة فى كل موضع تحل فيه· لا تخف لان الذى يعمل يستحق الاجرة ويجمع اليه الحياة الابدية . انتم الحصادون التقات الذين يحصدون حقل ربهم واذا خرجتم من هذا الاوان f. 28 a اخذتم كراكم . قم يا صفيي برتلموس· سر الى مدينة البربر: نادى فيهم بالانجيل وتعلم طريق الخلاص ليتركوا اعمالهم السيية وعبادة الاوثان ويتوبوا ليرثوا الحياة الابدية· هانذا مبتدى بما ياتى عليك فى تلك المدينة قبل ان تدخلها يحرق جسدك ثلث مرات بالنار تُصلب مرات كثيرة يُنشر جسدك بالمناشير: تُطرح للوحوش لتاكلك· تُربط رجلاك بحجر وتُطرح فى البحر اياك ان تخاف· ولكن تقوى انت الغالب لا يقدر [1]احد عليك· تصبر يا صفيي واذكر ما عمله بى شعب اليهود تلك الافعال السيية التى عملوها بى وانا معلق على الصليب· ولم اواجرهم لانى رب رحوم اغفر خطايا الذين يعودون الي فاقبل توبتهم: هانذا موجّه لك اندراوس يوصلك الى تلك المدينة وتستظهر منكم

[1] Cod. احدا

قوات كثيرة . وعجايب سيومن خلق كثير غلى يديكم . ولما تم الرب قوله
لبرتلموس اعطاه السلام وصعد الى السما بمجد. وتوجه برتلموس الى المدينة f. 28 b
التى امره الرب بالمسير اليها. وترايا الرب لاندراوس فى نصف الليل فى البلدة
التى كان فيها. وامره ان يسير الى بلدة غارينوس الى برتلموس ويسيروا الى
مدينة بربرس. وينادوا فيهم بشرى الانجيل الذى اودعتكم اياه ليتركوا سو
فعالهم وعبادتهم الاوثان ويتوبوا ليرثوا الحياة الدايمة واياك ان تقلق عليهم. بل
اكثر الاناة واستعمل طول الروح. اذكر انى معلمك وربك وانت تعرف جميع
ما نالنى من الالام من اليهود . ولم اجازيهم بما صنعوا الي. بل اطلت روحي
عليهم ليخلصوا من خطاياهم. فلا تخف يا صفيي الان ولا تضيق روحك تصبر
حتى تردهم من الضلالة الى الايمان بكثرة صبركم عليهم. انا مرسل اليكم رجلا
مخوف النظر مثل وجه الكلب. وبمخافته يومنون وبقولكم هو يكون يتبعكم
ويكون لكم تلميذا كل ايام بشارتكم. فاذا امن اهل بربرس اخرجوه معكم
الى مدينة البتس وهم ايضاً يومنون لكثرة العجايب والجرايح التى تكون منكم. f. 29 a
ولما تم الرب وصيته لاندراوس صعد الى السما بمجد. وللغد قام اندراوس
وتلميذيه روفس والاسكندرس خرجوا من تلك المدينة [1]التى كانوا فيها يريدون
المسير الى مدينة غارينوس. الى برتلموس ليمضوا جميعاً الى مدينة بربرس
والبتس لينادوا فيها ببشرى الانجيل المقدس كما امر الرب. ولما بلغوا الى
البحر لم يجدوا مركبا يحملهم. فقلق اندراوس وضجر جداً. واقاموا على
شاطى البحر ثلثة ساعات من النهار . فقال اندراوس لتلميذيه. قوما يا اخوتي
نبسط ايدينا الى الله. ونسله يتيسر طريقنا. فانا اومن انه لا يخلينا. وقاموا
جميعاً وصلوا صلاة بالعبرانية. فلما تموا الصلاة جلسوا على شاطى البحر تحت
شجرة. وغشاهم النوم. فناموا فاذن الله بحوت كبير صعد من البحر وفتح فاه
وبلع اندراوس وتلميذيه وهم نيام ولم يعلموا واقاموا فى جوفه ثلثة ايام
وثلثة ليال. وسار بهم بمشيّة الله والقاهم خارج مينا مدينة غارينوس مسيرة f. 29 b
اربعين بوما الى ان وصل . واستيقظوا ولم يعلموا بذلك وقال اندراوس
لتلميذيه يا اخوتي الى متى نحن مقيمين . ولم يتسير لنا مركب يودينا الى

[1] Cod. الذين

مدينة غارينوس وقد ضاقت روحي . فقال هكذا· لست يا رب الذى ترايت لى وامرتنى ان اسير الى مدينة غارينوس وقال لتلمذيه تعودا الى المدينة حتى ياذن لنا الرب بالمسير ويوجه الينا مركبا يحملنا· قالا له [1]يكن كما يريد· وفيما هو يكلمهما نظر روفس احد تلميذيه· واذا بسفينة قد اقبلت فى وسط البحر· فقال لاندراوس معلمه· ففرح بذلك فرحا شديدا· واقاموا جميعًا استقبلوها· ولما بلغت الساحل سالوا صاحب السفينة اين تريد· وان الرب صنع لهم سفينة روحانية وفيها نواتية وريس المركب قبل ان يصل اليهم وقام اندراوس واستقبل المركب ونادى ريسه سلام الرب معك ايها الصالح ريس السفينة اجابه الرب يسوع المسيح المتشبه بريس المركب عليك سلام الرب ايها الاخ (f. 30 a) الحبيب· قال له اندراوس الى ⌈اى⌉ بلدة تسير· اجابه الرجل الذى هو سيدنا يسوع المسيح بمشيّة الله [الى] مدينة البربر· قال له اندراوس· ايها الرجل الصالح لا تكن [2]ضللت فى البحر· هذه مدينة البربر انت حاضرها· اجابه ليست مدينة البربر· هذه هى مدينة غارينوس· وهذا ثالث يوم مذ وصلتها· وفيما هم يكرروا الخطاب اتا رجال من مقدونية قاصدين مدينة [3]غارينوس متوجهين الى برتلموس ليحضر معهم· ليخرج شيطانا اعترى زوجة ملك مقدونية فنظروا الرب واندراوس على شاطى البحر· فقال ما هذه المدينة· اجابه الرجال· هذه هى مدينة [3]غارينوس· اجابهم ما سبب حضوركم اليها· قالوا ريس المدينة ارسلنا الى برتلموس ليحضر معنا الى مقدونية يخرج شيطانا اعترى زوجته· فكثر تعجب اندراوس· ودخل الرجال المدينة ولم يلبثوا الا قليلاً حتى اتوا ومعهم برتلموس· ولما بلغ برتلموس والرجال السفينة وراوا المخلص جالساً فيها· ظنوا انه الذى (f. 30 b) يعدى بالناس الى مقدونية· اجابهم قايلاً نحن نريد المسير الى كورة بربرس· لكن ابلغوا الرجال الجلوس تحت الشجرة لعلهم اصحاب المعدية· فمضى برتلموس الى الشجرة فراى اندراوس وتلميذيه جالسين· ولما راه اندراوس اسرع لقيه وقبله وقال له من اين انت· وما هذه المدينة· قال له برتلموس هذه مدينة [3]غارينوس التى خرجت فى قسمي انادى فيها . فعجب اندراوس جداً وقال

[1] Cod. يحن   [2] Cod. ظللت   [3] Cod. غارنيوس

لبرتلموس اى شكر واى تسبيح يوديه لساني للرب الكريم الصانع بى هذا الصنيع العظيم واتى بى في هذه المدينة البعيدة فى ليلة واحدة وجمع بينى وبينك اسير الى مدينة بربرس والبتس لننادى فيها بشرى الانجيل. ثم حضر الرب من السفينه فسالوا ما التعدية بهم الى ساحل مقدونية لان امراة الريس جمعت اليها فقرا المدينة واهل الحاجه لتعطيهم صدقة وبينما هى بينهم اعتراها روح شرير جمعت ورجمت كل من فى بيتها بالحجارة. فضبطها الريس فجعلها فى مكان حصين. وارسلنا الى هذه المدينة الى برتلموس تلميذ الرب ليحضر ويخرج الشيطان منها. قال الرب لاندراوس. كل انسان يخلى عنه ما فى هذا العالم ويتبع الرب يسوع ويصير له تلميذا هو يخرج الشياطين مثلكم. قال له اندراوس. من حق انه هكذا . وان قال لهذا الجبل انتقل لانتقل قال الرب فاذا رفضت هذا العالم بكل ما فيه. وحملت صليبي هل اقدر ان اخرج هذا الشيطان من هذه الامراة. قال له اندراوس . لم تحل عليك روح القدس المتلمذة[1] بل تبيع هذا المركب وتفرق ثمنه على الفقرا. والارامل والايتام وتتبعنا [الى] كل مكان نمضى اليه. انت تعمل كل ما نعمل. قال الرب مجيباً قوموا ندعوا باسم يسوع ليعمل كل واحد منا قوته. فوقف اندراوس وبسط يديه ودعا هكذا قايلاً باسم الرب يسوع المسيح انقلنى ايها البحر وكلمن معى هنا. واوصلنا الى ساحل مقدونية. ففاض ماء البحر فى تلك الساعة وبلغ حيث هم ودار حولهم وهم فى وسطه مثل مركب وبلغهم الساحل. فقالوا الجماعة لاندراوس حقًا انك عبدا لرب صالح. وسجد له الرسل وقالوا لا الاه الا الاهك. وقام برتلموس صلا هكذا قايلاً بقوله يا ربي والاهي يسوع المسيح ارسل ملاكك الصالح الى دار الريس بمقدونية. ويخرج الشيطان من الامراة ويوصلها الينا قبل ان نبلغ المدينة. فنزل ميخاييل فى تلك الساعة من السما ودخل بيت الريس واخذ الامراة وزوجها واهل بيتها واتا بهم الى البحر حيث التلاميذ والرب. ولما نظر الشيطان الرب يسوع اراد ان يصرخ ويعرف الجماعة فنهره وامره الا ينطق بذلك بل يخرج من الامراة . قال برتلموس لاندراوس

f. 31 a (beside line 5); Mark xi. 23 (beside line 10); f. 31 b (beside line 17)

[1] Cod. التلمذة

هذه الامراة التى بها الشيطان قم واشفيها باسم الرب· اجابه انت مشفيها· قال له قم [1]اضع يدك علي وبارك علي وامتثل ما تامرنى . قال له اندراوس الرب [f. 32 a] الاسم الحلو الذى يتم به كل البركات يبارك علينا جميع· وقام برتلموس ودنا من الامراة وقال للروح السو باسم الرب يسوع المسيح اخرج من هذه الامراة واهبط الى عمق البحر الى اليوم الذى يحكم الله عليك وابيك الشيطان ولا تعد اليها ابدا· وللوقت عوفيت الامراة وقامت وسجدت للتلاميذ هى وزوجها . وكل اهل بيتها قايلين لا الاه الا انت يا يسوع المسيح بن الله الحى الازلى رب السما والارض· وبارك عليهم التلاميذ وسالتهم الامراة ان كنت وجدت عندكم نعمة احضروا معى الى المدينة واستريحوا فى بيت عبدتكم· وارسلت عبيدها يقدموها ليصلحوا المنزل· ثم قال الرب انا ايضاً اعمل قوة باسم الاهكم· ثم قال باسم يسوع المسيح يحملنى الريح انا واندراوس وبرتلموس وتلاميذهما وتوصلنا الى حيث يبتغون . وللوقت صار للتلاميذ اجنحة مضية ووصلوا الى مدينة بربرس وسيدنا يسوع المسيح يقدمهم ولم يعلموا انه الرب ووقفوا على [f. 32 b] علو [2]التاطرن الذى للمدينة حيث يجتمع الجمع· وكان ذلك اليوم عيد الصنم الذى يعبده اهل المدينة· وهم مجتمعين ياكلون ويشربون ويفرحون· ولما راوا الجماعة التلاميذ قياماً على التاطرين عجبوا جداً . ولم يكن حضر اغليون الوالى· ولكن[3] الجماعة كانت تنتظره· فقال اندراوس عرفنى من انت وامانتك التى فعلت بها هذا ·فتبسم الرب وقال له لم قلوبكم ثقيلة· افتحوا اعينكم واعرفوا انى . وظهر لهم بالمنظر الذى يعرفونه· وقال لهم تقووا وتشجعوا يا تلاميذي المقدسين انا حال معكم حيث تكونوا انا امرت الحوت ان يبتلعكم وانتم نيام ولم تعلموا حتى وصلكم ساحل مدينة بربرس تصبروا واطيلوا ارواحكم على شعب عظيم فى هذه المدينة وكلهم لا يومنون عاجلاً· الا بايات كثيرة تكون منكم . واعطاهم السلام وتجلا صاعداً الى السما بمجد عظيم . واذا التلاميذ قيام على علو التاطرن وكل الجمع ينظرهم ويقولون كيف هولاى الى هذا [f. 33 a] العلو العظيم· فمنهم من قال هولاى الهة هذه المدينة يريدون يصنعوا [4]اعجوبة

[1] sic [2] Cod. الناظرين *passim* [3] Cod. + الوالى [4] Cod. عجوبة

او رفض بهم الكهنة فغضبوا يريدون يخرجون عن المدينة لكن نعرف الوالى بسرعة امرهم . واذا هم يتكلمون اقبل اغليون الملك راكباً· ومعه جميع جنده· وجلس على منبره· واستغاث الجماعة اليه· فزجرهم ظاناً انه الامر جرى فى الهيكل· فقالوا له ارفع نظرك لشطر الالهة يريدون ان يخرجون عن المدينة· فسال عن ذلك· ليلا تكون الكهنة قصروا فى خدمتهم: فان خرجوا من مدينتنا سيظفر بنا اعداونا ويقتلونا· ولا [1]يكون لنا معيناً فامر الوالى باحضار الكهنة وان يحضروا الالهة فلبسوا فاخر ثيابهم: وحملوا الاربعة اصنام واحضروها الى التاطرن والبوق بين يديهم حتى اجلسوهم على مراتبهم . ولما راتهم الجماعة رفعوا اصواتهم يمجدوهم وكان فى يوم عيدهم: ولما راوا التلاميذ كان الجمع الذى فى المدينة· قد حضروا الى التاطرين هبطوا من ذلك اليوم من العلو (f. 33b) ولما نظرهم الجماعة امسكوهم واحضروهم الى الوالى فسالهم الوالى من اين انتم ايها الرجال· اجابه اندراوس نحن تلاميذ لرب صالح اسمه يسوع . قال بعض الجماعة هولاى الاثنى عشر السحرة الذين يسيرون فى المدن ويفرقون بين النسا وازواجهن . ابعدوهم عنا ليلا يسحرونا . ويفرقون بيننا وبين نسانا واولادنا قال الوالى للجماعة تصبروا علي ولا تقلقوا حتى امتحنهم بالمسلة· وقال للتلاميذ ان كان الاهكم هو الاه بالحقيقة· فاعل ما يريد· اعملوا اية بين يدي او [2]اعجوبة حتى اعلم صدق قولكم وتقدم اندراوس الى حيث الاصنام وامر الجمع بالسكوت فسكتوا [3]ونادا بصوت عال للاصنام هل انتم الهة كما تظن بكم هذه الجماعة· اجابوه اصوات عالية منها قايلة لسنا الهة بل مغشوشة مصنوعة بايدى الناس يخدعون بنا . اجابهم هكذا يقول الرب يسوع المسيح ابن الله الحى ملك كل الملوك ارتفعوا على هذا المنظر الى ان امركم ان تهبطوا الى ⌜الجحيم⌝ (f. 34a) وللوقت ارتفعت فقال اندراوس للجماعة ان كانوا الهة ولهم قدرة فيسمعوا من كهنتهم ويعودوا ويستقروا فى اماكنهم: فلما رات الجماعة ذلك بهتوا جداً· فقال الوالى للكهنة ادعوا الهتنا يعودوا يستقروا فى اماكنهم فاكثروا الكهنة الطلبة لالهتهم لينزلوا فلم يتحركوا من

[1] Cod. يكن [2] Cod. عجوبة [3] Cod. ونادوا

مكانهم. ونطقت الشياطين الحالة فيهم على [1]افواههم. يا اهل المدينة ان لم
تمسكوا هولاى الرجال وتحرقوا [2]اجسادهم بالنار . الا نحن نخرج من هذه
المدينة. لا تسمعوا من كلام هولاى الخالفين الذين يسجسون المسكونة. وان
خرجنا عنكم المدينة تخرب فلا تقبلوا قولهم. ولما سمعوا الجماعة ذلك من
الشياطين غضبوا جدا واخذوا الحجارة ورجموا التلاميذ . وامر الوالى ان يقيدوا
التلاميذ بسلاسل من حديد وعلقوا على الخشب ليحرقونهم بالنار بين يدي
اصنامهم . وللوقت نزل ملاك الرب وخلصهم من ايديهم وحلهم من السلاسل.
f. 34 b وعادت الشياطين القول ليس هكذا يجب ⌜ان⌝ يحرقوا بل يلقوا فى الاتون حتى
يحرقوا. ففعلوا بهم كما امرت الشياطين. هبط ملاك الرب الى الاتون. وخلصهم
من الحريق . وكانت الجماعة تصرخ صراخ عظيما وهم حذاه. اخرج ملاك
الرب التلاميذ واوقفهم فى وسط الجماعة. وهم لا ينظرونهم. وتكلموا ووبخوهم
وافتروا على الشياطين التى فيها . فقال الوالى للجماعة . ما نصنع بهولاى الرجال.
ها ثلاث مرات احرقهم بالنار . ولم تاكلهم. ولا ضرتهم شيا . هوذا هم قد يغيبوا
عنا لا نجدهم نبلغ فيهم مرادنا. اجاب اندراوس هوذا نحن قيام فى وسطكم
اما تقهرونا او نقهركم بقوة ربنا. اجاب الوالى وقال لا يجب ان نفسد ناموس
الالهة. ثم امسكهم القايد وجميع العسكر وقدموهم الى مجلس الحكم وكانت
الجماعة ترجمهم جدا . وغضب اندراوس بالروح واراد ان يلعن المدينة وكل
من فيها ان يهبطوا الى الجحيم لقلة ايمانهم لكنه صبر وذكر وصية الرب الذى
قال لا تجازيهم بقلة ايمانهم . وامر الوالى الجماعة ان تسكت. فقال للتلاميذ
f. 35 a ما هذه الافعال السمجة [3]التى تضلون الناس بها . انا اسلخ جلودكم والقيكم
الى السباع الضارية لتاكلكم. اجابه اندراوس. لاى سبب تصنع بنا هذا. قال له
الوالى. لانكم دخلتم مدينتنا ولما راتكم الهتنا خرجت عنها. اجابه اندراوس
ليس الهتكم الهة كما تظنون بل مصنوعة بايدي الناس . لا الاه الا الاب
والابن والروح القدس. فلما سمعت الجماعة هذا القول . قالوا للوالى . اما تقتل
هولاى الرجال . والا نحن نقتلك وجميع اهل بيتك. ولما راى الوالى الرووسا

[1] Cod. افواهما [2] Cod. اجساهم [3] Cod. الذين

والجماعة ضجوا وعلت اصواتهم قال لهم ما تريدون ان اصنع بهم قالوا [1]له تنشرهم بالمناشير او تلقيهم فى طنجير نحاس حتى تذوب اجسادهم وتلقيهم فى البحر . فامر الوالى باعادة القديسين واوثقوهم فى العجل الخشب وقلبوها عليهم [2]واتوا بالمنشار الكبير لينشروهم . فحين هموا بالنشر يبست ايديهم ولم يستطيعوا حركة فصرخوا قايلين وى لنا حل بنا ما لا طاقة لنا به· قال الوالى للجماعة· فماذا f. 35 b تريدون افعل بهم . ما لى عليهم قدرة· ثم امر ان تنصب العجل ويحمل القديسين عليها ويربط بالحبال ويسحب بهم فى شوارع المدينة· ويلقوا فى البحر بعد ذلك· مقيدين على العجل· ولما ابتغوا خدام الملك مسك الحبال انحلت اجسادهم وتقطعت ايديهم من المرافق وسقطت على الارض· فكان حزن كثير وبكاء كبير عظيم فى المدينة [3]ذلك اليوم . فقال الوالى للجماعة ما تريدون افعل بهولاى الرجال قد رايتم ما عملنا بهم ولم نقدر ان نعمل بهم شيا من المكروه· قالت له الجماعة· قم انت نجى [4]باجمعنا ونسلهم لعلهم يجيبوا سوالنا ويخرجوا من مدينتنا . ففعل الوالى ما سالوه الجماعة . فتقدم هو وهم الى التلاميذ وقال لهم ايها الاخوة المباركين ما اردتم من المال دفعناه لكم واخرجوا من مدينتنا . لعل الهتنا يعودوا الينا· فان لم تفعلوا كل مدينتنا تهلك· اجابهم التلاميذ لا حاجة لنا الى ذهب ولا فضة . فغضب الجماعة واخرجوا التلاميذ خارج المدينة . ورموهم بالحجارة وتركوهم [5]مطروحين كالاموات عند ذلك ظهر لهم الرب يسوع f. 36 a وقال قوموا يا تلاميذي القديسين اصبروا ولا تخافوا لان فى هذه المدينة اضطراب كبير بسببكم . بل اخرجوا الى هذه البرية انا حال معكم لا تخافوا انا موجه اليكم برجل وجهه مثل وجه الكلب وشخصه مخوف جدا . خذوه معكم الى المدينة· وبعد ما اوصاهم الرب هذه الوصية . تجلا عنهم صاعدا الى السما بمجد· وخرج التلاميذ الى البرية حزانا لان المدينة لم تومن ولم يلبثوا الا قليل يستريحون . وناموا فرفعهم ملاك الرب واوصلهم الى المدينة التى اهلها ياكلون الناس . وتركهم تحت [6]صخرة الجبل ومضى عنهم . ولما استيقظوا تعجبوا· ومجدوا الله· وفيما هم يتكلمون تحت الجبل . اذا رجل قد خرج من

[1] Cod. لهم [2] Cod. واتو [3] Cod. نزل [4] Cod. واجمعنا
[5] Cod. مطرحين [6] Cod. الشجرة

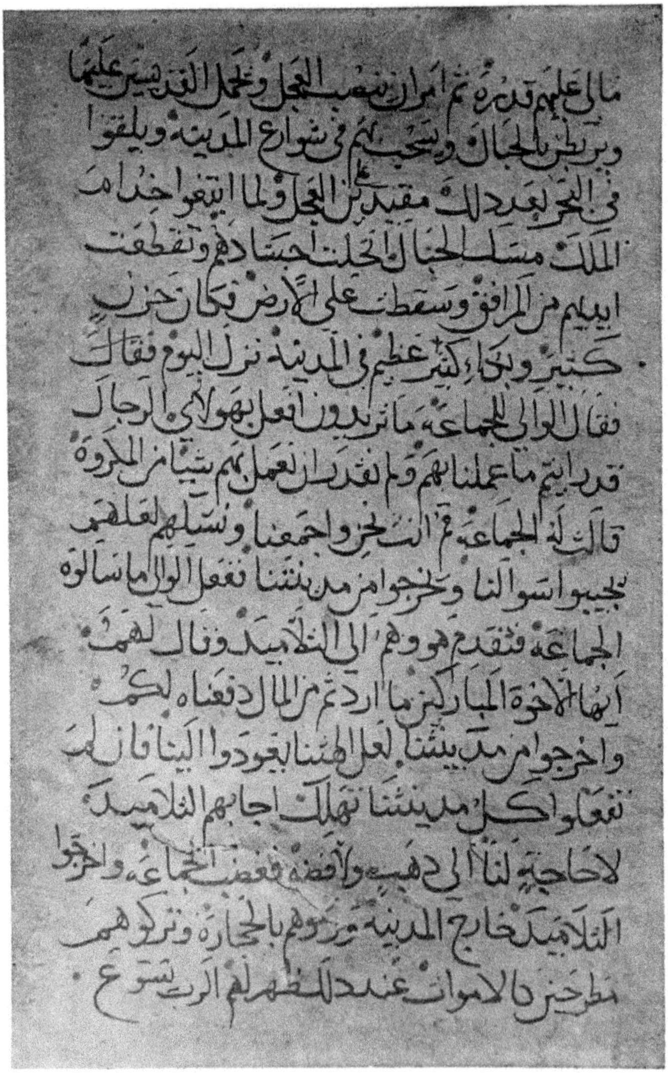
مالي عليهم قدرة ثم امر ان ينصب العجل ويحمل القديسين عليهما
ويربطن بالحبال ويسحبونهم في شوارع المدينة ويلقوا
في البحر بعد ذلك مقيدين على العجل ولما ابتغوا اخذ امر
الملك مسك الحبال انحلت اجسادهم وتقطعت
ايديهم من المرافق وسقطت على الارض فكان حزن
كثير وبكا كثير عظيم في المدينة نزل اليوم فقال
فقال الوالي للجماعة ما تريدون نفعل بهولاي الرجال
قد رايتم ما عملنا بهم ولم نقدر ان نعمل بهم شيا من المكروه
قالت له الجماعة قم الان نخرج واجمعنا ونسليهم لعلهم
يجيبوا سوالنا ويخرجوا من مدينتنا ففعل الوالي ما سالوه
الجماعة فتقدم هو وهم الى التلاميذ وقال لهم
ايها الاخوة المباركين ما اردتم من المال دفعناه لكم
واخرجوا من بيننا لعل الهتنا يعودوا الينا فان لم
تفعلوا كل مدينتنا تهلك اجابهم التلاميذ
لا حاجة لنا الى ذهب ولا فضة فغضبت الجماعة واخرجوا
التلاميذ خارج المدينة ورجموهم بالحجارة وتركوهم
مطرحين كالاموات عند الظهر لهم الرب يسوع

Cod. Deyr Suriani

f. 35 b

المدينة التى اهلها ياكلون الناس . يطلب رجلا ياكله· واقام يومه ذلك كله لم يجد شيا ياكله· [1]وترايا له ملاك الرب قايلا له اعينك ايها الرجل الذى وجهه كوجه الكلب· هوذا تجد رجلين ومعهم تلميذين وهم جلوس تحت هذه الصخرة فاذا بلغت اليهم لا ينالهم منك مكروه لانهم عبيد الله ليلا يغضب عليك [f. 36 b] الاههم . ويقسمك نصفين· فلما سمع الرجل الذى هو شبه راس الكلب مثل هذا الكلام رعب جدا واجاب قايلا للملاك من انت لست اعرفك· ولا اعرف الرب . بل عرفنى من الله الرب الذى تكلمنى عنه· اجابه الملاك قايلا هو الذى خلق السما والارض· هو الله بالحقيقة· هذه السما مظلة فوق راسك· والارض انت تطاها· وهو [2]خالقهم والشمس والقمر والكواكب· والبحر وكلما فيه· الوحش والطير وكل البهايم: والدباب وهو خلقها كلها· وله القدرة ان ياخذ جميع ارواحهم كلهم: اجابه راس الكلب قايلا اريد منه اية لكيما اومن بكلما سمعت منك . وفى تلك الساعة نزل من السما نار واحاطت براس الكلب . ولم يقدر ان يخرج منها . وكان قايما فى وسطها لا يمكنه الخروج . وخاف جدا وصرخ بصوت عالى قايلا ايها الاله الذى لم اعرفه خلصنى من هذه الشدة التى انا فيها· وانا اومن بك· اجابه الملاك وقال له ان خلصك الله من شدة هذه النار . تتبع تلاميذه الى كل موضع يسيروا اليه . وتسمع منهم كلما [f. 37 a] يقولون لك . اجاب راس الكلب وقال له يا سيدى لست مثل كل الناس· لان منظري غير منظر كل الناس· ولا اعرف كلامهم: وان مشيت معهم كيف يقدرون على طعامي· وان جعت اين اجد رجالا اكلها· انا ارجع اليهم واكلهم: فها قد عرفتك حالي ليلا اسى اليهم: فيغضب علي الاههم: قال له الملاك . الله يعطيك طبع الناس ويقلع منك طبع الوحش· وفى تلك الساعة مد الملاك يده . واخرج راس الكلب من النار ورشم عليه رشم الصليب· ودعا باسم الاب والابن والروح القدس . وعند ذلك خرج منه طبع الوحش وصار وديعا كالخروف· وقال له الملاك· قم واذهب نحو هذا الجبل ستجد اربعة رجال جلوسا تحت ظل الصخرة اتبعهم: ولا ينالهم منك [3]مكروه· لان الرب الذى ارسلك

[1] Cod. ترايا [2] Cod. خلقكم [3] Cod. مكروها

لتفعل قوات فى كل موضع تسير اليه· وغاب عنه الملاك· وقام راس الكلب f. 37 b ومضى الى حيث التلاميذ· وهو فرح مبتهج بمعرفة الامانة المستقيمة . وكان منظره فزع جدا طوله اربعة اذرع وجهه مثل وجه الكلب العظيم وعينيه مثل مصابيح النار الموقدة· [1]واضراسه مثل [2]اضراس الخنزير البرى· واسنانه مثل اسنان السبع· واظفار رجليه مثل منجل معوج· واظفار يديه مثل اظفار السبع· وشخصه كله مفزع مرعب· ولما استيقظ التلاميذ من نومهم وقلوبهم مغمومة· لاجل تلك المدينة وقلة ايمان اهلها وفيما هم جلوس اذا شرق عليهم راس الكلب ولما نظره الاسكندرس تلميذ اندراوس مقبلا اليهم صار كالميت من خوفه وظن التلاميذ انه روح سو اعتراه فرشموا عليه باسم الرب وصلبوا على وجهه· وبعد ذلك نظر اندراوس الى راس الكلب فرعب جدا من منظره· وشار الى برتولموس بيده· ولما راه برتلموس هربا جميعا وتركا التلميذين تحت الصخرة روفس f. 38 a والاسكندرس . وجا راس الكلب ووجد التلاميذ كالاموات من مخافته وامسك ايديهما وقال لا تخافا يا اباي الروحانيين· فقلع الله خوفه من قلوبهما . وارسل عليهم قوة روح القدس . ولم يخافوا من منظره· وسجد لهما راس الكلب وسالهما ان يدعوا اباهما . ليعرفاهما كلما امره به الرب يسوع المسيح· وسعيا فى طلب اندراوس وبرتلموس . فلما وجدوهما قالا لهما . الرجل يدعوكما الذى وجهه اكرب اليكما . واتيا التلميذان حيث راس الكلب· ولم يستطيعا النظر الى شخصه لانه كان مخوفا جدا· ولما راهما راس الكلب سجد لهما على الارض· وقال لهما لا تخافا من منظري يا عبيد الله العلى· الاهكم ارسلنى اليكم لاسير معكم الى كل موضع تريدون· واطيعكم فى كل ما تامرنى ⌜به⌝ ⌜وعجبوا⌝ التلاميذ ⌜من⌝ راس الكلب· قال له اندراوس بارك عليك الرب يا ولدي انا اومن انه سيكون لنا عزا كبير بك بل عرفنا اسمك· قال راس الكلب اسمي ممسوخ· قال له f. 38 b اندراوس حقا ان فى اسمك سر مكتوم . وهو حلو وهو كريم· ولكن من اليوم يكون اسمك مسيحى . وصلوا وخرجوا من تلك المدينة· ووجه الرب ملاكه دليلا بين يديهم· وفى ثالث يوم وصلوا الى مدينة بربرس· وجلسوا خارج

[1] Cod. واظراسه [2] Cod. اظراس

المدينة يستريحون وسبقهم الشيطان الى المدينة وتشبه برجل ذى يسار من وجه المدينة· وتقدم الى الوالى ومعه جميع رووسا الشعب· وقال له ان الرجال الذى كنت رجمتهم خارج المدينة قد حضروا ايضا يريدون الدخول· وان علمت الاهتنا بقدومهم: هى تخرج من مدينتنا وتسمع الامم ويقوموا علينا يسبونا نحن واولادنا· ولما سمع الوالى هذا . امر ان يغلق ابواب المدينه كلها· وجعل عليها الحراس ولما هم التلاميذ يدخلوا المدينه قال لهم وجه الكلب استروا وجهي قبل ان ادخل المدينة ليلا ينظرونى الناس فيهربوا منى . وستروا وجهه· وقام اندراوس وصلا قايلا يا رب اسمع دعاي وقرب الى باب (f. 39 a) المدينة . وقال باسم الرب يسوع المسيح الذى كسر ابواب النحاس· وحطم (Is. xlv. 2) المتارس الحديد· تنفتح هذه المدينة بسرعة· ولما قال هذا سقطت ابواب المدينة· ودخلوا التلاميذ ومعهم راس الكلب . واسرع حراس الابواب وعرفوا الوالى ما جرى وكل اهل المدينة· ولما سمعوا ذلك اضطربوا جدا . وتسارعوا كلهم حملوا اداة الحرب· من له سيف ومن له رمح· كل انسان على ما يقدر: وخرجوا فى لقا التلاميذ ليقتلوهم: وامر الوالى ان يقدموا التلاميذ فى وسط الجماعة ويحضروا اليهم وحوشا ضارية ليطلق عليهم سبعة اسود وثلثة اشبال ولبوة كما ولدت ونمرين وامسكوا اعوان الملك اندراوس ليقتلوه السباع . ولما راى وجه الكلب ما هموا به قال لاندراوس امرنى يا عبد الصالح ان اكشف وجهي· قال له اندراوس كل ما امرك افعل . وصلا راس الكلب قايلا (f. 39 b) هكذا· اسلك يا ربي يسوع المسيح الذى رددتنى من قساوة القلب الى الدعة· واهلتنى ان اصحب تلاميذك . اسلك ان ترد الي طبعي الاول حتى تنظرنى هذه الجماعة وايدنى بقوتك حتى يعلموا انه لا الاه غيرك· وفى تلك الساعة عاد الى طبعه الاول الذى كان فيه· وغضب جدا وامتلا غضبا· وكشف وجهه ونظر الى الجماعة بغضب عظيم: ووثب على كل السباع فى وسط الجماعة· وابتدى يقتلهم ويمزق جلودهم وياكل لحومهم . ولما راى ذلك اهل المدينة رعبوا جدا واضطربوا وتهاربوا وطلبوا الخروج من المدينة من شدة ضغط الجماعة بعضهم لبعض مات منهم ستماية رجل وثلثة روسا· وباقى من سلم

طلب له موضعا يختفى وخرجوا من المدينة· فارسل الرب نار عظيم احاطت بالمدينة فلم يقدر احد منهم يهرب منها· واجتمعوا الوالى والروسا وتقدموا الى f. 40 a التلاميذ وهم بخوف ورعدة يبكون قايلين نحن نومن . ونعرف انه ليس الاه فى السما· ولا على الارض الا الاهكم الرب يسوع المسيح نسلكم ان تتحننوا علينا وتنقذونا من هدا الموت الذى قد احاط بنا من الجهتين من النار· ومن مخافة راس الكلب· وتحنن عليهم التلاميذ . وطلبوا الى الرب يسوع المسيح ان يرفع عنهم النار وقال برتلموس للوالى . اجمع الينا اهل المدينة الرجال والنسا· وليحضروا الينا كلما فى بيوتهم من الاصنام ليعلموا انهم ليسوا الهة . بل مصنوعين بايدى الناس . حجارة ليس انفس بهم· وامر الوالى الجماعة بذلك· واحضروها وقاموا التلاميذ· وصلوا وضربوا ارجلهم الارض قايلين . الله الذى فى ذلك الزمان امر الارض انفتحت وبلعت داثان وابيرون وكل مجمعهم المخالف باسمك تنفتح الارض فى هذه الساعة وتبتلع هذه الاصنام وتحدرهم الى الجحيم f. 40 b بمشهد من هذه الجماعة· وكان ذلك بسرعة· ورفع الوالى والجماعة من النسا والرجال اصواتهم وقالوا واحد هو الله الاه النصارى يسوع المسيح . قال لهم التلاميذ نحضر جميعنا الى التاطرن وتاخذوا تمام الايمان فى ذلك . وسال الوالى والجماعة التلاميذ· وقالوا يا سادتنا اغفرا لنا · لانا لا نقدر ان نبلغ الى ذلك الموضع من مخافة وجه الكلب ليلا ياكلنا كما اكل الوحوش . قال لهم برتلموس لا تخافوا بل اتبعونا . ستنظروا مجد الله وعجايب عظيمة فى هذه المدينة اليوم· فتبعهم الى التاطرن جمع عظيم· وتقدم التلاميذ وجعلوا ايديهم على الرجل الذى مثل راس الكلب . وقالوا له باسم يسوع المسيح تترك عنك طبع الوحش . وتعد الى طبع الناس كفاك يا ولدي تممت الخدمة[1] التى ارسلت فيها· وفى تلك الساعة عاد كما كان وديعا كالخروف واتى وسجد للتلاميذ . ولما نظروا الجماعة والوالى هذه الاعجوبة اخذوا فى ايديهم اغصان الزيتون f. 41 a وسجدوا للتلاميذ· وقالوا لهم· تحل علينا بركتكم . وتعمدونا . قال لهم التلاميذ اطيلوا ارواحكم . قد حلت عليكم موهبة الله . وكان فى وسط المدينة عند

[1] Cod. الذى

التاطرن عمود . فلما بلغوا اليه· قام اندراوس وضربه برجله وفى تلك الساعة انفتح العمود . ونبع منه ماء حلو· ووقف التلاميذ فى وسط الماء وعمد الجماعة باسم الاب والابن والروح القدس . ولما اعتمدوا الجماعة سال راس الكلب اندراوس . وقال له ايها الاب الصالح تحل رحمتك على هولاء الذين ماتوا لكى يحيوا ويعتمدوا ويفرحوا مع اخوتهم وليعلموا ان القدرة للرب يعطى الحياة للاموات· وقام اندراوس ودعا ونادى صوت من السما عال اخر سياتون لراس الكلب الحبيب ان اعطى ⌈له⌉ الموهبة ان تحيهم لانهم ماتوا من خوفك وعلى يديك تجرى حياتهم· واعتمدوا مع اهل المدينة . وان التلاميذ عملوا قوات

Cod. 81 Fonds Arabe

كثيرة ⌈و⌉عجايب باسم الرب العميان فتحوا اعينهم والعوج مشوا والصم سمعوا والخرس تكلموا والشياطين اخرجوا ∴ ولم يبق فى المدينة كلها احد به علة

f. 26a

الا عوفى باسم الرب يسوع المسيح· وبعد ذلك بنا لهم كنايس وقسم لهم اسقف وقسوس وشمامسة· وجميع خدم الهيكل عملوها . وعلموهم الانجيل المقدس وجميع طقوس البيعة المقدسة· وقدموا السراير الطاهرة· وتمموا عليها الصلوات واعطوا الجماعة من القربان والسراير المقدسة . وكان فرحا كثير فى تلك المدينة لاستحقاقهم بهجة المعمودية وتناولهم من السراير المقدسة [1] التى هى جسد الرب ودمه الكريم· وثبتوهم على الامانة المقدسة باسم الرب يسوع المسيح· وخرجوا من عندهم . وهم يسبحون الله الذى له المجد الى دهر الداهرين امين

Cod. Deyr Suriani f. 42 a

شهادة اندراوس التلميذ المبارك

فى اربعة ايا⌈م⌉ من كهيك بسلا⌈م⌉ الرب

فكان لما سار اندراوس الى مدينة اكنيس ومدينة ارجانيوس· ومدينة سفرس المدن المخالفين الاشرار التى هى مجاورة لبعضها البعض· وهى كانت مضافة الى سهمه· الذى ينادى فيه ببشرى الانجيل· وهى اخر المدن الذى سار اليها·

[1] Cod. الذى

[cf. Luke xiv. 26, 23] وقرب انصرافه من هذا العالم· ولما دخل تلك المدن ناداهم بصوت عالى هكذا لمن لم يترك ابا او اما وبنيا وبناتا واخوة [1]واخوات . وزوجة وفضة وذهبا . وكسوة وكنز . ومالا وحقولا وكلما فى هذا العالم ويتبعنى ليس هو بى ياهل . ويامر هنا بذلك ان يومنوا باسم الرب يسوع المسيح بالامانة المستقيمة ويرغبوا اليه اكثر على ذلك مما يقدم ذكره لمن لم يعمل هذا فليس يستحق لمملكة السما وليس له الحياة الابدية . واهل تلك البلاد قوم اشرار جدا قليلى الامانة [f. 42 b] والديانة . فلما سمعوا اندراوس يقول مثل هذا غضبوا عليه غضبا شديدا . ومواضع كثيرة وكانوا يسمعون من العجايب التى يفعلها باسم الرب يسوع المسيح وكلمن يسله يشفى معه ويعطيه الشفا مجانا . وشاع اسمه فى تلك الكورة كثيرا من الناس· وقربهم الى الله الذى يقبل كل من ياتى اليه من كل قلبه . عند ذلك دخل فى قلب اهل تلك المدينة التى نادى فيها اندراوس بمعرفة الله واجتمعوا بعضهم مع بعض وتشاوروا على التلميذ· وقال الرووسا بعضهم لبعض تعالوا نجتمع ونتفق على قتلة هذا المطغى الذى افسد ديننا· واتانا باسم الاه جديد الذى لم نعرف اسمه لا نحن ولا اباونا . قال احدهم نخرج اليه ونسله ويخرج من بلادنا ليلا يقع فيها خلف لان كثير من المدينة امنوا بقوله وان عجلنا وعملنا شيا بارادتنا كان شيا لهلاك سكان المدينة وارسلوا اليه قوم ثقات من ذوى حسب شريف ومضوا اليه بفرح وكان [f. 43 a] ذلك بارادة الله ان يومن الرسل ايضا الموجهين اليه . ولما دخلوا الى التلميذ ابتداهم وقال سلام الرب معكم اجابوه سلامك يكون معنا وتكلموا بكلام السلام· قال لهم التلميذ اجلسوا ايها الاخوة الصالحين الذين دعاهم الرب الصالح الى مدينة المقدسة· اجابوه قايلين· اغفر لنا يا عبد الله الصالح الذى وجدنا فيه معرفة الله ايها الصديق الذى امرنا فيه بالشر الذى زرعه الشيطان فى قلبنا ايها الرجل الزكى الذى يشبه الحمل الذى يلاعب· الذى يخضع للذى يريد قتله حقا انا مذ راينا شخصك بعد عنا كل افكار الشر وتجددت قلوبنا بمخافة الله الا انا امرنا عليك الشر وحضرنا اليك . نسلك تخرج من

[1] Cod. وخوت

مدينتنا وكنا نقول بجهالة عقولنا انك الذى تفتن مدينتنا وقد تيقننا الان انك Cod. 81 Fonds Arabe f. 28 b انت الذى تخلصنا من [1]العدو وتشفع فينا الى الرب ليغفر خطايانا . ونحن الان ايها الاب القديس نحن غير مفارقيك ⁘ ونحن نرغب اليك ان تجعلنا من تلاميذك ⁘ وان اندراوس بارك عليهم وارسلهم الى بيوتهم بسلام ⁘ واوصاهم ان يعلموا كل احد بالايمان بالرب يسوع المسيح ⁘ وخرجوا من عنده وهم يسبحون الله . وساروا فى جميع اسواق المدينة وشوارعها . وهم يتلوا تسابيح الله . وتركوا التلميذ المبارك اندراوس ⁘ فلما سمعوا جماعة الاشرار الذين كانوا ارسلوهم بذلك بهتوا جدا وتوامروا فيما بينهم وقالوا نقوم باجمعنا الى الموضع الذى فيه اندراوس ونحرقه بالنار حى ⁘ لا يعود الى مدينتنا · ويسمع بنا كل احدا ⁘ ويخافونا كل من امن به . وخرجوا الى الموضع الذى فيه ⁘ f. 29 a واحاطوا به · وقالوا له · نحن نحرقك وانت حى · فلما راى التلميذ انهم مجدين فى فعل الشر . نظر اليهم وكلمهم بكلام السلامة . وقال لهم · ايها الرجال المخالفين لا تتموا ما قد عزمتم عليه من الشر الذى علمكم Cod. D.S. f. 44 a اياه الشيطان ⁘ فارجعوا الى الله · فان لم تقبلوا منى · والا سالت الله فى النار الذى عزمتم ان تحرقونى بها يرسل من السما نار من عنده تحرقكم ومدينتكم · لتعلموا ان ليس الاه قادر فى السما والارض الا يسوع المسيح ربي · [2]فافتروا على الرب يسوع المسيح وعلى التلميذ المقدس · فلما سمع افتراهم غضب غضبا شديدا ورفع يده الى السما ودعا قايلا يا ربي والاهي يسوع المسيح اسمع دعاي وارسل نارا من السما تحرق هولاى الاشرار [3]الذين افتروا على اسمك القديس · وقبل ان يفرغ من الدعا نزل نارا من السما واحرقت تلك الجماعة الاشرار وشاع القديس فى كل المدينة وكورتها لاجل الاعجوبة التى خرجت على يديه · ولم ينتهوا بقية الاشرار · بل ايتمروا الشر ايضا · وقالوا ان بقى هذا فى مدينتنا يهلكنا بسحره · واشر ما علينا من فعله انه يفرق بيننا وبين نسانا ارسلوا اليه بخدعة بكلام لين حتى حضر فى موضعهم واجتمعوا عليه وضربوه ضربا شديدا وطافوا به المدينة وهو عريان والقوه فى السجن حتى يشاوروا عليه كيف يقتلوه . وعادة تلك البلاد كل من ارادوا قتله يعلقوه على عود

[1] Cod. العدوا [2] Cod. فافترو [3] Cod. الذى

مصلب ويلقوا عليه الحجارة· ولما القوا اندراوس فى السجن كان يصلى بضجر ويسال الرب ان يرسل النار من السما ويحرق تلك المدن الثلاث كالمره الاولة f. 44 b لاجل الضرب والقوات التى[1] صنعوا به عند ذلك ظهر له الرب فى السجن وقال له· السلام عليك يا اندراوس تلميذي الحبيب . لا تضجر قد تممت سعيك ووصلت رسالتك· وهذا هو الموضع الذى تتم فيه شهادتك· وترث مملكة السما مع الابرار الذين ارضونى . ولما سمع اندراوس فرح وابتهج وقام باقى ليلته يسبح الله· ولما كان فى الغد خرج من السجن وعلقوه على الصليب ورجموه حتى قضى واخذه قوم مومنين وتركوا جسده فى قبر وهذا هو تمام شهادته فى اربعه ايام من شهر كهيك والسبح للاب والابن والروح القدس الى دهر الداهرين امين ⁘ والسبح لله دايما ابدا

هذا الكتاب المبارك وقفا موبدا وحبسا مخلدا على دير ستنا السيدة سيده انبا بشاى المعروف بالابهات السريان ولا لاحدا[2] سلطان من قبل الرب سبحانه ان يخرجه من الدير بوجه من وجوه التلاف ومن بعد ان اخرجها يكون نصيبه مع يهودى مسلم سيده وكتب لله باذن ابونا المطران رييس الدير المذكور والسبح لله دايما ابدا

f. 45 a ⁘ اخبار يعقوب بن زبدى اخى يوحنا الانجيلى ⁘

⁘ ونداه بانجيل الرب يسوع المسيح فى مدينة الهند ⁘

كان لما اقسم التلاميذ مدن العالم· وعرفوا احد منهم سهمه المعطا من الرب سبحوا اسمه جدا· وكان سهم يعقوب مدينة اندية ويوحنا اخيه مدينة اسية· فقال يعقوب لبطرس يا ابي بطرس اخرج معى الى ان توصلنى الى مدينتي· فقال له بطرس ليس وحدك· بل كلكم اوصلكم الى مدنكم كما امرنى الرب· وتوجه بطرس ويعقوب الى تلك البلدة· يتلون فى طرقهم تسابيح الله ويغبطون انفسهم بما اعلمهم الرب من جزيل ثوابهم فى مملكة السما· ويقولون انه يجب علينا ان لا يلحقنا توانى· ولا كسل بل نسرع ونحرس فى السعى فى البشرى والندى فى العالم حتى نستحق المواعيد الابدية . هذا قول بطرس ويعقوب يقويان بعضهما بعضا فى الجهاد وفيما يتكلموا كذلك اذ ترايا لهم الرب كشاب

[1] Cod. الذى [2] sic

جميل الوجه فرح بقولهم متبسم فى وجوههم. وقال لهم تعالوا الي ايها الفعلة f. 45 b الصالحين انا معلمكم ومقويكم وموفيكم اجركم . اعلموا يا تلاميذي ان جميع تعبكم فى هذا العالم لا يكون مثل ساعة واحدة من النياح الذى يكون فى مملكة السما فانار اعين قلوبهم وترايا لهم جميع الصديقين [1]الذين تنيحوا من ادم الى يوحنا . وهم يضيون بلباس بهى وقربوا لهم وقبلوهم القبلة الروحانية [2]وغابوا عنهم بسلام. ولما راى التلاميذ هذه الرويا الروحانية تقوت قلوبهم وابتهجوا وجثوا على الارض وسجدوا قايلين. نشكرك يا ربنا وسيدنا يسوع المسيح على حسن صنيعك الى مسكنتنا. واقامهم الرب واعطاهم السلام. وقال ليعقوب تقوا وتمم خدمتك بقلب ⌜صحيح⌝ ونادى فى المسكونة باسم الرب الذين هم صورته ومثاله ولك فى ذلك اجر عظيم. وقام التلاميذ ووجوههم مضية مثل الشمس وتجلى عنهم الرب الى السما بمجد عظيم. فقال بطرس ليعقوب يجب علينا ان نجتهد فى سيرنا لنرد جميع الخراف الضالة من ال اسراييل. اذ قد صح لنا مثل هذا [3]الاجر الجزيل . فسارا جميعا . فلما قربا من المدينة واذا على الطريق برجل اعمى يطعم الخبز. فلما علم بقدوم التلميذين جا بنعمة الله ونادا بصوت عال وقال يا تلميذى المسيح اهبوا لى نور على عيناي . قال f. 46 a يعقوب لبطرس ارحمه يا ابي لا يصيح ورانا. قال له بطرس انت المعطى الشافى فى هذه المدينة . قال يعقوب بارك علي يا ابي. قال له بطرس الرب يسوع المسيح يجعل شفاه على يدك. فنادى يعقوب الاعمى وقال له ان انفتحت عيناك وقوى نظرك [4]تومن بالرب يسوع المسيح المصلوب . قال له الاعما اومن به امانة صحيحة. قال له يعقوب باسم يسوع المسيح الذى امنت به الله الحقيقى تفتح عيناك وتنظر نظرا تاما . وكان ذلك كقوله. ولما راى ⌜ا⌝لجماعة صارخون يمجدوا الله. وامن منهم طايفة. ومنهم من قال هولاى سحرة. ومضوا الى رووسا المدينة. وعرفوهم ما شاهدوا وامروا الرووسا باحضارهم. ولما وقفوا بين يديهم سالهم احدهم. من اى بلدة انتم. ومن اين انتما. وما تريدان. اجابه بطرس قايلا نحن عبيد لرب صالح اسمه يسوع المسيح. ولما سمعوا الرووسا اسم يسوع خرقوا ثيابهم وصرخوا باصوات عالية وقالوا ايها الرجال ⌜سكان⌝ هذه المدينة تحرزوا من هولاى القوم فانهم سحرة . انا اياما كثيرة لم سمعنا

[1] Cod. الذى [2] Cod. وغانو [3] Cod. الامر [4] Cod. يومن

باخبارهم: ان خرج من اورشليم اثنى عشر رجالا تلاميذ لرجل صالح اسمه يسوع . هذا هو الذى سموا اسمه· وامروا الرووسا ان يجعلوا الحبال فى اعناقهم ويسحب f. 46 b بهم كل المدينة ولما هموا الشرط بالقا الحبال فى اعناقهما يبست ايديهما وقعدوا على ارجلهم وانتهرهم الرووسا قايلين . لم تمتثلوا ما امرناكم به . قالوا [1]لهم: لا نستطيع نتحرك· وقد صرنا مثل الحجارة· قال لهم الرووسا لم نقل لكم انهم سحرة . قال التلميذان لسنا سحرة . بل عبيد لرب صالح . وسال الرجال الذين يبست ايديهم التلميذان قايلين· يا عبيد الله ارحمانا . قالا لهم امرنا الله ان لا نجازى الشر بالشر . بل الخير بدل الشر: وتقدموا الى الرجال قايلين باسم يسوع المسيح الذى نحن تلميذيه· ونادى باسمه نامركم وبالايمان · تعودوا كما كنتم اصحا · وفى تلك الساعة [2]نهض الشرط اصحا· كما كانوا وسجدوا لهما صايحين· ليس الاه الا يسوع المسيح . رب هولاى الرجال الصالحين· ولما رات الجماعة اعادوا الصوت كقول الشرط واحدا هو الله الذى بشر به هذان المباركان . وان الرووسا لم يومنوا . لان قلوبهم قاسية . ومنهم رييس له ولد ورجلاه يابسة لا يستطيع ان يمشى . قال الريس انا احضر ولدي اليهما فان كان لهما قدرة يجعلان ابني صحيحا مثل كل الناس انا اومن بالاهما . وامر احد عبيده ان يحضروا ولده اليهما واسرع f. 47 a وتركه بين يدي التلميذان فقاما فرشا ايديهم وصليا قايلا ربنا يسوع المسيح قيامة الانفس والاجساد الراعى الصالح الذى يرد كل نفس صالحة· نسلك ايها الرب القريب الاجابة ان تسمع لعبيدك· لانك وعدت ان لا تفارقنا . ليظهر مجدك فى هذه الساعة فى هذه المدينة· ليعلموا انك الله لا الاه غيرك· ولما تم التلميذان الصلاة قال يعقوب للصبى المقعد باسم يسوع المسيح الناصرى الذى انادى باسمه . قم امشى مثل كل الناس· عند ذلك نهض وقام صحيحا ومشى· ولما ان رات الجماعة هذا العجب الذى كان من التلميذان صرخوا قايلين واحد هو الله الاه هذين الرجلين· وسجد الرييس ابو الغلام تحت قدمى التلميذين قايلا لهما اسلكما ان تحضرا ⌜الى⌝ منزلي ان تاكلا خبزا ووجه الى زوجته مع ولده الذى ⌜عوفى⌝ ولما رات زوجته ولدها يمشى صرخت قايلة واحد هو الله الاه هذين الرجلين الذى عافى ولدي· وصرخت فى حضور

[1] Cod. له   [2] Cod. نهظ

f. 47 b التلميذين منزلها وردت ولدها الى والده توكد عليه فى حضورهم: ولما صارا داخل بيت الرييس سقطت اصنامهم: كانت له فى بيته فى تلك الساعة· ولما راى الريس وزوجته هذا العجب . قويت ايمانهم وقدما لهما مالا جزيلا الى التلميذين وقالا لهما اقبلا منا هذا المال وفرقاه على المساكين· قال له يعقوب فرقه انت بيدك· وفعل كما امره يعقوب ووضع المايدة لهما· واكلا وكان اسم الريس تاوفلوس· وسالهما ان يعمدوا له زوجته واولاده· ولما راى التلميذين قوة ايمانهم اعطوه وصايا الحياة وعمداه وزوجته واولاده باسم الاب والابن والروح القدس الاله الواحد وكل من فى منزله· وعدتهم ثلثين نفسا . وبعد هذا قال يعقوب لبطرس قم بنا يا ابي نخرج من هنا ونطوف بقية المدن وننذر سكانها وننادى فيهم بشرى الانجيل فلعلهم يقبلون ويتوبون· فخرجا الى وسط المدينة الى موضع مشهور يجلس فيه روسا البلدة· وابتدوا ان يعلموا f. 48 a الجماعة الوصايا الروحانية· وشهدوا لهم بالام الرب وبقيامته وصعوده الى السما وباتيانه[1] الثانى ليدين الاحيا والاموات . وسمعت الجماعة قولهم . وتعجبوا من حلاوة كلامهم ولما ان راى بقية روسا المدينة صاحبهم قد امن قدموا سجدوا تحت اقدام التلميذين· وقالوا لهما . نسلكما يا عباد الله الصالحين ان تعطونا موهبة الله التى اعطيتموها لصاحبنا· ولما شاع الخبر فى المدينة ان كل الروسا امنوا ببشارة التلميذين صرخوا كلهم قايلين بصوت عالى نسلكم يا تلميذى المسيح ان توهلانا لموهبة المسيح· واعطيانا علامة الايمان . فلما نظروا قوة ايمانهم قالا لهم من كان امن بالحقيقة فليتبعنا وتقدما قدام الجماعة الى ان وصلا الى نهر عظيم وسط المدينة . وصليا وبعد الصلاة وعظاهم وعرفاهم شرايع الرب . وعمداهم باسم الاب والابن والروح القدس· ولما [2]قبلوا المعمودية فرحوا فرحا عظيما [3]وابتهجوا جدا . وامراهم ان يبنوا الكنيسة· واقاموا معهم الى ان قويت f. 48 b ايمانهم وقسما لهم كهنة . واعطياهم من السراير المقدسة . وكان يعقوب يقرى لهم التوراة والانبيا· وبطرس يفسر باللغة التى يعرفونها· واقاما عندهم ايام كثيرة حتى قويت ايمانهم: وقسموا لهما اسقفا وجميع خدام الهيكل وخرجوا من عندهم بسبحان الله الموحد بالجواهر المثلث بالاقانيم . الذى له يحق التسبيح والمجد والكرامة والسجود الى دهر الداهرين امين ∴ والسبح لله دايما ابدا

[1] Cod. اباتيانه [2] Cod. قبلا [3] Cod. وبتهجوا

⁘ شهادة يعقوب ابن زبدى تلميذ يسوع ⁘
⁘ المسيح الذى كانت فى سبعة وعشرين ⁘
⁘ يوما من برمودة بسلام الرب امين ⁘

فلما خرج يعقوب ابن زبدى تلميذ يسوع المسيح الى الاثنى عشر سبط المفرقة . وبشرهم باسم الرب يسوع المسيح الاله الحقيقى· ولم يكن معبود للاسباط كلها اله واحد. بل لكل سبط ⌜صنم قد اتخذه لهم⌝ الاها ولكل صنم. منهم طغيان قد [1]اضلهم به . وكانوا من تحت ولاية هيرودس يودوا اليه خدمة على جهة مختلفة . وكان ماله الذى يصير اليه من جهتهم مال كثير حتى عظم f. 49 a سلطانه وكثرت مملكته . وكان حين قدم يعقوب ينادى فى كل سبط بلغتهم لان الرب الهمهم معرفه جميع اللغات ليس لغات الالسن فقط بل لغات الطير والحيوان والدباب والوحش . اذا نطقت بلغاتها· عرف التلميذ ما يقولون . بتاييد روح القدس [2]له . ونادى فيهم يعقوب وامرهم ان يتركوا قبح افعالهم . ويومنوا بالله الاب وبابنه الوحيد يسوع المسيح وبروح القدس المحيى لكل الخليقة· الذى كل ارواحهم بيده· هو يدين الاحيا والاموات· ويقول لهم لا تودوا اموالكم كلها للملوك الارضيين بل اعطوا المساكين منها لخلاص انفسكم· وفى تلك الساعة سكنتهم موهبة روح القدس ورسخت مخافته فى قلوبهم . وشاع الخبر فى جميع تخومهم . وكلام يعقوب التلميذ امنوا به وثبتوا فى ايمان الرب يسوع المسيح مالك السما والارض· الذى لا يرفض طالبيه . ويعودوا اليه بنية صادقة وتركوا كلما كانوا يعبدونه وافعاله الردية التى كانوا يفعلونها . واقبلوا الى Cod. 81 Fonds Arabe f. 37 b, l. 7 الرب بنية صادقة . وقبلوا كلام يعقوب الذى بشرهم به ⁘ وان يعقوب الفهم جدا لسرعة [3]قبولهم بشراه . وتركهم ما كانوا عليه من الطغيان [4]والضلالة ⁘ واسرع وبنا لهم البيع فى كل تخومهم . لما راى حسن ايمانهم· وانه عمدهم باسم الثالوث المقدس ⁘ وفرحوا وابتهجوا . ووصاهم بشرايع الانجيل ⁘ وسنن الدين ⁘ وقال لهم اسمعوا ايها الاولاد المباركين الذين عادوا من [5]الضلالة الى f. 38 a معرفة الحق ⁘ الذين اصطفاهم الرب واهلهم لقبول تناول جسده الطاهر ودمه الزكى . هوذا اودى اليكم حقوق الله الذى اودعناها· وامرنا باداها الى الامم ⁘

[1] Cod. اظلهم [2] Cod. لهم [3] Cod. قبلوهم [4] Cod. والظلالة
[5] Cod. الظلالة

فقبلوها بفرح . لكى يكونوا الى فرحا دايم وفخر فى نعيم الرب الدايم ⁘ هوذا الرب قد اهلكم لكل سبط ان تكون منكم هذا به . وتكون ثماركم وكرومكم وحقولكم واغنامكم تكون للرب اجابته الجماعة· وقالوا نحن ممتثلين لجميع ما تامرنا به ⁘ قد امننا بالاله من كل قلوبنا الكبير منا والصغير ⁘ وهكذا قدم كل سبط من يكون جميع قناياه للبيعة ⁘ ولما سمع هيرودس كلما هم عليه من (Cod. D.S. f. 50 a) الايمان· والقرابين الى كنايسهم كثر تعجبه وعرف من انسان سو ان تلميذ يسوع المسيح وصل اليهم وعلمهم ان لا يعطوا هدية لملوك الارض ولا خراج لنيرون الملك . ولا لهيرودس الوالى . الا يودوها ليسوع المسيح الرب . ملك السما والارض . ولما سمع الملك مثل هذا امر ان يحضر اليه يعقوب التلميذ· فلما راه قال له· انت من اى امة ولمن تومن يا ايها الانسان الذى اوجبت عليه الموت افعاله . اجابه التلميذ المبارك قايلا انا اومن برب النصارى يسوع المسيح ابن الله الحى الذى هو سيد كل من فى السما وعلى الارض وارواحهم بيده· وانت يا هيرودس ونيرون الملك ارواحكم بيده· وهو المسلط على ملككم . فلما سمع هذا غضب عضبا شديدا على يعقوب التلميذ القديس وقال له لا اصبر عليك ان ترد علي جوابا اخر . لان نيرون الملك وهيرودس كان يبلغهما عن يعقوب التلميذ انه يزدرى بملكهما ويسب اوثانهم· وقام (f. 50 b) بسرعة وضرب القديس بسيف على منكبيه . وفى تلك الساعة اسلم روحه· وهكذا تم القديس يعقوب بن زبدى شهادته بسبعة وعشرين يوما من برمودة فقبر فى نقطا التى تسما روينة . صلاته تحفظنا الى الدهر امين· والسبح لله دايما ابدا

⁘ مجاز القديس يوحنا ابن زبدى الانجيلى ⁘
⁘ وانتقاله من هذا العالم الى الرب كتبه ⁘
⁘ القديس برخورس بسبب القديس استافانوس ⁘
⁘ رييس الشمامسة واول الشهدا احد السبع ⁘
⁘ خدام الذين اقامهم التلاميذ لخدمة الغربا ⁘
⁘ بسلام الرب امين ⁘

وكان بعد صعود يسوع المسيح الى السما اجتمع التلاميذ الى الجسمانية· قال

لهم بطرس تعلمون ايها الاخوة . لما اوصانا الرب يسوع المسيح وامرنا ان نعلم الامم الايمان ونعمدهم باسم الاب والابن وروح القدس اله واحد وبعد ان ارسل علينا روح القدس لم نسل عما وصانا به معلمنا· واكثر غمنا انتقال امه من هذا العالم وهى امنا كلنا وام جميع المومنين . هلموا الان يا اخوتي f. 51 a الاحبا بموهبة الثالوث . ان نبلغ الوصايا [1]التى امرنا بها معلمنا الى جميع الامم· اذكروا قوله الذى قال انا موجهكم مثل الخراف بين الذياب . كونوا متحددين مثل الحيات ووديعين مثل الحمام· لانكم تعلمون انه اذ اراد الانسان ان يقتل الحية تسلم اليه كل جسدها وتحرس راسها· هكذا نحن يا احباي نسلم اجسادنا الى الموت ونحرس الراس الذى هو المسيح· والامانة المستقيمة به وكذلك الحمام اذ اخذ اربابها اولادها· ما تحقد عليهم· قد علمتم ان الرب قال ان كانوا طردونى فسيطردونكم وان نالكم فى العالم احزان cf. John xv. 20 ولكن الذى يحزنونكم من اجله هو حال معكم· اجاب يعقوب اخى الرب قايلا نعم يا ابانا بطرس اهتمامك بهذا الحال· اجابه بطرس قايلا ان سهمك هو هذا ان تقيم فى هذه المدينة ولا تفارقها وطرحوا السهم ايضا وان سهم يوحنا ان يخرج الى اسية لينادى فيها· وكان ذلك عسيرا عليه جدا . فخر ثلثة دفعات f. 51 b متتابعة وسجد ودموعه تنحدر على الارض . وسجد التلاميذ معه فامسكه بطرس واقامه· وقال له نحن ننظرك كل حين كالاب وبصبرك نتشبه فلم فعلت مثل هذا الفعل وسجست قلوبنا كلنا· اجاب يوحنا بدموع وقال· يا ابي بطرس انا قد اخطات فى هذه الساعة· لانى لا بد ان يلقانى شدايد عظيمة فى البحر· ولكن صلوا من اجلي يا اخوتي الاحبا· ليغفر الله لى · ونهض جماعة التلاميذ فى تلك الساعة· وسالوا يعقوب اخا الرب ان يصلى عليهم ولما فعل ذلك· قبلوا بعضهم بعضا بالقبلة الروحانية· واعطا كل واحد تلميذ من التلاميذ الصغار الاثنين وسبعين وان سهمي جرا ان اتبع معلمي يوحنا . وخرجنا من اورشليم وبلغنا يافا· واقمنا عند ⌜الشاطى⌝ ثلثة ايام· وركبنا فى مركب اتا من مصر موسق حمولة اوصل حمولته الى يافا . واراد الخروج الى المغرب· وركبنا المركب وجلسنا فى موضع . وابتدى يوحنا يبكى وقال لى يا ولدي

[1] Cod. الذى

f. 52 a برخورس فى هذا البحر شدة عظيمة تلقى علي وستعذب نفسي فاما الموت او الحياة فليكشف لى الرب . فان خلصت يا ولدي من شدة البحر اذهب الى اسية· وامضى الى مدينة افسس· وامكث فيها شهرين . فان اتيتك بعد الشهرين فنحن نتم خدمتنا· وان جازت ولم اتى اليك· فارجع الى اورشليم: الى يعقوب اخا الرب· والذى يقول لك افعل . وكان هذا الكلام الذى يقوله يوحنا فى عشر ساعات من نهار ذلك اليوم: عند ذلك تحركت ارياح عظيمة فى البحر وقلق المركب جداً وهم بالغرق واقمنا كذلك الى ثالث ساعة من الليل وعطب المركب وتعلق كل انسان بعود من المركب· ونشتت معه وعجح البحر عجيجا عظيما وتكاثر فيه الموج وكثر قوة الماء وتجمعت المياه على المركب وتبذر خشبه وجميع ما كان فيه· الله الذى ينظر كل شى ويدبر خليقته مثل الراعى الذى يسير خرافه هكذا سلم كل: واحد بالعود f. 52 b المعلق به مثل نهر يفيض مآء ويرجع الى موضعه ومع ستة ساعات من النهار: وطرحتنا الامواج الى سلوكية على خمسة عشر[1] فرسخ الى مينا من تخوم انطاكية· وعدة من سلم من المركب ستة واربعين رجلا· فلما استقر بنا على شاطى البحر لم نقدر نكلم بعضنا بعضا من قلة الطعام والفزع والتعب· ولبثنا مطاريح على وجه الارض من ستة ساعات الى تسعة ساعات· فلما تراجعت الينا ارواحنا قاموا علي [2]الذين غرقوا فى السفينه قايلين لى كل كلام قبيح ان الرجل الذى تبعك ساحرا ولذلك عمل عملة السحر· وغرق المركب· واخذ كلما فيه وهرب فاما ان تسلمه الينا· والا دفعناك الى والى المدينة ليقتلك . لان قد حضر كل من كان فى المركب الا صاحبك وحده· وتغضب اهل المدينة علي وصدقوا قولهم والقونى فى السجن· وفى اليوم الثالث اخرجت f. 53 a الى موضع عظيم حيث جلس رووسا المدينة· وقابلونى بكل قبح . وقالوا لى من اين انت ومن اى ملة وما صنعتك· وما اسمك الذى تُدعا به· عرفنا الحق قبل ان نعذبك· قلت لهم انا نصرانى من ارض يهودا واسمي برخورس وغرقت مثل هذه الجماعة فى البحر وهاندا حاضرا مثل هولاى

[1] Cod. + غلوة deleted [2] Cod. الذى

كلهم· قال الروسا فكيف سلم كل من كان فى المركب الا صاحبك حقًا انه مثل ما قال هولاى انكم سحرة سحرتم المركب ولم تدعوا احد يعلم وانت فقد وقعت وصاحبك قد اخذ جميع ما فى المركب على ما توافقتما عليه حقا انكما عمال الشر· وفى اعناقكما دما عظيما . واما صاحبك فقد ابتلعه البحر وانت فقد حل بك ⌈شر فعالك· من بعد سلامتك من البحر الساعة تهلك فى هذه المدينة وخوفونى وتقولوا علي· وقالوا اعرفنا اين صاحبك· عند ذلك بكيت بكاء شديدا وقلت قد عرفتكم انى تلميذ للرب يسوع المسيح خرج قسم معلمي ان يخرج الى نواحى اسية· ولما ركبنا السفينة كلما حل بنا f. 53b اعلمنا اياه قبل كونه واعلمنى ان اقصد الى مدينة افسس . وانتظره هناك عدة ايام· فان تمت الايام· ولم ياتى الي رجعت الى بلدي· وليس معلمي ساحر ولا انا ايضاً بل نحن نصارى مشهورين بالثقة· وكان قد حضر رسول من انطاكية· من خواص الملك· اسمه! سلوقس لتحمل مال الخراج· فلما سمع منى ذلك امر الروسا ان يطلقوا سبيلي ففعلوا كما امرهم· وسرت مدة اربعين يوما الى ان بلغت الى اسية· وانتهيت الى ارض واسعة على شاطى البحر اسمها مرمروان· وجلست على ركن مشرف على البحر لاستريح من الشدة والغم ونمت يسيراً وفتحت عيني ورايت فى البحر موج عظيما متداركاً⌉ والقا يوحنا منه· فلما رايته قمت مسرعاً لامسك يده واعاونه على الخلاص· ولم ايقن انه يوحنا· فلما دنوت منه سبقنى للصعود· ولما رايته فرحت فرحا عظيما وعانقته وبكينا جميعنا وشكرنا الله على ما وهب من اجتماعنا بعد اياس· f. 54a فلما استراح قليلاً ورجع اليه عقله عرف بعضنا بعضا ما جرى علينا· وعرفنى انه اقام اربعين يوما واربعين ليلة فى لجج البحر وعرفته ما جرى علي وقمنا جميعاً الى ان انتهينا الى اخر تلك الارض الذى تُدعا مرمروان . وسالنا طعاما فاعطينا خبزا وماء فاكلنا وقويت قلوبنا وسرنا فى الطريق الى افسس· ولما دخلنا الى المدينة· جلسنا موضعا يسمى مدبَر اردميس· فى اول المدينة· وكان فى الموضع حمام لريس المدينة· واسمه ديسقرديس فقال لى يوحنا يا ولدي· لا تعرف احد من هذه المدينة من نحن ولا فيما حضرنا اليها حتى ياذن الله بالفرج· ونجد السبيل ان نظهر ونبشر فيها

وفيما هو يقول هذا اذ اقبلت الينا امراة شديدة الباس هى كانت قيمة الحمام مرة عقيم لم تلد ولدا قط ملية الجسم مثل البغلة العظيمة [[1]مدلة (f. 54 b) بقوتها وكانت تضرب] الفعلة الذين يخدمون الحمام بيدها ولا تمكنهم ان يستريحوا ساعة واحدة· يقول عنها انها كانت تخرج [2]للحرب· وتقاتل وترمى الحجارة بيدها . وهى مفتخرة بفعلها· وتظن انها حكيمة· وكانت تتزين لتسبى الناظرين اليها· ولما راتنا جلوسا· ولباسنا لباس دنى· تفكرت فى نفسها· وعلمت انا غربا· عملت ان تصيرنا نخدم الحمام: وقالت ليوحنا· من اين انت ايها الانسان· قال لها انا من بلد بعيد· فقالت ايضاً انت من اى البلاد· وما دينك· فقال لها انا نصرانى قالت له تجى تكون وقادا تقد الحمام: وانا ادفع اليك اجرتك ومونتك· قال لها نعم وعادت الي وقالت ما تكون· قال يوحنا هو اخي قالت انا احتاج الى الاخر يكون بلان . واحضر بنا جميع الى الحمام . واقام يوحنا وقادا وانا بلان واعطتنا ثلثة ارطال خبز فى كل يوم: واقمنا اربعة ايام ولم يوجد يوحنا الوقيد . فامسكته وطرحته على الارض· وضربته ضربا (f. 55 a) شديدا بلا رحمة وكانت تقول له ايها العبد السو الهارب من بلده لا تستحق الحياة· اذ علمت انك لا تصلح لهذا العمل . لم دخلت فيه· ولكنى اريك عبادتك· انما اتيت الى هاهنا [لتخدع] [3]دمنة· التى خبرها الى مدينة رومية· لا تقدر تخلص من يدي لانك عبدي اذ تاكل وتشرب بنشاط· ووقت العمل انت كسلان· ازل عنك هذا الطبع السوء وتسير بخدمة دمنة خدمة جيدة· ولما سمعت هذا الخطاب الردى تخاطب به يوحنا ولما رايت من ضربها اياه حزنت حزنا شديدا· قال لى يوحنا لما رانى حزيناً· يا ولدي برخورس لم شككت اما تعلم انا غرقنا فى البحر جميعاً واقمت انا فى غمق البحر اربعين يوما وبرحمة الله خلصت· وانت حزنت من جهة لطمة واحدة من امراة جاهلة ويسير من غضبها· امض الى عملك الذى وكلت به واعمل بنشاط ربنا يسوع المسيح لُطم وتُفل فى وجهه وصُلب· ونحن خليقته اشترانا (f. 55 b) بدمه وانه تشبه بنا ما خلا الخطية وقد ابتدا وعلمنا هذا كله انه سيجرا علينا ولكن صبرنا نكتسب انفسنا ولما سمعت منه الجماعة هذا القول مضيت

[1] E Cod. Bodl. Or. 541, f. 31 b, l. 3 [2] Cod. الحرب [3] Cod. دهنة

الى العمل الذى امرتنى دمنة· وبالغداة اتت زمنة الى يوحنا وقالت له· ان احتجت الى كسوة اعطيتك· ولاكن جود عملك· اجابها يوحنا الذى تدفعيه لى هو يكفينى والعمل فانا اجوده· قالت له لم الجماعة يلوموك· انك ما تجود خدمتك· قال لها هذه الصنعة انا دخيل فيها· وهو ابتدا عملي فيها· فلذلك انا قليل المعرفة بها فاذا تقدمت تستعلمين انى صانع جيد· لان اول كل شى صعب . فلما سمعت ذلك· عادت الى منزلها· وتشبه الشيطان الباغض لكل خير من البدى تشخص بدمنة· وترايا ليوحنا وقال له لم لا تجود صنعتك يا جاهل عاجز قد افسدت العمل· وما اطيق ان احتملك· جود عملك ووقيدك والا القيتك فيه· ولا ترا هذا الضو ابداً لانك [1]لست مستحق للحياة·
ولست اريد ارى رويتك . اخرج يا مختال وخذ صاحبك وعد الى مدينتك f. 56a
الذى خرجت منها لشر فعالك . وان الشيطان مسك القضيب الحديد الذى يغلب به الناس بغضب ليضرب يوحنا· وقال له انا اقتلك اخرج من هاهنا· لا اريد ان تخدمنى شيا . اخرج· ولما علم يوحنا بالروح انه الشيطان . دعا باسم الاب والابن وروح القدس وفى تلك الساعة هرب الشيطان من بين يديه وفر . وفى الغد ⌈لقيت⌉ ⌈بيوحنا⌉ زمنة وقالت له ان ⌈تكلم معى رجل عليك⌉ كثيرة انك غير مهتم بصنعتك وتتعمل علل حتى اخلى عنك ولست تقدر على ذلك وان هممت لا اخليك وفى جسمك عضو صحيح . وفى كلما كانت تخاطبه لا يرد عليها جوابا . ولما رات صبره ودعته ظنت انه عاجز وكانت تكلمه بكل كلام بشيع وترمى التراب فى وجهه· وتقول له· انت عبدي الست معترفا بذلك قل لى . قال لها يوحنا نعم نحن عبيدك انا الوقاد وبرخورس البلان
*وكان لدمنة [a]الملعونة خليل من عدول القاضى· [b]فصارت اليه وقالت له· [c]ان f. 56b
لى [d]عبدان خلفهما [e]لى ابي· [f]ولهما مدة طويلة هاربين عنى· وفى هذا الوقت [g]عادوا علي· وهما معترفان لى بالعبودية . [h]واريد تكتب لى كتاب [i]عبوديتهم· قال لها ذلك العدل· ان اعترفا[k] انهما عبيدك [l]اشهدى عليهم ثلثة شهود عدول· وتكتبى

[1] Cod. ليس

---

* Guidi, Cod. Vat. Arab. 694

[a] om. [b] وانها اتت [c] اني [d] عبدين [e] اباي [f] ولهم
[g] عادا الي [h] وانا اريد ان [i] عبوديتهما [k] + لك [l] تشهدي

[a]عليهم كتاب العبودية· باعترافهما· [b]وعلم يوحنا[b] بالروح [c]كلما همت به وقال[c] يا
ولدي [d]برخورس[e] هذه الامراة تريد [f]نعترف لها انا عبيدها· فيا ولدي لا يحزن
قلبك من [g]ذلك· بل [h]يفرح جداً وتجيبها الى ما تريد . [i]فمن مثل هذا الفعل[i]
ربنا يسوع المسيح[k] قادر ان يعرفها من نحن وقبل ان يفرغ يوحنا من وصيته
لى اقبلت [l]زمنة·* بتجبر عظيم· وامسكت يوحنا وقالت له ايها العبد السو لم
اذا اقبلت مولاتك لا تسرع فى لقاها وتسجد لها على الارض . الست عبدي
ايها العبد الابق ولكمته· وقالت له اخبرني· قال لها يوحنا اليس قد قلت لك·
f. 57 a انا عبيدك انا الوقاد وبرخورس البلان· واعادت القول· فقولا لى· انتما عبيد
من· قال لها هذه المرة الثالثة قد اعترفت انا جميعا عبيدك . فقدمتنا الى
هيكل المدينة . الى ثلثة شهود· وكتبت علينا كتاب العبودية· † وكان فى [d]تلك
الحمام قوة شيطانية[m] سكنتها [n]من اول ما بُنيت· لان الصناع حين [o]طرحوا
الاساس [p]حفروا فى وسطه ورموا[p] صبية [q]حيية· [r]وردموا عليها· وبنوا حجارة الاساس·
[s]فلهذا السبب سكنتها القوة الشيطانية وفى كل سنة يخنق الشيطان فى تلك
الحمام [t]نفسا [u]ثلثة دفعات· [v]وكان ديسقريدس[v] صاحب الحمام [w]تبين [x]الايام [1]التى
يجرى فيها[y] هذا· وكان له ولد جميل جداً حسن الوجه· اسمه [2]دميس وكان
عمره [z]ثمان عشر سنة· [aa]وكان ابوه يمنعه[aa] من دخول الحمام فى اليوم الذى
يجرى فيه[y] هذا الفعل [bb]الذى يفعله[bb] الشيطان· وبعد ان اقمنا فى تلك الحمام
ثلثة شهور† حضر ولد ديسقريدس الى الحمام وحده ليستحم ودخلت فيها على
f. 57 b العادة لخدمته وانه سبقنى الى الدخول فامسكه ذلك الشيطان وخنقه وقتله·
فلما علم عبيده· خرجوا صارخين قايلين· الويل لنا ان سيدنا قد مات فلما
سمعت زمنة شقت ثيابها ونتفت شعر راسها· وقالت الويل لها هى الشقية· ما

[1] Cod. الذى   [2] Cod. ديمس

---

[a] عليهما   [b] وان يوحنا علم   [c] جميع ما اعتزمت عليه فقال لي اعلم
[d] om.   [e] ان +   [f] ان نقر   [g] مثل هذا   [h] تفرح   [i] وثق ان هذا   [k] هو +
[l] زمنة   † قد +   [m] منذ   [n] منذ   [o] حفروا   [p] طرحوا فيه   [q] وهي فى الحياة
[r] ودموا   [s] ولهذا   [t] نفس حية   [u] ثلاثة   [v] وان ديسقوريدس
[w] كان يعرف   [x] تلك +   [y] مثل +   [z] ثمانية   [aa] كان يمنعه ابوه   [bb] من

اصنع وای وجه لی ارفعه فی وجه ديسقريدس واعرفه بموت ولده بل هو ايضاً اذ سمع ان ولده الحبيب مات هو يموت ايضاً من الحسرة· وكانت تغوث بالصنم الذی فی [1]البربا· يا [2]اردميس اعيننی واحيی دميس سيدي . نحن نعلم جميع اهل افسس انك مدبر العالم· ولم تزل تقلع شعر راسها من ثلثة ساعات الى تسع ساعات وهی تبكی بخرفة· واجتمع بذلك جمع عظيم· منهم من كان بحزن لموت الغلام· ومنهم من كان يتعجب لزمنة . وما هی عليه من البكاء والنحيب· وخرج يوحنا من موضع الوقيد· قال [3]لی يا ولدي برخورس· ما هذا الصراخ . الذی فی هذه المدينة من هذه الامراة· فلما راته زمنة وهو يكلمنی اسرعت وامسكته وقالت ايها الرجل الساحر المفسد لاجل سحرك بعد عنی الاهي ولا يسمع لی . ولطمت يوحنا قايلة ايها العبد السوء f. 58 a انما اتيت ⌈لترانی⌉ وفرحت بما اصاب سيدي . فلما سمع يوحنا قول زمنة دخل الحمام ووقف على راس الغلام الميت متعجبا مما حل به· وزجر الروح السو واخرجه من الغلام· ورسم على وجهه رسم الصليب· وامسك يديه واقامه واخرجه من الحمام· وهو حی بين يدی تلك الجماعة· وقال لزمنة خذی سيدك وهو صحيح سالم· ليس به شی من الفساد . هوذا هو حی بقوة سيدي يسوع المسيح ولما رات زمنة ما كان بهتت وتخلط عليها عقلها· اصابها رعدة ومخافة· هی وكل اهل البلد [4]الذين حضروا ونظروا الاية التی عملها . ولم تستطع زمنة ⌈أن⌉ ترفع وجهها فی وجه يوحنا من الحيا والخوف . كانت تقول الويل لی ما اصنع بهذا الرجل الذی فعلت به كل هذه الافعال القبيحة ليس هو لی بعبد· ⌈و⌉الذ⌈ی⌉ كذبت عليه· واشد ما على اللطم والضرب f. 58 b ⌈الذ⌉ی ضربته· وكانت حزينة جداً تريد الموت اكثر من الحياة . ولما نظر يوحنا وجهها· وما حل بها من الغم و[ال]حيا والندم امسك يدها ورسم فی وجهها رسم الصليب المقدس الكريم باسم الاب والابن والروح القدس الاله الواحد· فسكتت عند ذلك حواسها والقت نفسها بين يدی القديس وقالت اسالك ان تغفر لی وتعرفنی من انت لعل انت الله او ابن الله قدرت تفعل مثل هذا الفعل· قال يوحنا لست الله ولا ابن الله كما تظنين . بل تلميذ ابن

[1] Sahidice περπε [2] Cod. ديردميس [3] Cod. له [4] Cod. الذی

الله الذى اذا امنتى به كنتى من امته· اجابت زمنة بخوف ورعدة وقالت يا عبد الله الصالح· اغفر لى كلما فعلته بك من الشر والشتيمة والكذب· قال لها يوحنا· اومنى بالاب والابن وروح القدس وهذا كله مغفورا لك· قالت له يا عبد الله الصالح انا اومن بكل ما سمعته منك . وان واحد من غلمان ديسقريدس اسرع اعلمه بموت ولده· وان يوحنا احياه وان الجمع محيطين به ولما سمع ديسقريدس ان ولده مات سقط على الارض مفتر عليه [f. 59a] وصار كالميت وعاد الغلام الى الحمام [الى] دميس ويوحنا وهو [1]يعظ زمنة وقالت له الويل لى يا سيدي دميس ان سيدي ديسقريدس ابوك مات . وان دميس لما سمع ان ابوه مات خرج من عند يوحنا [2]الى الموضع الذى كان فيه ابوه فاصاب ابوه ملقا على الارض ميت· فعاد الى يوحنا وقال له يا عبد الله الصالح انت الذى احييني بعد الموت وهانذا لما سمع بى ابي انى مت قد مات هو ايضاً وانا اسالك ان تحنن عليه هو ايضاً· اجابه يوحنا وقال له· لا تخاف ليس موت ابيك موت . بل هو حياة ومضى معه يوحنا الى الموضع الذى فيه ملقى وتبعهم زمنة وجماعة كثيرة جدًا ولما قرب اليه امسك يده وقال ديسقريدس بسم الاب والابن والروح الاه الواحد قم اقف على رجليك· وفى تلك الساعة قام وهو صحيح وليس به شي من الفساد وتعجبوا كلهم من القوات والعجايب [3]التى عملها يوحنا فمن بين الجماعة من كان يقول انه ساحر ومنهم من كان يقول ان ساحر [4]لا يحيي ميت· فاما ديسقريدس لما سكنت حواسه القى نفسه تحت قدمى يوحنا وقال له انت ابن الله الذى احييت ولدي وحييتنى انا ايضاً قال [5]له يوحنا انا لست كما تظن انا عبد الله وتلميذا [f. 59b] انت ⌈وولد⌉كم لم تحييوا غير بقوة يسوع المسيح ابن الله الحي وان ديسقريدس عاد وسجد له وقال له امرنى كما افعل لكيما احيا . قال له امن باسم الاب والابن والروح القدس الاله الواحد واعتمد وانت [6]تاخذ حياة الدهر . قال له ديسقريدس ها انا بين ايديك وجميع اهل بيتي وامر بما تريد وان ديسقريدس ادخل يوحنا الى بيته واوراه جميع ما له وقال له تسلم هذا كله واجعلنى انا

[1] Cod. يعيظ [2] Cod. من [3] Cod. الذى
[4] Cod. ما [5] Cod. لى [6] Cod. ياخذ

نصرانى واهل بيتي· اجابه يوحنا وقال له لست احتاج الى ما لك لا انا ولا الاهي· بل كلما رفضناه وتبعنا الاهنا وكلمه كلام كثير من الكتب القديسة· وان ديسقريدس سجد للقديس يوحنا وقال له يا عبد الله الصالح تحنن علينا وعمدنا بسم الاب والابن والروح القدس· قال له يوحنا احضر كل من فى منزلك الي· واعظهم واعلمهم جميع شرايع الدين واعمدهم بسم الاب والابن والروح القدس اله واحد [ويقبلون] عربون الحياة· بعد ذلك اتت زمنة وبيدها كتاب يوحنا الذى كتبته ان يوحنا عبدا لها والقت نفسها بين يديه وتحت قدميه وهى باكية نادمة وهى تقول اسالك يا عبد الله الصالح ان تعطينى f. 60a علامة دين المسيح وتسلم منى كتاب خطيتي . وان يوحنا اخذ منها الكتاب فقطعه وعمدها بسم الاب والابن والروح القدس· ومن بعد ذلك خرج يوحنا من بيت ديسقريدس وعاد الى الحمام واخرج منها ذلك الروح النجس الذى كان يخنق الناس· وعاد الى بيت ديسقريدس· وكان قد اجتمع الينا خلق كثير لما دخلنا الى البيت افترقت الجماعة . ووضع لنا ديسقريدس مايدة· وشكرنا الرب المسيح وتناولنا الطعام واقمنا ذلك اليوم فى ذلك الموضع الى غد اليوم الثانى· واهل المدينة عيدوا عيدا عظيم لالهم الذى يُدعا اردميس· وان يوحنا حضر الى ذلك الموضع ووقف مقابل الصنم الذى يُدعا اردميس· وكان قد حضر اهل كل افسس وكانوا لابسين افاخر ثياب يوم العيد . وكان يلبسها وهو يخدم فى متوقد الحمام . فلما [1]راوه الكفار قدموه بالحجارة فصيب الصنم حتى تكسر· اجابهم القديس يوحنا التلميذ قايلاً ايها الرجال اهل مدينة افسس ما انتم هكذا تعبدوا الشياطين النجسة وتتركوا الله صانع كل f. 60b الخليقة وان الله [اكبر] [2]من رجل . وكان تمسك[هم] غضبة عن يوحنا . فقال لهم هذا الاهكم قد تكسر من كثرة الحجارة التى رميتونى بها . فان كنتم يريدون وتريدوا تنظروا قوة الله افهموا وتيقظوا وكونوا سريعى القبول لما ان تنظروه . وان يوحنا وقف وصلا ودعى هكذا وقال . يا سيدي يسوع المسيح اجعل مخافتك فى قلوب هولاى القوم لكيما يعلموا انه ليس الاه غيرك . وفى تلك الساعة سمعوا صوتا ينادى على الارض· فلما فرغ الصوت سقط مايتى رجل وصاروا

[1] Cod. راوهم   [2] Cod. عن

كالاموات وعادوا الباقي ساجذين ليوحنا قايلين له نسالك ان تقيم هولاى الاموات ونحن نقوم نامن بالاهك· فاجابهم يوحنا وقال لهم يا اهل افسس انتم قساة القلوب انا اعلم ان قاموا الاموات ليس تامنوا بالله الحى لقساوة قلوبكم فانها مثل قلب فرعون وان يوحنا رفع نظره الى السما وقال ايها الحال فى الاب كل حين سيدي يسوع المسيح· ابن الله الحى بقوتك يقوموا هولاى الاموات ليامنوا باسمك . وفى تلك الساعة كانت ضجة عظيمة فى الارض وزلزلة وقامت تلك الاموات المايتين رجل· والقوا وجوههم على الارض ساجدين ليوحنا قايلين له ما تامرنا به ايها الرجل الصالح وانه وعظهم شرايع الدين وعمدهم f. 61 a باسم الاب والابن والروح القدس الاله الواحد· وبعد ذلك كنا فى بعض الايام جلوس فى موضع مشهور فى المدينة اجتمعوا به الجماعة . اتت امراة وسجدت ليوحنا قايلة يا عبد الله الصالح ان لى ولد وحيد اعتراه شيطان نجس من ثمانية ايام وهو ملقا فى البيت معذب من ذلك الشيطان موجع جدا وانا اسالك واطلب اليك ان تتحنن على ولدي وتعافيه· وانا وابوه نومن بالاهك وان يوحنا قام وديسقريدس ودخلا الى بيت الامراة ونظر الى ولدها وهو ملقى على السرير ولا يتكلم وان امه سجدت على قدمى القديس يوحنا وقالت له انا استحلفك بالله الحى الذى تعبده تتحنن على ولدي· وان يوحنا امسك بيده اليمين وقال له باسم سيدي يسوع المسيح المبارك ايها الغلام قم: عند ذلك قام الغلام وهو صحيح وسبح الله· وان يوحنا وعظهم وعمدهم باسم الاب والابن والروح القدس الاله الواحد· وان اليهود وثبوا على يوحنا مثل الكلاب الضارية يريدون قتله وان ديسقريدس خلصه من يديهم وخرجنا من f. 61 b ذلك الموضع وانتهينا الى موضع يسما سعة المدينة· وكان فى ذلك الموضع رجل ملقا منذ اثنى عشر سنة ليس يستطيع الوقوف على رجليه فلما نظر الى يوحنا صاح بصوت عال قايلا ارحمنى يا تلميذ الرب يسوع المسيح وان يوحنا لما راى امانة ذلك الرجل قال له باسم يسوع المسيح قم فعند ذلك قام الرجل بسرعة من وقته يسبح الله وان الشيطان الحال فى اردميس لما راى مثل هذه الاية الذى يعملها يوحنا تشبه برجل من خواص الملك ومعه

كتب وجلس فى موضع مشهور وبكا . وفيما هو يبكى اذ عبر عليه رجلين من تباع الملك· فلما راوه فى تلك المنزلة تقدموا اليه وسلموا عليه وقالوا له ايها الصاحب ما الذى يبكيك وانه اوراهم الكتب الذى خيل لهم بها وليس هى كتب بل هى من صنعة الشيطان فقالوا ما هى هذه وما الذى فيها وما السبب فى مكاتبتك ومن لطمك وانه اكثر النحيب والبكا· وقال لهم اننى [f. 62 a] فى شدة عظيمة وما لي استطاعة الى الحياة فان كان لكم قدرة ان تنصفانى اعرفكما حالي· وانهما قالا نحن نقدر فقال لهم احلفا لى باردميس العظيم انه بالموت والحياة تبذلا نفوسكم دوني وانا اعرفكم حالي . وانهما حلفا له انهما يكونوا معه فى كل احواله وانه عمل لهما فى الكتب التخيل الرقعة الاولة هكذا عمل ايضا خيل لهم اكياس كثيرة مملوّة دنانير . وقال لهما انى معطيكم هذا المال جزا لتعبكم معى . وانهما قالا له اشرح لنا قضيتك ونحن نكفيك· وانه قال انا المسكين من مدينة قيسارية التى هى من كورة فلسطين انا حاجب فى البلاط سلم لى ساحرين من اورشليم اسم الواحد يوحنا والاخر ابرخورس فاننى سلمتهم وجعلتهم فى السجن وفى اليوم الرابع سالوا اراكنة المدينة عنهما واحضروهما وصح لهما قبح افعالهما فعظم ذلك عليهما وامرونى ان اردهما الى السجن حتى يجتمعوا الاراكنة يقضى عليهما بما يستحقاه من الموت . فلما مضيت بهما كما امرونى اتركهما فى السجن انفلتا من يدي وتنجيا . فلما اعلمت حالهما للوالى حنا علي وقال لى اذهب يا مسكين واطلبهما [f. 62 b] فان ادركتهما والا فاعلم انك تموت [1]باشر الموت . وقال لى اذ لم تجدهما لا تعود الي وتطوف البلاد . وانه احضرهما[2] فى ذلك [3]هذا المال وقال لهما هذا المال جعلته زاد طريقي وقد عرفت من جماعة الناس انهما فى هذه المدينة وكذلك قصدت اليهما وانه كان يبكى ويقول ان روحي وولدي ومنزلي خليت عنهم وهاندا انا تايه فى البلاد الغريبة وانا ارغب اليكم يا احباي ان تتحنوا على غربتي . قالوا هولايك . اصحاب الملك لا تحزن يا صاحب· قال فى

[1] Cod. باشرها موتة [2] Cod. + الي [3] Cod. وهذا

هذا البلد سحار. قالوا له نعم انا اخاف ان يهربوا من هذا الموضع [1]بسحرهم ولكن انا اسالكم اذا قبضتما عليهما اجعلوهما فى موضع مخفى لا يعلم بهما احد وتقتلاهما سرا . وناخذ هذا المال . قالا [2]له الجيد لك اذا اقبضناهما ان ناخذهما معك الى بلدك. قال لهما اقتلوهما وما اسف على عودتي الى بلدي ولا اجتمع مع اهلي . وانهما توافقا معه على قتلهما سرا . واخذا المال وعلم القديس يوحنا بالروح بما يريد الشيطان يفعل. قال لى يا ولدي ابرخورس قوى نفسك وتجلد على ما يحل عليك لان الشيطان الذى هو حال فى f. 63 a هيكل اردميس قد قام علينا اضطهاد عظيم قد اقام علينا رجلين من وجوه العسكر وقد تكلم فينا عندهم بكلام قبيح وقد كشف لى الاهي يسوع المسيح ما قاله الشيطان لهما . فقوى قلبك ولا تخف . وفيما يوحنا يقول لى هذا الكلام واذا ذاك الرجلين قد حضروا وامسكونا. ولم يكن ديسقريدس حاضر فى تلك الساعة. وكان يوحنا قال لهما [لما] تمسكانا وما ديننا. قالا له من اجل السحر. قال لهم يوحنا ومن الذى يشهد علينا بهذا. قالا له نحن نعلم ونحن نجعلك فى السجن حتى يحضر خصمك . قال لهما يوحنا ليس تستطيعان ان تظلمانى اذا لم يحضر معكما [3]بيته عادله . وانهما لطما يوحنا وقبضانا ومضيا بنا الى السجن. وانهما عزلا بنا الى موضع خال فى خراب ليس احد فيه من السكان ليقتلانا كما توافقان مع الشيطان وان زمنة اسرعت الى ديسقريدس واعلمته بما جرى علينا. فلما سمع مثل هذا قام f. 63 b مسرعا وطلبنا حتى وجدنا. وخلصنا من ايديهم فكلمهم بكلام صعب وقال لهما ما يجوز لكما ان يوجيا القضية على قوما ابريا وليس خصمهما حاضر مسكتموهما وانكما ادخلتموهما الى موضع خراب وليس جلس الوالى الا ليقتلوهما سرا. هذا هولاى الرجلين فى منزلي حتى يحضر خصمهما ويحكم عليهما كما يامر الناموس. فقال الرجلين لبعضهما بعض الجيد ان يحضر خصمهما ويحكم عليهما كما يحكم الناموس ويقوى على بعضهما ويلزمهما الواجب وانهما سارا عنا وغابا الى الموضع الذى كان فيه الشيطان مقيم . فلم يجداه وطافا كل

[1] Cod. بسحركم [2] Cod. لهما [3] Cf. Corân, Sura II. v. 282

المدينة فلم يجداه ولم يعرفا له خبر وخافا ان يعودوا الى ديسقريدس لانه كان مقدم للبلد فقعدا فى حزن شديد وبعد ذلك ظهر لهم الشيطان بذلك الزى وقال لهما يا احباي لم انتم متواسين واعلماه بما جرى وان ديسقريدس جعلهما من ايديهما فان كنت تحضر معنا قدرنا على احدهما [1]منهم وانه تمشى [f. 64 a] معهم وهو باكى حزينا جدا· واجتمع جمعا عظيم . فقال لهم القول الاول الذى قالوا للرجلين فغضبوا جدا على يوحنا لان كان اكثرهم يهود واتوا الى بيت ديسقريدس· وقالت له الجماعة انت باوالى المدينة وما يجب ان تاوى السحرة فى منزلك . فاما ان تسلمهم الينا والا احرقنا بيتك ونهبنا جميع مالك وقتلناك انت وولدك واخذناهم من غير اختيارك . وشاع الخبر فى المدينة واجتمع الناس الى بيت ديسقريدس يطلبوا يوحنا وتلميذه· فلما راى يوحنا كثرة الشعب والجماعة الذين كانوا حضروا قال له ديسقريدس نحن ليس نهتم بما تقول انت [Mark viii. 34] تتفق على مالك ونحن فما نشفق على اجسادنا الا نحن قد اعلمنا معلمنا ان نحمل صليبنا ونتبعه فقال ديسقريدس ليوحنا هوذا بيتي يُحرق ومالي يُنهب وانا وولدي نُقتل من دونك . قال له يوحنا لا انت ولا مالك ولا ولدك ولا تسقط من روسكم [f. 64 b] شعرةٌ . سلمنا الى الرَجال الذين فى منازلكم حتى تنظروا قوة الله وان ديسقريدس سلمنا اليهم وسرنا الى بربا اردميس· فلما قرب يوحنا الى البربا قال للرجال الذين امسكوه يا اهل افسس ما هذا البربا· قالوا له هذه بربا اردميس· قال لهم يوحنا· نقف هاهنا ساعة يسيرة وانهم وقفوا كما قال يوحنا· ورفع نظره الى السما وقال يا سيدي يسوع المسيح بقوتك تسقط هذه البربا ولا يموت واحدا من الجماعة· وبسرعة كان قوله وسقط البربا· وقال يوحنا للشيطان الحال فى البربا لك اقول ايها الشيطان النجس . اجابه ما هو وما هو الذى تريد· قال له يوحنا كم [2]لك من سنة حال فى هذه البربا· قال له الشيطان تسعة واربعين سنة· قال له يوحنا انت الذى قمت علي اصحاب الملك· قال له الشيطان نعم انا هو· قال له يوحنا انا امرك باسم سيدي يسوع المسيح [f. 65 a] الناصرى ان تخرج من هذه المدينة ولا تعود اليها مرة اخرى· وان الشيطان

[1] Cod. منه   [2] Cod. لكم

خرج بسرعه فعند ذلك بهتوا الجماعة لما نظروا واجتمعوا كلهم فى موضع واحد . قال بعضهم لبعض· ما تروا وما فعلوا هولاى القوم . هلموا بنا جميعا ان نقبض عليهم ونسلمهم الى اركون المدينة ويعذبهما كشبه الناموس· وكان فيهم رجل يهودى اسمه مروان قال هذا الرجل وكل من معه سحرة وهم يعرفوا كل الصنايع الردية والجيد ان نقتلهم ولا نشاور فى امرهم: فقالوا له جيد ما قلت وان مروان حرك الجماعة فلم يجيبوه الى ما قال احضرونا الى ⌜او⌝الى المدينة الذين لهم الكلمة وسلمونا اليهم فقالوا لهم الولاة ما الذى صنعوه من صنعة السحر قال لهم مروان رجل من اصحاب الملك من مدينتهما سال عنهما· وهو الذى اعلمنا بسو افعالهم: *فقالوا لمروان[a] الرجل الذى
f. 65 b ذكرته[b]حضر الينا[c]وعرفنا[d]بهذا ان كان هو[d] [e]صادق القول . واما هولاى يلقوا فى السجن الى ان يحضر خصمهما . وانهم ادخلونا الى السجن وقيدونا بالقيود وخرجوا الجماعة [f]فى كل نواحى المدينة يسالوا عن صاحب الملك· فلم يجدوه·[g] [h]فنادى المنادى فى المدينة كلها وخارجها ثلثة ايام فلم [i]يجدوه واحدا· اجابوا وقالوا اين الرجال الذين كانوا ⌜بالسجن⌝[i] . ⌜اجابهم⌝ [j]الاراكنة بالمدينة[j] قايلين ما يجب [k]علينا ان نترك هولاى القوم الغربا فى السجن ولم [l]يقوم[m] [n]شهود ثقات ولا [o]خصم يبكتهم: وان الاراكنة ارسلوا احضرونا واستحقوا بنا [p]وتقولوا علينا ووصوا [q]ان لا[q] نقيم فى المدينة ولا نعلم [r]شيا مما نعلم به واخرجونا من المدينة موكلين بنا [s]ونفونا من كل تخومها وانتهينا الى [t]موضع [u]يقال له [v]ميروات حيث كان يوحنا صعد من البحر واقمنا ثلثة ايام فخاطب الرب يسوع [d]المسيح ليوحنا فى الرويا [w]فقال [d]يوحنا هانذا يا رب فقال له الرب
f. 66 a قم §وعد الى مدينة افسس· فمن بعد ثلثة ايام ||انت [x]سعى|| الى جزيرة وهى

§ Cod. وعدى || Cod. اتت سعا

---

[a] + من [b] يحضر [c] ويعرفنا [d] om. [e] صدق [f] الى [g] + فى المدينة [h] ونادى
[i] يجدوا الرجل الذى كانوا يطلبوه . وانهم عادوا الى الولاة وقالوا لهم لم نجد الرجل
[j] اراكنة المدينة [k] لنا [l] نقم [m] + عليهم [n] شهودا [o] خصما [p] وهولوا
[q] الا [r] بشي [s] وانفونا [t] الموضع [u] + الذى [v] مرمران [w] قال [x] تنفى

* Guidi, Cod. Arab. Vat. 694

تحتاج اليك وسيجرى عليك[a] محن كثيرة وتقيم فيها مدة طويلة· عند ذلك قمنا بسرعة وعدنا الى افسس فحين دخلنا سقطت البرابى التى فيها[b] ولم [c]يبقا فيها شى . [d]وهذا جميعه[d] فعله يوحنا بافسس قبل ان ينفا والسبب فيما كان [e]جرى عليه من اليهود والحنفا [1]الذين كان الشيطان يوثبهم عليه وجميع ما ظهر منه من العجايب والنفى والاضطهاد الذى جرى عليه فى [f]بتمس الجزيرة وهو مكتوب فى [g]صحف كثيرة[g] جدا [h]الذى [i]سميناه[j]* من اجل هذا نسبح الاب والابن والروح القدس الان وكل اوان والى دهر الداهرين امين امين

نياحة القديس يوحنا ابن زبدى الانجيلى تلميذ ربنا يسوع المسيح المتكلم على اللاهوت وانتقاله من هذا العالم وكان ذلك فى جزيرة بتمس فى الرابع f. 66 b يوم من طوبه سلام من الرب امين· الرب يسوع المسيح يرحمنا بصلوتهما المقبولة ويحرسنا امين

كان من بعد تدبير الرب المخلص لكل العالم وصعوده الى السما بمجد وخروج التلاميذ الاطهار وكل واحدا منهم الى كورة الذى خرجت فى قسمه من قبل الرب . وكان قسمه الذى هو يوحنا ابن المعلم زبدى اسية· فلما دخل الى افسس وناداهم وبشرهم باسم ربنا يسوع المسيح ابن الله الحى· بجهاد عظيم وتعب وضيق وتعب وعجايب لا تحصى· ومن بعد صبره على المحن والتجارب [1]التى اصابته من اهل ذلك الموضع لانهم كانوا اشر عباد الاوثان من دون اهل كل النواحى كما جلى الكاتب الذى من مدينة افسس الذى خبره مكتوب فى كتاب الابركسيس التلاميذ حيث يفتخر بالباطل· فكان وبلا حجج اذ يقول من الذى يعلم اهل افسس هم كثيرين العناية

[1] Cod. الذى

---

[a] فيها + [b] الاصنام + [c] يبق [d] وجميع هذا [e] يجرى [f] بتموس
[g] كتاب كبير [h] om. [i] يسمي [j] كامادبي +

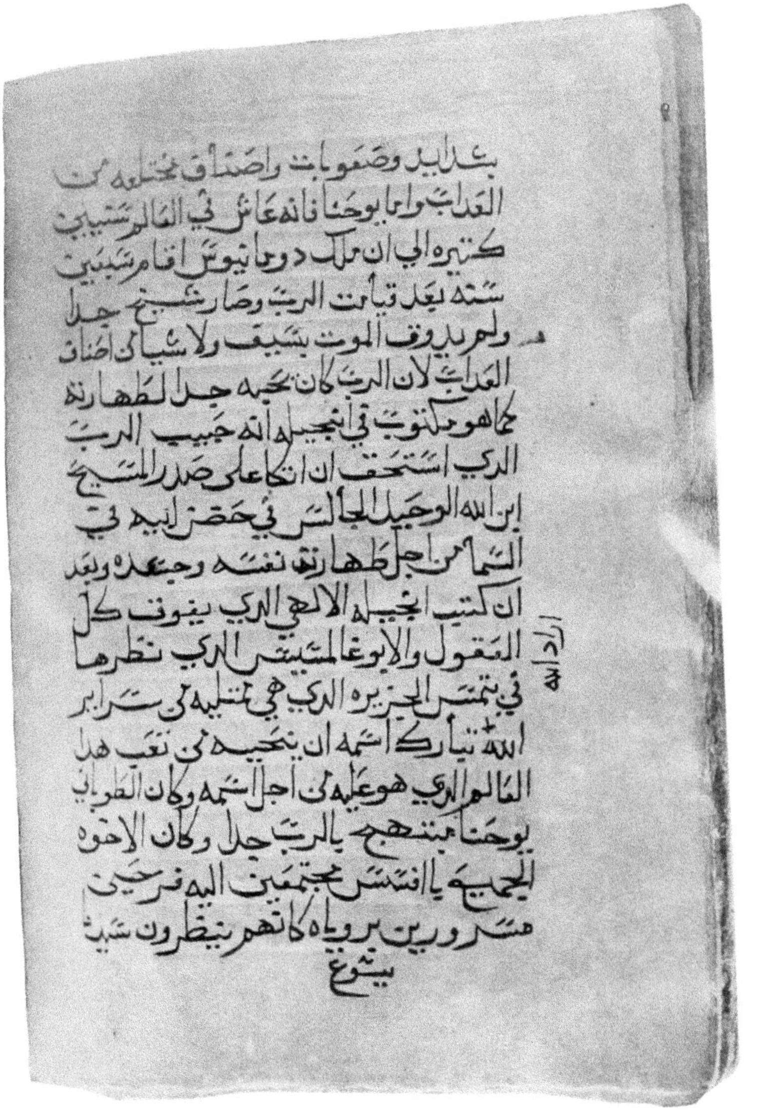
بشدايد وصعوبات واصناف مختلفه من
العذاب واما يوحنا فانه عاش في العالم سنين
كثيره الي ان ملك دوميانيوس اقام سنين
سته بعد نياحة الرب وصار شيخ جدا
ولم يذوق الموت بسيف ولا شي من اصناف
العذاب لان الرب كان يحبه جدا لطهارته
كما هو مكتوب في انجيله انه حبيب الرب
الذي استحق ان اتكا على صدر المسيح
ابن الله الوحيد الجالس في حضن ابيه في
السما من اجل طهارته نفسه وجسده وبعد
ان كتب انجيله الالهي الذي يفوق كل
العقول والابوغالمسيس الذي نظرها
في بتمس الجزيره الذي هي منفيه من سرائر
الله تبارك اسمه ان ينجيه من تعب هذا
العالم الذي هو عليه من اجل اسمه وكان الطوباني
يوحنا مبتهج بالرب جدا وكان الاخوه
الجميع يا افسس مجتمعين اليه فرحين
مسرورين برؤياه كانهم ينظرون شيث
بيشوع

Cod. Deyr Suriani

f. 67 b

f. 67 a لخدمة البربا الذى لاردميس العظيمة ومن بعد ما ابطل يوحنا الانجيلى ذلك البربا النجس واهله ببشارته وعمل ايات وعجايب ليس لها عدد باسم الرب يسوع المسيح وطهر لملوك الكور كلها من دنس الاوثان وانقذهم من الموت التى لا يليس· وردهم الى معرفة الرب يسوع المسيح وقسم لها اساقفة كثير وقسوس وشمامسة وعمل فى تلك المدينة بيع وتلك الكورة كلها بنا فيها البيع باسم الرب يسوع المسيح وكثر فيها البر وتزايد الايمان باسم الرب يسوع المسيح ومعرفته فيهم بعد ان قضوا التلاميذ جميع سعيهم وانصرفوا من هذا العالم. اما بطرس فانه صُلب فى مدينة رومية وبولص ضُرب عنقه فيها ومرقص فى مدينة الاسكندرية وزحف جسده فيها وهو فى الحياة يومين قبل ان يموت . وكذالك كل التلاميذ كل واحد منهم فى الكورة [1]التى تلمذ فيها
f. 67 b وتنيحوا كلهم بشدايد وصعوبات واصناف مختلفة من العذاب. واما يوحنا فانه عاش فى العالم سنين كثيرة الى ان ملك دوماتيوس· اقام سبعين سنة بعد قيامة الرب وصار شيخ جدا . ولم يذق الموت بسيف ولا شيا من اصناف العذاب لان الرب كان يحبه جدا لطهارته كما هو مكتوب فى انجيله انه حبيب الرب الذى استحق ان اتكا على صدر المسيح ابن الله الوحيد الجالس فى حضن ابيه فى السما من اجل طهارة نفسه وجسده . وبعد ان كتب انجيله الالهى الذى يفوق كل العقول [2]والابوغالسيس الذى نظرها فى بتمس الجزيرة [1]التى هى ممتلية من سراير الله اراد الله تبارك اسمه ان ينجيه من تعب هذا العالم الذى هو عليه من اجل اسمه· وكان الطوبانى يوحنا مبتهج بالرب جدا . وكان الاخوة الجميع بافسس مجتمعين اليه فرحين
f. 68 a مسرورين برؤياه كانهم ينظرون سيده يسوع المسيح. وكان فى كل يوم احد والشعب مجتمعين فرحين بالروح يتلوا التسابيح والمزامير الروحانية مثل ما فى البيعة بيعة الابكار يروشليم السماييه· ابتدا يوحنا يكلم الجماعة كلام روحانى وقال لهم يا اخوتي واحباي الروحانيين شركاي فى الخدمة [1]التى للميراث الذى هو ملكوت ربنا يسوع المسيح كم نظرتم قوة صنعها الرب

[1] Cod. الذى [2] sic

يسوع المسيح على يدي وكم عطية روحانية وكم اعلمكم بمعرفته من قبل يسوع المسيح وكم علم وكم يزودكم معرفته وكم وصية وكم امر وكم عزى وفضيلة منه لكثرة رحمته لكم بما راته عيونكم وسمعتوه باذانكم ولا تكون ظاهرة فى العيون والاذان الحاسية بل تكون فى القلوب . تكونوا حريصين . تتموها بالعمل لكيما تستحقوا الطوبا الذى قاله اذ يقول طوباكم اذا فعلتم تقوا بالرب وكونوا فاعلين لهواه فى كل حين بلا توانى . وانتم قد عرفتم التدابير الذى هو اصل السر العظيم الذى عمله الرب يسوع المسيح من اجل خلاصكم وهو الذى يسالكم ايها الاخوة على لساني لكيما تكونوا f. 68 b مدمنين فى طاعته مخوفين منه . ولا تحزنوا روحه ولا تغضبوا ولا تتوامروا فيه ولا تنسوه لانه يعلم سراير القلوب [1]التى تجرى منكم وجميع الموامرات وجميع خلافكم ووصاياه . ولا تحركوا الرب الرحيم المتحنن الطويل الروح الطاهر المطهر الذى ليس فيه دنس ولا نجس ولا غش ولا غضب . الذى هو وحده المحبوب الحلاوة الذى لا يمل الرب الاسم الذى يفوق كل الاسما وليس فى هذا الاوان بل وفى كل اوان . فهو الاسم الذى يجب ان تكونوا متمسكين به فليفرح بطاعتكم ومجلاكم المستقيم ويسر بحياتكم [1]التى هى بالدعة والاستطاعة والاستقامة والهدو . ويبتهج بحسن اعمالكم وصبركم على الشدايد وليرضى بطهارتكم ومحبتكم له بيسوع برحمته ويقبل توبتكم . ولا f 69a تتوانوا فى اتباعكم وصاياه ولو صنعتم ربوات من الشر اذا دعيتم بنية طاهرة هو طويل الروح كثير الرحمة اذا عاد اليه· وان بايمانة يقبله مثل الاعذر وان عاد ايضا وندم وقوم طريقه· ولكثرة رحمة الله اذا يتحنن عليه· فان ادمن فى سو فعاله ويتكل على رحمة الله· فليعلم ان الله يقضيه على ما يجده فيه من الشر ويمنعه رحمته الى الابد· هذا قولي لكم ايها الاخوة· [2]واسرع لتمام الامر الذى امرنى به الرب· وفيما القديس يوصى الاخوة قام وقف وبسط ايديه الى السما· ودعا هكذا قايلا ايها السيد يسوع

[1] Cod. الذى   [2] Cod. واسريع

المسيح الذى نظم هذا الاكليل الزايل الى نظامه الدايم[1] . وجميع هذه الازهار الملونة الى زهر الطيب الذى زرع فى قلوبنا كلامه المحيى . الذى هو وحده محسن طيب الانفس والاجساد الوديع وهذه المتوادع القلب المتحنن محب البشر الذى هو وحده القاضى العدل الكاين كل حين ولا يحويه f. 69 b مكان . الرب يسوع المسيح انت لكثرة رافتك ورحمتك احفظ كل من يرجوا اسمك· انت تعرف الصنايع والتجارب التى للمضادد المغروسة فى كل مكان· نسلك ان تبطلها بقوتك· فلما فرغ من صلاته· اخذ خبز وشكر وقال هكذا اى بركة او اى اعتراف او اى كلام تمجيد او اى شكر او اى اسم نقوله على قسم هذا الخبز الا اسمك· انت وحدك يسوع المسيح الاسم المخلص . John vi. 51 انت الخبز المحيى الذى نزل من السما لخلاص العالم . نباركك انت الذى اهلتنا لطريق الحياة . نشكرك انت الكلمة الخالقة انت الدليل والباب فى الموهبة· الملح الكثير· الجوهر السنبلة الحياة الصدق القوة الحكمة الملجا الراحة النياح . [2]الدالية الاصل معين الحياة الذى احتمل ان يُدعى بهذا الاسم لاجل الانسان ليُخلص ويكون جديدا من ظاهر سو فعله العسق· الذى سقط فيه بالخطية· لان لك المجد الى ابد الابدين . f. 70 a ولما فرغ يوحنا القديس من قسم الخبز المبارك اخذ منه· فدنا واعطا الجماعة ودعا ايضا ان يكونوا مستحقين له . واعطاهم السلام· وارسلهم الى منازلهم· وبعد ذلك قال لتلميذه برخورس· ان ياخذ معه اثنين من الاخوة ومعهم زنابيل ومسحاة· ويتبعوه· ففعل كما امره وخرج معهم فى خفى من المدينة الى خارجها يسيرا وقال لنا [3]احفروا هاهنا وامتثلنا امره· وعملنا الحفير كما امرنا· ونزع ثيابه والقاها فى الحفير ووقف عليها وبقى لابس ثوب كتان· وبسط يده الى العلو ونظر الى الشرق· ودعا هكذا قايلا سيدي يسوع المسيح الذى انتخبت مسكنتي تلميذا لك مبشرا باسمك المقدس الذى ابتدات وبشرت به على السن انبيايك القديسين الذى وحدك كل حين تخلص الذين يشهون من كل قلوبهم الخلاص . الذى هو بذاته اسلم نفسه لتعرفه كل الطبايع· الذى يهم بكل

[1] Cod. + وجميع هذه الازهار [2] Cod. الدالة [3] Cod. احضروا

f. 70 b خليقته ولا يضيع منها كبيرا ولا صغيرا . الذى جعل النفس الوحشية الخراب انسية وديعة الذى ترايا لها وهى ميتة· وقبلها وهى متلطخة مدنسة بدنس الخطية· وجعلها له عروسة طاهرة بعد ان كانت مدنسة باوساخ الخطية· ومغلوبة من الشيطان وامسكت يدها واقمتها من سقطة العدو واظفرتها بعدوها· وجعلته ذايلا متواضعا تحت قدميها . الذى هو وحده طاهر وتحل فى الاطهار يسوع المسيح الاهي الاسم الحلو الذى لا يمل من ذكره . فرح السموات . حافظ الذين على الارض المخوف لمن تحت الارض ابتهاج الاخيار وحافظ المستقيمى القلوب· الذى يقبل مستحقيه بمجد وكرامة· اقبلنى انا عبدك ككلمتك وامرك المبتدا الذى اوجبته علي لتنجينى من تعب هذا العالم الزايل· اشكرك يا سيدي الذى حفظتنى طاهر الى هذا الحين نقى من دنس العالم . انت الذى جعلت مخافتك واضحة فى قلبي . حتى ابعدت عنى كل شهوات الخطية· f. 71 a وبها قدرت وابطلت حركات الجسد· انت الذى ازلت مجارى الخطية من جسدي· وجعلت نفسي باغضة لاعمال الشر الظاهر . الذى يهيج فى جسمي حواس الخطية . الذى تقوا منى . الذى جعل طرقي· مستقيمة بلا زلل واعطيتنى الامانة المستقيمة فيك بلا شك· انت الذى كتبت في ناموسك· ولم تجعل لى رغبة الى غيرك . وما هو الشى الذى اجل او اكرم او احلا او تشهى الا مثلك· ومن مثلك· اقبل الان ايها السيد . الذى لك اقبل يوحنا عبدك اليك . الذى يرجوك . وقد تممت الخدمة التى اهلتنى لها وقد اتيت اليك اتعزا وابتهج بقوتك ايها السيد· انا اعلم انك تيسر طريقي امامك بسلام الى مباءهك البهية· ولما قال يوحنا المبارك جميع هذا القول خر بوجهه على الارض ساجدا وهو يقول اسجد لك يا من كل ركب تحننوا لك· وكل مجد هو لك الاب والابن والروح القدس الى ابد الابدين· ثم قال لنا يا اولادي سلام f. 71 b الرب يكون معكم· اذهبوا الى المدينة· وقولوا للاخوة ان يحفظوا من كل كلامي الذى وصيتهم به فلا بد لنا ان نعطى عنه الجواب· وانى لم اكتم عنكم شيا من مشيية الله· وانتم المسايلون وانا برى من دمكم لم ابقى معرفة ولا علما الا وقد سمعتوه منى وعرفتكم اياه وعلمتموه . تحذروا ليلا تفرطوا

فتكون ديونكم مضعفة· لان من دفع اليه كثير طولب بكثير كما قال الرب· Luke xii. 48 وهو الرب يسوع المسيح يكون معكم الى الابد يقويكم ويتمم كل مرادكم فى طاعته بلا خطية· فاما يوحنا فمن الان ليس يكون معكم فى الجسد· ولما سمعنا منه هذا قبلنا يديه ورجليه· ونحن نبكى بكاء مرا وتركناه فى الحفير وانصرفنا الى المدينة· وعرفنا الاخوة بما جرى وخرجوا بسرعة معنا الى ذلك الموضع . ولم نجد القديس يوحنا بل وجدنا ثيابه ومداسه· وملات الارض الموضع والحفير الذى حفرناه لم نعرفه وعدنا الى المدينة نشكر الرب الذى f. 72 a يعطى متاهل العطايا لمستحقيها· الذى اكرم حبيبه يوحنا بمثل هذا الموت العجيب دون كثير من التلاميذ وعلى هذا نمجد الرب لانه مستحقه وابنه وروح القدس الى دهر الداهرين امين ⁘ والسبح لله دايما ابدا.

⁘ كتاب بشرى فيلبس تلميذ ⁘
⁘ يسوع المسيح الذى بشر [1]بها فى مدينة ⁘
⁘ افريقية بسلام الرب امين ⁘

كان لما اجتمع التلاميذ عند جبل الزيتون. وهم يتلون [2]بينهم وصايا الرب عند ذلك ترايا لهم المخلص يسوع المسيح· وقال لهم السلام لكم يا احباي لم جلستم ولم تخرجوا الى العالم وتبشروهم ببشرى المملكة· ها الان اقترعوا فيما بينكم واجعلوا العالم اثنا عشر سهما ليخرجوا يبشروا فيه· ثم اعطاهم السلام وتجلا عنهم بمجد الى السما . واقترعوا وخرج السهم لفيلبس ان يخرج f. 72 b الى كورة افريقية ولم يتوانا عن المسير بل قال يا ابي بطرس قد امر الرب ان تخرج مع كل [3]واحد منا الى بلده وانا احب ان تسير معى الى بلدتي· فاجابه· ثم تسايرا جميعا فترايا لهم الرب وقال لهما السلام لكما يا تلميذي الخيرين [4]تسيروا ونادوا فى كل الخليقة حتى تجتذبوهم من يد الشيطان· حقا اقول لكم انكم اذا تعبتم مع هذا حتى تردوهم من الضلالة الى معرفة

[1] Cod. به   [2] Cod. فيها سهم   [3] Cod. واحدا   [4] Cod. تصيروا

الحق· حقا اقول لكم ان اجركم عظيم وتستصيرون الى النياح وتنسيون التعب·
ولما قال لهم اعطاهم السلام وتجلا عنهم بمجد وتقوت قلوبهما وسارا فى
طريقهما· ولما قرب التلميذان الى المدينة تلقاهما رجل معترى من روح نجس·
وصاح قايلا يا تلميذى المسيح لا امكنكما ان تدخلا المدينة· فعلم بطرس
انه روح شيطان· وفى تلك الساعة نهره وخرج الشيطان منه وعوفى الرجل وتبع
التلميذين الى المدينة . وكان على راس باب المدينة عمود عال جدا . ولما
بلغوا الى الباب سال بطرس الرب قايلا اسلك يا سيدي يسوع تهبط هذا الباب f. 73a
وهذا العمود العالى الذى فوقه الى الارض حتى تصل يدي اليه وامسكه . وفى
تلك الساعة رسخ الباب فى الارض والعمود الذى كان فوقه حتى اعتدل مع
وجه الارض . فامر بطرس الذى خرجت منه الروح السو ان يصعد على راس
العمود ويتكلم بما يلقيه ليكون مفزعا لاهل المدينة· وصعد الرجل على
العمود الذى على الباب· وقال بطرس باسم سيدي يسوع المسيح الذى به
رسختم فى الارض حتى دنوتم منا تعودا الى حيث كنتما· وفى تلك الساعة
ارتفع الباب والعمود الذى فوقه حتى انتها الى علوهما· وصرخ الرجل بصوت
عالى قايلا يا رجال سكان هذه المدينة اجتمعوا الى هذا الموضع الذى فيه
تلميذى الرب يسوع المسيح ليباركا عليكم ويدعوا ان يُغفر ذنوبكم· ولما قال
هذا الرجل الواقف على العمود كان رعد وبرق . ورعب اهل المدينه وخافوا f. 73b
جدا ودخلوا المغاير والكهوف والجزاير والبرق يتبعهم حيث ما دخلوا حتى مات
رجال كثير ونسا من اصوات الرعد· وظهور البرق والرجل يصيح تعالوا الى
عندى واجتمع اليه الجماعة· وراوا التلميذين وايديهما مبسوطة يدعون الله
وسقطوا على وجه الارض وسجدوا لهما وهم يبكون قايلين يا عبيد الله
نسلكم ان ترحمونا ايها الالهة الجدد الذين لا نعرفهم تحننوا علينا واعلمونا
ما ارادتكم· وما ضحيتكم حتى نحملها لكم ونسلكم ان تزيلوا عنا هذا الرعد
وهذه المخافة· وطلب التلميذين الى الرب لاجلهم· واستغفروا لهم واستقر الرعد
وزال البرق وسكت الرجل من الكلام وعاد الباب والعمود الذى فوقه كما
كانا حتى نزل الرجل من فوقه· ولما رات الجماعة الرجل سكت وانقضت تلك

f. 74 a الاخواف . قالوا ان هذا الانسان هو الاه . وصرخوا بصوت واحد قايلين انت الله ولم نعرفك· اجاب الانسان قايلا لست الاها· انا انسان مثلكم: نطق روح القدس على فمي· بامر تلاميذه الاطهار: بل تعالوا عند التلاميذ القديسين بطرس وفيلبس فجميع ما يقولانه لكم اسمعوه واعلموه انتم تخلصون . وقاموا واتوا الى عند التلميذين وقبلوا ارجلهما وقالوا لهما· من انتم: قال لهم فيلبس من تعبدون من الالهة· قالوا نحن نعبد تمثال بشر: قال لهم فيلبس اذهبوا اتوا به الي· ففعلوا ما امرهم: وكان من ذهب وصاح الكهنة قايلين لا تفسدوا الالهة التى تخلصكم كل حين· فان قام عليكم حرب واستغثتم بها لم تعينكم . قال لهم اهل المدينة الاخير ان نقبل قول التلاميذ الا قولكم: هذا الاه عمل ايدى الناس لا تنظر ولا تسمع ولا تشم ولا تمشي· ولما اوصلوه الى التلميذين والكهنة يصيحون قايلين للتلميذين انتما تضلان الناس بسحركما تقولان عن f. 74 b انسان انه ⌜الله⌝ ولدته مريم وقد قتله بلاطس· هل نظرت الاها يموت· فاما هولاى ذهب وفضة· [1]نعبدهم ونسميهم الهة لا يبصرون ولا ينفعون . فنزل على فيلبس روح القدس وايده الرب يسوع المسيح بقوته· ودعا وقال يا سيدي يسوع المسيح بارادتك تنزل نار من السما وتحرق هولاى الكهنة السو الاشرار: ليعلموا انهم [2]ضالين الى هذا اليوم . وفى تلك الساعة نزلت سحابة نار دايرة عليهم: دون الجماعة· ومكثوا فى وسط النار [باكيين] من شدة احراقه لهم . قال لهم فيلبس لما تبكون وتصرخون الم تقولون انه اذا قام عليكم حرب دعوتم [3]الهتكم: خلصوكم ومدينتكم: واخذ بطرس ذلك الصنم والقاه فى النار التى فيه الكهنة· اجاب الذهب يا تلميذى المسيح لا تعذبانى بل تحننا علي· واحكما بينى وبين هولاى الرجال الخطاة· انا من الات الارض اتّخذنى هولاى الرجال وسبكونى وصنعونى هكذا كما ترون واقامونى فى الهيكل· ويذبحون f. 75 a البهايم: ويخلطون دماها بالخمر ويخدعون الناس . ويقولون لهم انى الذى اكل تلك الذبايح· وانا لا اكل ولا اشرب . ولا اكلم احدا ولست الذى اكلمكم: بل القوة الحالة عليكما هى التى توهلنى ان اكلم هولاى الجماعة· واوبخهم

[1] Cod. يعبدوهم [2] Cod. ظالين [3] Cod. الاهتكم

بسو فعالهم. ولما قال الصنم هذا سكت. وسال الكهنة التلميذين ان يخرجوهما من النار ولا تهلكهم. وكلما يامروهم به يفعلونه. قال لهم فيلبس ان كنتم تتركون عبادتكم النجسة. فقولوا انا نومن بالرب يسوع المسيح ونقول باسمه تروح عنا هذه [1]سحابة النار. عند ذلك صرخوا كلهم بصوت عال قايلين. نومن بالله الرب وبيسوع المسيح كلمته. وفى تلك الساعة ارتفعت عنهم حرارة النار. وصارت مثل بحيرة ماء حلو بيضا مثل اللبن حتى تعجب التلميذان. فسالهما الجماعة ما الذى يجب عليهم ان يفعلوه حتى [2]يصح ايمانهم. قال لهم فيلبس. نامركم ان تبنوا فى هذا الموضع بيعة ونعلم فيها. لان هذا الموضع f. 75 b الذى [3]امنتم فيه. فاجابوا الى امرهم . وامر ان يوتى اليه تبن كثير وقدره على مقدار ما يكون الاساس. وامر رجالا منهم يحفروا حتى يضع الاساس. ولما كان الامر وتم الفعل اتى الى باب المدينة والعمود الواقف عليها . فقال باسم يسوع المسيح الناصرى الذى تعالا فوق السما امركما ان [4]تنقلا من هنا الى موضع البيعة التى سميت باسم الرب. وسقط الباب والعمود الواقف بحضرة الجماعة الى موضع البنا. ولم يسمع لهم وحية ولا خرج لهما غبار . فقالت الجماعة لا الاه الا الاه بطرس واندراوس وفيلبس [5]عبيد يسوع المسيح. وقال فيلبس للجماعة قد ابتدانا فى بنا بيت الرب واريد ان تجتمع البنات الابكار تحملون الماء والرجال والكهول والشباب وكل اهل المدينة. كل واحد على طاقته يعملون فى بيت الرب ولم يمتنع احد من الجماعة مما امر به. وكان التلميذين نازلين فى بيت مروان ريس المدينة. وهما فرحين f. 76 a بالجماعة. واجابتهم الى الايمان بسرعة . وتشبه الرب يسوع المسيح بانسان بهى المنظر. وترايا للتلاميذ وقال سلام الرب لكم ايها التلميذان المباركان. قد نظرتما حسن ايمان اهل هذه المدينة. ولم جلستما فى البيت اخرجا اليهم cf. John xiv. 14 وعلماهم وصايا الاله وحياة. ولا تغفلا عنهم. فكل ما تسلانى انا معطيه لكما. ولما قال لهما الرب يسوع المسيح المتشبه بالانسان المضى تجلا الى السما

[1] Cod. السحابة [2] Cod. تصح [3] Cod. امنتهم

[4] Cod. تستقلا [5] Cod. عبيدى

بمجد [1]واضاءت [2]وجوههما بمجد الرب يسوع المسيح الذى ترايا لهم فى البيت· وخرجا الى الجماعة· ولما راوا ضياء وجوههما سجدوا لهما على الارض فباركا عليهم واقاماهم وعلماهم وثبتاهم على الايمان بالرب يسوع المسيح وامراهم ان لا يعودوا الى شى من خطاياهم المتقدمة· والجماعة تتكاثر عليهما· ويباركون منهما ويتعجبون من مجد الله الحال عليهما· وصرخ رجل منهم معترى من شيطان بصوت عالى قايلا اسلكما يا تلميذى المسيح لا تعذبانى· اخرج منه· وصرعت الروح السو الرجل على الارض وخرج منه· وامر بطرس f. 76 b
وفيلبس ذلك الشيطان ان يخرج منه· ولا يعود اليه ابدا· والقى الرجل المعافى نفسه على ارجلهما· وقبلهما· ثم جمعا الجماعة الى تلك البحيرة التى كانت سحابة نار تحوط بالكهنة فى ذلك الوقت· وصارت ماء· فعمدوهم باسم الاب والابن والروح القدس· وقال التلميذين للجماعة· ان الله قد غفر لكم ذنوبكم التى عملتوها بغير معرفة· فابتدوا باعمال الخير لتكونوا اهلا لمملكة السما . والخيرات الدايمة· وصاحوا باعلا صوت قايلين· نشكرك يا الله الاه بطرس وفيلبس انك تحننت علينا . ورحمتنا· وقدس التلميذان البيعة· واجتمعت الجماعة اليها بفرح وسرور· ويسمعون كلام الله وفيلبس يقرى عليهم من الناموس والانبيا· وبطرس يفسر لهم بروح الرب يسوع المسيح . ولما وعظا الجماعة بتعاليم الدين [3]واوهلاهم لقبول السراير المقدسة· عند ذلك نهضا فى الصلاة المقدسة وتماها واعطيا الجماعة يتقدم كل منهم يقبل ذلك الجسد الكريم بامانة واعطياهم السلام واقاما عندهم ستة ايام يعلماهم وصايا الرب حتى f. 77 a
عرفوها وقسموا لهم اسقفا وقسوسا· وشمامسة· وخرجا من عندهم· وهم يودعونهما ويمجدون الله متعجبين للقوات التى يفعلانها باسم الرب يسوع المسيح الذى له المجد والكرامة مع الاب والابن والروح القدس الى دهر الداهرين امين ∴

[1] Cod. واضيت [2] Cod. وجوهما [3] Cod. ووهلاهم

.·. شهادة التلميذ المبارك فيلبس فى .·.
.·. ثمنية عشر يوما من هثور بسلام لرب .·.

ولما دخل فيلبس الى مدينة افريقية الى اهل تلك الكورة وبشرهم بالاه جديد لا يعرفونه اسمه يسوع المسيح· اسرعوا اليه باسرهم وسمعوا قوله· واجابوه من هو يسوع المسيح· لم نسمع هذا الاسم الا منك· لانهم كانوا يعبدون الشيطان· اجابهم فيلبس اجتمعوا الي يا جميع الرجال المباركين الذى ارى موهبة الله الحى حالة عليهم الله ابشركم به . هو الله الحى ويعطى الحياة لكل من يومن به . والابن الحال فى الاب . والاب فى الابن . والروح القدس المنبثق من الاب الذى هو فى الاب والابن الاه واحد موحد فى الجوهر· مثلث فى f. 77 b الاقانيم قبل كل زمان والى كل اوان الذى لا يُرى الذى خلق الكل بحكمته· الذى زجر البحر والانهار والعيون وكل ما فيها . وهى تخضع له . هو مكون كل ما يُرى وما لا يُرى فى البدء واخذ ترابا من الارض . وصنع منه انسانا كشبه صورته· وسماه ادم· وهو الذى بارك عليه وجعله اب لكل الخلق Gen. i. 28 الناطق· وقال له انم واكثر واملا الارض من زرعك وتسلط على كل ما فيها· قالت له الجماعة اين هو الله الذى خلق كلما تقول· قال لهم التلميذ هو فى السما وعلى الارض هو حال فى كل انسان يفعل مشييته· ولما راى الشيطان فيلبس قد هم ان يرد الجماعة الى معرفة الله يسوع المسيح السيد اسرع· وزرع فى قلوبهم افكارا ردية . وحرك فيهم الشر ووثبهم على التلميذ فيلبس فقيدوه وعزموا على قتله· وان كل من وضع يده على فيلبس عميت ابصارهم· ولما رات الجماعة صاحوا بصوت عال قايلين· واحد هو الله الاه فيلبس· لم تقتلوا هذا التلميذ المبارك الذى به انقذنا الله من الضلالة الى f. 78 a الايمان· وهكذا خلصت الجماعة فيلبس من يدى الذين ارادوا قتله· وخرج ينادى فى جميع تلك البلاد المحيطة به ويبشر بالله الكلمة نهاره كله· ويبرى كل من به علة حتى ان كل اهل المدينة وتخومها اجتمعوا اليه· وعلمهم

وبشرهم بمملكة السما· ˹وقدموا اليه العميان فتح ابصارهم . والعرج فصحّوا ˹بكلمة فيه· والصم يسمعون باذانهم· [1]والخرس يتكلمون ˹بقوة الرب يسوع المسيح الحالة فيه· والبرص ˹تطهروا اذا رفع يده ودعا الله لاجلهم· والذين ˹بهم˺ الشياطين فاخرجهم برشم الصليب· شاكر الله على ما وهبه له من هذه الموهبة الشريفة حتى ˹انه كان يعافى جميعهم من كل الامراض· ولما راوا روسا المدينة ما يفعل فيلبس من العجايب التى ظهرت ˹على يديه· وابرى اصناف العلل واكثر ما حل ˹بهم انهم يرون اخوتهم واحبابهم وبنيهم وبناتهم واصدقاهم ˹قد˺ كفروا بعبادتهم ودخلوا فى الايمان بالرب يسوع المسيح وبما يرضيهم ˹به˺ فيلبس . عند ذلك اجتمع الذين لم يومنوا بما f. 78 b
كان يبشر به واعتزلوا فى موضع وتشاوروا ان يمسكوا التلميذ ويقيدوه ويقتلوه فى خفى ليلا تهلك المدينة· ويكون لهم فى ذلك فخر عند الملك· انهم لم يمكنوا رجلا غريبا يدخل مدينتهم· ويفسد مذهبهم· وان غفلوا حتى يتم هذا· هو يرسل ويقتلهم ويخرب مدينتهم· ويقول لهم صبرتم لهذا الرجل الواحد حتى اصطفى هذه الجماعة· وخالفوا امري . واتفقوا جميعا على ذلك· ووضعوا ايديهم على القديس وقيدوه وخاطبه بكلام افترى عليه فى وجهه· وكان التلميذ يضحك فى وجوههم· ويفرح ويقول بعضهم لبعض [2]انظروا كيف يضحك ويهزى بنا لعله ان يريد يطغينا ويخدعنا مثل الجماعة الذين تركهم رفضوا بخدمة الملك . فافرق بينهم وبين نساهم· ولما سمع ذلك قال لهم حقا ان هذا حرصي ان يتم . ولا بد لكم تعودوا الى الله ويغفر لكم خطاياكم . ويوهلكم لمملكته التى لا تزول . اجاب اخرهم وقال اقتلوه فان تركناه هو يضلنا كلنا . عند ذلك حمى غضبهم عليه فامسكوه وعلقوه على الصليب وربطوه منكسا قايلين ليلا يتحرك جسده وعذبوه عذابا شديدا· f. 79 a
ولم يزالوا ملازميه يعذبوه باشد العذاب حتى اسلم روحه على الصليب . وانزلوه وتشاوروا وقالوا· نشعل نار عظيمة· ونلقى فيها جسده حتى يحترق ولا يوجد· ولما اشعلوا النار ليلقوا جسده الطاهر [3]فيها ارسل الرب يسوع المسيح الذى صبر هذا القديس على ذلك العذاب ملاكا فاخرج جسده الطاهر من النار امامهم

[1] Cod. والحرص [2] Cod. انضروا [3] Cod. فيه

في نصف النهار من المدينة· وكل سكانها ينظرونه· وهو صاعد به الى العلو بابتهاج ومجد وكرامة حتى غاب عن عيونهم· وانتهى به باورشليم· واخفاه في شجرة . ولما نظر كل الجماعة الى هذا العجب وذكروا كثرة العجايب والايات التي اجراها الله على يديه من ابرا اصناف العلل رفعوا اصواتهم كلهم النسا والرجال قايلين واحد هو الله الاه فيلبس عبد يسوع المسيح هو الله الاه السما والارض الاله العظيم العالي المبارك من السماويين والارضيين ومن كل المدينة وبلدانها جميعهم يسوع المسيح . وارسلوا قوما خايفين من f. 79 b
الله الى علو الجبل· واقاموا في البرية اياما كثيرة يطوفون . وصام اهل المدينة وصلوا وابتهلوا الى الله ان يرد اليهم جسد القديس· ولما راى الله حسن نياتهم وندمهم على ما فرط من قبح فعالهم· ارسل ذلك الملاك عرفهم موضع جسد التلميذ واخذوه وساروا به الى المدينة بالسبح والمجد والكرامة· وكفنوه بثياب رفيعة وتركوه في تابوت جيد . فكان تمام شهادة وجهاد فيلبس القديس في ثمنية عشر يوما من هتور· وترك في [1]قرطاجنة بسلام . والمجد ليسوع المسيح وابيه وروح القدس الى دهر الداهرين امين .

⁘ والسبح لله دايما ابدا ⁘

بسم الاب والابن والروح القدس الاله الواحد كتاب بشرى برتلموس التلميذ f. 80 a
المبارك ونداه في مدينة الواح بسلام الرب يسوع المسيح

وكان لما اجتمع التلاميذ وتقاسموا مدن العالم . فكان سهم برتلموس الى خروج كورة الواحات لينادي فيهم باسم الرب يسوع المسيح . قال لبطرس ريس الحواريين يا ابي بطرس لم ادخل الى هذه المدينة ولا اعرف لغة اهلها . اسلك ان تبقى معي الى ان توصلني اليها وما اراده سيكون· اجاب بطرس قايلا لست اخرج معك وحدك الا والجماعة انا مامور من عند الرب ان اوصل كل واحد الى مدينته . وقام بطرس وبرتلموس وخرجا يريدان مدينة الواحات . وساروا في البرية فصادفوا رجل موسرا وله عبيد ومعه عشرة جمال· ولما راه

[1] Cod. مرطاجنة

بطرس وبرتلموس فرحا بـه وسارا يلقوه . وقالا لـه السلام على صاحب الجمال· قال لهم عليكم السلام: قال له بطرس ايها الرجل الى اى بلد انت ساير بهذه (f. 80 b) الجمال . قال لـه الرجل· الى مدينة الواحات . قال له بطرس تحسن الصنيع الينا وتحملنا معك وتوصلنا الى المدينة· قال له صاحب الجمال وما السبب الذى [1]عباك الى هناك . وما معك شى تبيعه فيها· قال له بطرس لسنا كما تبيع وتشترى· نحن عبيد الاه صالح . اسمه يسوع انتخبنا اثنا عشر رجلا وعلمنا وصايا وجعل على ايدينا الشفا من كل العلل· وامرنا ان نطوف اقصى البلاد وننادى باسمه· ونوصى الناس ان لا يقيموا على ضلالتهم ويتوبوا اليه· ليغفر خطاياهم: ويوهلهم لمملكته· فلهذا دعانا الى دخول المدينة لنوصل اليهم هذه الوصايا· [2]التى علمنا معلمنا ليسمعوها ويتركوا فعالهم القديمة ويتوبوا حتى يعيشوا الى الابد· ولما سمع الرجل هذا الكلام: قال لهم ان كنتم من اصحاب يسوع الذى ذكرتم فما [3]نترككم تدخلون مدينتنا لانا سمعنا انكم [4]تضلون الناس وتفرقوا بين النسا وازواجهن . وتقولون ان الانسان اذ لم يعيش بالطهارة والا لم يستطع ان يرى الله· وهذا قد ومى من عند خليل لى وادٍّ لى جدا. (f. 81 a) كان اذا رانى قدمت عليه يفرح بى وفى هذه المرة لم يرفع راسه يسلم علي مما هو عليه من الحزن . وسالته عن السبب· فعرفنى ان له عشرة ايام حزن منه على زوجته لان قوم منكم دخلوا الى مدينته وامروا اهلها بكل ما [5]قلتم . وان زوجته تبعت قولهم ورفضت زوجها . وانا خايف على نفسي . ان اوصلكم الى مدينتي ويعلموا اهلها ما امركم بـه معلمكم وتسمعكم زوجتي فتومن بقولكم وتفترق منى . ولما سمعا منه ذلك عزما على الخروج وهما حزينين· وقال برتلموس لبطرس· ما الذى نعمله· حتى نصل الى دخول المدينة· [6]اشر علي . قال له انا اشير عليك· ولكنى خايف ان ينالك فى ذلك تعب . فتقول بطرس اشار . الا ان هذا هو قسمك ولست افارقك بمشيّة الرب يسوع المسيح الذى يريد خلاص كل انسان حتى اوصلك اليها· قال له برتلموس· قم ايها الاب الحبيب الرب يعين ونتنكر ونشد اوساطنا ونتقدم هذا (f. 81 b)

[1] Cod. عناك [2] Cod. الذى [3] Cod. نتركم [4] Cod. تظلون
[5] Cod. قلته [6] Cod. اشير

من غير ان يعلم. فاذا بلغ الينا نسله ان يحملنا على جماله الى المدينة. فان سال عن حال حاجتنا فيها [1]قل هذا العبد الذى لى ابيعه فيها . فان قال لك. وما صنعته. قل. كرام. وانا دخلت المدينة [2]التى يعطينى الرب انطق به والذى تامرنى به افعله. قال له بطرس نعم الراى ما قلت. وعملا ما اتفقا عليه وتقدما الرجل فى المسير حتى وصل اليهم. فقال له بطرس ايها الرجل الصالح احملنا معك على هذه الجمال الى مدينة الواحات . قال لهم. وما حاجتكم فيها . قال له اريد الدخول اليها لابيع هذا الغلام الذى لى . ولما سمع الرجل منه هذا القول فرح فرحا عظيما وعرس بالجمال. وقال له هذا يوم مبارك لان لى ايام كثيرة غايب عن منزلي انا ومن معي بهذه الجمال فى طلب غلام اشتريه. ولم اجده وقد مر الله بك علي . ثم قال لبطرس عرفنى ما صنعته. لاشتريه منك وادفع اليك الثمن . قال له بطرس. هو كرام الكروم الخاربة بصير لعمارتها. قال له الرجل مثل هذا اطلب لان لى كروم f. 82 a كثيرة اريد يكون ريسا فيها وتقرب الثمن بينهما ثلثين دينار. اسلمها الرجل الى بطرس. وسلم اليه برتلموس وقال لبطرس تسير معي الى بيتي قد اخذت منى الثمن وسلمت الي الغلام . بل اريد اكرمك فى منزلي. قال له بطرس. الله يحسن لك الجزا والجميل الذى تفعله معى افعله مع هذا الغلام ولا تبيعه بل ارفق به. فانت تحمد عاقبته جدا . ولما وجد بطرس حلوة من صاحب الجمال دفع الثمن الذى هو ثمن برتلموس اليه. وقال له يكون هذا معك اذا وجدت انسانا محتاجا ادفع اليه منه ووصاه ما يحتاجه. وسلم عليه وودعه وعاد بطرس وسار برتلموس مع صاحب الجمال يريد المدينة . ثم ضلوا عن الطريق وفرغ كل ما معهم من الماء وتعب الجمال وتقطعت منهم الجمال. وماتت فى الطريق . وبكا [3]الرجل ومن معه قايلين الويل لنا ما الذى اصابنا بسبب هذا f. 82 b الغلام لعله ليس هو غلام جيد حتى كان فى بلده. وكان اخرجه مولاه الى هذا البلد البعيد حيث لم ينفعه . وليس غمي بالجمال كغمي بى وبمن معى لانا نموت فى البرية بالعطش. وكان برتلموس يبكى فى الظاهر ويصلى

[1] Cod. قول [2] Cod. الذى [3] Cod. الرجال

فى قلبه . ولا يريد ان يعلموا انه تلميذ الرب· ليلا يمنعوا ان يدخلوه المدينة . وانه امسك الجمال وقال . باسم الرب يسوع المسيح الاه الحق تقوم هذه الجمال حتى يعلموا هولاى الرجال من انا ولا يظنوا انى غير موافق لهم· وفى تلك الساعة قامت الجمال وعادت احيا كما كانت . وتعجب الرجال ولم يقولوا شيا· وركبوا عليها وساروا . ولما قربوا الى المدينة انحدر برتلموس· وشد وسطه وتقدم قدام مولاه ساير . ولما وصلوا بالمدينة واذا على الباب رجل اعما جالس نزل عليه روح الله صاح بصوت عظيم ارحمنى يا برتلموس تلميذ الرب يسوع المسيح . هب لى نور عيني . لانك تقدر على ذلك . ولما سمع برتلموس قول الاعما سكت . قال له الرجل مشتريه انت تلميذ من تلاميذ [f. 83 a] المسيح· ودخلت بك الى المدينة ولم اعرف بك· قال له برتلموس· لا اقول لك انى تلميذ المسيح حتى تنظر العجايب التى تظهر فى هذه المدينة على يدي· واكثر الاعما القول ارحمنى يا تلميذ المسيح هب لى نور عيني . قال له الذى امرك ان تتكلم هو يعطيك نور عينيك· فافتتحت عينيه للوقت وكثر تعجب الرجل ومن معه . ولما دخل ذلك الريس الى بيته دعا خلانه الروسا وقال لهم تعالوا انظروا هذا الغلام الذى اشتريته ويقول انه كرام بصير بخدمة الكروم . وقد ظهر منه عجب كبير فى الطريق . اذ كنا سايرين فى البرية غلطنا الطريق وهلك الجمال واقامها احيا كما كانت . ولما قربنا من باب المدينة جعل ذلك الاعما الذى يعرفوه جالسا على باب المدينة يبصر . ما تشيرون علي ان اعمل به . يقول انه صانع مجود بصير بالكروم التى خربت حتى ترجع عامرة . قال له خلانه ان كان صانعا بصير بخدمة الكروم [f. 83 b] استبقيه يكون لك وتمتحن صنعته . فان كان كما قال والا انت قادرا ان تبيعه وتاخذ ثمنه· عند ذلك دعا جميع الفعلة الذين يخدمون كرومه· وارسل احضر برتلموس واوقفه فى وسطهم وقال لهم قد جعلت هذا ريسا عليكم . فكل ما يقول لكم اسمعوا منه· وخرج برتلموس الى كرم له يعمل فيه . وكان كل نهاره يعمل فى الكروم· ويدخل المدينة وقت المسا يقيم باقى ليله يعلم من يقدر عليه اربعين يوما ولم يستمع منه رجل واحد· وبعد الاربعين

يوما دعا برتلموس الى الرب وقال يا ربي يسوع المسيح حتى متى انا مقيم فى هذه المدينة· ولم يسمع قولي انسان واحد يميتني يا سيدي فى هذه المدينة اليوم· ووقف وصلى بامانة ليعطى ان يظهر قوة على ايديه· وبعد f 84a فراغ الصلاة قال الاعما الذى يصيره يبصر لانه كان معه لا يفارقه ادخل المدينة وقل للرييس صاحبي يدعوا اصحابك ويخرج الى الكروم . وتبصر هذه الصنعة الجديدة التى اعملها اليوم . فمضى الرجل كما امره الى المدينة· ثم اخذ التلميذ ثلثة اصول من الكروم وحملها على القصب وساعة علقها اثمرت ثمرة جيدة . ولما جا الريس مع اصدقاه وعاينوا العجب من التلميذ كل اصل ياخذه بورق . قبل ان يتركه على القصب ويصير فيه العنب· فالقوا نفوسهم بين يدى التلميذ وسجدوا له قايلين يا سيدنا من انت انت الاه ظهرت على الارض · عرفنا من انت من الالهة لنقدم الضحية لك· ان كنت رجلا عرفنا ما الذبيحة الذى تهواها لنقدمها اليك· اجابهم التلميذ لست ممن تظنون انا عبد يسوع المسيح· وامر ان يقدم قصب حتى يحمل باقى الكرم على القصب . ومضى الرييس فقدم اليه القصب فتعلق بيده ثعبان f. 84b عظيم كان بين القصب ولسعه· فسقط على الارض وهو فى شدة عظيمة· وبكوا . قال لهم برتلموس· لم تبكون· اما فى هذه المدينة طبيب ترسلون اليه يجى ويعالجه· واسرع احد ⌜من⌝ عبيد الرييس وعرف [1]امراته واحضروا معهم الطبيب ليعالجه فوجدوه قد مات· وشقق خلانه ثيابهم· وبكوا كلهم عليه· وكان التلميذ يعمل فى القصب· وهو [2]يصفر وقال بعض من حضر انظروا هذا العبد السو· لم يبك على سيده . بل هو فرح جدا . وهذا كلام الذى يقوله ما نعرف ما هو· قال اخرون· ليس بعبد سو قد راينا منه اعجوبة لم تراها اباونا ولا سمعوا بها· وكان برتلموس ⌜مجتهد⌝ على العمل . حتى فرغ وغسل يديه وقال للذين يبكون كفاكم ببكا ابعدوا لكيما ترون وتعاينون مجد ربي وقوته . ففعلوا كما امرهم وتنحوا عنه . وبسط ايديه قايلا يا الله ضابط الكل الجالس على كرسى مجده الذى خلق السما والارض ⌜و⌝كلما فيها

[1] Cod. تمرته   [2] Cod. يزفر

[f. 85 a] بابنه الحبيب يسوع المسيح الذى لم يتركنا رهاين فى يد عدونا الشيطان وفدانا بدمه الكريم يسوع المسيح الزرع الطاهر الذى يثمر فى زرع الاطهار الذى خرج الى البرية يطلب الخروف الضال حتى رده الى المرعى الصالح اسلك يا سيدي يسوع المسيح ومنك اطلب لاجل هذا الانسان الذى لسعته الحية لتعود الحية وتاخذ السم الذى القته فى جسم الانسان ويعيش ليمجد اسمك فى هذه المدينة . وفيما برتلموس يصلى ظهرت الحية من الموضع الذى هى فيه ووقفت قدام برتلموس· واجابت تكلفنى استخرج السم من هذا الرجل واموت ويعيش هو· اجابها برتلموس· لم تدعى لتكثرى الكلام . الا حتى نعرف [من] انت ومن هو ابوك . عند ذلك اقبلت الحية الى الرجل واخرجت السم منه . حينيذ قام الرجل حيا كما كان· ولما راوا هذا العجب سقطوا تحت رجلى القديس قايلين حقا ان الهك الاه عظيم له قدرة ان يحيى الموتا· ووقف الرييس الذى عاش وقال رايتم هذا العجب الذى رايت [f. 85 b] من هذا الانسان اشتريت الاها اظن انه انسانا اشتريت سيدا كنت اقول انه عبدا . وعاد للتلميذ وقال له استحلفك باسم الله يسوع المسيح الاهك· من الذى رايته معك واقفا حتى اقمتنى من الموتى· استحلفك باسمه لا تردنى من المسلة [1]التى اسلك تجيبنى عنها . قال له التلميذ· ان كانت مسلة جيدة اجبتك بل عرفنى ما هى · قال له الرييس اريد ان تقلع هذا الكرم . وتنقضه لانه الموضع الذى حلت فيه بركتك وابنيه بيعة جيدة· لان هذا الموضع الذى متت وعشت فيه· قال له برتلموس· يكون كما قلت . ثم امر [2]بتنظيف الكرم واتا بالتبن· وفرق على وجه الارض مقدار اساس البيعة· وامر باحضار البنايين· وجميع البنا وبنيت الكنيسة بناء جيدا حتى تمت· وامر برتلموس ان يجتمع اليه الجماعة وعمدهم باسم الاب والابن والروح القدس· واخذ من العنب الذى كان فى الكرم الذى اورق واثمر على يدى القديس [f. 86 a] وعصره فى الكاس ودعا بخبز [3]نظيف ودعا وشكر وكسر واعطا الجماعة من جسد الرب ودمه الزكى وقسم الرييس الذى احياه لهم قسا · وقسم لهم شماسة

[1] Cod. الذى [2] Cod. بتنضيف [3] Cod. نضيف

واقام ثلثة اشهر يعظهم وابرى جميع الاعلا الذين فيهم واسلمهم الى الرب وخرج من عندهم وهم [1]يودعونه بسلام قايلين . لا الاه الا الله الاه برتلموس· يسوع المسيح هو الذى ارسلك الينا حتى انقذتنا من ذنوبنا . وخرج من مدينة الواحات . وسار الى مدينة اندينوس لينادى فيها باسم المسيح · الذى له السبح والمجد الى دهر الداهرين

⁘ شهادة القديس برتلموس تلميذ الرب ⁘

⁘ يسوع المسيح وتمام شهادته فى اول ⁘

⁘ يوم من توت بسلام الرب امين ⁘

وكان لما مضى برتلموس تلميذ الرب الى المدن العظيمة المبنية على شاطى البحر [2]التى اهلها لا يعرفون الله . بل هم كالخراف الضالة بكثرة جهلهم · دخل لهم برتلموس المبارك وبشرهم بانجيل الرب . ولما دخل المدينة نادى فيها هكذا قايلا · استمعوا يا جميع سكان المدينة طوبا للمساكين بالروح ان لهم f. 86 b Matt. v. 3—6 ملك السما · طوبا للرحما . فانهم سيرحمون . طوبا للصانعى السلام فانهم يدعون ابنا الله · طوبا للجياع العطاش لاجل البر فهم الذين يشبعون · طوبا للذين يعطون المساكين لهم مملكة السما وهم يقرضون الله . طوبا لمن له زوجة ويكون كمن ليس له زوجة . هم الذين يرثون الارض . فعند ما سمعوا ذلك من القديس برتلموس فتح الله ماسك الكل قلوبهم . فقبلوا وصايا الله الذى يريد حياة الخاطى . وتوبته ورجوعه اليه ليغفر له . هكذا اعطا جميع اهل تلك المدينة قريحة قوية ونية مستقيمة . من كبيرهم الى صغيرهم· واطاعوا وامنوا بالله والبشرى . وكان كل كلام برتلموس حلو فى قلوبهم مثل العسل · والشهد فى قلب كل من يسمعه . Ps. xix. 10 وترك المدينة كلها وجميع كورتها عبادة الاوثان وامنوا بالله محب خلاص جنس ادم الذى جبل قلوبهم على حلوان الايمان ليخلص نفوسهم ويغفر لهم· وترك كل واحد منهم لصاحبه· كلما له

[1] Cod. يودعونهم   [2] Cod. الذى

[f. 87 a] عليه · ولما دعا برتلموس اهل المدينة وجميع كورتها بارك على جماعتهم كثيرا من الرجال والنسا احبوا الله واطاعوا وصاياه · ورفضوا كل اعمال الشيطان [1]فى هذا[1] العالم الزايل واحبوا الطهارة . وانتشر ندا القديس الى كل موضع بقربه· وامن كل من سمع بشرا الانجيل بالله من كل قلوبهم وكل نفوسهم· وبلغ اسم برتلموس وبشارته الى اغربس الملك· ولما سمعت ايفية زوجة الملك اعتزلت من مصاحبة الملك ومن كل دنسه . ولما سمع الملك ان زوجته اعتزلت منه وقبلت كلام برتلموس الذى يوصى كل [2]بمعرفة الحق وبالايمان بيسوع المسيح· فارسل بسرعة واحضره اليه . ولما حضر قال له الملك · انت برتلموس الساحر صاحب يسوع· اجابه التلميذ بجسارة ودالة عظيمة· لست ساحرا كزعمك ايها الملك· بل كل سحر وكل عمل يعمل عند ذكر يسوع المسيح يبطل· فامر الملك ان ينحى من بين يديه· وقال لمن احضره ان يحضروا اليه زوجته· [3]واعتزل برتلموس من قرب الملك يسيرا· [f. 87 b] وبسط يديه وصلى صلاة الانجيل وقال امين . عند ذلك جا اليه رجل اعور لا ينظر بعينه اليمين شيا· واحدى يديه يابسة مذ ولد يساله ان يعافيه· ولما نظر التلميذ فى وجه الرجل الاعما انفتحت [4]عينه بسرعة . وصارت كالاخرى . وقال له التلميذ اعطينى يدك لاكلمك· لتظهر قوة ربي يسوع المسيح· ويرى كل واحد ويومن باسمه· ولما اخرج الرجل يده من ثيابه وجدها استوت كالاخرى· فخرج من الجماعة· وهو يسبح الله ويشكره . وينادى باسم التلميذ المبارك· وسار فى جميع البلاد ينادى فيها ويعرف اهلها حسن صنع الله اليه· والقوة التى خرجت على يد برتلموس القديس· وقال اغربس لكبرا مملكته وجميع عبيده . ان بقى هذا التلميذ فى هذه البلاد فى الحياة هو يردنا كلنا الى ايمانه . فالجيد ان نقتله ونهلك جسده حتى لا يوجد· اجابوه قايلين كما يامر الملك لان قلوبهم كانت حزينة لا يريدون قتله· لانهم كانوا [f. 88 a] فرحين به مما ينظرون من كثرة العجايب التى يصنعها الله على يديه · قالوا للملك ان كان الملك يريد هذا فينفيه من بلادنا . وكان اهل البلد حريصين على خلاصه من يديه . فغضب غضبا شديدا · وحلف بايمان عظيمة انه لا

[1] Cod. وبهذا [2] Cod. بمعرفته [3] Cod. واعزل [4] Cod. عينيه

يسمع ⌜قولهم⌝ بل يقتله قتلة سو . ولم يقدر احد ان يرد عليه شيا . ولم يزل برتلموس يطوف فى كل النواحى وينادى فيها بشرى الانجيل· ويعظ الجماعة ويوصيهم ويعلمهم الايمان بالرب يسوع المسيح . بعد ذلك اتا الملك انسان سو وقال له انت غافل · ⌜واتى⌝ برتلموس فى كل البلاد ويرد امرك ويسب الهتك· فلما سمع ⌜غضب⌝ غضبا شديدا وارسل اثنين من وجوه عسكره ورجاله فى طلب برتلموس ⌜واوصاهم⌝ اى موضع يوجد فيه تربط يداه ورجلاه ويلقى فى البحر حتى لا يوجد جسده . وسار الرسل ⌜فى⌝ بعض طريقهم ⌜ووجدوا⌝ برتلموس يخرج شيطانا ⌜من⌝ رجل معترى منه من مدة طويلة ويعلم الجماعة ⌜ويوصيهم⌝ ان يومنوا بالرب يسوع المسيح· ولما تقدموا الرسل الى التلميذ المبارك ناداهم f. 88 b
بالسلام وقال لهم سلام الرب عليكم يا اخوة· فوقفوا ينظرون بعضهم بعضا متعجبين من دعته وحسن وده· اجابوه قايلين ان كنت تصير معنا الى حضرة الملك فهو يدعوك · وان لم ترد فما نجرك ان تحضر معنا بغير ارادتك لانا قد تحققنا ان الله حال معك فى كل احوالك . فقال التلميذ فى نفسه ما يجب ان اخالف امر الرب الذى قال انكم تقدمون الى الملوك والسلاطين Luke xxi. 12
لاجل اسمي وهذه ارادته . وانه حضر معهم الى اغربس الملك · ولما نظر اليه قال له انت الذى تفتن هذه المدينة وكل كورتها وتفرق بين النسا وبين رجالهن· اجاب التلميذ القديس وقال له لست انا الذى افتن المدينة وافرق بين النسا ورجالهن بل الله الذى امنوا به بكل قلوبهم ونفوسهم هو الذى وهب لهم الطهارة· وانت يا اغربس ان قبلت منى نفسك تخلص وترث مملكة السما عوضا من هذا الملك الزايل . فلما سمع اغربس منه f. 89 a
هذا غضب غضبا شديدا مما يقبله عليه الشيطان من افراق زوجته· وامر الشرط ان يملوا تليس شعر رمل ويجعلوا القديس فيه ويلقوه فى البحر· وفعلوا كما امرهم الملك . وكان ذلك فى اول يوم من توت · وهذه كانت وفاته وتنيح· وبعد هذا القاه الماء الى ساحل المدينة ثانى يوم واخذه قوم مومنون بالرب على يديه وكفنوه بكفن رفيع ووضعوه فى موضع جيد · والسبح للاب والابن والروح القدس الى دهر الداهرين امين ⁘ والسبح لله دايما ابدا ⁘

⁘ بشارة تماس التلميذ الذى نادى بها فى ⁘

⁘ مدينة الهند بسلام الرب يسوع المسيح امين ⁘

وكان بعد قيامة يسوع المسيح من الموت ظهر لتلاميذه ⌈الاخيار⌉ وقال لهم سلام ابي حال عليكم والذى اعطانى ⌈ما خفيته⌉ عنكم· اجتمعوا واقسموا العالم f. 89 b على اثنى عشر قسما ويتوجه كل واحد منكم الى قسمه · ولا تخافوا انا معكم وعارف بكل ما ينالكم من الالام والاضطهاد من العالم لكن تصبروا عليهم حتى تردوهم من الضلالة[1] الى الايمان باسمي· اذكروا الالام التى نالتنى وجميع ما عُمل بى لاجل البشر· وخرج سهم تماس الى مدينة الهند· وسجد للرب وقال لماذا خرج سهمي ان اخرج الى مدينة الهند وهم رجال قساة مثل الوحش ويعسر على قبولهم استماع كلام البشرى· لكن تصحبنى يا رب الى تلك البلدة· قال له الرب هذا بطرس مدبركم· هو يخرج معك الى تلك البلدة . وتيبسر التلاميذ ان يخرجوا كل واحد الى بلدته التى خرجت فى سهمه· بطرس يخرج الى مدينة رومية ومداينها ومتياس الى مدينة الفرس فقال تماس لبطرس يا ابي تقوم تسير معى انا واخي متياس حتى تبلغنا الى مداينّا· فاجابهم الى ذلك وخرج معهم· وتجلى عنهم الرب صاعدا الى السما بمجد· وكان بعد مسيرهم باربعين يوما وصلوا الى مدينة من جرى به السهم لتماس f. 90 a ومتياس· فلما دخلوا الى المدينة جلسوا فى شارع المدينة مثل الغربا فترايا لهم الرب يسوع المسيح مثل انسان حكيم· وقال لهم السلام عليكم يا اخوة· وقالوا عليك السلام انت ايضا . وجلس عن يمينهم غير بعيد منهم· قال بطرس يا ابي ندخل الى هذه المدينة وننادى فيها باسم الرب لانها اول مدينة وصلنا اليها . لعل نقدر نخلص اهلها ونردهم الى طاعة الله· لان الرب قال من ⌈ينادى فى مدن كثيرة هو يخلص بشرا كثير· وهو يكون له اجرا كبير فى مملكة السما وفيما هم جلوس واتا اليهم رجل من اصحاب قنطوريس ملك الهند . ونظر التلاميذ جلوسا مثل الغربا . قال لهم من اين انتم ايها الاخوة قالوا له سل ما احببت . قال لهم ليس الا خير لانى رايكم قوما اخيارا جدا . وانا اطلب

[1] Cod الظلالة

عبدا اشتريه يكون مثلكم· قال له بطرس نحن الثلثة عبيد لرب واحد اسمه
يسوع المسيح· وهو يحضر الى هذه المدينة· وعند حضوره من اردته منا ⌜يبيعك⌝
اياه لان مدينتنا وكل نواحيها رجال ⌜اخيار⌝· وكان يقول ذلك والرب يسمع ما
f. 90 b يقوله بعضنا لبعض· وفى تلك الساعة ترايا لهم الرب وكلمهم باللغة التى
يعرفونها· وقال السلام يا بطرس الكريم وتوما الامين الحكيم ومتياس[1] الوديع·
قد عرفتكم انى لا افارقكم· بل انا حاضر معكم كل حين كما وعدت من
ابي. اتقدمكم الى كل موضع تسيرون اليه· وكان صاحب ملك الهند حاضرا
ولم يعرف اللغه التى كان الرب يخاطبهم بها· وبعد هذا ظهر لهم الرب مثل
رجل غنى وجلس على موضع فى المدينة· قال بطرس للرجل صاحب الملك
هذا ربنا الذى عرفناك انه يحضر انظر من تريد منا هو يبيعك اياه. قال الرجل
للرب السلام ايها الرجل الصالح ظاهرك يشهد لك انك رجل كريم· هل انت
راضى تبيعنى واحدا من هولاى العبيد الذين لك. قال الرب من اردته من
هولاى الاثنين ⌜ابيعك⌝ اياه. فاما هذا الشيخ هو مولد فى ديار اباي لا ابيعه
ونظر الرجل الى تماس واعجبه· انه كان رجلا جسيما قوى النفس· فقال له
f. 91 a تبيعنى هذا· قال له الرب ثمنه ثلثة ارطال ذهب. اجابه الرجل وقد اشتريته
منك. وسلم اليه الثمن وقال له تكتب لى كتاب شراه فى وسط شارع المدينة·
قال له الرب ما تحتاج الى من يكتب· انا اكتب لك خطى بيدي اعترف
لك فيه ان هذا العبد الذى بعتك اياه انت يا ديامس صاحب قنطوريس ملك
الهند. وتم الكتاب كما يجب وتجلا عنهم الى السما بمجد· وبعد ذلك ترايا
الرب لتماس وقال له تسلم ثمنك تفرقه على الفقرا والايتام والارامل· فى
الموضع الذى تسير اليه بعتك بثلثة ارطال ذهب لانك عبد الثالوث الاب والابن
والروح القدس· اجاب تماس وقال له موهبتك تكون معى يا رب. ولما قال
هذا الكلام لتماس غاب عنه. وشد تماس وسطه كالعبد وجا الى بطرس ومتيس
وقال لهم اذكرونى فى صلواتكم وقبلونى القبلة الروحانية· فان هذا هو اخر
اجتماعنا فى هذا العالم· وصافح بعضهم بعضا بالسلام وبالقبلة الروحانية وافترقوا·

[1] Cod. ومتيس

f. 91 b وسار تماس مع صاحبه· وتوجه بطرس ومتيس الى طريقهم· وسال الرجل تماس عن صنعته· فقال له انا بناء وانا نجار وانا طبيب· فاما صنعة النجارة فانى اصلح الاقفزة والموازين والويبات والمحاريث التى تقلع السنط والشوك والحسك وجميع ما يحتاج الى قلعه من الارض· واما البنا فانى ابنى الهياكل والقصور والدور المشرفة التى تصلح للملوك· واما الطب فانى عالج الجراحات التى فسدت فى الاجسام· فلما سمع الرجل ذلك فرح وقال حقا ان مثل هذا يصلح للملك· ووصلوا بعد ايام كثيرة الى مدينة الهند· ودخل الرجل على الملك وعرفه لاجل تماس واقراه الكتاب الذى كتبه الرب بيده . ولما راه تعجب منه· وعرفه الصنايع [1]التى يحسنها تماس . فسره ذلك جدا وقال خذ هذا الرجل سلمه الى [2]لوكيوس الرييس يدفع اليه من المال ما يشا يبنى لنا قصرا عظيما· فمضى به اليه وعرفه كل ما رسمه الملك· وسلم اليه كل ما يحتاج اليه· f. 92 a وسار [2]لوكيوس بعد ذلك الى مدينة الملك ووصا زوجته ارسانونى· وقال لها هذا الرجل لا يخدم كالعبيد بل فى صنعته الى ان اعود من عند الملك· وبعد مضى [2]لوكيوس . دخل تماس الى ارسانونى زوجته وقرا عليها انجيل الرب يسوع المسيح· ونبوات الانبيا· وكان يقول لها يا ارسانونى· اراك فى غم عظيم· تتعبدين لهذه الاصنام الذهب والفضة· وتقولين انهم الهة وليس الهة ولا ينفعك ما تفعليه معهم لانهم لا يتكلمون ولا يسمعون ولا ينظرون . وان تحركت الارض لا يقدرون يحرسون نفوسهم· بل يسقطون ويتكسرون· اسلك ان تدخلى بى الى [3]الهياكل الذين تسجدين بها حتى انظر قوتها· فقدمته لتوريه اياها . فرفع نظره الى السما وصلا قايلا يا الله ضابط الكل ابا سيدي يسوع المسيح ولدك الحبيب . وروحك القدس· الذى اذا سمعته جميع الشياطين f. 92 b اضطربت انت راعى الخراف [1]التى ضلت انت المرعى الجيد انت النور الحقيقى الذى يضى فى قلوبنا . انت الذى كل الخليقة تنجوا باسمك . انت ارسلتنى الى هذه البلدة ارد اليك سكانها . انت صانع كل البشر وكل الخليقة [1]التى الكل لك ساجدين خاضعون انت الذى اذا نظرت كل الارض يرتعد البحر

[1] Cod. الذى [2] Cod. لوكيرس [3] Cod. الهيكل

وكل ما فيه· وجميع امواجه تصمت اذا سمعت صوتك· الحيات وجميع الدبات لك تخضع لانك تعولهم· نعم يا ربي وسيدي يسوع المسيح المظهر على يدي عجايبا وعلامات فى البلاد ليمجد اسمك . لان لك السبح الى دهر الداهرين امين ⁘ وفيما التلميذ يصلى تحرك اساس البيت الذى كانت فيه وسقطت كل الاصنام على الارض على وجوهها من مواضعها وصرخت الشياطين الحالة فيها قايلين الويل لنا لان قد بطلت قوتنا ودالتنا وليس الاه يُعبد الا يسوع المسيح ابن الله الحى· ولما رات ارسانونى ما حل بالهتها فزعت جدا، وسقطت على الارض بين يدى القديس ومد يده واقامها فامسكته
f. 93a وسالته وقالت يا عبد الله الصالح الذى دخل الى بيتي انت انسان او انت عبدا او انت الاه· وما هذا الاسم الذى سميته الذى هو يسوع وعند تسميتك اسمه تحرك اساس البيت وسقط على الارض· وجميع الهتى التى كنت ارجوها سقطت على وجوهها· وصارت مثل الهبا . فلا تخف عنى هذه القوة التى معك· يا عبد الله الصالح . فمن هذه الساعة قد هلكت عبادة الاوثان من بيتي . وانا تايبة معترفة مومنة بالاهك الرب يسوع المسيح ابن الله الحى . اجاب تماس التلميذ المبارك وقال لها· ارسانونى ان كنت امنتى من كل قلبك· فاتركى هذا العالم الفانى السريع الزوال واعلمى ان افتخارك بالذهب والفضة وحسن الثياب التى تهلك . وياكلها السوس حسن الجسد فيحل وكل من هو مفتخر بهذا يهلك سريعا وينظر بعد هذا الحسن الى وجه كييب وعيون مغلقة ولسان لا ينطق· فان يكون الانسان قد سار الى بيته الابدى . اطلبى الى الله يا
f. 93b ارسانونى وانتى تجدينه غير بعيد من كل من يطلبه بكل قلبه· قال النبى عن الله انا اله حى وقريب منكم غير بعيد منك يا اسراييل· فانى الاه لا اريد موت الخاطى . حتى يرجع وتعيش نفسه· ويقول ايضا عن عودة البنين [1]الذين قد [2]يعودوا الي وايضا يقول ارجعوا الي البنين الذين خالفوا عودوا الي انتم تجدونى الذى يطلب هو يجده· والذى يدعوه هو يسمع له· ولما سمعت ارسانونى [3]امراة الرييس هذا انفتح قلبها بمخافة الله فتح الله عينى

[1] Cod. الذى [2] Cod. يعدوا [3] Cod. امرات

قلبها . وكل من فى بيتها امنوا بالله وكثير من اهل المدينة· ودخلت الى مخدعها ونزعت ثيابها الفاخرة عنها وبسطت تحتها الرماد وسجدت على وجهها شاكرة لله· وهى تقول امنت بك يا سيدي يسوع المسيح الاه هذا الرجل الغريب الذى دخل الى منزلي وصار لى دليلا الى طريق الحياة· اسلك ايها الرب الرحوم الذى لم اعرفك الا فى هذا اليوم واذ اهلتنى لمعرفتك انت يا سيدى يسوع المسيح ابن الله الحى· اغفر لى جميع ما تقدم من ذنوبي [1]والضلالة f. 94 a التى كنت فيها الى هذا اليوم من عبادتي الاوثان النجسة· الان قد رجعت اليك يا سيدى يسوع المسيح انت نوري ومخلصي انت رجاي وقوتي انت ملجاي عليك توكلت . ولما تمت صلاتها خرجت الى التلميذ· ووجهها مغير من الرماد وقالت له يا عبد الله الصالح قم عمدنى باسم الاب والابن والروح القدس الذى بهم خلصتنى· ففرح التلميذ بايمانها وقال لها ايها الامراة الصالحة قد حلت عليك نعمة الله . اجابته قايلة ان ايمان ربك سكنت فى قلبي وجوارحي ونفسي فشكرا الرب يسوع المسيح الذى يرد الخراف الضالة · وقام مسرعا وعمدها هى وكل من فى منزلها بالاب والابن والروح القدس واخذ خبزا نقيا وكاسا فيه خمر· وشكر وكسر واعطا الجماعة الذين تعمدوا من جسد الرب الكريم ودمه وكان طول ليله يصلى بزبور داوود هو وجميع الاخوة الذين تعمدوا وقدموا اليه جميع من به علة من اصناف العلل . والمعتريين f. 94 b من الشياطين والعميان والعرج والبرص وعافا كلهم. ويخرج كل يوم فى وسط المدينة ينادى باسم الرب يسوع المسيح ويبشر بالانجيل المقدس ويقول لهم خل الاعلا يحضروا الي ابريهم مجانا . لا اريد من احد جزا . وكانوا ياتون الى ارسانونى زوجة الرييس التى امنت به· وصار كل اهل المدينة نصارى مومنين . وكان يتلوا عليهم الانجيل والانبيا ويعلمهم شرايع الدين· وبعد ذلك عمدهم كلهم باسم الاب والابن والروح القدس· ولم يزل مقيم عندهم فى المدينة مدة اربعة سنين· وايمانهم تقوى بالمسيح . ولوكيوس غايب عند الملك· ولما عاد الى مدينته وخرجت اليه زوجته وكل سكان المدينة مستقبلين

[1] Cod. والظلالة

له ونظر من بعيد الى زوجته هى لابسة ثياب دنية فحزن لذلك حزنا شديدا وظن ان سُرق كلما فى منزله ودعا احدا عبيده وقال له هل حدث فى منزلي شى · قال له لم يحدث مكروه . بل كل خير مذ غبت عنه . ودخل الى الحمام· ليستحم· وصار الى منزله· ودعا زوجته ارسانونى · ولما حضرت كلمها كعادة اهل العالم· ودعاها الى مضاجعته· اجابته وهى باكية يا سيدي f. 95 a قد قلع الله من قلبي هذا الحال الردي الذى لا منفعة فيه· واليوم فهو بمشيّة الرب· اجابها بغضب شديد. ما هذا القول الذى لم اسمعه منك ولم تتغيرى علي مذ عرفتك . الا فى هذا اليوم الويل لى لا يكن سحرك العبد الغريب القادم الينا فى هذه الايام· اجابته ارسانونى قايلة له حاشه يا سيدي مما تقول عنه· لان الاطبا كلهم يطلبون يطبون الاجساد· وهذا يطب الاجساد والانفس· فلا تقول فيه كلمة سو بل اسمع انت كلامه ايضا· ولما سمع لوكيوس ذلك منها امتلى من غضب الشيطان· فاجابها ان كان طبيب معالجا· فليشف نفسه من العذاب الذى يلقاه منى · وفي تلك الساعة امر الشرط ان يحضروا اليه الدباغين الذين فى المدينة· فاحضروهم· ودعا تماس وقال له ايها العبد السو الساحر اين الاعمال والصنايع التى قلت انك تعملها . اين الهياكل [1]التى تبنيها للملك . اين القصر اين المحاريث والاكيال والموازين التى قلت انت تعملها اين صنعة f. 95 b الطب· وجودة علاجك . اجابه تماس قد فرغت من جميع صنايعي وتممتها· قال له لوكيوس تلهوا بى انا اعذبك ايها العبد السو حتى تموت . قال له تماس انا اصدقك الحق بلا عذاب لانك الى هذا الوقت لم تعلم وساعلمك الحق· الهياكل والقصور التى بنيتها هى الانفس الذين ياتوا هم القصور التى اصلحتهم للملك السمايي ليحل فيهم· المحاريث هم الاناجيل المقدسة التى تقلع كل الشر من قلب المومنين الذين يطلبون الله من كل قلوبهم· والعلاجات الذين من صنعة الطب· هى السراير المقدسة التى تقلع كل الافكار والاوجاع والشهوات الردية من كل من يطلب الطهارة هذه هى العلاجات والصنايع التى علمنى الله اياها . قال له لوكيوس· ايها العبد السو ما هذا الكلام· وامر به ان يقيد

[1] Cod. الذى

ويضرب اربعة اوتاد فى الارض ويشد فيها ويمد بحضرته . وامر السلاخين ان يسلخوا جلده . وقال له انا اعذبك ولا اتركك تموت عاجلا الا كما اريد . وبكا اهل المدينة كلهم قايلين الويل لنا ماذا نقدر نعمل بهذا الرجل الصديق الذى f. 96 a ابرانا من كل العلل . ان وضعنا ايدينا عليه الاهه يغضب علينا وينزل علينا رجزه وينزل نار من السما تحرقنا · وان لم نفعل ما امرنا هذا المنافق هو يقتلنا· وقد كنا راينا عجبا كثير من هذا القديس فى اليوم الذى دخل هذا الخنزير البرى الى حقل الامراة الارملة . ولم يقدر الرجال يطردونه . وجات الامراة وسجَدت لهذا الرجل الصديق وسالته قايلة يا سيدي اعيننى· وتحنن عليها وخرج الى حقل هذه الامراة الارملة ولا تهلك ثمارها· ولم يخرج الخنزير . فنزلت نار من السما واحرقت الخنزير· ونحن نخاف من الاهه جدا . اجابهم القديس قايلا قوموا تموا الامر الذى امركم به· اذا اعلم انكم مجبورين على ارادتكم من مخافة هذا الريس الجاهل· وامر لوكيوس ان يُسلخ جلده ورفع التلميذ عيناه الى السما وصاح بصوت عال قايلا يا سيدي يسوع المسيح ابن الله الحى · اعيننى فى ساعتي هذه الشديدة . وسمعت ارسانونى[1] اصوات السلاخين f. 96 b والجماعة الذين يبكون· ونظرت من طاق فى منزلها فرات[2] التلميذ وهو يُسلخ فقلقت جدا وسقطت على وجهها وماتت· وفى تلك الساعة صاح لوكيوس هذه زوجتي قد ماتت بسببك ايها العبد السو· ولكنى ابذل جهدي كله فيك حتى اعلم كل اعمالك السو الذى تعمله· فلما سمع ابو زوجة لوكيوس واخوتها حضروا· واحاطوا بها وهم يبكون عليها صايحون يقولون الويل لنا لم تموتى بسبب هذا الرجل الغريب . بل قلوبنا بك فرحة انك متت على ايمان المسيح· وامر تلميذه المبارك· اجابهم تماس وقال لهم اسكتوا لا تبكوا ان كانت ماتت بسيدي انا اقيمها· قال له لوكيوس لا تقول ان قد فرغ العذاب انا اعذبك كارادتي ولا ابقى فيك ممكنا · وامر ان يجاب له خل وملح وعلج به جسد القديس. وصاح التلميذ قايلا· يا سيدي يسوع المسيح اعيننى فى هذه الشدة · فان قلبي وجسدي وروحي فقد تعبوا جدا· يا سيدي يسوع المسيح الرحوم المتحنن

[1] Cod. انسانونى   [2] sic

[f. 97 a] تقرب الي معونتك اذكر غربتي وقلة وحدتي اهلي . لا اب ولا ام ولا اخ ولا قرايب لى فى هذه المدينة وليس لى من يعرفنى بها يسوع المسيح ابن الله الحى . انت معونتي انت عليك اتكالي وانت مخلصي انت ارسلتنى الى هذه المدينة · ولم اخالف قولك يا ربي والاهي ابغضت كل شي من اجلك· الاب والام والقرابة وكل شي لى تركت هذا كله وسمعت قولك · انت يا سيدي ارسلتنى الى هذه المدينة لخلاص اهلها· فهوذا ترى ما حل بى فيها . فان كنت يا رب واجد علي فانا متيسر لاحتمال كل تعب ينالنى فيها بفرح اذكر الوقت الذى ترا انت لاخوتي التلاميذ عند قيامتك من بين الاموات . ولم اكن معهم· ولما قالوا لى انهم نظروك· وذكرت انا قولك الذى قلته· استخبروا الارواح فان كثيرون سيجيون باسمي ويضلون كثير قلت لاخوتي التلاميذ ان لم ارا الرب وارا رسم المسامير فى ايديه واجعل اصبعى على رسم [cf. John xx. 25] الطعنة[1] الذى فى جنبه لا اومن· وظهرت لى واوريتنى ما طلبته منك وصحة [f. 97 b] قيامتك· وبكتت قلة ايماني· فان كنت يا سيدي واجد علي لاجل هذا فاسالك يا سيدي ان تغفر لى لانك الاه صالح رحوم وتقبل الذين يعودون اليك من كل قلوبهم· وفيما هو يقول ذلك ويبكى تحنن عليه الرب وظهر له فى سحابة مضية وقال له يفرح قلبك يا حبيبي تماس· وتقوى فانت الغالب لعدوك وكل من يقاومك· حقا اقول لك ان كل تعب وعذاب اصابك بسبب بنى البشر حتى خلصتهم من يدى العدو وليس مثل ساعة ظهوري لك وقبولي لك وجلوسك عن يميني فى مملكتي[2]· لانك سميت التووم[3]· انت محبوب مني. تصبر فان اجرك كبير ومجدك عند ابي عظيم· وسيظهر عجايب كثيرة من جلدك· تقوى قلبك وتسرع تظهر امانتك المستقيمة بلاهوتي فى هذه المدينة التى شروقك التى تسمى قنطورية وترد اهلها الى الايمان باسمي . فقد امتلت كل الدنيا من موهبة ابي ورحمته للخليقة بسبب دمي المهراق لخلاص العالم· ولما قال الرب له هذا القول قبله ولمس جسده وعافاه من الجراح الذى [f. 98 a] فيه وغاب عنه . وقام تماس صحيحا · حتى بلغ الموضع الذى فيه امراة[4]

[1] Cod. الطعنة [2] Cod. ملكتي [3] sic [4] Cod. امرات

لوكيوس ووضع عليها جلده المسلوخ وهو يقول باسم يسوع المسيح وابيه وروح قدسه الصوت الذى نادى العازر هو الذى يقيمك وفى تلك الساعة فتحت عينيها ونظرت التلميذ واقف على راسها فقامت بسرعة وسجدت له . ولما راى لوكيوس هذا العجب والاية العظيمة التى ظهرت منه قام بفزع وسجد له قايلا حقا لا الاه الا الاهك الذى تعبده اسلك يا عبد الله الصالح· ان تغفر لى كل ما عملته بك من السو بجهلي· فاقامه تماس لانهم امنوا كلهم· فقال له لا تخف ان الله لا يواخذ الذين يتوبون ويعترفون بخطاياهم· وفى تلك الساعة امن هو وكل اشراف المدينة وامر ان يحضر الخبز والكاس وصلا واعطاهم كلهم السراير المقدسة· وصيرهم مسيحيين ووضع عليهم. اساس البيعة f. 98 b وولى عليه لوكيوس ووصاهم بجميع سنن الدين· [1]ووصاهم وصايا الانجيل واقام عندهم شهر· وهو كل يوم يعظهم من الكتب المقدسة· وقال لهم ان كان مشيية الرب انا اعود اليكم . فقد امرنى الرب ان اسير الى المدن [2]التى شرقكم . وخرج وهم يودعونه باكيين يقولون لا تنطى عنا لانا غرس جديد وصلى التلميذ وبارك عليهم· واعطاهم السلام وسار الى قنطورية ليبشر فيها كما امره الرب· ولما بلغ اليها وصار من داخل بابها لقى شيخا يبكى بكا شديدا· مشقق الثياب سيي النظر· فقال له يا شيخ ما لى اراك بهذا الغم العظيم والبكا الكثير قد اوجعت قلبي· قال له الشيخ اذهب عنى يا اخي فان مصيبتي عظيمة· قال له التلميذ اسلك تعرفنى حالك فلعل سيدي يسوع المسيح يجرى صلاح حالك على يدي· قال له الشيخ اسمع خبري. لى ستة اولاد خطبت الكبير منهم لبنت ريس المدينة لتكون له زوجة· فلما جا حين العرس قال يا ابي لا تهتم لى بالزيجة فانى لا اتزوج وقد رفضت هذا العالم وكل شهواته . ولما f. 99 a سمعت منه هذا قلت فى قلبي لعله قد حمق قال هذا الكلام. فقلت له ان قد قرب الوقت الذى اريد اخذ زوجتك لك وتقول لى هذا . قال لى وحق عظمة الملك الذى هو ملك الملوك يسوع المسيح ان الزمتنى ذلك خرجت الى البرية ولا ترانى بعد هذا اليوم· قلت له عرفنى ما رايت . قال لى انا اعرفك·

[1] Cod. + ووضع   [2] Cod. الذى

كنت يا ابي فى هذه الليلة نايما فنظرت شابا حسن الوجه· ولباسه مضى مثل الشمس· وريح طيب يخرج من فمه· وامتلا البيت من طيبة رايحته· واكليل الملك على راسه· وفى يده اليمين قصبة ذهب· ولما رايته خفت منه جدا· وسقطت تحت قدميه كميت· ومد يده اليمين واقامنى وقال لى احفظ نفسك ولا تسمع ممن يشير عليك تتزوج· بل احفظ جسمك تكون طاهرا فانت تكون لى خليفة وريسا على البيعة · هذا تلميذي تماس داخل الى هذه المدينة f. 99b هو يهديك الى الايمان ويعطيك علامة الظفر· ويوهلك لقبول سراير المقدسة· اعلم انى الاه تجسدت من اجلكم ويجب عليكم ان لا تتوانوا فى خلاصكم وحياتكم وعند ما قال لى هذا جعل يده اليمين على راسي وبارك علي وصعد الى السما بمجد عظيم حتى غاب عن عيني· فلاجل هذا يا والدي ما افرط فى هذه الموهبة الذى اهلنى الله لها ليلا يغضب على ذلك الملك ويهلكنى لاجل خلافي له فلما سمعت هذا القول من ولدي سكتت وقلت فى نفسي لعل الاه هذه المدينة ظهر له ودعوت قوم من وجوه المدينة وعرفتهم جميع ما قال لى ولدي وارسلتهم الى ابى الجارية وعرفوه كل ما سمعوه منى فغضب غضبا شديدا وقال لى استخففت بمنزلي . وهونت بابنتي بهذا الكلام المحتال ودخل الى الملك ومحل بى انا وولدي عبده . قال انا سرقنا مال الهيكل ووجه الملك وقتل جميع اولادي وعدتهم ستة فى ساعة واحدة· وهذا سبب ما ترانى عليه من البكا والحزن وعلي ايضا ديون اقترضتها ودفعت الى f. 100a الجارية وانا مطالب بها وانا افزع من بعد موت اولادي من اصحاب الديون . ما اعرف جهة ادفع لهم مالهم· فليت بقى واحدا من اولادي يعيش يعاونى على قضى ما علي من الدين· ولما سمع التلميذ منه ذلك قال لا تبك ايها الشيخ· قد سمعت بكاك انا تماس بلغنى الى الموضع الذى فيه بنوك· فسيدي يسوع المسيح يهب لهم الحياة· وسار الشيخ بين يديه الى الموضع الذى فيه قبورهم· وتبعهم خلق كثير يقولون ان كانت هذه الاعجوبة حق نحن نومن بالاه هذا الرجل· ولما بلغوا الموضع دفع التلميذ الجلد الذى سُلخ الى الشيخ· وقال له ادخل الى القبر واحمل هذا الجلد على جميع

اولادك [1]وقل باسم الاب والابن والروح القدس تقوموا يا اولادي وتعودوا احيا كما كنتم: ليلا افعل انا فيقال انا ساحر· وفعل الشيخ كما امره التلميذ· وحمل الجلد على اولاده· وكانت تحت اولاده فى المقبرة تسعة اناس ماقبل بنيه· فعند ذلك قاموا كلهم وعددهم خمسة عشر نفس· وخرجوا الى الموضع f. 100 b الذى فيه التلميذ المبارك وسجدوا له قايلين نسالك يا تلميذ الرب ان تعطينا المعمودية خاتم الحياة ولما راوا الجماعة هذه العجايب صرخوا باعلا صوتهم قايلين حقا ليس الاه الا يسوع المسيح ابن الله الحى واحد هو الله اله تماس . وبسرعة مضى قوم منهم الى هيكل ابلون وعرفوا كاهن الهيكل جميع ما كان . ولما سمع الكاهن اسم يسوع شق ثيابه وقال [وى] لى ان كان واحد هو من التلاميذ الذين خرجوا من ارض يهودا يسيحون فى كل العالم يخدعون الناس وكل من يسمع منهم: وهم تلاميذ لرجل ساحر. اسمه يسوع سمعنا عنه ان بلاطس صلبه· وسرقوا هولاى جسده وساروا فى العالم يقولون انه قام من الاموات· فقال لهم قوموا بنا جميعا نخرج اليه ونبكته ونعرفه ان ليس قوله صحيح· وكل ما يعمله هو بالسحر· وقام الكاهن والجماعة معه الى حيث تماس ووجدوه فى شارع المدينة . والجماعة مجتمعين عنده . وهو يخرج شيطانا من رجل كان معترى به· فقال الكاهن لتماس ما تعمل فى f. 101 a هذا الموضع· يا ساحر مطغى· لم يكفيك ارض يهودا وسكانها حتى اتيت الى هذه المدينة· من هو يسوع· ان كان الها لم لم يخلص نفسه من القتل· حتى سرقتم جسده وشهدتم لكل الخليقة انه قام من بين الاموات· فاعلم ان اهل هذه المدينة حكما ليسوا مثل غيرهم تخدعهم· وعاد توجه الى الجماعة· وقال لهم ياخذ كل واحد منكم بيده حجرا ويرميه على هذا الساحر· ونقتلوه حتى لا يجد السبيل يطغى الناس بعد هذا الوقت· فحنوا ظهورهم لياخذوا الحجارة ويرجموا القديس· فيبست ايديهم فى الحجارة ولم يقدروا ان يقفوا· فصاحوا كلهم بصوت واحد قايلين نسلك يا عبد الله الصالح ان تسل ربك [2]يعفو عنا· ويتركنا [3]نقوم نقف على ارجلنا· فنحن نومن بالاهك· ولا

[1] Cod. وقول [2] Cod. يعفوا [3] in margine

تواخذنا بجهالتنا . فصلا التلميذ المبارك قايلا اشكرك يا سيدي يسوع المسيح انك لم تغفل عن طلبتي· واظهرت مجدك لهذه الجماعة الذين اجتمعوا اليك· فاسلك بامرك ترسل من العلو قوة سمايية تعلق هذا الكافر فى الهوا منكسا

f. 101 b لانه افترى على اسمك القديس· وبسرعة تعلق الكاهن فى الهوا منكسا بحضرة الجماعة· ولما نظر الى قوة الله العالية وما فعلت به صاح وهو معلق انى اومن بك واعترف يا يسوع المسيح بربوبيتك انك انت الاه بالحقيقة ليس الالهة المصنوعة بايدي الناس [1]مستحقة ان تدعا الهة الا انت وحدك· انت الاه من قبل كل الدهور· وانت رب السما والارض ومن تحت الارض يسوع المسيح· انت امانتي وانت ملكي وانت رجاي . ولما اعترف الكاهن بهذه الامانة· وهو معلق منكس والجماعة تنظر اليه انزل الى الارض· وامن الجماعة وخلصوا وسالوا التلميذ ان يعمدهم باسم الاب والابن والروح القدس الاله الواحد . ولما نظر الى قوة امانتهم اخذهم الى الهيكل وهدم كل ما فيه من مواضع جلوس الاصنام وجعل الهيكل كنيسة . وقسم لهم ذلك الكاهن اسقفا وستة الاخوة اولاد الشيخ قسوسا وشمامسة الذين اقامهم من الاموات· وتركهم فى البيعة

f. 102 a يخدمون المكان المقدس واقام فى المدينة زمانا يعلمهم الايمان وكل شرايع الدين . وكان يظهر على يديه عجايب كثيرة· وكان جلده يحمله على كتفه· ويطوف به كل موضع يمضي [2]اليها · وبعد ذلك خرج من عندهم من تلك المدينة . وهو يسبح الله· وبعد هذا ترايا له الرب واخذ جلده والزقه على جسده كما كان وقبله وعزاه وقال له اركب على هذه السحابة الى اخوتك تبلغك الى اخوتك التلاميذ بسلام· انا حاضر معكم فى كل موضع· لانكم الذين انتخبكم ابي لتنادوا فى المسكونة بلاهوتي· وتجلا الرب عنه الى السما بمجد عظيم· وركب تماس السحابة كامر الرب واستقلت به الى ان اوصلته الى جبل المديانين فوجد التلاميذ مجتمعين [2]وبولس فى مجمعهم· ومريم ام الرب· وقبلهم القبلة الروحانية · وتذاكروا العجايب [3]التى اجراها الله على يديهم· وقاموا [2]ثم يوما مجتمعين بعضهم مع بعض يمجدون الله الذى له السبح والمجد والكرامة الى دهر الداهرين امين ⁘

[1] Cod. مستحق [2] sic [3] Cod. الذى

f. 102 b ⁘ شهادة القديس تماس تلميذ الرب يسوع المسيح ⁘
⁘ وجهاده الذى تمه فى ستة وعشرين [1]يوم من ⁘
⁘ بشنس بسلام الرب امين ⁘

وكان بعد ما خرج تماس التلميذ الى مدينة الهند ونادا فيهم بالايمان وبشرهم بشرايع الانجيل المقدس· وسلخ لوكيوس الريس جلده· واقام زمانا يحمله على كتفه ويطوف كل البلاد ويحمله على الاموات والاعلا وفتح الرب قلوبهم وامنوا وبنا لهم البيعة واقام لهم شرايع الدين وقسم لهم الاسقف والكهنة· واعطاهم السراير المقدسة· وخرج من عندهم بسلام: وترايا له الرب ورد جلده كما كان· ومضى بعد ذلك الى مدينة ذبدكا و[الى] مقدونية· ونادا فيهم بمعرفة الله· ولما سمع الروسا اقبلوا عليه غضبا وقبضوا عليه وجعلوه فى السجن· واتا اليه طرطناى زوجة الملك ومرجية ابنته الى السجن· وكان مغلقا· وتبعهم كثير من المومنين· وانفتح لهم الباب· ونادوا التلميذ فخرج اليهم وقال لهم يا f. 103 a اخوتي واولادي واحباي عبيد المسيح وخدام الرب اسمعوا منى اليوم كلامي واخر تعليمي لكم: فانى لا انظركم فى هذا العالم بعد هذا اليوم: وانا فى الجسد· فقد شا الرب ان ينقلنى من هذا العالم ويخرجنى من هذا التعب الى النياح . لانه اسلم نفسه من اجلنا حتى خلصنا من عبودية الشيطان وانتخبنا له تلاميذ واهلنا ان ننادى باسمه فى كل العالم وقد تم جهادي واوصلت الرسالة كما امرنى وشا ان ينجينى من تعب هذا العالم ويعطينى الاجر الذى استحققته منه· لانه غنى كثير العطايا ويعطينى موهبته مجانا . ولمن يسله· فانا عبدا ليسوع المسيح فاعل مشييته· فقد شا ما سمعتموه منى فاحذروا ان تتركوا الشيطان شيا يتقرب اليكم وكونوا [2]مستيقظين تنظرون اتيان الرب ليقبلكم الى مملكته· ولما قال هذا نزل النسا ودخل السجن فحزنوا وبكوا

[1] Cod. يوما   [2] Cod. مستيقضين

وعلموا ان الرووسا اذ قد امكنهم منه هم يهلكون القديس· فلما دخل السجن (Cod. 75 Fonds Arabe f. 73 b) تقلقت ابواب السجن . وعادت مغلقة بحالها · فلما راى الحراس مثل هذا صاح بعضهم لبعض· وبهتوا وبقوا متعجبين· وقالوا هذا الانسان ساحر فتح ابواب السجن· واراد ان يخرج كلمن فيه · فلم يجد السبيل الى ذلك . ولكن نذهب الى الملك . ونعلمه هذا السبب · وان امراته وابنته التين حضرا اليه· وفيما كانوا يتكلمون لم يجيبهم توماس بشى· فلما كان بالغداة تقدموا الى الملك . وقالوا له· يا سيدنا اخرج هذا الساحر من هذا السجن . واجعله فى سجن غيره . فانا ليس نحرسه نحن · هذه ثانى مرة قد راينا ابواب السجن مفتحة . وهو الذى يفتحها وان زوجتك وابنتك كل وقت تصيرون اليه · وان الملك نظر الى الاغلاق التى على باب السجن . وخاتمه بحاله . فقال لهم (f. 74 a) انتم تكذبون· لم تصير اليه زوجتي· ولا ابنتي . وانهم حلفوا له انهما يصيران اليه· فجلس الملك فى موضع . وامر ان يحضر اليه القديس · وانهم عروه من ثيابه· وربطوا وسطه بميزر · واقاموه بين يدى الملك · فقال له الملك انت عبد امر حر[1]· فقال له توماس انا عبد لرب ليس لك عليه سلطان . قال له الملك لم هربت (Cod. D.S. f. 104 a) من بلدك وجيت الى هذا الموضع . قال له جيت هذا ارد هذه الجماعة من الضلالة· وانا انتقل من هذا العالم على يدك· قال له الملك ما اسم ربك وانت من اى البلد· قال له تماس ربي هو رب السما والارض لا تستطيع ان تسمع اسمه المكتوم بل اسمه الظاهر يسوع المسيح· قال له الملك لم ارد هلاكك بل طولت روحي عنك وانت اكثرت فى [2]سو اعمالك وجعلت سحرك ظاهر فى هذه المدينة حتى سمع كل من فى الهند ولكنى اقتلك حتى يزول كل سحرك وينسا اسمك وسحرك من كل الكورة· قال له تماس ان علاجي يكون ثابتا بعد انصرافي من هذا العالم واستشار مستاوس الملك كيف يقدر ان يقتل لانه كان خايفا من الجمع المحيطين به لان منهم كثير من الروسا امنوا ببشارة القديس ومن اشراف المدينه وكثير من الكورة . وقام الملك واخذه الى خارج المدينة· (f. 104 b) ومعه كثير من الجند يحملون السلاح وباقى الجمع يظنون ان الملك يريد

[1] Cod. حرام

[2] Cod. السو

يخاطبه بشى بينه وبينه فتاخروا عنه ولما بعد من المدينة ميلين سلمه الى خمسة عشر من الجند مع ولده وروسا كثير من اهل المدينة· وامرهم ان يسيروا به الى جبل عال ويقتلوه فيه وعاد الملك الى المدينة· ولما علم الجماعة تسابقوا فى اثر القديس يطلبون خلاصه· واسرع الجند الذين كانوا معه فى قتله· ووقف منهم اثنين عن يمينه· واثنين عن يساره· وبايدهم الحراب. ومد الرييس الكبير يده عليه· وكان التلميذ يقول السر المكتوم الذى يتم الذى للعطية العلوية ليس تمكن منى تعب الجسد· لان اربعة متيسرين ليهدموا هيكلي الارضي شبه الاربعة العناصر التى قوامي منها· ولما بلغ الموضع الذى يقتل فيه قال لهم اسمعوا كلامي· عند خروجي من هذا العالم f. 105 a لا يكون عيون قلوبكم عمى ولا اذانكم صم· امنوا بالله الذى بشرتكم به· وليدخل كلامه فى قلوبكم واذانكم وكونوا كل ايام حياتكم بالطهارة والحرية هى الحياة التى تقربكم الى الله· وقال لمساسوى ابن الملك انت الخادم ليسوع المسيح· اعط هولاى الفعلة ما يستحقونه ليمكنونى ان اصلى الى ربي وامرهم ان [1]يفعلوا ذلك· وبسط التلميذ المبارك يديه· ودعا الله قايلا الرب رجاي ومدبري ومخلصي الذى قوانى وجعل قلبي متيسر لطاعته· انت الذى وهبت لى الصبر من حداثتي وكنت لى موضعا للحياة وحفظتنى من الدنس والهلاك انت الذى اعطيتنى المعرفة ليلا اتدنس بجنس النسا · وحفظت هيكلي مقدسا لك· فمي ولساني ما تودى بتسابيحك على كثيرة رحمتك لى . لم ترا عيناي ان اتخذ الغنا· لانك قلت ان غنا هذا العالم خسارة· لم تتخذه ان رغبت فى f. 105 b الفقر فى هذا العالم حتى [2]استحققت منك ان فتحت لى مملكتك الدايمة الى اخر الدهر ولكل من يومن بك· تممت مشييتك ووصاياك كثرت على المحن وصبرت التعب· وكان ذلك عندي حلو لاسمك· لانك رجاي وبك لصقت نفسي فلا يكن تعبي مجانا· واقبل طلبتي ولا تلقينى من وجهك الاغصان التى للكرامة التى زرعتها فيي لا يقلعها العدو . والوزنة التى اعطيتنى سلمتها الى اصحاب الموايد وربحها صار للقنطار عشرة. تركت هذا العالم وتبعتك نظرت

[1] Cod. فعلوا   [2] Cod. استحقيت

عيناي الى خلاصك· تممت الامر الذى امرتنى به . والرسالة التى ارسلتنى فيها اوصلتها لاكون عبدا حازما يخاف اسمك . ربطت وسطي فى كل الصلاح وسعت خطاي فى طريق انجيل السلامة· ركبت الفدان ولم انظر الى خلف ليلا يكون معوجا· ازهرت الارض [1]وحضر زمان الحصاد· لاخذ الاجرة· تممت
التعب الذى بلغنى الى الراحة . حفظت الغم الاول والثانى والثالث لانظر وجهك f. 106a
واسجد لمجدك· ورذلت البشر لاسبع من الخيرات· تممت كل مشييتك ولم اعد الى خلف· تقدمت ليلا اكون عثرة لغيري لاخذ اكليل المجد . والاجر السماييه · لا يقف فى طريق التنين· ولا تقوم علي بنو الحية · ولا يدنوا الي قوات الظلمة· بل يبعدون عنى · لان لك السبح ولابيك القدوس وروحك المحيي· امين · ولما فرغ المغبوط من صلاته· عاد الى الشرط· وقال لهم تمموا ارادة [2]ملككم· واتى اربعة من الجند متيسرين وطعنوه بالحراب· فسقط على الارض· واسلم روحه للوقت . وبكا عليه الاخوة الذين حضروا . واحضروا ازرا [3]نظاف وثياب فاخرة· وكفنوه وتركوه فى قبور الملوك الاوايل· واقام سرفورا وتنيس عند القبر ذلك اليوم ولم يدخلوا المدينة· وظهر لهم تماس القديس وقال لهم هوذا انا هاهنا حي لم انتم جلوس تحرسونى· قد قبلنى ربي يسوع المسيح ملكي واخذت جميع المواعيد التى كنت ارجوها· قوما من هذا الموضع
واعلما انكما عن قليل تخرجان من هذا العالم . فلا تتوانيا فى خلاص انفسكما f. 106b
فانتم تصيران الي· واخذ متاوس الملك وحرساوس نساهما وهم طرطناى واطبنيا عذباهما عذابا شديدا لعلهما يرضيان ويتركان عنهما الطهارة ويعودان الى مضاجعتهما· فلم يجيبا الى ذلك· وظهر لهما القديس وقال لهما لا تنسيا كلامي الذى قلته فان الرب يسوع المسيح يعينكما· ولما علم متاوس وحرسانوس الى مرتيهما لا يجيبانهما الى مرادهما خليا عنهما ليكونوا على مرادهما واختيارهما . [4]واجتمعوا كل الاخوة وكانوا يعلمون بعضهم بعضا كل وصايا الرب· وهم مبتهجون بعطية الله وموهبة روح القدس [5]واعترى اسيس ابن الملك شيطان

[1] Cod. وحظر [2] Cod. ملكم [3] Cod. نصاف [4] Cod. واجتمعا
[5] Cod. واعتر

ففكر الملك وقال ما اصنع· هذا هو مخالفى للتلميذ· لم اقبل كلامه· وحضر الى القبر لياخذ من جسده خرقة من الكفن يعلقها فى حلق ولده· وهو قايل انه يومن ان الله يعافيه· وظهر له تماس وقال القديس لم تومن بى وانا فى الحياة يا متاوس· امنت بى وانا ميت· لكن لا تخاف الرب يتحنن عليك (f. 107 a) لانه غير بخيل بعطاه· ولما فتح القبر لم يجد من جسد القديس شيا لانه اخذ سرا الى [1]العدن فاخذ قليل تراب من الموضع· الذى كان فيه جسد القديس وربطه فى حلق ابنه . وقال انا اومن ان بدعا القديس يخرج هذا الروح النجس من ولدي وفى تلك الساعة خرج الشيطان من ولده· وامن الملك وسجد بين يدي ارسفرس القس· وساله هو والاخوة ان يستغفروا الله له· فقال القس للاخوة صلوا على الملك لكيما يقتله الله وينزل له جميع خطاياه ففعلوا ذلك بفرح وابتهاج على ما راوه من امانة الملك· والله محب البشر ملك الملوك ورب الارباب اعطى متاوس الملك امانة صحيحة ورجا ثابتا· وشاع ايمانه وصلاحه فى كل البلاد وكان مكرما لجميع الاخوة ويسبح الاب والابن والروح القدس· وقبل تماس التلميذ ضربة الاربعة الجند باربعة حراب وهكذا تم شهادته فى طريق مدينة الهند· فى ستة وعشرين يوما من شهر (f. 107 b) بشنس . والسبح للرب يسوع المسيح مع الاب وروح القدس . امين

اعمال متاوس التلميذ التى عملها فى بلاد الكهنة بسلام الرب امين .

وكان بطرس واندراوس عند عودتهما من بلاد البربر . وقد ثبتاهم فى الامانة . وعرفاهم شرايع الدين . اذ هما سايران فى الطريق لقيهما متاوس . فقبلوا بعضهم بعضا بالقبلة الروحانية· وقال لهم من اين اتيتم· قالوا له من بلاد البربر . قال لهم متاوس وانا ايضا اتيت من بلاد المغبوطين . عرفاه كل واحد منهم ما ناله من الالام· قال لهما متاوس· ان المدينة التى كنت فيها الرب يسوع المسيح كل يوم حاضر عندهم ويعيد معهم ينصب كرسيه فى وسط بيعتهم بالغداة· ويعلمهم وصاياه· ولما دخلت مدينتهم وناديت فيهم وبشرتهم باسمه

[1] Cod. الحدين

قالوا نحن نعرف هذا الاسم . قلت لهم من عرفكم به . قالوا لى اطل روحك· ولا تقلق الى الغداة· انت تنظر الى الذى بشرتنا به . ولما كان بالغداة حضر الرب يسوع المسيح وهو راكب على سحابة مضية· وجميع قوات السما يسبحونه. [f. 108 a] ولما رايته من كثرة الفرح ابتهجت بروح القدس وصحت قايلا مجدوه ملك [1]الملوك· وعلوا علوه الى كل الدهور· واقمنا ثلثة ايام نسبحه فى البيعة· ولما تم الثلثة ايام بارك علينا وصعد الى السما بمجد عظيم . ثم قلت لهم كيف [2]استحققتم هذه الكرامة حتى يعيد السيد يسوع المسيح معكم· قالوا لى لم يبلغك خبر التسعة اسباط ونصف الذين ادخلهم الرب الى ارض الميعاد· نحن هم اذا كان نصف النهار يجى الينا جبرييل ملاك الله ويحضر معه المايه والاربعة والاربعين الف الاطفال الذين قتلهم هيرودس لم يدنسوا ثيابهم فى العالم واذا سبحوا سبحنا معهم· واذا قالوا اليلويا قلنا معهم· فاما الذهب والفضة لم [3]نشتهيها فى بلادنا لا ناكل لحم ولا نشرب نبيذ فى بلادنا· وانما طعامنا العسل وشرابنا لم ننظر الى وجوه نساينا بالشهوة· الولد البكر الذى يولد نقدمه ضحية لله يكون يخدم هيكل طول حياته وهو فى ثلثة سنين [f. 108 b] ليس شرابنا الماء الذى من ابيار محفورة بايدي الناس· ولكن الماء الذى نشربه هو من الماء الفايض من الفردوس· ام نشتمل بكسوة مصنوعة بايدي الناس· وانما كسوتنا من اوراق الاشجار· لم تسمع كلام الكذب بلادنا ولا يعرفه احد· ليس يتزوج انسان فى بلادنا مرتين ولا يموت ولد قبل ابيه· ولا يتكلم الصغير بين يدي الكبير· السباع ساكنة معنا فى بلادنا ما يضرونا ولا نضرهم· اذا هاجت الرياح تنسمنا منها رايحة جنة الفردوس· ليس فى بلدنا برد ولا ثلج· بل نسمة حياة· وهو معتدل · فلما سمعت منهم رغبت الى المقام فى بلدهم وشخصت عيني من استماع حلاوة كلامهم· فسبح الله عند ذلك بطرس واندراوس· وسالاه ان يكشف لهما اى موضع يسيرون اليه· وظهر لهم الرب· وقال لهم سلامي عليكم· يا تلاميذي الاطهار الذين انتخبتكم دون كل الخليقة· تقووا وامنوا· انى حال معكم كل حين لا اغيب حيث تكونون·

[1] Cod. الملك [2] Cod. استحقيتم [3] Cod. نشيها

f. 109 a فسجدوا على الارض وقالوا نبارك اسمك يا رب ونشكرك دايما امرنا اى الطريق
التى نسير اليها فامر الرب بطرس ان يخرج الى مدينة رومية· واندراوس الى
مدينة مسية . ومتااس الى مدينة الكهنة . قال متااس للرب ما اعرفها ولا دخلتها·
قال له الرب وانت الى الان قليل الامانة سر فى هذه الطريق التى تبلغك
الى مدينتهم· وعند ذلك وافت سحابة فحملت بطرس واندراوس الى ان اوصلت
كل واحد الى موضعه الذى امره الرب ينادى فيه· ومشى متااس قليلا فرفع
عينيه الى السما· وصلا وقال يا ايها الرب القدوس يسوع المسيح ربي الذى
علم ابراهيم وتمم قسمه لاسحق واقام شهادته ليعقوب· والموهبة ليوسف وحفظت
الشعب اربعين سنة فى البرية تظللهم سحابة فى النهار وتضى لهم عمود النار
فى الليل واهلكت اعداهم تحت اقدامهم واصعدتهم من بحر سوف· ووصلتهم
ارض الميعاد التى حلفت لابايهم ابراهيم واسحق ويعقوب· كن موديا لى
f. 109 b فى هذه الطريق المعرفة وفى تلك الساعة اتت سحابة حملته حتى وصلت
الى مدينة الكهنة· ولما راى المدينة فرح ⌜وعزم⌝ بدخولها· فنظر امامه شابا راعى
غنم· فلقاه . قال له متااوس اعلمنى ايها الشاب الراعى كيف الطريق الى دخول
هذه المدينة . فقال هذه الطريق· بل لا تقدر تدخلها· وانت بهذا اللباس·
لانه ليس مثل لباس اهل بلدنا· لا ثيابك منظفة ان كنت تريد تدخلها انزع
عنك هذا اللباس والبس لباس الكهنة· واحلق شعر راسك ولحيتك· وشد وسطك
وخذ فى يدك اليمنى سعفة من النخل· والبس نعل خوص فى رجليك حتى
يصير لباسك مثلهم· وتدخل المدينة· فلما سمع ذلك حزن قلبه وعاد الى
طريقه التى جا فيها . ولم يرد ان يدخل المدينة· والشاب الذى خاطبه هو
يسوع المسيح· ولما عاد فى طريقه قليلا ومد يده ورده الى ورايه· وقال له
f. 110 a متااوس الى اين تمضى· قال له من تعرفنى ومن عرفك اسمي· قال له الشاب
انا اعرفك يا متااوس عد وادخل المدينة انا يسوع الاهك · افعل ما قلت لك
ولا يحزن قلبك· فان لم تفعل ما تقدر ان تدخل المدينة· ففعل كما امره
يسوع ومشى معه حتى وصله الى باب المدينة· وقال له تقوا يا متااوس
تلميذى وتجلد وتصبر سيحل بك من تلك المدينة عذاب شديد وحبس طويل·

وبعد ذلك يحرقوك بالنار · لا تخف ولا تضطرب ولا تقلق ولا تايس· فان الملك يعود ويومن بى وكل سكان المدينة على يديك· والنار التى يوقدونها ليحرقوك فيها هى تبهج لتحرق ابلون الههم· فاصبر انت وادع اسمي فانى استجيب لك وانا معك كل حين ولست بعيد منك ومن اخوتك التلاميذ حيث يكونون· وقال الرب هذا تجلى عنه الى السما بمجد· وقام متاوس ودخل المدينة وسال اهلها اين تكون البربا . قالوا له من اى بلاد انت· قال لهم انا من f. 110b مصر· قالوا له ما سبب مجيك وما تطلب· قال لهم انظر الى الهتكم وكيف يعلمكم· قالوا له ان الهنا لا يعلمنا شيا ولا نسمع له صوتا وما نعرف من ياكل الضحايا التى نقدمها اليه· بل ياخذها منا قوم [1]موكلين بخدمته . فقال لهم لستم من الكهنة· قالوا نعم بل ليس من المتقدمين بخدمة الالهة· قال لهم الهتكم كلهم بمنزلة واحدة· قالوا لا . الكبير ابلون· قال لهم ابلون يحب الاغنيا ويبغض الفقرا هذا [2]ميزاني ليس عنده شى من الصلاح· واشتهى ان اخاطبه واقول له كيف يحب الاغنيا ويبغض الفقوا . وكلهم يعبدونك ويجب ان تكرمهم كلهم· فلما سمعوا كلامه صاروا فريقين وقالوا نحضر معه حتى نسمع كلامه· ومشوا معه حتى وصلوه الهيكل· واحضروا الكاهن الذى فيه· قالوا له هذا حضر من مصر واخرج كلمه· ولما نظر اليه متاوس قبله القبلة الروحانية· وهو حريص على خلاصه· ولما لصقت شفتا متاوس شفتى ارميس الكاهن حلت يد الله عليه وقال للتلميذ· من اين انت· ومن اين اتيت· f. 111a فمذ قبلتك وصافحتك حلت علي موهبة عظيمة فعرفنى من انت يا سيدي· قال له التلميذ انا من السبط الصالح كهنة الله الحى· وفرح متاوس بالموهبة التى حلت على ارميس بكلامه . وقال ارميس له اريد ان اعرف كيف وجدت الطريق الى ان وصلت الى هذه المدينة· قال له الاهي وصلنى اليها . قال له وكيف كان ذلك· قال امسك بيدي واوقفنى على باب المدينة· قال له اريد انظر الاهك· قال له ان امنت به وحفظت وصيتي وصدقت بكلما اقوله لك وايقنت انه حق تركت الاهي يكلمك لان الاهي لا ينظر لانسان نجس الا

[1] Cod. موكلون [2] Cod. مزاني

لمن كان طاهر الظاهر والباطن . قال له واين موضع الاهك· قال له هو فى
بلدي · قال له· واين بلدك · قال له متاوس هو فى بلد مطهر . وشوارعه
البر وطرقه الصدق· بلدي بلد البر· وسكانه لا يموتون· ليس فى بلدي ظلمة·
بل هو نور كله· والاهي الذى يضى لكل من فيه· وليس للموت على اهل
بلدي قدرة· بلدي كله منصوب الكراسى والطيب فى وسطه كبير· الاشجار f. 111b
لا تفنى سكانه ليس فى بلدي احد يشتهى خطية· بل كلهم ابرار· ليس عبد
بل كلهم احرار· الاهي رحوم رووف· معطى الفقرا حتى يغنيهم· ليس فى
بلدي غضب . بل كلهم مصطلحين· ليس فيه وقيعة· بل كلهم متفقون·
ليس فيه شقاق· بل كلهم متفقون· ليس فيه خديعة بل كلهم ودعا· ليس
فيه صوت نحيب· بل فرح وابتهاج· فلما [سمع] ارميس ذلك قال لمتاوس كيف
تقول ليس فى بلدي نجس· قال له متاوس لان الاهي طاهر· قال له اريد
اخرج معك الى بلدك· قال له متاوس· بلدى انت تدخله وانت ترى الاهي
شاركي فى ايمان ابي وفى سرايره المقدسة· ولما كان اخر النهار· قال ارميس
لمتاوس انتظرونى حتى امضى اسرج سراج ابلون قبل ان نمضى [1]فنعشى· قال
له متاوس· انت الذى تسرج السراج لالهك · قال له ارميس· ليس السراج فقط·
بل واغسله وازينه حتى يحسن· واحمله من مكان الى مكان· قال له
متاوس· الاهي هو الذى يضى لى· وكل من يخدمه مضيون بالنور فى كل f. 112a
حين وكل من يخافه النور حايط به وكل من يمجده مشتملين بالنور. قال
له ارميس انا اصير معك الى مدينتك· قال له متاوس ما نحتاج نخرج ان
انا دعوت الاهي حضر الي· وعند حضوره يضى الهيكل بالنور· قال له ارميس
اريد ارى هذا العجب فرفع متاوس عينيه الى السما وقال هكذا اسلك يا ربي
والاهي ضابط الكل ابا ربي والاهي يسوع المسيح ملك المجد لباس الاطهار
وملك الابرار ونور العمى وضيا العالم المصباح الذى لا ينطفى النور الذى لا
يدركه الظلمة المنجل الذى يكسر كل شجرة لا ثمرة لها· النار التى تهلك
كل الالهة المصنوعة شجرة الحياة المعطى حياة لكل البشر الاهى وسيدى يسوع

[1] Cod. فنسعى

المسيح تدركني رحمتك· واسمع طلبتي· ارسل علينا نورك ليعزي نفوسنا واشرق علينا جميعا رحمتك· ولما تم متاوس صلاته اشرق عليهم نور عظيم ولما راه f. 112b ارميس سقط على وجهه وصار في المدينة زلزلة عظيمة من كثرة النور وبزلزلة الارض سقط ابلون على وجهه· وتكسر قطعة قطعة· ولم يبق من [1]جميع الصور التي في الهيكل شيا· بل تحطمت كلها· وامسك متاوس يد ارميس واقامه· وقال له انظر الاهك لم يستطيع ان يُخلص. كيف يقدر يخلص غيره· فقام ارميس ودخل الى موضع ابلون فوجده قد سقط وتكسر فوطاه برجليه وقال له ابلون لم تقدر ان تخلص· كيف تقدر تخلص غيرك· نعما ما دعيت بهذا الاسم الذي هو الاهك· قال له متاوس اخرج ودع هذا الحقير ساقطا على وجهه· وخرج ارميس ومسك يد متاوس وقال له· ادخل معي الى منزلي وناكل خبز. قال له متاوس نحن ناكل بل قل لابلون يصلح لنا ما ناكل· قال له ارميس حيث كان في مجده وجلالته لم يعمل شيا من هذا وكيف لما تكسر وصار رميما تحت رجلي الناس يطونه· قال متاوس الاهي هو قادر ان يوجه الينا ما ناكل· قال له ارميس انا اصدقك في كل ما تقول f. 113a بسبب النور الذي رايته حل علينا· بل اريد ان انظر هذا الطعام الذي يرسله الينا· قال له متاوس· انا ابلغك ما سالت· ورفع متاوس عينيه ويديه ودعا قايلا اله الخطاة التايبين ورد النفوس [2]الضالة الى معرفته مطهر النفوس والاجساد جميعا الكلمة الذي نزل من السما المن [الذي] نزل من السما في البرية الصوت العالي على الكل· دليل الضالين الدرجة الموصلة الى العلا الطعام الذي اكله بنو اسراييل في البرية في الصوم وفي الفصح محيي النفوس والاجساد انت يا سيدي يسوع المسيح الذي اهلتني لهذه الخدمة الروحانية ارسل علي مجدك وبركتك وكرامتك الى ابد الابدين. عند ذلك حضرت اليهم مايدة مضية. وعليها ثلثة خبزات بيض كالثلج وزق خمر· قال له متاوس ما يجوز لك ان تاكل من هذا الطعام حتى تشترك في الايمان والسراير المقدسة· قال له f. 113b ارميس· اسرع [3]واهلني لقبولها فوعظه بكلام الحياة وشرع له معرفة الامانة·

[1] Cod. يومن [2] Cod. الظالة [3] Cod. ووهلني

وعمده باسم الاب والابن والروح القدس· واعطاه من ذلك الخبز المقدس· وصلى متاوس· وارتفعت المايدة الى حيث كانت· وخرج متاوس وارميس وسارا الى حيث كانت ابلون واغلقا البربا· ودخلا جميعا الى بيت ارميس· ووعظهم متاوس بالامانة· وعمدهم جميعهم باسم الاب والابن والروح القدس· وكانت فى بيت ارميس فرحة عظيمة· وللغد حضر الملك ليدخل البربا . فوجد الباب مغلقا فامر ان يحضر ارميس الكاهن· ولما وقف بين يديه قال له الملك كيف استجريت واغلقت باب البربا· وسددت موضع ابلون الاله الكبير· قال له ارميس· لم [1]يستطيع ابلون يخلص نفسه كيف يخلص غيره· قال له الملك· [2]ومن له يستطيع ان يخلص . قال له ارميس· هو يسوع المسيح ابن الله الحى خلاص النفوس· قيامة الاموات فخر الصديقين الذى ابطل كل شرور العدو وخداع الشيطان تحت قدميه· قال الملك لارميس· من اين لك حتى عرفت
f. 114a اسم يسوع . قال له متاوس تلميذه الذى هو اتى الي معرفته· واضا علي نوره انا وكل من فى بيتي· فلما سمع الملك منه ذلك غضب غضبا شديدا وامر ان يشد ارميس ومتاوس بالحبال فى ارجلهم وزحف بهم كل المدينة حتى تجرحت اجسامهم . وسال منها الدما والتصقت لحومهم فى الشوارع· وضربا بالعصى· وامر الملك ان يلقيا فى السجن· ودخل الملك البربا ووجد كلما فيه من التماثيل مكسرة وابلون مكسر قطعة قطعة· فخرق ثيابه وصاح بصوت عظيم· وكل من معه· وامر ان يحضر ارميس ومتاوس ويُحرقا بالنار· وللوقت كانت زلزلة عظيمة· وسقطت كل الاصنام التى فى بيوت اهل المدينة عن مراتبهم وتكسرت· وصوت يصرخ عاليا لا الاه الا يسوع المسيح ابن الله الازلى· وصارت المدينة طايفتين طايفة واحدة لابلون واخرى ليسوع· فطايفة ابلون يقولون هولاى السحرة يحرقون بالنار . والذين امنوا بيسوع قالوا ما تمكنكم منهم·
f. 114b وامر الملك ان يحضْر خشب كثير ويشعل فيه النار ليحرق فيه متاوس وارميس وهم احيا· وحمل الذين امنوا كل اداة السلاح ومنعوا عن ارميس ومتاوس· وقالوا ما تمكنكم ان تحرقوا تلاميذ الرب الا بواجب· قال لهم الملك· لم

[1] Cod. يستصيع [2] Cod. ممن

[1]رفضتم بابلون · قالوا له لانه ما يقدر يخلص هو من الهلاك الذى حل به هو وكل الاصنام الذين فى منازلنا تكسرت كلها· كيف يقدر يخلص غيره· وامر الملك ان يُحرقا التلميذان ولا يُتركا ساعة واحدة· وهاجت المدينة اصحاب المسيح واصحاب ابلون· وللوقت صاح متاوس بصوت عالى قايلا هكذا ايها الاخوة ليس بواجب ان ترضوا الناس وتغضبوا الله· وفيما هو يتكلم اتى رجل من دار الملك اخبره ان ابنه الوحيد قد مات· فاسرع الحضور الى منزله هو ومن يومن بابلون· واما اصحاب متاوس الذين امنوا بالمسيح فوقفوا مع التلاميذ وكانت عندهم اربع ماية نفس [2]ووعظهم متاوس ووصاهم وقال لهم تكون f. 115a اماناتكم صحيحة لتنظروا عجبا جديدا وحضر متاوس الى الموضع الذى فيه الملك· وقال له اراك حزين القلب لموت ولدك· ادع ابلون ان يحييه لك· قال له الملك من من الالهة يستطيع ان يقيم الاموات قال له متاوس· الاهي يسوع المسيح ابن الله الحى ان انت امنت به يقيم ابنك حيا· فحلف له الملك بايمان يعظمها· وقال له ان رايت هذا العجب من يسوع ربك وقيامة ابني من الموتا · فلست اسجد لابلون ولا لشى من جميع الاصنام· ولما سمع متاوس قول الملك حمى بقوة روح القدس· ورفع عينيه الى السما وبسط يديه ودعا هكذا قايلا· اباركك يا رب كل اوان الذى لا يبلا· اسجد [3]للمسكن العالى فوق كل علو· امجدك الذى لم يشفق على ذاته بل اسلمها لاجل خطايانا حتى انقذتنا واشركتنا فى الحق· اشكرك انت وحدك الذى تقيم الاموات· اسلك يا ابا ربنا يسوع المسيح ضابط الكل ارسل من علوك وقوتك العالية ان تكسر شوكة الموت تحطم كل قوته يسقط تراس الجحيم ويخسر f. 115b حراسه وتفضح ضلاله [4]وساوسه . اسحق ابن التنين· ارسل ايدك العالية يا ربي يسوع المسيح· واقم هذا الشاب ليومن هذا الملك وكل سكان هذه المدينة· ولما تم متاوس صلاته· قام الى حيث الميت· وامسك يده قايلا· لك اقول انه باسم يسوع المسيح تقوم سالما· فنهض الغلام للوقت· وامسك قدمى متاوس وقال له اسلك يا عبد الله الصالح ان تعمدنى وتشركنى فى السراير

[1] Cod. رفضتون [2] Cod. ووعضهم [3] Cod. المسكن [4] Cod. ووسايه

المقدسة· ولا تردنى يا سيدي الى الجحيم· ولما نظر الملك هذا العجب نهض مسرعا وامر كل من فى المدينة ان يتعمدوا وكل اهل بيته من يد متاوس باسم الاب والابن والروح القدس· وكان فى المدينة فرح عظيم· واخرج الملك ابلون واحرقه فى النار التى اوقدها ليحرق فيها القديس متاوس· ولم يزل النار فى ابلون حتى جعلته رماد· فهذا سبب ايمان اهل المدينة بالرب على يدى متاوس المبارك· وبعد ذلك ظهر له السيد يسوع المسيح وقال f. 116a له تقوا يا متاوس المبارك· وتشدد امانتك الست تذكر القول الذى قلت لك· لا تقلق واصبر ولا تخاف· فلى فى هذه المدينة نفوس تومن بى على يدك· قال له متاوس نعم يا رب· قال الرب لمتاوس وارميس ان [1]يعمدا الجماعة ويطهراهم· ولما تم الرب كلامه تجلا الى السما بمجد· وكل اهل المدينه ينظرون اليه· وفعلا ذلك وعمداهم· وهدم الملك واهل المدينة بربا ابلون· وبنوا موضعه كنيسة· وقدسها متاوس· وقسم لهم قسا وشمامسة· واعطاهم الانجيل· وقام بين ظهورهم مدة حتى قويت ايمانهم· وخرج من عندهم بسلام· ولما صار خارج المدينة عاد توجه اليهم وقال لهم موهبة الرب وسلامه يحل عليكم الى دهر الداهرين· امين ⁘

⁘ والسبح لله دايما ابدا ⁘

f. 116b شهادة القديس متاوس السليح الانجيلى الذى فى اثنى عشر يوما من بابه بسلام الرب امين ⁘

ولما حضر متاوس الانجيلى الى اورشليم وارض يهودا· كتب انجيله بلغة العبرانية· وخرج الى [2]برتيكى وبشرهم بالمسيح وثبتهم على الامانة المستقيمة· ولما ان علم ان قويت ايمانهم وكل من فى تلك البلاد· خرج من عندهم· وهو فرح مبتهج بما وهب الله له من ايمانهم· وسار فى تلك البلاد من تخوم برينة ونادى فيهم وبشرهم بكلمة الله المحيي· وميلاده من العذرى الطاهرة

[1] Cod. يعمد [2] Cod. بربيكى

مرتمريم والدة الله بالحقيقة وبموته وابتدى من النسبة التى كانت الى المسيح يعلم كل احد ان الله حل فى الجسد الذى قبله من العذرى مريم من غير مباشرة رجل· واتحد به ولم يختلط ولم يمتزج ولم يفترق · وكان القديس متاوس يفتقد السجن ويشفى كل من فيه بغير جزا· والشفا الذى يعطيه لكل احد هو قوله· باسم يسوع المسيح يكن لكم الشفا· وللوقت يتم قوله· ويشفى
f. 117 a كل من يومن به بالله· وفى بعض الايام دخل الى السجن فوجد فيه رجلا مطالبا بمال عظيم تعاقبه السجانون عقوبة عظيمة· ولما نظره وعذابه وكثرة بكاه· تحنن عليه· وقال له· ما لى اراك فى هذا الغم العظيم وكثرة البكا· قال له انا عبد افسطس· وكنت عنده امينا مقبول القول· وسلم الي مالا عظيما· وامرنى ان اخرج فى البحر اتجر فى ذلك المال· وامتثلت امره وخرجت وركبت البحر· وهاج علي البحر وتحركت فيه ريح عظيمة· وغرق المركب وكل ما فيه وكنت فى تلك الشدة مويسا من الحياة· ارسل الله عشارى صغير اخرجنى الى شط البحر· وعدت الى سيدي افسطس لاعرفه كلما جرى . فقال لى بغضب من اين اتيت· فعرفته كلما اصابنى فى البحر . فغضب غضبا شديدا [1] لكثرة محبة المال· ولذلك القانى فى السجن ويطالبنى ان [2]اجازى له بعض المال· ولما سمع منه متاوس هذا حزن جدا وقال له لا تبك· ولا تحزن . بل اومن ان الله حال فى قلب كل من يومن به· قال له الانسان وما الذى تريد
f. 117 b ان افعل فانا فى حزن شديد حقا اقول لك يا عبد الله الصالح . انى مرات كثيرة اردت ان اقتل نفسي من كثرة العذاب الذى اعذب به· قال له التلميذ· اقول لك هذا السر العظيم· لكن تحلف لى ان تتم ما اقوله لك· تومن بالله كل ايام حياتك· فالقى الرجل نفسه بين يدى التلميذ· وقال له الله شاهد علي ان نالنى شى من الخبز على يديك· مما تامرنى به انا اومن بالمسيح الذى صلب· قال له التلميذ اذا كان بالغداة سيدك فسطس يسل عنك ويخرجك من السجن ليعذبك كعادته· فاذا رايته امر بك ان تعذب· [3]قل له اسلك يا سيدي ان تسمح علي اليوم· فلعل الله يفتح لى ويحنن

[1] Cod. + لا [2] Cod. اخسر [3] Cod. قول

علي قلب سكان هذه المدينة يعينونى على خلاصي· ولعل يحضر فى مجلسه من يضمنك الى يوم الثانى· واذا خلاك امض الى الموضع الذى غرق فيه المركب تجد كل ما هلك منك موضوعا· خذه وسلمه اليه· واقض ما عليك· وكن حرا انت واهل بيتك. وللغد ارسل افسطس اخرجه من السجن· وامر [f. 118a] ان ينصب للعذاب بغضب· فساله فى امهاله كما امره التلميذ فاجابه الى ما سال· وخرج الى الموضع الذى غرق فيه المركب· وهو واثق ان كلما قال التلميذ يتم ونظر عن يمينه على شاطى البحر فوجد خرقة كبيرة مملوة دنانير فاخذها وعاد الى المدينة وهو يبارك الله· ويشكر التلميذ القديس ودخل الى افسطس وسلم اليه الخرقة وفتحها وعد ما فيها فوجد فيها الفى دينار فقال له افسطس· ما هذا· قال له هذا ثمن المركب الذى غرق فى البحر وجميع ما كان فيه· فقال له ومن اين اصبت هذا المال· فعرفه صفة حاله وما قال له التلميذ ووجوده المال· فقال له افسطس ما هذا الكلام الاحمق الذى اسمعه منك· لعلك خرجت الى موضع نقبته· ونهبت ما فيه وجيت به الى هاهنا· قال له الرجل لا وحق سيدي المسيح الاه متاوس ما نقبت موضعا الا الذى عرفتك به هو الحق· فان اردت ان تنظره· هوذاه فى السجن يعافى [f. 118b] من كل العلل ويخرج الشياطين· وفيما هو يقول ذلك واذا برجل شرير يبغض الخير اتا وصاح قايلا اسمعوا يا معشر الروم اعرفكم هذه الفتنة التى ظهرت فى هذه المدينة· رجل غريب ينادى فى شوارعها بالاه جديد اسمه يسوع المسيح الناصرى· فان تركته يا افسطس رييس المدينة فهو يهلك المدينة وكل من فيها. وانهى افسطس ذلك الى الملك· ولما سمع الملك ذلك غضب غضبا عظيما على التلميذ· وقال لمن حضره من الشرط اخرجوا بسرعة الى حيث تجدوه خذوا راسه والقوا جسده على الارض يكون طعاما لطيور السما· وخرج الشرط من عنده ففعلوا كما امرهم به الملك· واخذوا راسه وتركوا جسده مطروحا لياكله طير السما وارسل الله محب البشر رجلين صالحين [1] اخذا راس القديس الصفا بجسده وكفناه بكفن [2] نظيف وجعلاه فى قبر لابايهما· ولما سمع

[1] Cod. اخذ [2] Cod. نضيف

f. 119a الرجل الذى كان التلميذ سبب خلاصه من افسطس ان التلميذ [1]حمل ذلك وتنيح· اقام ثلثة ايام حزينا عليه· وفى تمام خمسة عشر يوما بعد وفاة القديس متاوس الانجيلى تلميذ الرب يسوع المسيح واستكمال شهادته فى اثنى عشر يوما من بابه· والسبح للاب والابن والروح القدس المحيى الان وكل اوان والى دهر الداهرين ⁘ امين ⁘

[a]شهادة يعقوب [b]ابن حلفى وتمام جهاده فى [c]عشرة ايام
[d]من امشير[d] بسلام الرب امين

كان لما دخل يعقوب [e]التلميذ [f]الى اورشليم لينادى فيها بالانجيل المقدس· وكل [g]عجايب [h]اللاهوت [i]ليومنون بالله وكل[i] من يسمع [k]كلامه بقلب نقى [l]فتخلص نفسه· [m]وفكر فى نفسه·[m] كيف [e]حتى تسمع [n]من الجماعة· [o]ويومنون· [p]ودخل الى الهيكل حيث تجتمع [q] الجماعة فوجد جمعا [r]كبيرا من اليهود مجتمعين· [s]وابتدا فى [t]وسطهم يبشرهم بفرح عظيم وابتهاج بين [u]يديهم كلهم·[u] واوسع
f. 119b القول وشرح الايمان [2]بالله· [w]يشهد ان[w] الوحيد [b]ابن الله كلمة [x]الحياة [y]الاه كل الدهور يسوع المسيح [z] هو [b]ابن الله بالحقيقة [aa]الازلى مع الاب قبل كل الدهور· [bb]وهو فى الاب والاب فيه هو الذى كلمة الاب· اذ قال نخلق انسانا [cc]كشبهنا وصورتنا· وهو الساكن فى السما مع ابيه· [dd]وعلى عرش [ee]الكاروبيم· والسارافيم يمجدونه[ee] وهو الذى عن يمين العظمة· فى

[1] Cod. حل   [2] Cod. بدالة

Gibson* Cod. Sin Arab. 539

[a] + هذه   [b] بن   [c] تسعة   [d] تشرين الاول   [e] om.   [f] مدينة
[g] العجايب   [h] الاهوت   [i] لكيما كل   [k] منه يامن بالله   [l] ويخلص
[m] فاما يعقوب التلميذ ففكر فى قلبه   [n] منه   [o] وتومن بالله   [p] وانه دخل
[q] + فيه   [r] كثيرا   [s] وانه ابتدا   [t] اوساطهم   [u] يدى جماعتهم
[w] فشهد على   [x] الحيوة   [y] اله   [z] + انه   [aa] وانه هو الكاين   [bb] هو
[cc] بشبهتنا   [dd] وهو على   [ee] الشاروبيم والسارفيم تمجدوه

* Vide *Studia Sinaitica* No. V. pp. ٦٣, ٦٤.

العلا· وهو الحال فى بطن [a]مريم العذرى[a] وهو الرب يسوع المسيح الذى
ولدته [b]مريم العذرى· وهو [c]الاه تانس· [d]وهذا [e]اعترافه بين [f] تلك الجماعة
[g]بلا خوف من [h]احد من[h] الناس· شهد [i]بميلاده وشهد بموته وقيامته من [k]بين
الاموات وصعوده الى ابيه الذى فى السما· وعلم [l]كل من حضر الامانة
بالمسيح· [m]ولما سمعت الجماعة [n]منه ذلك[n] غضبوا غضبا [o]شديد الذى من ابيهم
الشيطان الحال فيهم على تلميذ الرب يسوع المسيح· وتعاونوا كلهم وتقلدوا
f. 120a دمه [p]كل من حضر وسمع كلامه· [q]وامسكوه [r] وقدموه الى [s]قلودس الملك·
[t]وقاموا عليه شهود [u]زور· وقالوا للملك· هذا الانسان مطغى يطوف البلاد
والمدن ويقول انا عبد يسوع المسيح· ويمنعهم من طاعة الملك. [v]ولما سمع
الملك هذا [w]لاجل التلميذ المبارك امر ان يُرجم بالحجارة حتى يموت·
[x]فرجموه اليهود وكامر[x] الملك. وهكذا كانت [y]شهادته· [k]وتنيح التلميذ [k]المبارك
يعقوب [z]ابن حلفى [aa]فى عشرة[aa] ايام من [bb]امشير وقبر عند الهيكل فى
اورشليم· والسبح [k]والمجد [cc]للاب والابن والروح القدس الى دهر الداهرين
امين[cc] ⁘

---

[a] العذرى مريم   [b] مارتمريم   [c] الاله الذى   [d] هذا   [e] اعتراف التلميذ
[f] + يدى   [g] بغير   [h] اخرين   [i] على ميلاد بن الله الوحيد   [k] om.
[l] جميع   [m] فلما   [n] ما قاله التلميذ   [o] شديدا   [p] جميع   [q] ومسكوا
[r] + التلميذ المبارك   [s] اقلوذيوس   [t] واقاموا   [u] زورا   [v] فلما
[w] من اجل   [x] وان اليهود لعنهم الله رجموه كما امر   [y] شهادة   [z] بن
[aa] اخو مثى فى تسعة   [bb] شهر تشير الاول   [cc] لله دايما ابدا

[a]بشارة [b]سيمن القديس ابن اكلاوبا المدعى[b]
يهودا الذى [c]هو [d]ناثانييل [e]المدعى الغيور· وصار
اسقف [f] اورشليم بعد يعقوب [g]اخى الرب·
[c]بسلام [c]الرب· يسوع المسيح [c]امين ⁘

كان حين [h]اجتمع التلاميذ [i]الى جبل[i] الزيتون ليقتسموا مدن العالم كلها· [1]وفيما هم [k]يصلون ويباركون[k] الله [l] حضر الرب يسوع المسيح فى وسطهم· [m]وقال f. 120 b لهم سلام ابي يحل عليكم· يا تلاميذي الاطهار· وانهم تساهموا· فخرج سهم يهودا الجليلى [c]ان [c]يخرج الى بلاد السامرية· [n]وينادى فيهم بانجيل الرب يسوع المسيح· اجاب سيمن [m]وقال للرب· [o]تكن معنا يا سيدنا فى كل موضع نحل فيه· [p]نحن نصبر على [q]كل ما يحل بنا· لكن يخرج معى ابي بطرس [r]حتى يوصلنى الى ارض السامرية· قال له الرب· السهم[s] لبطرس ان يخرج الى [c]مدينة رومية لينادى فيها [t]لكنه يخرج معك حتى يوصلك بسلام· [u]وبعد بشارتك ونداك فيهم[v] تعود الى اورشليم بعد موت يعقوب الصديق· وتكون فيها [w]اسقفا بعده[x] [w]وتتم جهادك [y]كما تمه[y] يعقوب الصديق فى ذلك الموضع· [z]ها الان[z] يا [aa]صفيي سيمن اخرج [bb]معه بقوة· انى اصحبك[bb] · وبارك عليه الرب هو وجميع التلاميذ· وصعد الى السما بمجد عظيم· وبعد صعود الرب الى السما· قام سيمن [cc]صلا وانحدر الى اورشليم ومعه بطرس وسار الى السامرية· f. 121 a

[1] Cod. وهما

Gibson* Cod. Sin. Arab. 539

[a] + هذه   [b] الطوبان القديس سيمن بن كلاوبا الذى يدعى   [c] om.
[d] تفسيره ناثانايل   [e] الذى يدعى   [f] + فى   [g] اخو   [h] اجتمعوا   [i] على طور
[k] وفيما هم يصلوا ويباركوا   جل اسمه   [l] + اذ   [m] فقال   [n] وان ينادى
[o] يكون   [p] ونحن   [q] جميع   [r] لكى ان   [s] + الذى   [t] ولكن هو
[u] واقول لك انه من بعد   [v] + انت   [w] اسقف من بعده   [x] وانت تتم
[y] مثل ما تم   [z] فالان   [aa] صفى   [bb] بسلام قوة ابى يصحبك   [cc] وصلى

* Vide *Studia Sinaitica*, No. V. pp. ٦٥—٦٦

ونادى فيهم [a]باسم [a]يسوع [a]المسيح [b]وبشرى الانجيل· [c]ودخل سيمن[c] الى وسط مجمعهم ونادى فيهم باسم [a]الرب يسوع المسيح [d]ولما سمع[d] اليهود [e]السكان [f]هناك قاموا عليه وضربوه ضربا وجيعا [g]ورجعوا به الى خارج المدينة وان بطرس قبله وودعه· [a]وخرج [a]من [a]عنده· [h]ورجع سيمن قام[h] فى مجمعهم ثلثة ايام ينادى فيهم باسم [i] المسيح· [k][l]وقوم منهم[l] لم يومنوا [m]واخر اليوم الثالث اعتل [n]ابن رييس الجماعة [o]واسمه يعقوب ومات· [p]وحضر رجل[p] ممن امن بما [q]يقول سيمن[q] [r] الى والد الصبى الميت· [s]فقال هوذا تلميذ المسيح [t]هنا ادعيه[t] يصلى على الصبى· [u]ومضى الرجل مسرعا· ودعا تلميذ [v]يسوع المسيح· فحضر بفرح ووقف على الغلام الميت وقال [w]لوالده· [x]اومن بالذى صُلب انه [y]ابن الله· [z] ترى مجد الله· قال له ابو الغلام· ان قام ابني من الموت حتى انظره [aa]حيا انا اومن بيسوع المصلوب انه [bb]ابن الله الحى· [cc]وادار التلميذ وجهه[cc] الى [dd]الشرق [ee] وقال [a]يا سيدي يسوع المسيح الذى f. 121 b صلب على عهد بلاطس البنطى· انت [a]الذى اهلتنى [ff]لهذا ان انادى باسمك المبارك· [gg]ولامك *من اجلنا حتى فديتنا[gg] من يد [hh]العدو· [ii]وانظر الى هذا الغلام الميت وبارادتك فامره [a]الى ان يقوم لكيما يمجد اسمك اليوم فى وسط [kk]الجماعة بهذه[kk] المدينة· ليومنوا باسمك المقدس. [ll]ولما قال سيمن التلميذ المبارك هذا عاد الى [mm]حيث الغلام الميت· وقال باسم الاب والابن

---

[a] om. [b] ببشرى [c] وان سيمن التلميذ دخل [d] فلما سمعوا [e] الساكنين
[f] فى ذلك الموضع [g] وزجوا [h] وان سيمن عاد وقام [i] + يسوع
[k] + فامن منهم قوم [l] ومنهم قوم [m] وفى اخر [n] بن [o] وكان اسمه
[p] وان رجلا [q] كان سيمن يقول [r] + حضر [s] وقال له [t] هاهنا ادعوه
[u] فمضى [v] سيدنا [w] لوالد الغلام الذى مات [x] تومن [y] هو بن
[z] + عند ذلك [aa] حي [bb] بن [cc] وان التلميذ عاد بوجهه [dd] المشرق
[ee] + وصلى [ff] لهذه الخدمة [gg] ولانك تجسمت هذا من اجلنا لتنقذنا
[hh] العدوا [ii] انظر [kk] جماعة هذه [ll] فلما [mm] الموضع الذى فيه

---

* Cod. منجلنا

[a]والروح القدس [b]قم وانهض حيا وكن سالما[b] لكيما [c]يومن كل من حضر [d]باسم [e]ربي يسوع المسيح· [f]وللوقت فتح الغلام عينيه· وقام وجلس· وامر ان يقدم اليه ما ياكل· [g]ولما [h]رات الجماعة هذا العجب تقدموا كلهم وسجدوا في الارض للتلميذ· وامنوا [i] بالله وهم [j]قايلون واحد هو [k]الاه سيمن تمليذ يسوع المسيح[l] [m]ابن الله الحي· [n]وطرح ابوا الغلام[n] نفوسهما علـى رجلى التلميذ وقالا يا سيدنا كيف نخلص· قال لهما [o]تومنان من كل قلوبكما[p] f. 122a
[q]تخلصان ووعظهم[q] من الكتب المقدسة· وعمدهم باسم الاب والابن [r]والروح *القدس واعطاهم السراير المقدسة· وامرهم ان يبنوا البيعة· وقسم [s]لهما اسقفا[s]· [c]وهو الذى كان رييس الجماعة واسمه [t]مرسلس [u]وقسا وشمامسة[u]· واعطاهم الانجيل المقدس· واقام عندهم [v]شهر يعلمهم كلام الله· [w]ثم عاد[w] الى اورشليم [x]ولما [y]قتل اليهود يعقوب [c]الصديق [z]وكان التلاميذ [aa]باورشليم· [bb]امسكوا سيمن وجعلوه اسقفا [cc]في اورشليم[cc]· وكان يعلمهم كلام الله ويعرفهم ما في الانجيل وخلاص نفوسهم· [dd]وكان اليهود غضابا[dd] عليه· وكان في اورشليم يسبح الرب [ee] في [ff] الاوقات والاحيان [gg]امين امين امين

⁘ والسبح لله دايما ابدا ⁘[gg]

---

[a] وروح [b] يقوم ينهض حي وتكون سالم [c] om. [d] + يومن [e] سيدي
[f] وفي تلك الساعة [g] فلما [h] نظروا [i] + كلهم [j] قايلين [k] اله
[l] + انه نومن بيسوع المسيح [m] بن [n] وان ابوى الغلام طرحا [o] تومنا
[p] + فانتما [q] تخلصا· وانه وعظهم [r] وروح [s] لهم اسقف [t] قرنيليوس
[u] وقسم لهم قسوسا وشمامسة [v] شهرا [w] وبعد ذلك رجع [x] فلما
[y] قتلوا [z] كانوا [aa] مجتمعين في اورشليم [bb] مسكوا
[cc] باورشليم [dd] وان اليهود كانوا غضابى [ee] + يسوع المسيح [ff] + كل
[gg] وله ذلك الى دهر الداهرين امين

---

* Cod. والقدس

f. 122 b

[a]شهادة سيمن [b]ابن [c]اكلاوبا تلميذ الرب يسوع المسيح [d]وتم جهاده فى [e]تسعة من [f]ابيب بسلام الرب امين ⁘

[g]وبعد [h]نياح الصديق يعقوب[h] جعل سيمن [b]ابن [c]اكلاوبا [i]المدعى يهودا اسقف [k]يروشليم: وعاش ماية وعشرين سنة· [l]واحب ان يُهراق دمه فى اخر عمره[l] على اسم الرب يسوع المسيح· [m]وبنا كنايس فى كل موضع باورشليم: وقسم لهم [n]قسا وشمامسة. الكنيسة[n] الاولة * التى بناها باسم الرب يسوع المسيح· والثانية باسم العذرى مريم والدة الرب على الارض [o]حتى انقذ[o] جنس البشر من [p]عبودية الشيطان· واهلهم [q]لمملكته· والثالثة [r] باسم [s]ميكاييل رييس الملايكة[t] شفيع [u]جنس البشر حتى [v]يرجع عنهم الرجز· [w]وتحل عليهم الرحمة· والرابعة [r]باسم التلاميذ· وكان [x]حريصا ان يعطل امانة اليهود وعبادتهم الدنسة ومجمعهم الشرير [y]ووعظ كل [z]احد بكلام[z] الله حتى عمر الكنايس * التى بناها [aa]وظهرت
f. 123 a
معرفة الله[aa] لكل الناس من الكبير الى الصغير· والرجال والنسا· [bb]وامنوا كلهم على يدى التلميذ· حتى [cc]ترك اهل المدينة· كلهم[cc] مجمع اليهود· وتبعوا الحق الذى علمهم[dd] التلميذ من قبل الرب يسوع· [ee]ولما سمع[ee] فعل

Gibson Cod. Sin. Arab. 539 p. 68

[a] + هذه   [b] بن   [c] كلاوبا   [d] تم   [e] عشرة ايام   [f] شهر ايار
[g] كان بعد   [h] نياحة يعقوب الصديق   [i] الذى يدعى   [k] اورشليم
[l] وقال فى اخر عمره اريد ان يهراق دمى   [m] وانه بنى   [n] قسوس وشمامسة والكنيسة
[o] ⁘ ابعد   [p] عبادة   [q] لملكوته   [r] + سماها   [s] ميخايل   [t] + الذى هو
[u] لجنس   [v] رجع   [w] وحلت   [x] حريص   [y] وانه كان يجلس يعظ
[z] واحد كلام   [aa] وان معرفة الله ظهرت   [bb] فامنوا   [cc] ان اهل المدينة تركوا
[dd] + ايها   [ee] فاما اليهود فلما سمعوا

---

* Cod. الذى

التلميذ المبارك· وانه يريد يعطل دينهم ومعبودهم اجتمعوا [a] الكبير والصغير وتشاوروا جميعا [b] ليقتلوه [c]وانه فاعل الشر· [d]واجمعوا بغضب وحرد وقيدوه واسلموه الى [e]دراسوس الملك . [f]وشهدوا عليه باجمعهم عند الملك· وقالوا [g]هو ساحر· صدقهم[g] الملك فى [h]كل ما قالوا [i]وغضب على التلميذ وقال له· [k]اقول لك[k] يا فاعل الشر قيل لى انك ساحر· تسحر كل من فى هذه المدينة· قال له التلميذ [l] [m]ايها الملك [n][o]لست انا ساحرا[o] ولا اعرف كيف يعمل صنعة السحر· بل انا [p]عبدا لسيدي يسوع المسيح [q]الاه كل الخليقة· وملك الملوك . [r]الاله العظيم القادر الذى يهلك كل [s]الالهة التى للامم[s] فلما سمع الملك [t]ذلك[u] غضب غضبا شديدا وسلمه الى قوم اشرار ليصلبوه· [v]وتجمع عليه اليهود[v]· f. 123 b واخرجوا التلميذ المبارك [w] ليصلب كامر الملك المنافق [x] على الصليب· وعذبو حتى تنيح· وتم شهادته فى [y]تسعة ايام من [z]ابيب بمشيية الله ضابط الكل الذى له[z] المجد والكرامة الى دهر الداهرين امين

كلهم + [a] على التلميذ + [b] [c] انه [d] وهكذى تجمعوا عليه اليهود كلهم
[e] درايانوس [f] وتشاهدوا [g] له اسمع منا نعرفك ما يفعل هذا هو ساحر ⁘ وان
[h] جميع [i] غضب غضبا شديدا [k] لك اقول اسمع منى + [l] [m] ايه
الذى ليس له عقل ولا حاسة + [n] [o] ليس انا ساحر [p] عبد [q] اله [r] الله
[s] الهة الامم ⁘ [t] هذا الكلام من التلميذ + [u] [v] وان اليهود يجمعوا عليه
سيمن بن كلاوبا + [w] وعلقوه + [x] [y] عشرة [z] شهر ايار ولله ماسك الكل

⁘ [a]بسم الله الرءوف الرحيم[a] ⁘

⁘ [b]بشارة المغبوط تداوس الذى نادى ⁘

⁘ فى الشام والجزيرة وتم شهادته فى ⁘

⁘ يومين من ابيب بسلام الرب يسوع ⁘

⁘ المسيح له المجد الى الابد امين[b] ⁘

كان لما [c]اجتمع التلاميذ على جبل الزيتون [d] وقسموا العالم ليخرجوا ينادوا فيهم [e][f]بالانجيل لسيدنا[f] يسوع المسيح· خرج سهم [g]تداوس الى [h]مدن الشام[h]· قال [g]تداوس لبطرس [i] سر معى الى تلك البلاد قال [k]له بطرس تصبر علي فانى اوصلك بسلام· وفيما ⌝هم⌜ [l]يتكلمون وقف الرب يسوع المسيح فى وسطهم f. 124a مثل شاب حسن الوجه وقال السلام لك يا بطرس مدبر بيعتي السلام لك يا [g]تداوس الحبيب سر ولا تخف [m]لم انت مشكك. انا حال معكم حتى تتموا تدبيركم· [n]قال له نعم يا رب [o]تكن معنا ونحن ننادى فى كل موضع [p]فاعطاهم [k]الرب السلام [q]وتجلى عنهم صاعدا الى السما بمجد· وتشاوروا وساروا بسلام الرب يسوع المسيح· [r]ولما قربوا الى المدينة قال [g]تداوس لبطرس [s] اريد [k]ان اعلم ما [t] يصيبنا فى هذه المدينة· قال له بطرس لا علم لى· [u]لكن هوذا ارى [v]انسانا شيخا[v] يحرث [w]فى الفدان· نمضى اليه· ونقول له ان كان لك شى من الخبز اعطينا ما ناكل. فان قال لنا انا اعطيكم

---

a—a om. [b] هذه بشارة المغبوط يهودا اخى الرب وهو ثظاوس الذى نادى فى سورية والجزيرة وتم جهاده فى تسعة عشر يوم من حزيران بسلام الرب امين (Cod. Sin. Arab. 539 f. 187 b l. 14)

[c] اجتمعوا   [d] + وطرحوا السهام   [e] + ويكرزوا   [f] بانجيل سيدنا (f. 188 a)

[g] ثظاوس   [h] مدينة سورية   [i] + يا ابي بطرس   [k] om.   [l] يتكلموا

[m] بل   [n] قالوا   [o] كن   [p] فاعطاهما   [q] وخلى   [r] فلما   [s] + كنت

[t] + الذى   [u] ولكن   [v] انسان شيخ   [w] على

[a]اعلم ان الخير يصيبنا· وان قال لا [a]اعلم ان [b]لنا فى هذه[b] البلد [c]تعب· فلما بلغا اليه· قال له بطرس السلام [d]عليك [e]ايها الشيخ ان كان عندك خبزا [f]فاعطنا ما ناكل· اجابه الشيخ· ليس عندي [g]هنا [c]شى [h]لكن اجلسا لى مع (f. 124b) هذه البقر حتى امضى واحضر لكما [i] ما [k]تحتاجون اليه . قال له بطرس· ان كنت تجيب لنا ما ناكل نحن نجلس عند البقر· وقال له [l] البقر لك· قال [m] لا بل [n]استعيرهم· [o]قال [p]قل لى الحقل لك· قال له نعم هو لى· قال له بطرس [q]امض بسلام· [r] [s]لما مضى الرجل· قال بطرس [t] يقبح بنا ان نقعد مع هذه البقر [u] بطالين· [v]والرجل مضى ليعمل معنا جميلا· [w]وشد بطرس[w] وسطه ومسك المحراث وصاح على البقر [x]ليحرثوا· قال له [y]تداوس· يا ابي [z]ما هذا الامر العظيم الذى [aa]تعمل انت[aa] رجل شيخ تصعد فى علو عظيم· وعلى كتفك حملة ثقيلة [c]كبيرة· [bb]لا تقدر[bb] ان تطلع بها [cc]هكذا· انا [dd] يا ابي [c]انت الكبير ⌝تعمل⌜ وانا جالس مستريح· [ee]واخذ الفدان من بطرس وحرث [ff]واخذ بطرس[ff] زنبيل الحنطة· وبارك فيه وقال سيدي يسوع المسيح تنزل بركتك على هذا الحقل· [gg]قال تداوس[gg] سيدي يسوع المسيح تكن ⌝بركتك· تحل [hh]فى⌜ الارض (f. 125a) وَتجلى[hh] فى هذا الحقل [ii] [kk]وعملوا ثلثين [ll]*خطوة [hh]الى حين عاد الرجل الشيخ[hh] ونبت الزرع من ساعته وصار سنبل ممتلى حب حنطة [mm]ورجع الشيخ[mm]

---

[a] فاعلم [b] نتعب فى هذا [c] om. [d] لك [e] ايه [f] اعطينا [g] هاهنا

(f. 188b) [h] ولكن [i] + جميع [k] تحتاجا [l] + ايضا [m] + له [n] انى استعرتهم

[o] فقال له [p] فقل [q] امضى [r] + وعد بسلام [s] فلما [t] + لثظاوس انه

[u] + ونحن [v] ولا عليك ان الرجل [w] وان بطرس شد [x] ليحرث له

[y] ثظاوس [z] ايش [aa] تعمله وانت [bb] ليس تستطيع [cc] هكذى [dd] + لحق

[ee] وانه اخذ [ff] وان بطرس اخذ [gg] فاما ثظاوس فقال [hh] om.

[ii] + وحين مضا الرجل يحضر الخبز [kk] للتلاميذ عملوا [ll] حنطة

(f. 189a) [mm] فلما رجع الرجل

---

* Cod. حنطة

الى الحقل ونظر ما [a]عمله التلميذان[a]· قال لهما [b]يا ساداتى من[b] انتما عرفانى من اين [c]جيتما حتى اتبعكما الى ⌐كل⌐ موضع [d]تصيران اليه· [e]وسقط على ارجل التلاميذ· وقال لهما حقا انكما [f]الاهان نزلا من السما الى الارض· [g]واقامه بطرس[g]· وقال له قم ايها الانسان· [h]ما نحن الهة بل [i] تلاميذ الله· اعطانا [j]تعليم روحانى نعلم[j] الناس وننادى فى [k] البشر ان يتوبوا من خطاياهم ويرثوا الحياة الدايمة· قال لهما الرجل· ماذا اعمل حتى يكون لى الحياة الدايمة·

Matt. xxii. 37 — قال له بطرس· [l]احب الاهك من كل قلبك· وكل نفسك· وكل فكرك· [m] [n]الك امراة· قال له نعم· قال له وبنين· قال [o] نعم· قال [p] ايضا لا تقتل ولا تفسق

Matt. vii. 12 — ولا تحلف [q]كذبا· [r]ما لا [s]تشتهى ان تفعل بك [t]الناس· لا تفعله بانسان

f. 125 b — مثلك· فان فعلت ما [u]اوصيتك به· ورثت [v]حياة الابد[v]· قال له [w]الشيخ [x]هب قد فعلت[x] ما افعل بكما [y] جزا الجميل الذى فعلتماه بى[y]· جعلتما حقلي [z]نبت مثل هذا النبات فى* غير حينه· انا اترك هذه البقر منصوبة· واتبعكما الى كل موضع [aa]تمضيان اليه· قال له بطرس· [bb]ما هكذا يجب ان تفعل [cc]بل خذ البقر [dd]وردها الى [ee]اصحابها [ff]وعرف زوجتك [gg]حالك· [hh]واصلح لنا فى بيتك ما ناكل· فانا نريد [t]ان نقيم فى هذه المدينة اليوم فقد دعانا ربنا يسوع المسيح فيها· [ii]واخذ الرجل[ii] فى يده حزمة سنبل من الحقل الذى [kk]زرعاه ودخل الى المدينة بالبقر· [ll]ولما دخل من [mm]بابها نظره[mm] الناس وفى يده حزمة سنبل. [nn]قالوا له من اين لك هذا السنبل الاخضر· وهذا زمان الحرث· [oo]فلم يرد

---

[a] عملوه التلاميذ   [b] سيدي ايش   [c] انتما   [d] تصيرا   [e] وانه سقط
[f] مثل الهة   [g] وان بطرس اقامه   [h] ليس   نحن + [i]   [j] تعاليم روحانية نعلمهم
[k] بنى +   [l] تحب الرب   [m] وقال له ايضا +   [n] لك   [o] + له   [p] + له بطرس
[q] كاذبا   [r] وما   [s] تريد   [t] om.   [u] وصيتك   [v] الحيوة الى الابد   [w] الرجل
f. 189 b — [x] قد قبلت هذا   [y] + انتما   [z] انبت   [aa] تمضيا   [bb] ليس   [cc] ولكن
[dd] وردهم   [ee] اصحابهم   [ff] وتعرف   [gg] وولدك   [hh] وتصلح   [ii] وان الرجل اخذ
[kk] زرعوه التلاميذ   [ll] فلما   [mm] باب المدينة نظروه   [nn] فقالوا   [oo] وانه لم

عليهم [a]جوابا· [b]وساق البقر وهو فرح حتى ردها الى [c]اصحابها· [d]وعاد الى منزله واصلح فيه [e]ما [e]يصلح لحضور [f]التلميذين· [g] [h]وبلغ خبره [h] الى [i]روسا المدينة· [k]وارسلوا اليه وقالوا له من اين لك هذه الحزمة السنبل الاخضر· f. 126a
عرفنا الخبر والا متت موتة سو· [l]قال لهم [m]لا بالي [n]اذ قد[n] وجدت [o]الحياة· [p]فان اردتم[p] ان [q]تعرفوا الحق· [r]اسمعوا . اجاز بى رجلان وانا احرث فقالا لى ان كان عندك [s]خبز اعطنا لناكل· [t]قلت لهما· [t] [u]ما عندى [v]هنا شى [w]بل اجلسا عند البقر حتى امضى واحضر لكما ما [x]تريدان· [y]ولما مضيت الى منزلي [z]واخذت لهما الخبز [aa]وعدت الى الحقل [bb]وجدتهما قد [cc]زرعاه· وقد نبت سنبل اخضر [e]ملا [dd]جمعت هذه [ee] منه وهما [ff] خارج المدينة· [gg]فقال له [hh]الرووسا امض احضرهما[hh] الينا· [ii]قال لهم الرجل تصبروا علي قليلا فقد اصلحت [kk]لهما منزلي ليدخلاه ويستريحا فيه فاذا حضرا *ستنظروهما· [ll]وعاد الى منزله· [mm]وسجس الشيطان[mm] قلوب [nn]الرووسا [e]فبكوا [oo]وقالوا الويل [pp]لهم هذان الرجلان[pp] [qq]عساهما من الاثنى عشر [rr] السحرة الذين سمعنا [ss] انهم [tt]يطوفون كل موضع [uu]ويخدعون الناس بسحرهم· ما ذا نعمل [vv]لا نتركهم [ww]يدخلون مدينتنا

---

[a] جواب [b] وكان يسوق [c] اصحابهم [d] ورجع [e] om. [f] التلاميذ
[g] + طعام [h] وان خبره بلغ [i] اراكنة [k] فعند ذلك ارسلوا [l] فقال [m] ما
[n] اذا [o] الحيوة [p] وان كنتم تريدوا [q] تعلموا [r] فاسمعوا اقول لكم
[s] شى من الخبز [t] فقلت لهم [u] ليس [v] هاهنا [w] ولكن [x] تريدا
[y] فلما [z] فاخذت [aa] ورجعت [bb] وجدته [cc] زرعوه [dd] فجمعت f. 190a
[ee] + الحزمة [ff] + جالسين [gg] فقالوا [hh] الاراكنة امضى واحضرهما [ii] فقال
[kk] لهم [ll] فلما قال لهم هذا عاد [mm] وان الشيطان سكن فى [nn] الاراكنة
[oo] فقالوا [pp] لنا عسى هذين الرجلين [qq] هما [rr] + رجلا [ss] + عنهم
[tt] يطوفوا فى [uu] ويخدعوا [vv] ليس [ww] يدخلوا

---

* Cod. ستنضراهما

[a]وقال قوم منهم[a] [b]قوموا نخرج اليهما نقتلهما· [c]قال اخرون [d]ما نقدر [e] نقتلهما· لانا سمعنا ان يسوع [f]الاهما يفعل لهما [g] ما [h]يطلبانه منه· ليلا ينزلا علينا نار[او] طوفان [i]يهلكنا· بل ما[i] نقدر [k]نقتلهما ولا ندعهما [l]يدخلان [m]المدينة· [n] قد سمعنا عنهما انهما يبغضان الزنا· [o]ناخذ امراة [p]زانية [q]نعريها ونوقفها على باب المدينة· فاذا ارادا [r]ان يدخلا[r] المدينة [s]نظرا *اليها· هما [t]يخرجان ولا [u]يعودان [v]ان يهلكونا [l]†يدخلانها· [w]واحضراها وفعلا ذلك. ولما[w] بلغ التلاميذ [x] الباب نظرا [y]المراة عريانة [z]مقابلهما [aa]بفعلها السو· [bb]فقال [cc]تداوس لبطرس· يا ابي انظر [x] هذه [dd]المراة· كيف خدعها الشيطان [ee]ليجرب الرب وعبيده· قال له بطرس· الامر لك· امر فيها بما احببت [ff]وصلا تداوس· وقال[ff] [gg]يا سيدي يسوع المسيح· اسلك ان ترسل [hh]ميكاييل رييس الملايكة [ii]يعلق هذه الامراة فى [kk]الهوا بشعر راسها· حتى ندخل المدينة [ll]واذ اردنا نخرج تنزلها· وفى تلك الساعة عُلقت الامراة بشعر راسها ونظرها كل [mm]الروسا [nn]ولم ينظروا [oo] من يمسكها [pp]وصاحت [qq]صياحا عظيما وقالت [qq] [rr]اخذ الله لى الحق من [ss]رووسا هذه المدينة هم ‡ الذين ظلمونى هذا الشر فلو كنت جلست فى بيتي وانا فى خطيتي حتى [tt]يدخل

(f. 126 b … f. 127 a)

---

[a] ومنهم من قال ان كانا منهم [b] فقوموا [c] اجاب قوم [d] قايلين + [e] ان + [f] الهما [g] كل + [h] يطلباه [i] يهلكونا ولكنا [k] ان نمنعهما [l] يدخلا [m] مدينتنا [n] فانا + [o] فناخذ [p] حسنة [q] وننزع عنها ثيابها [r] الدخول الى [s] فنظرا [t] يخرجا [u] يعودا [v] om. f. 190 b
[w] واحضروا المراة الزانية وعروها ثيابها واقفوها على الباب فلما [x] الى + [y] الامراة [z] وهى مقابلهما [aa] بفعالها [bb] قال [cc] ثظاوس [dd] الامراة [ee] لتخرب [ff] وان ثظاوس صلى فقال [gg] om. [hh] ميخاييل [ii] فيعلق [kk] الهوى [ll] واذا [mm] كل الاراكنة [nn] وليس [oo] الى + [pp] وانها كانت تصيح [qq] صياح عظيم وتقول [rr] ياخذ [ss] اراكنة [tt] يدخلا

---

* Cod. اليهما † Cod. يدخلانهما ‡ Cod. الذى

[a]تلميذى الرب [b] المدينة ويخلصا الخطاة كلهم: كانا يخلصانى [c] ايضا من خطيتي. تعالوا ايها الشباب [d]الذين *اظلمتهم بزناي قوموا سلوا[d] تلاميذ الرب [e]لاجلي لعلهم [f]يرحمانى وفيما [g]المراة تقول [h] هذا لم يومن احد من اهل المدينة. لان الشيطان [i]قسا قلوبهم: [k]فقال بطرس [l]لتداوس: قم بنا نصلى [m]ونسال الله ان يعيننا. فان الشيطان [n] اضل [o]قلوب الجماعة.[o] [p]وقاما وصليا [q]وقالا الله الرب [r]ضابط الكل الذى [s]علمنا ان ندعوه فى زمان الشدة [t]وقلت انك تستجيب[t] لنا نعم يا رب [u]تحنن علينا وقوينا على حرب الشيطان الذى قام علينا فى هذا الموضع وفيما [v]هم يدعوا ان[v] نزل [w]ميكاييل رييس الملايكة اليهما وطرد الارواح السو التى [x]ملات [y]ارواح اهل المدينة. [z]وخرج بطرس f. 127 b
وتداوس وسار[z] فى شوارع المدينة ونادا باسم الرب يسوع المسيح. عند ذلك امن [aa]كل اهل المدينة. لانه لم يبق من يفسد قلوبهم: والامراة التى كانت معلقة فى الهوى[bb]. وبعد [cc]هذا [dd]اقسموا †ابهم اسقفا وكهنة [ee]وعمداهم [y]كلهم باسم الاب والابن [ff]والروح القدس وجعلا الامراة التى كانت معلقة فى الهوى تخدم [gg] البيعة. والاعلا شفوهم [hh]وفتحا اعين العمى[hh]. [ii]وانطقا البكم: وسمعا الصم[ii]. [kk]ومشيا العرج[kk]. [ll]وطردا الشيطان وعاد الى [mm]صنعه ودخل فى قلب غلام

---

[a] تلاميذ [b] + الى [c] + انا [d] الذى ظلمتهم توبوا وسالوا [e] من اجلي
[f] يرحمونى [g] كانت الامراة [h] + مثل [i] كان يقسى [k] قال [l] لثظاوس
[m] ونسل [n] + قد [o] قلوبهم [p] وانهما قاما [q] وقالا [r] ماسك [s] امر
[t] وقال انه يستجيب [u] وتحنن [v] التلاميذ يدعوا [w] ميخاييل
[x] كانت قد ملكت [y] om. [z] وان بطرس وثظاوس خرجا وسارا
[aa] جميع [bb] + امنت [cc] ذلك [dd] قسما [ee] وعمدوهم [ff] وروح
[gg] + فى [hh] والعميان فتحا عيونهم [ii] والبكم نطقوا والصم سمعوا
[kk] والعرج والمقعدين مشوا ⊙ والشياطين انطردوا والاموات قاموا حتى انهم كلهم f. 191 b
امنوا ⊙ ودخلوا فى معرفة الله جل اسمه [ll] فاغتاظ [mm] صنعته

---

* Cod. اطلبهم † Cod. لهما

شاب موسر يحب المال ووثبه على [a]التلميذين وارسله اليهما· ولما حضر سجد لهما [b]قايلا يا عبيد الله [c]الصالحان ما [d]تريدان اعمله لكيما [e]احيى· قال[f]
cf. Matt. xxii. 37 بطرس [g]حب الرب [h]الاهك من كل قلبك وكل نفسك· ولا تسرق ولا تقتل
cf. Matt. xix. 18 ولا تفسق ولا تحلف [i]كذبا· [k]ما لا تريد ان [l]يعمل بك الناس لا تعمله انت
f. 128 a [m]بهم· قال [n] الشاب [o]اذا حفظت هذا كله [p]اقدر [q]ان اصنع العجايب مثلكما· قالا له عرفنا [r]حالك . الك[r] زوجة· قال [s] [q]لا· انا رجل تاجر ولي مال كثير· عرفاني ما يجب ان اعمل به· قال له بطرس· [t]امض وارفض بالمال وفرقه على [u]المساكين· [v]ولما سمع الشاب [w]ذلك غضب عليه غضبا شديدا· ووثب على [x]تداوس وخنقه· وقال له [y] تشير علي ان اتلف ما لي· قال له [x]تداوس [z]قد قال الرب مثل هذا فيمن هو مثلك· انه يستطيع الجمل [aa] يدخل في عين الابرة· ولا [bb] الغني في [cc]مملكة السما· [dd]فازداد غضبه على [x]تداوس وخنقه خنقا شديدا يريد [ee] قتله· ولو لا قوة الله [ff]التي تحفظه لطارت عينيه من [gg]شدة الخنق· [hh]قال له بطرس[hh] ام تخنق تلميذ المسيح [ii]لاجل كلمة حق قالها لك· تريد ان ترفض [jj]ما لك· [kk]ارفض ما تريد [q]ان ما [ll] يلزمك [q]احد [mm]ان كنت تقول [nn]انه غير حق [oo] بسبب الجمل وعين الابرة [pp]فاحضر [qq] جملا [rr]وابرة· وفي تلك الساعة اجتاز بهم· رجل [ss]ومعه جمل [tt]فامسكاه·

---

[a] التلاميذ [b] وقال لهما [c] الصالحين [d] تريدوا ان [e] احيا [f] + له
[g] تحب [h] الهك [i] كاذبا [k] وما [l] يعاملونه *sic* [m] بغيرك [n] + ذلك
[o] ان [p] اذا [q] om. [r] احوالك كلها هل لك [s] + لهما [t] امضي
[u] مساكين اهل المدينة [v] فلما [w] هذا من ثطاوس [x] ثطاوس [y] + انت
f. 192 a [z] وقد [aa] + ان [bb] + يدخل [cc] ملكوة [dd] وانه ازداد [ee] + بذلك
[ff] كانت معه [gg] وجهه لشدة [hh] وان بطرس قال له [ii] مثل هذا الخنق لسبب
[jj] بها [kk] لتقضي به [ll] + احد [mm] وان [nn] ان هذا الكلام
[oo] + او انه [pp] فامضى واحضر [qq] الجمل [rr] والابرة [ss] معه
[tt] وانهم مسكوه

[a]واستدعيا ابرة[a] من رجل يبيع الابر· [b]ووقفا[c] وبسطا ايديهما وصليا وقالا[d] يا سيدنا يسوع المسيح الذى له [d]القدرة على كل شى[e] نسلك ان تسمع طلبتنا وتظهر قوتك [f]لتعلم[g] الجماعة ان [h]الكل طايع لك[h]· نعم يا رب اسمع [i]دعا عبيدك[i] [j][k]ويدخل هذا الجمل فى عين [l] الابرة [m]ليمجد اسمك· [n]فقال بطرس للرجل الذى [o]مسك الجمل باسم [p]ربي يسوع المسيح الناصرى تدخل انت وجملك فى ثقب الابرة· وفى تلك الساعة دخل الرجل [q]والجمل فى عين الابرة[q]· [r]ولما نظرت[r] الجماعة هذا العجب اعلوا اصواتهم وقالوا ليس [s]الاه الا[s] الله [p]الاه هذين التلميذين بطرس [t]وتداوس[u] ولما [p]نظر الشاب الغنى[v] هذا شق ثيابه ولطم وجهه· وقال الويل لى [w]ما صنعت[x] [y]وجعل وجهه *على الارض على اقدام التلميذين وهو يبكى [z]ويسلهما ان ياخذا [aa] جميع ما له ويفرقاه على الفقرا واهل الحاجة [bb]ويستغفرا له الله· [cc]واجابا الى ما سال ووعظاه وعلماه الوصايا وشرايع الدين وعمداه باسم الاب والابن [dd]والروح القدس هو [ee]وكل

(f. 128 b … f. 129 a)

---

[a] وان بطرس وثظاوس استدعيا الابرة   [b] وقفا

[c] + وان الرجل اراد معونة التلاميذ فطلب ابرة واسعة العين ⊙ قال له بطرس بارك· الله عليك يا ولدي وتقبل منك ايمانك ⊙ اطلب ابرة ضيقة العين جدا لكيما يظهر مجد الله وعظمته فى هذه المدينة ⊙ وانه فعل كما امره ⊙ حتى وجد ابرة كما قال له ضيقة العين جدا ⊙ وان التلميذان

[d] om.   [e] + قدرة   [f] ليعلموا   [g] + هذه   [h] كل كلامك حق   f. 192 b

[i] دعانا †عبادك   [j] + ان شا يا رب ⊙ ترى ما يعمل تلميذك   [k] يدخل

[l] + هذه   [m] لكيما يمجد   [n] قال   [o] يمسك   [p] om.

[q] فى ثقب الابرة والجمل ⊙ فقال بطرس ارجع ادخل مرة ثانية لكيما تاملوا الجماعة ويسبحوا اسم الله ويعلموا انه لا شى يعجز عن قدرته

[r] فلما نظروا   [s] اله   [t] وثظاوس   [u] فاما   [v] + فلما نظر الى   [w] وما

[x] + بهذا الرجل الصديق   [y] وانه جعل   [z] ويسلهم   [aa] + منه   [bb] ويستغفروا

[cc] واجاباه   [dd] وروح   [ee] وجميع

---

* Cod. على الارض deletum est.   † Cod. عباك

اهل [a]بيته واعطاهم السراير المقدسة جسد الرب [b] ودمه الزكى· وبنا [c]لاهل المدينة[c] البيعة· وقسما [d]لهم اسقفا وكهنة· وكتبا *لهم الانجيل وجميع الوصايا وخرجا من عندهم· وهم [e]يودعونهم بسلام· [f]وهذا سبب ايمانهم بالرب يسوع المسيح· [g]واما تداوس[g] فانه [h]تنيح بعد حين[h] فى [i]يومين من [j]ابيب· وهو يسبح [k] الاب والابن [l]والروح القدس من الان وكل اوان والى دهر [m]الدهرين امين[n] ⁘

بسم الاب والابن والروح القدس الاله الواحد

بشارة المغبوط متيس تلميذ الرب يسوع المسيح الذى بشر بها فى المدينة التى اهلها ياكلون الناس وتم جهاده فى ثمنية ايام من برمهات بسلام الرب يسوع المسيح امين

f. 129 b كان لما اقسم التلاميذ مدن العالم خرج متيس المدينة التى اهلها ياكلون الناس· ولا ياكلون فيها خبزا ولا يشربون⌜⌝ الماء وليس طعامهم غير لحوم الناس ودمايهم ويمسكون كل غريب يدخل تلك المدينة ويقلعون عينيه ويسحرونه حتى يذهب عقله ويطعمونه الحشيش كالبهايم ويجعلونه فى موضع مظلم ثلثين يوما· ثم يخرجونه وياكلونه· ولما دخل المغبوط متيس الى تلك المدينة امسكوه واعموه بعلاج لهم يعرفونه واطعموه الحشيش فلم ياكله لان قوة الله كانت معه حالة فيه· والقوه ⌝فى⌜ السجن فصلا ودعا الرب يسوع المسيح . وقال يا سيدي الذى ⌝لاجلك⌜ رفضنا بالعالم وتبعناك لعلمنا †ان ليس معينا غيرك انظر ما فعلوه بعبدك جعلوه كالبهايم· انت يا رب تعلم ما كان

---

[a] المدينة   [b] + الكريم   [c] لهم   [d] لهما *sic*   [e] يودعوهم   [f] فهذا كان
[g] فاما ثظاوس   [h] بعد حين تنيح   [i] تسعة عشر يوم   [j] حزيران   [k] + للرب
[l] وروح   [m] الداهرين   [n] + والسبح لله دايما ابدا

---

* Cod. لهما   † Cod. انى

ويكون فان كنت تريد ان اموت فى هذه المدينة فتكن مشيتك بل يا رب
هب لي ضو بصري . ولا تمكنهم منى ياكلون لحمي كالبهايم وعند فراغه من
صلاته انفتحت عيناه ونظر العالم كله كما كان· وهتف اليه صوت يقول له
f. 130a تقوا يا متيس ولا تخف فما اجلى عنك بل انا حال معك فى كل موضع
تسير اليه· بل اصبر الى تمام ستة ايام· ارسل اليك اندراوس ويخرجك من
السجن . فشكر الله ومجده وابتهجت نفسه . واقام فى السجن كما امره· وكان
اذا دخلوا اهل المدينة الى السجن يخرجوا واحد يذبحوه يغلق عينيه ليلا
ينظروه . وكانت لهم عادة اذا ادخلوا واحد الى السجن اول يوم يدخلوا به
ويكتبون رقعة ويعقلونه فى عنقه . واذا تم له ثلثين يوما يذبحونه على العادة
وفعلوا بمتيس كذلك· وفى ستة وعشرين يوما من ايامه فى السجن ظهر
الرب لاندراوس وهو فى مدينة البربر· فقال له قم اخرج الى متيس فى المدينة
التى اهلها ياكلون الناس استخرجه من السجن· لان اهلها الى ثلثة ايام
يطلبون ياكلونه قال اندراوس فما ابلغ اليه فى هذه المدة لكن ارسل ملاكا
f. 130b يخرجه من السجن فانى لا ابلغ فى هذه الثلثة ايام. اجابه الرب اسمع من
الذى انتخبك القادر ان يقول للمدينة تجى الى هاهنا وكل سكانها فقم
انت وتلميذك بالغداة تجد مركبا متيسرا . اركب فيه هو يوصلك . واعطاه الرب
السلام وصعد الى السما بمجد· فقام اندراوس كامر الرب الى ساحل البحر
وهيا له الرب مركبا روحانيا· والرب جالس فيه كالرييس وملاكين النواتية·
فقدم اندراوس المركب ونظر الرب جالسا . ولم يعلم فقال له السلام لك يا
رييس المركب· قال له الرب يحل عليك سلام الرب . قال له اندراوس تحملنا
معك الى البلد التى اهلها ياكلون الناس . فقال له الرب المتشبه بالرييس
كل احد يهرب من ذلك البلد وانتم تمضيون اليها . قال له لنا فيها حاجة نسير
اليها بسببها· قال له اندراوس اسلك ايها الاخ الحبيب ان تحملنا وليس معنا
اجرة ندفعها لك . بل ناكل معك من خبزك . قال الرب المتشبه برييس المركب
f. 131a ان كنتما تاكلان خبزنا ولا توديان الينا اجرة المركب عرفانا من انتما . قال

له اندراوس نحن تلاميذ لرب صالح اسمه يسوع المسيح اثنا عشر تلميذ انتخبنا واعطانا وصايا . وارسلنا ننادي باسمه في العالم وامرنا ان لا نقتني ذهبا ولا فضة ولا شيا من عوض هذا العالم ولا نهتم بالخبز . فلهذا نحن كما ترانا فان اجبت الينا وحملتنا تفضلت علينا وان لم تفعل عرفنا نطلب مركبا اخر· قال لهما اركبا المركب انا اريد احملكما اكثر ممن يدفع الي الاجرة هذا فرح عظيما اذ [1]استحققت ان تركبا معي تلاميذ المسيح· قال له اندراوس الله يبارك عليك البركات الروحانية وركب اندراوس وتلميذه وجلسا فى المركب· وقال الرب لاحد الملاكين المتشبه بالنوتي قدم الخبز لهذين الاخوين ياكلا فانهما قد اتيا من موضع بعيد . وفعل كما امره . وقال الرب لاندراوس قم يا اخي وتلميذك كلا خبزا قبل ان نخرج الى البحر فلم يستطيع تلميذ اندراوس (f. 131 b) يتكلم من مخافة البحر وعاد اندراوس وقال له سيدي يسوع المسيح يحسن لك الجزا فى ملكوت السما اصبر علي قليلا . فما اكل الا حتى ياكل تلميذي ودخلوا البحر ولم يركبا فيه مرة قبل هذه· قال اندراوس قوما انحدرا الى هذا الموضع . حتى تمضى انت الى حيث أُرسلت· وقال الرب لاحد الملاكين المتشبه بالنوتى ارفع قلع المركب· ففعل وامسك الرب الرجل مثل رييس المركب والملاكين فى جانبه قيام واندراوس وتلميذه جلوسا فى وسطه يعزيهما ويقول لا تخافا يا ولدى . الرب لا يتخلا عنا· السما هو رفعها والبحر هو رفع جميع مياه· وكل شى هو خالقه . لا تخافا فهو حاضر معنا الى حيث نسير كما وعدنا· ولما قال اندراوس هذا صلا يسل الله ان يرقد تلميذه ولا يخافا من البحر وكان ذلك بسرعة· ولما ناما عرج بارواحهما الى الفردوس· واطعما من ثماره . ولما علم انهما ناما قال للرب اسلك ايها الرجل الصالح ان تعرفنى (f. 132 a) كيف هذا السير الذى تسير مركبك فيه· لانى لم ارى شيا مثله . وقد ركبت البحر مرار كثيرة· لم اركب فى مركب مثل هذا· حقا انى كانى جالس على الارض· ولا المركب يتحرك· وقد خرجنا الى وسط البحر· لم تقدر النواتية شيا من اداة المركب· ولا اخروها . قال الرب يسوع المسيح نحن طول الوقت

1 Cod. استحقيت

نسير فى البحر لم يرى سيرا مثل هذا . لما علم المركب ان فيه تلميذ
المسيح لم يضطرب مثل كل مرة· قال اندراوس تبارك اسم سيدي يسوع
المسيح الذى بفضل رحمته قدر لى ان اركب مع انسان يعرف اسمه . قال له
الرب ان كنت تلميذ المسيح عرفنى لم لم تومن به بنو اسراييل ولم يقولوا
انه الاه· سمعت عنه انه اورى تلاميذه عجايب على جبل الزيتون . قال له
اندراوس انا اعرفك اعماله . فتح اعين العميان ونطق البكم واسمع الصم واخرج
الشياطين واقام الموتى ومن خمسة ارغفة شعير من الخبز جعله على الحشيش cf. Matt. xiv. 19 Mark vi. 41 Luke ix. 12 John vi. 10
حتى صارا خبزا لشبع منه خمسة الف رجلا سوى النسا والصبيان . فضل بعد ذلك
اثنتى عشر قفة من فضلة الخبز وكل هذا ولم يومنوا به قال له الرب لعله لم
f. 132 b يعمل هذه الاعجوبة بحضرة رووسا الكهنة . فلهذا لم يومنوا بل قاموا عليه . قال له
اندراوس بل بحضرتهم وليس ظاهر [قوته] بل ومكتوما ايضا فعل فيهم· قال
له الرب ما المكتوم . وفيما هم يتكلما قربوا من المدينة· ونام اندراوس وامر
الرب الملايكة حملاه وتلميذاه والقيام على ساحل البحر وصعد الرب الى السما
بمجده· ولما استيقظ نظر المدينة· ولم يرى للمركب اثر. قال كنت جالسا
مع الرب ولم اعلم انظر والرب يقول لعبده . هذا علي يوما مبارك· لما ركبت
مركبي انظر من اتضع لمن· عند ذلك ايقظ تلميذاه . وقال لهما قوما كنا
ركابا مع الرب ولم نعلم : قال له تلميذاه وقت ان صليت راينا نسور مضية
ظللتنا وعرجت بنفوسنا الى الفردوس· وراينا الرب جالسا على كرسي والملايكة
يحوطون به ورايتكم الاثنا عشر تلميذ واثنا عشر ملاكا حواليكم· ومذ ذلك
الى حين استيقظنا راينا عجايب كثيرة· ففرح اندراوس لما نظر تلميذاه هذا
الرؤيا الروحانية وقام وخط دايرة فى الارض وقال يا سيدي يسوع المسيح ما
ابرح من هذا الموضع حتى تحضر . لانى اعلم انك غير بعيد مني اغفر لى
f. 133 a بالذى ضمره قلبي بجهلي اسلك ان تظهر لعبدك فظهر له الرب خارج المدينة
مثل شاب حسن الوجه· فقال له اندراوس حبيبي . فسقط اندراوس على الارض
وقال اشكرك يا سيدي يسوع المسيح ما الذى عملته حتى تترايا لي فى البحر

قال له الرب لا تخف . فعلت بك هذا لانك قلت ما نبلغ المدينة فى ثلثة ايام: اردت اعلمك انى قادر على كل شى. ولا يعسر علي شى· [1]قم ادخل المدينة اخرج متاوس من السجن وكل من معه فيه . وسينالكم فيه الم كثير تصبروا فانى حال معكم: اذكروا انى رحوم وتشبهوا بى· واذكروا ان قد قيل ان بباعل زبول اخرج الشياطين كنت قادر اسرع من طرفة عين. امر الارض ان تنفتح وتنزلهم الى العمق· بل اطلت روحي لانى اعلم ان الشرير حال معكم على الارض· واعلم ان صبركم على الالام فى هذه المدينة لان كثيرين يومنون فيها بي . قال له اندراوس . تكن معي يا رب وانا اعمل كل f. 133 b ما تامرني به .فاعطاه الرب السلام. وصعد الى السما بمجد عظيم: وقام اندراوس وتلميذاه ودخلوا المدينة . ولم ينظرهم احد ووصلوا ابواب السجن . ولما امسكوا ابواب السجن تفتحت لهم ودخلوا ووجدوا متيس جالسا يزمر. وسلموا عليه . قال له اندراوس انت تقول بعد يومين تخرج وتذبح مثل البهايم· ويوكل لحمك· ونسيت تلك الاسرار التى راتها من الرب الذى لو تكلمنا بها لتحركت السما· قال متيس قد علمت ذلك يا اخي الا انى قلت لعل هكذا اراد الرب انْ اتم جهادي فى هذه المدينة· الم يُسمع قوله فى الانجيل المقدس . اذ Matt. x. 16 يقول ان ارسلكم مثل الحملات بين الذياب لكنى يوما القيت الى السجن دعوت الرب فظهر لى. وقال لى لا تخف عند تمام الايام ارسل اليك اندراوس هو يخرجك من السجن . انت ومن معك· وها قد جيت فانظر ما تعمله· وراى اندراوس فى وسط السجن الرجال [2]مربوطين كالبهايم. ولعن الشيطان f. 134 a وجميع جنوده . وابتدى اندراوس ومتاوس يتضرعان الى الرب فاستمع لهما· وجعلا ايديهما على الرجال الذين فى السجن وفتحا عيونهم· وعادت اليهم حواسهم· وامروهم بالخروج من المدينة وعرفوهم انهم يجدون فى الطريق شجرة تين يجلسون تحتها الى ان يعودون التلاميذ اليهم· فقال لهم الرجال اخرجوا معنا ليلا تجى اهل المدينة يردونا· قال لهم التلاميذ اخرجوا بسلام: ليس يلقاكم بشى تكرهوه· وخرجوا خارج المدينة· ووجدوا الشجرة التين كما

[1] Cod. قوم [2] Cod. مربطين

اخبروهم· وكان عددهم ماية وتسعة واربعون رجلا . وقالا لروفس والاكسندرس
تلميذى اندراوس ان يخرج خارج المدينة· وقام اندراوس ومتيس وتلميذاهما
وصليا وسالا الله ان يرسل سحابة تحمل روفس والاكسندرس التلميذين وتوصلهما
الى بطرس وارسل الرب سحابة حملتهما وخرج اندراوس ومتيس الى وسط
شوارع المدينة وجلسا تحت سقيفة الشارع حتى يعلما ما يكون . وارسل اهل f. 134 b
المدينة الشرط الى السجن ياتونهم بالرجال الذين يذبحونهم كالعادة فى كل
يوم وجدوا ابواب السجن مفتحة والحراس اموات وعدتهم ستة رجال· وليس
فى السجن احد· فعادوا وعرفوا الروسا فقالوا ما الذى نعمل هل نقدر ان
نقيم اليوم بلا شي ناكله· وتشاوروا فيما بينهم· اما ناكل الاموات· او نخرج
شيوخ المدينة ويتقارعون· ومن وقعت عليه القرعة يُذبح ويوكل الى ان
يعودوا الينا الرسل· لان لهم قوم يرسلونهم فى المركب يجمعون اليهم الناس·
من كل مكان الى بلدهم· [1]لياكلونهم· وكان لهم فى البلد بركة اذا ارادوا
يذبحون رجلا او مرة يذبح فى تلك البركة· [2]ويصفى الدم فى حوض فى
وسطها· ولما قدموهم الى الموضع· واخذوا السكاكين ليقطعوهم· فنظرهم
اندراوس· فقام ودعا يا سيدي يسوع المسيح محب البشر هذه السكاكين
التى فى ايديهم تنكسر· وفى تلك الساعة يبست ايديهم· ولم يقدروا ان f. 135 a
يحركوها· ولما نظر الروسا ما كان بكوا وقالوا السحرة الذين اخرجوا الرجال
من السجن هم الذين سحروا هولاء الرجال حتى لا نقدر عليهم· واجتمع شيوخ
المدينة وكان عددهم ثلثماية وستة عشر رجلا· وتقارعوا ووقعت القرعة على
ستة يذبحون ويوكلون· فقال واحد من الستة الذى لزمته القرعة· لي ابن
خذوه وخلوا عنى· فقال الشرط ما ناخذه او نعلم الروسا واعلموهم فقالوا لهم
اذا سلم اليكم ولده بدله· خلوا عنه· وسلم اليهم ولده· ولما امسكوا الغلام
ليذبحوه بكى فى وجه ابيه· وقال له اسلك يا ابي لا تدعنى اقتل وانا شاب
بل اتركنى اعيش حتى اصير مثلك· واذا صرت مثلك شيخا ياكلونى· وصاح
الغلام وقال للشرط انتم قساة القلوب· الا ان ابي هو الذى اسلمنى للموت.
وكان ناموس مدينتهم كل من يموت يقطعونه ويوكل· وقدموا الذين وقعت f. 135 b

[1] sic [2] Cod. ويصغى

عليهم القرعة· فدعا اندراوس الرب· وقال اسلك يا سيدي يسوع المسيح· كما استجبت لى فى الاموات اسمع دعاي فى هولاى الاحيا· ولا تمكنهم من قتلهم· فصارت سيوفهم كالشمع قدام النار· ولما راى الروسا ذلك· بكوا بكا مرا· وقالوا الويل لنا وما حل بنا· عند ذلك ترايا لهم الشيطان مثل رجل شيخ· وصاح وقال الويل لكم ستموتون بالجوع· ولا تقدرون تاكلون من بعدها امواتكم سيبقون مطرحين فى وسط شوارعكم حتى ينتنوا ولا تقدرون تاكلونهم· فقوموا اطلبوا هذا الرجل الذى هو متيس واقتلوه· فان لم تقتلوه ما تقدرون على ما تريدون· فهو الذى اخرج الناس من السجن· وهو فى هذه المدينة· اطلبوه واقتلوه· حتى يصلح حالكم· ولما راى اندراوس [الشيطان f. 136 a يتكلم معهم هكذا قال له يا عدو ربنا] الله تعالى اسمه يُذلك تحت اقدامنا· ولما سمع الشيطان هذا الكلام· قال الصوت اسمعه والجسد ما اراه· فترايا له اندراوس وقال له نعم ما دُعى اسمك· ساميل الذى هو الاعمى لانك اعمى لا تنظر الى عبيد الله· فصاح الشيطان بصوت عال وقال هوذا الرجال امسكوهم· فسابق الجماعة واغلقوا باب المدينة· وهم يطلبون ويقولون متيس واندراوس امسكوهما لنا حتى نفعل بهما كما نريد· وامر الرب التلميذين قايلا قوما واظهرا ليعلموا ضعف قوتهم· فخرجوا من تحت السقيفة وقالا لهم نحن الذين تطلبونا· فقاموا عليهما وامسكوهما وقالوا لهما سنفعل بكما كما فعلتما بنا· قال قوم ناخذ رءسكما نعطيها لروسا الكهنة· وقال اخرون لا بل نقطعهما قطعة قطعة· ونفرق لحمها على كل اهل المدينة· وزحفوا بهما كل المدينة· حتى سال f. 136 b دماهما فى الطريق. والقوهما فى السجن واوثقوهما وتركوهما فى موضع مظلم· وجعلوا رجالا جبابرة جماعة يحرسونهما· ولما دخلا السجن صليا وقالا سيدنا يسوع المسيح لا تبعد عنا معونتك· انت امرتنا ان لا نعجل· ولا تترك العدو يفرح بنا· عند ذلك ظهر لهم الرب وقال انا حال معكما· وقال لا تخافا· واخذ الشيطان وهما فى السجن معه ستة من اصحابه· وترايوا لهما وكلمهما بكلام مستقدرا عليهما قايلا قد وقعتما فى يديي· فمن يخلصكما منى· اين قوتكما التى تستقدران بها علي فى كل المدن وتخربا البرابى التى لى· انا

اتركهم يقتلوكما كما قتلت معلمكما· وقال لاصحابه قوموا اقتلوا هذين الذين يقاتلونكما· حتى تستريحوا منهما· ويصير كل موضع لكم· وقام [1]الشياطين على التلميذين يريدون قتلهما· فرشما فى وجوههما رشم [الصليب ووقعوا على f. 137 a الارض. وقال لهم] ابوهم الشيطان ما لكم· قالوا له· راينا فى ايديهم علامة ففزعنا منها· فان كنت انت تقدر عليهما فافعل فانا نخاف· وانصرفوا مفتضحين· ولما اصبح اهل المدينة· اخرجوا التلميذين وزحفوا بهم المدينة· فدعيا ربهما وقالا ارحمنا يا رب فانا لحم ودم نعلم انك غير بعيد منا· فسمعا صوتا يناديهما Matt. xxiv. 35 عبرانيا قايلا· اندراوس ومتيس· السما والارض يزولان· وكلامي لا يزول· ومضوا اهل المدينة بهم الى السجن· وهم يقولون انهم يموتان المرة· ودعا التلميذان ودماهما تسيل على الارض قايلين· سيدنا يسوع المسيح اعيننا وخلص هذه المدينة وكل من فيها· وفى تلك الساعة نظرا صورة صنم حجرا قايما على عمود وسط السجن ورشما عليه رشم الصليب· وبسطا ايديهما وصليا وقربا الى العمود الذى عليه الصنم· وقالا له خف من رشم الصليب الذى رشمناه عليك· f. 137 b واخرج من تحتك ماء كثيرا [مثل] ماء الطوفان على هذه المدينة وجميع سكانها· فنبع للوقت من تحته ماء كثيرا مالح شديد الملوحة· وابتدا يغرق المدينة وكل سكانها· واخذ اهل المدينة اولادهم وبهايمهم وارادوا الخروج منها· فقال متيس سيدي يسوع المسيح استجب دعا عبيدك ووجه ميكاييل رييس الملايكة بسحابة مظلمة على هذه المدينة· ليلا يخرج منها احد فلما علم متيس ان الرب استجاب منه دق على العمود وقال تمم ما امرت به· فتزايد طلوع الماء الى ان بلغ الى حلوق الناس وكاد يغرقهم· فبكوا وقالوا الويل لنا· لعل هذا الرجز الحال علينا بسبب الرجلين الصالحين عبدى الله [2]الذين القيناهما فى السجن· وقبح فعالنا بهما· هوذا نموت موتة سو فى هذا الماء· لكن هلموا بنا نصرخ الى الاههما ونقول امنا بك يا الله الاه هاذين الرجلين الغريبين· خلصنا من هذا [الماء عند ذلك اجاب اندراوس وقال للعمود] f. 138 a قد جاز زمان السيل وحضر زمان الزرع فى قلوب اهل المدينة· حقا اقول انى

[1] Cod. الشيطان [2] Cod. الذى

ان بنيت بيعة فى هذه المدينة جعلتك فيها ووقف الماء الذى ينبع من تحت العمود للوقت· ولما راى اهل المدينة قاموا ستة من شيوخ المدينة تعلقوا برجال شباب· [1]وساروا الى السجن والماء الى حلوقهم· ولما نظروا التلميذين ايديهما مبسوطة يدعون الله فخرجا اليهم فتفرق الماء من بين ايديهما· فلما راى الشيوخ ذلك. خافوا وصاحوا قايلين ارحمانا يا عبيد الله· وكان فيهم الشيخ الذى وقعت عليه القرعة ليُذبح· وسلم ولده وخلص نفسه· فقال له متيس انا متعجب منك اذ تقول ارحمانى وانت لم ترحم ولدك· فى هذه الساعة يعود الماء الى عمق الارض· وتنحدر انت معه والستة رجال الذين يذبحون الناس حتى ينظر حال من يبغض ولده· ومن يقتل الناس. وقال f. 138 b للغلمان الذين الشيوخ متعلقين بهم سيروا الى الموضع الذى يُذبح فيه الناس حتى يرجع الماء الى موضعه· وساروا مع التلاميذ· والماء يجرى من بين ايديهم· ووقفوا عند البركة وصلوا· وانفتحت الارض للوقت وبلعت الرجال الذين كانوا يذبحون الناس· والشيخ الذى اسلم ولده للموت· وكل الماء الذى كان فى المدينة· ونظر ذلك كل اهل المدينة· وخافوا جدا· وقالوا هم يقولون تنزل نار من السما تحرقنا بسبب الشر الذى صنعنا بهم فقالا لهم لا تخافوا وامنوا امانة صحيحة تروا مجد الله· وما نترك هولاى الذين بلعتهم الارض فيها بل سنصعدهم منها· وامر متيس واندراوس ان يحضر اليهما كل من مات من الماء ليصليا عليهم ويقوموا· فلم يقدروا من كثرة الاموات· فدعا التلميذان الرب وارسل مطرا من عنده على الاموات· فقاموا كلهم· f. 139 a وبعد ذلك طرح اساس البيعة وبنوها واعطياهم وصايا الانجيل والناموس والانجيل وعمداهم كلهم باسم الاب والابن والروح القدس· واعطاهم من السراير المقدسة· وابريا كل الاعلا· وقالا لهما الزموا ما امرناكم الى اخر اعماركم· وعلموا بنيكم الذين ياتوا بعدكم· ودعوا الرب ان يزيل عنهم ما هم عليه من اكل لحم الناس· ويعطيهم [2]حاسّية صحيحة يكون طعامهم مثل طعام الناس· وبعد ذلك خرجوا من عندهم وهم يودعونهما ويقولون لهما يا عبيد الله الصالحين

[1] Cod. وصاروا [2] Cod. Paris. 81, f. 156 b, ضامنية

اقيما عندنا مدة حتى نفرح بكما فنحن غروس جدد· قالا لهم لا تحزنوا ولا تخافوا ما نبطى عنكم بمشيّة الله· وفى خروجهما منها ظهر لهما الرب مثل شاب حسن الوجه· فقال لهما· تحننا على سكان هذه المدينة· واقبلا سوالهم واقيما عندهم اياما· فقد سمعت طلبتهم لكما· ويقولان انا غروس جدد· ولم امرتما الستة رجال وارسلتماهم الى العمق· فقالا اغفر لنا يا سيدنا نحن نعود اليهما ونصعدهما باسمك من العمق· قال لهما الرب· عودا الى المدينة ⌜واقيما⌝ f. 139 b فيها سبعة ايام· واخرجا منها· وسير اندراوس الى مدينة البربر· فقالا يا رب بارك علينا فبارك عليهم· وصعد الى السما بمجد· ودخلا المدينة كما امرهما الرب واقاما فيها سبعة ايام· واصعد الذين بلعتهم الارض وصححوا ايمانهم وقووا معرفتهم بوصايا الرب· وخرجا من عندهم وهم يمجدون الله الذى لم يتركهم فى الضلالة· وخرج معهم الرجال مودعين لهما· يقولون واحد هو الله الاه اندراوس ومتيس يسوع المسيح الذى له المجد والكرامة وابيه ماسك الكل وروح القدس المحيى الى دهر الداهرين امين

شهادة متيس تلميذ الرب يسوع المسيح وجهاده الذى تمه فى ثمنية ايام من برمهات· بسلام الرب امين

[¹كان لما سلم يهودا الاسخريوطى ربنا يسوع المسيح ليصلب لكيما يقتضع الشيطان] وجنوده بالام الرب يسوع المسيح ملك السما والارض الى اليهود الاشرار· مضى f. 140 a وخنق نفسه. وضيع كرامته· واسقط من درجة الحوارين· وجُعل متيس مكانه· خرج متيس ينادى فى مدينة دمشق· لان سهمه خرج بالندا فيها· وقال ايها الرجال الضالين التايهين فى خطاياهم الذين لا يعرفون الله خالقهم· لم تركتم الله الحقيقى وعبدتم الحجارة المصنوعة بايدى الناس· وتحبون ان ²يكون كل الناس مثلكم ضالين· ارفضوا عبادة الاوثان وابعدوا عنكم الضلالة وقبح فعالكم· واقبلوا الى الله خالقكم· واقبلوا كلامي· اقربكم الى الله ربكم

¹ Cod. Paris. 81, f. 157 b ² Cod. تكون

وهو يوهلكم لمملكته واقبلوا الي· اعلمكم سيرة الملايكة· واطعمكم خبز الحياة f. 140 b لتعيشوا الى الابد· اكفروا بالالهة المصنوعة بايدى الناس وتيقظوا من خديعة الشيطان لتكونوا عبيد الله بالحقيقة يسوع المسيح رب السما والارض· الكلمة الازلية كلمة الله الحى . التى حلت فى مريم العذرى بلا زريعة· ولا مباضعة رجل· محتمل الالام حتى خلص جنس ادم من عبودية الشيطان· الذى لا يُرى فى مجده وعلوه الذى لا اب له على الارض مثل ميلاد الجسد ابنين بل هو دايم فى السما مع ابيه بلا افتراق· وهو مدبر الكل بحكمته وهو الذى اخذ ترابا من الارض وجبل منه ابينا ادم الاب الاول· الاله الذى فى يديه ارواح الخليقة· الذى هو محببكم وهو يوهلكم ان تقبلوا اليه· واذا عدتم بامانة صحيحة وقريحة سليمة هو وابيه وروح القدس لانه ثالوث بالفصول لاهوت واحد وجوهرا واحدا· واول ما امركم به· ان تتباعدوا من الدنس· ولا تكثروا خلطة النسا· لينظر الله الى طهارتكم ويبارك عليكم بالبركات السماييه· ويرحمكم فى يوم الدينونة [1][وان اهل المدينة لما سمعوا منه هذا استملك f. 141 a الشيطان] قلوبهم بخديعته واعماله الردية· فقال بعض لبعض حقا هذا الانسان هو من الاثنى عشر السحرة الذين يطوفون البلاد ويفرقون بين النسا وازواجهن· وتشاوروا وامسكوا التلميذ وقيدوه وحملوه على سرير حديد· واوقدوا تحته نارا حتى خرجت رايحة جسمه· ونظره كل احد وعجبوا لما تعالا لهيب النار فوق السرير مقدار خمسة عشر ذراعا· وقال الذين حوله· ان كان ساحرا فقد هلك· وبعد ثلثة ايام يظهر سو فعله· وبعد ثلثة ايام وجدوه فوق السرير· وعيناه مفتوحتان· ولمسوا جسده فوجدوه سالما· لم يناله فساد· ولا فيه شى من رايحة الحريق· ولا احترقت ثيابه· ولما راوا هذا العجب الذى من الله· امن كثير من اهل المدينة بالله· وقالوا هذا الانسان هو الاه· وجازت سبعة ايام· f. 141 b واليوم الثامن والقديس منضجع على السرير· وعاينه كل اهل المدينة وامنوا امانة صحيحة وصدقوا قول تلميذ متيس· واقام الذين لم يومنوا بكلامه اربعة وعشرين يوما يهججون النار تحت السرير نهارا وليلا . ولم يمكن الرب

[1] Cod. Paris. 81, f. 159 a, l. 1.

يسوع المسيح من تلميذه المنادى باسمه ان يناله مكروه· لانه تالم على اسمه· وبعد هذا اخرجوه من وسط النار ونظروا جسمه باقيا ووجهه زاهر كجسم الطفل وكل من نظره قال لم يكن هذا فى النار لان جسمه كان سالما من شعر راسه الى ظفر رجليه فامن كل من فى المدينة· وكل تخومها يصيحون لا الاه فى السما وعلى الارض الا الله الاه متيس تلميذ يسوع المسيح الذى يخلص كل من توكل عليه ويومن باسمه المقدس· وامر متيس التلميذ المبارك ان يهدم كل برابى الاصنام وتلقى فى البحر حتى لا يوجد منها شى بسبب الاعمال الردية التى تُعمل فيها· وبنى لهم بيعة وعمد كل اهل المدينة الرجال والنسا والصبيان باسم الاب والابن والروح القدس الثالوث f. 142 a المتفق الغير مفترق ولا مغير· وبعد المعمودية قدس لهم البيعة· ووعظهم بوصايا الحياة· وعلمهم الامانة الصحيحة· ووصايا الانجيل· وخرج من عندهم· وكلهم يودعونه بسلام لانه عرفهم طريق الحق· واخرجهم من [1]الضلالة الى الهدى دين ربنا يسوع المسيح وبعد نداه وبشراه تنيح فى مدينة من مداين اليهود تسمى مالاوان فى ثمنية ايام من برموده بموهبة الله محب البشر ابا ربنا والاهنا يسوع المسيح الذى له المجد والكرامة والسبح من الان وكل اوان والى دهر الداهرين· امين

بسم الله الرووف الرحيم ندا يعقوب تلميذ الرب يسوع المسيح الصديق المسمى اخى الرب فى الجسد والسهم الذى خرج له ليتلمذ فى اورشليم وبعد نداه لهم صار اسقف اورشليم وتنيح فيها على اسم الرب يسوع المسيح امين f. 142 b

كان لما اجتمع التلاميذ ليقتسموا مدن العالم· حضر الرب يسوع المسيح فى وسطهم وقال لهم سلامي يكون لكم يا تلاميذي الابرار· كما ارسلنى ابي الى العالم انا ارسلكم لكيما تنادون فى المسكونة بمعرفة ابي السمايي· عند ذلك صلا التلاميذ باجمعهم والرب فى وسطهم· وتقارعوا فوقعت القرعة على يعقوب

[1] Cod. الظلالة

ان ينادى فى اورشليم وكل كورتها بالانجيل المقدس· عند ذلك سجد للرب· وقال انت يا رب تعرف ان اليهود يطلبون قتلنا لما نادينا بقيامتك وانجيلك المقدس· ولست اخالف امرك· ولا السهم الذى خرج لي· الا انى اعلم ان اليهود لا يسمعون قولي الذى اقوله لهم· واسلك يا رب ان ترسلنى الى الامم مثل اخوتي وانا افعل كل ما تامرنى به· واحتمل كل ما يحل بى من f. 143a الالام لاجل اسمك· اجاب [ربنا وقال ليعقوب] لا بد ان تنادى فى الموضع الذى خرج فى سهمك· هوذا بطرس مختاري جعلته يهتم بكم. ولا بد لك ان تصير اسقف اورشليم ويُسمع كلامك ويتم جهادك الجيد ويكون قبرك فيها فقم وتمم ما امرتك به· قال له يعقوب يكون ابي بطرس معاونا لى وانا احتمل كل ما يحل بى لاجل اسمك الكريم واعطاهم الرب السلام وصعد الى السما بمجد· وامتلى التلاميذ فرح بقوة روح القدس وصلوا على جبل الزيتون ثم قال بطرس للتلاميذ سيروا بنا مع اخينا يعقوب حتى نجلسه على كرسى الاسقفية· وقام بطرس وكلمن معه وبسطوا ايديهم وصلوا وقالوا . الله ضابط الكل ومدبر جميع الخليقة· استمع لنا انا نعلم انك غير بعيد منا· ومن كل كلمة تطلبها· اعط اخانا يعقوب القوة ليدبر شعبك الذى اسلمتهم اليه f. 143b ليدبرهم كما امرت· ولما وصلوا اعطوا السلام بعضهم لبعض وادخلوا يعقوب الى اورشليم· ونادى باسم الرب يسوع المسيح وامن كثير من اهلها ببشراه· ولما نظر اناس من اليهود يعقوب ينادى باسم المسيح ارادوا قتله ولم يجدوا السبيل الى ذلك· لاجل الذين امنوا بالرب على يديه· ولما علم ذلك خرج الى البلاد التى حول المدينة· وبشرهم باسم الرب يسوع المسيح· وفى دخوله احدى البلدان وجد شيخا قال له اريد ان تاوينى عندك· قال الشيخ ادخل استرح[1] الى الغداة وسار معه التلميذ ليدخل بيته· واذا فى الطريق رجل معترى من شيطان لما راى الشيطان يعقوب التلميذ صاح وقال ما لك معى يا تلميذ يسوع المسيح جيت الى هنا لتهلكنى· قال له سد فاك ايها الروح النجس واخرج من الرجل· فخرج من الانسان للوقت مثل النار· ولما راى

[1] Cod. استريح

هذا العجب سقط تحت قدمى التلميذ وقال لست اهلا ان تدخل بيتي بل اعلمنى ما اصنع حتى اخلص انا وجميع اهل بيتي [1][وعند ذلك سبح التلميذ (f. 144 a) اسم الله سيدنا يسوع المسيح] وقال اشكرك يا سيدي فقد يسرت طريقي· وعاد الى الشيخ وكلمه بكلام الخلاص· ووعظه وعرفه اسم الرب يسوع المسيح· ودخل منزله وجمع الشيخ اهله· ووعظهم التلميذ وعلمهم الامانة وعمدهم باسم الاب والابن والروح القدس واشركهم فى السراير المقدسة جسد الرب ودمه الزكى وسمع اهل البلد· فقدموا اليه كل الاعلا من اصناف العلل· والمعتريين· فشفاهم كلهم وقسم لهم قسا وشمامسة وقسم لهم الشيخ اسقفا واودعه انجيل الرب يسوع المسيح· وخرج يسير فى كل البلاد [2]التى حوله الى حول اورشليم ينادى فيها· ولما امنوا رجع الى اورشليم وحضروا اليه كلهم· وهم يسبحون الرب يسوع المسيح· واباه وروح القدس الثالوث المقدس من الان والى دهر الداهرين امين

(Cod. Vat. Arab. 694 f. 148 b) هذه شهاده يعقوب اخو الرب التى تمها فى ثالث وعشرين من تشرين الاول بسلام الرب امين ⁘

ولما عاد يعقوب الصديق المبارك اخو الرب الى يورشليم ونادا فيهم باسم الرب يسوع المسيح فى تلك المدينه امن به كثير ⁘ من العجايب والقوات التى اجراها الله على يديه تبارك اسمه اهله الرب لدرجه الاسقفيه باورشليم فلما صار اسقف واظهر الله على يديه شفا كثير من الامراض وكان اركون المدينه يحب المال جدا وكان يبغض القديس مما يريه الشيطان لعنه الله عليهم[3] ⁘ ولم يكن له [4]ولد لان الله جل ذكره كان يودبه لكثره خطاياه ⁘ فاما زوجته كانت تطلب الى الله سبحانه ان يرزقها ولدًا وكانت تفعل الخير مع كل محتاج ولا تقطع صدقتها عن البيع المقدسه بغير علم زوجها لكثره شرهه وفى بعض الايام كانت حزينه جدا مما بقلبها من طلب الولد ولما كثر

[1] e Cod. Par. 81, f. 162 b, l. 5. [2] Cod. الذى [3] sic [4] Cod. والد

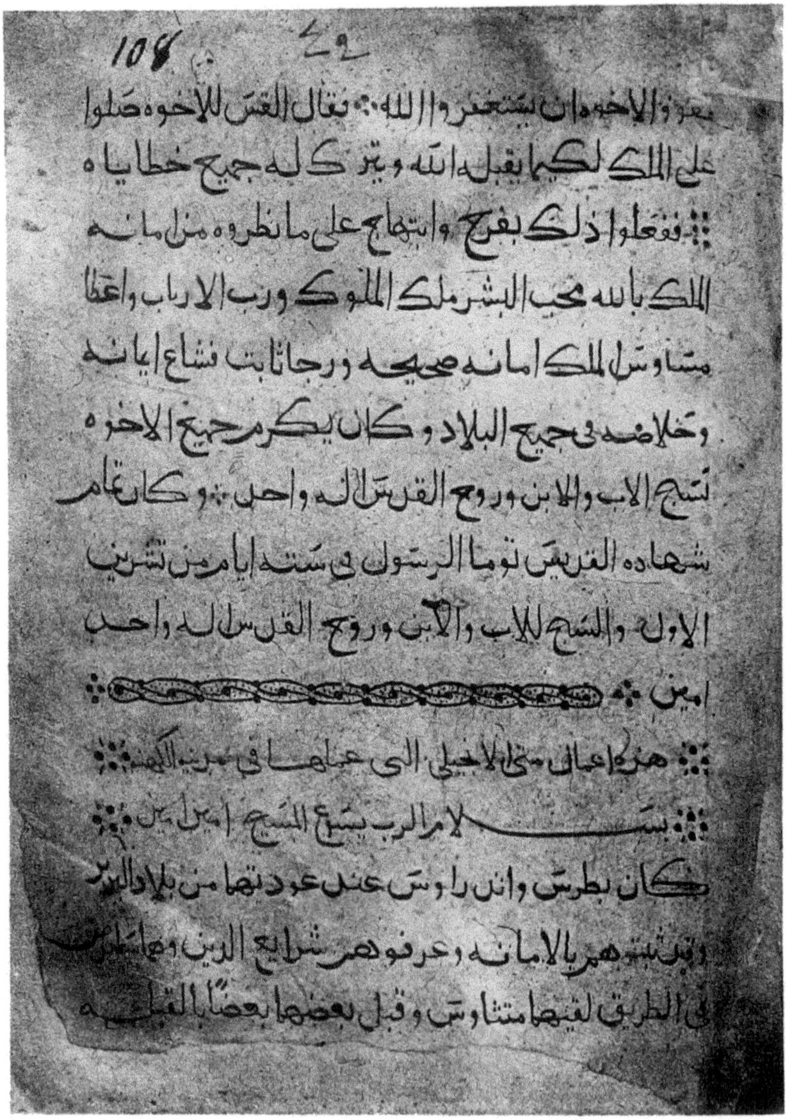

108 ٤٩

معو الاخوه ان يستغفر والله ∴ فقال القس للاخوه صلوا
على الملك لكيما يقبله الله ويترك له جميع خطاياه
∴ ففعلوا ذلك بفرح وابتهاج على ما نظروه من امانه
الملك بالله محب البشر ملك الملوك ورب الارباب واعطا
متاوس الملك امانه صحيحه ورجا ثابت نشاع ايمانه
وخلاصه في جميع البلاد وكان يكرم جميع الاخوه
تسبح الاب والابن وروح القدس اله واحد ∴ وكان تمام
شهاده القديس توما الرسول في ستة ايام من تشرين
الاول والسبح للاب والابن وروح القدس اله واحد
امين ∴
∴ هذه اعمال متى الانجيلي التي عملها في مدينة الكهنة ∴
∴ بسلام الرب يسوع المسيح امين امين ∴
كان بطرس واندرواس عند عودتهما من بلاد البربر
وتثبيتهم بالامانه وعرفوهم شرايع الدين وهما سايرين
في الطريق لقيهما متاوس وقبل بعضهما بعضا بالقبله

Cod. Vat. Arab. 694

f. 149 a طلبها ولم تعطى مرادها لان الله جل وعز عارف بما لها فيه من الخير. وفى
بعض الايام قامت الامراه المومنه لما بلغها من فضل القديس يعقوب فى
ديانته وان الله جلت قدرته حال معه فى كل اعماله قامت بفرح وابتهاج
ودخلت الى القديس يعقوب وهى صحيحه الامانه ان الله سبحانه بدعا
القديس يعطيها مرادها فلما عرف القديس ان ثاوسطى زوجه الاركون تريد
الدخول اليه تتبارك به كثر تعجبه وقال هذا شى [1]كبير لانه يعرف شر زوجها ⁘
فاذن لها بالدخول اليه فلما دخلت اليه خرت ساجده تحت قدميه وقالت
انا اسلك ايها الاب القديس ان تقبل امتك وتسمع كلامها ⁘ ان لى مع زوجى
عشرين سنه لم ارزق ولد انا حزينه جدا لهذا الحال قال لها القديس يعقوب
تومنى ان سيدنا يسوع المسيح يقدر يرزقك ولد اجابته من كل قلبها وقالت
له انا اومن ⁘ فقال لها ان كنتى تامنى فيكون لك كامانتك وانها سلمت عليه
f. 149 b وسلمت اليه بركه كانت معها ليفرقها على اهل الحاجه وتباركت منه وعادت
الى منزلها ⁘ وكانت تمجد الله وتكثر ذكر القديس ⁘ ومن بعد ذلك استجاب
الله سبحانه دعاها ووهب لها مسلتها فحبلت وولدت ولد ذكر وسمته يعقوب
كاسم القديس وانها اخذت ولدها ومال عظيم ودخلت الى القديس وتبركت
منه ⁘ وقالت يا عبد الله الصالح قد سمع الله دعاك ووهب لى ما طلبته وهو
هذا الولد الذى تراه على يدى وهو ببركه دعاك وانا اسالك ايها القديس
تبارك عليه ⁘ فاخذه القديس من يدها وبارك عليه من كل قلبه ورده الى
والدته وردها الى بيتها بسلام ⁘ فلما بلغ الاركون زوجها مثل هذا غضب
غضباً شديداً لسبب ما فعلته زوجته ⁘ [2]وجمع اليه اشراف المدينه وقال لهم
انتم غافلين وهذا الاسقف افسد علينا المدينه واضل جميع اهلها ويريد ان
يكون كل من حوالينا فى امانته وتعليمه وانهم قاموا كلهم وتشاوروا ما الذى
نفعله به قال قوم منهم قد قرب العيد فان كنتم تريدوا [3]من يرصده فى
الهيكل لان قد كان كثيرا سموا يعقوب ولم يكن يعقوب الصديق فيهم الا
f. 150 a هذا لان الله انتخبه من بطن امه كارميا النبى لم يشرب الخمر طول ايام
حياته ولم ياكل طعام يخرج منه دم ولم يجعل على راسه موس ولم يستحم

[1] Cod. كثر (sic) [2] Cod. وجميع [3] sic

فى حمام ولم يلبس ثوب واما عمره كله مشتمل بازار وهو فى الهيكل كل حين مدمن على الصلاه والتضرع الى الله جل اسمه ليغفر خطايا الشعب حتى ان قدميه تورما من كثره الوقوف والسجود فلهذا السبب دعى يعقوب الصديق وكل اليهود لعنهم الله يعرفوا انه صديق طاهر وهو عندهم بمنزله الاتقيا ⁖ وهذا يعقوب هو اصغر اولاد يوسف النجار وكان ليوسف اربعه اولاد ذكور وبنتين وان جميع بنى يوسف تزوجوا الا يعقوب هذا فانه كان يتيم من امه ⁖ فلما خطبت السيده مريم ليوسف وجدت يعقوب وهو فى بيته صغير وانها ربته وعلمته مخافه الله ولهذا تدعى السيده مريم ام يعقوب ⁖ فلما صار اسقف بيورشليم امن كثير من الناس على يديه بالرب يسوع المسيح لمعرفتهم بطهارته ⁖ وكان اضطراب كثير بين اليهود والكتاب والفريسيين ⁖ لان الشعب f. 150b كان يقول ان يعقوب هو المسيح ⁖ وانهم تقدموا الى يعقوب فارادوا يمكروا به وقالوا له نحن نسلك ان تقدس على الشعب كله لانهم مشكين فى يسوع انه المسيح الاتى وهذا الشعب كله يحضر الى يورشليم فى الفصح كلهم وطيب نفوسهم لانا نعلم انك ليس تقول شى من الكذب والشعب كله يقبل قولك وانت عندهم مثل نبى ونحن نشهد لهم بكل صلاحك ونعرفهم ان ليس عندك شى من الريا فاجيب سوالنا فالكل يقبلوا منك تصعد الى علو الهيكل[1] وتقف حتى يسمع الشعب كله قولك ⁖ هذه اسباط بنى اسراييل قد صعدوا وكثير من الامم وان كل الكتاب والفريسيين يريدوا ان يقول لهم يعقوب ان يسوع هو بن يوسف وهو اخوه ⁖ وانهم امروا منادى ان يامر الجماعه بالسكوت ويسمعوا كلام يعقوب الصديق ⁖ وصاحوا كلهم يجب علينا ان نسمع ولا نخالف ⁖ لان الشعب كلهم طالين من سو فعالهم واليهود[2] مشتاقين f. 151a الى الايمان بيسوع المسيح الذى صلب فاعلمنا ايها الصديق من هو يسوع الملك ⁖ اجاب يعقوب بصوت عال وقال لهم لم تسالونى بسبب محب البشر ⁖ هودا هو جالس فى عظمته عن يمين الاب وهو الذى ياتى على سحاب السما يدين الاحيا والاموات ⁖ فامنوا اكثر الشعب لما سمعوا من يعقوب وسبحوا السيد المسيح قايلين اوصنا لابن داود ⁖ وان الكهنه والفريسيين لما

[1] Cod. ///وعـ [2] sic (?ضالّين من سوء فعال اليهود)

سمعوا هذا القول افتضحوا قدام الشعب وامتلوا على يعقوب غضبا ⁘ فعادوا وصاحوا اليه قايلين عرفنا يسوع بن من هو ⁘ قال لهم ابن الله بالحقيقه الاب جل اسمه الذى ولده قبل كل الدهور وهو هو الذى ولدته مريم العذرى فى اخر الزمان ⁘ انا امن به وبابيه الازلى وروح القدس الثالوث المساويه الدايمه الى اخر الدهور ⁘ فلما سمعوا الروسا والكهنه والكتاب والفريسيين هذا القول منه صروا عليه باسنانهم ⁘ وسدوا اذانهم ليلا يسمعوا كلام الله عز وجل f. 151 b من فم القديس يعقوب وتشاوروا باجمعهم وقالوا بيس ما صنعنا لانا جعلناه يشهد للشعب كله ان يسوع هو المسيح ابن الله ولكن نصعد اليه ونقتله ليلا يومن الشعب كله بالمسيح ⁘ وتمت نبوه اشعيا النبى اذ قال ربط[1] الصديق cf. Is. iii. 10 لا يعسر[1] ان يصير مسيح علينا وياكلوا ثمار اعمالهم السييه ⁘ فصعدوا اليه بغضب فطرحوه ورجموه ⁘ وانه خر على وجهه وجثا على ركبتيه مثل استافانس اول الشهدا وهو يدعوا[1] الى الله اله الرحمه قايلا يا اله الرحمه اغفر لهم انهم ما عرفوا ما يعملوه ورجموه وهو يدعوا[1] هاكذا ⁘ وواحد من الكهنه من بنى اخاب يشهد عليه ارميا النبى صرخ لهم قايلا ترفقوا على قليلًا[1] ما هذا الذى تفعلوه برجل الله الصالح هو يدعوا له عز وجل ان يغفر لكم ⁘ وان واحد منهم قصار لم يلتفت الى قوله فاخذ العود الذى يضرب به الثياب فضرب به راس يعقوب الصديق فاسلم روحه فى ثمانيه عشر يوما ابيب ⁘ وتمت شهادته f. 152 a وقبر تحت حيطان الهيكل وكان يعقوب الصديق تلميذ وشهيد واسقف من اليهود ومات على اسم سيد ايسوع المسيح ⁘ ومن بعد موته حل بكل اليهود سكان اورشليم رجز عظيم ⁘ وكان اكثر ذلك على الذين كانوا السبب فى قتل يعقوب التلميذ ⁘ وحاط بهم اسباسيانوس ونهبهم وسباهم وكل يوم يزداد ذلهم بسبب سو فعلهم بالسيد ايسوع المسيح الملك وقديسيه ⁘ فيكون لنا النصارى كلنا الذين دعينا بالاسم الجديد ان نجد رحمه ومغفره فى الموقف الفزع حتى ياتى الرب يسوع المسيح يدين الاحيا والاموات ⁘ الذى له السبح والمجد من الان والى كل اوان والى دهر الداهرين ⁘ امين ⁘ امين ⁘ امين '

[1] sic

انتهت شهادة يعقوب وتليها قصص نقلتها من نسخة قديمة فى دير طور سينا جبل الله

Cod. Sin. Arab. 539 هذه شهادة مرقس الانجيلى بالاسكندرية فى تمام ثلثين سنة الالام سيدنا المخلص يسوع المسيح وكان تمام شهادته وجهاده فى الخامس وعشرين من f. 201 a شهر نيسان بسلام الرب امين

ان ربنا يسوع المسيح كلمة الاب الذى هو قبل الدهور ⊙ الذى [1]من اجلنا[1] تجسد وهو الاله الذى جبلنا ⊙ وهو الذى خلص بنى البشر وبنعمته دبرهم ⊙ وظهر للتلاميذ ⊙ الابرار عند قيامته من الموتا ⊙ وقال لهم اذهبوا فتلمذوا الدنيا (Matt. xxviii. 19) وجميع الامم ⊙ واعمدوهم على اسم الاب والابن وروح القدس ⊙ فافترقوا فى المدن والقرا ⊙ واقتسموا بينهم جميع العالم ⊙ ومنهم رجل كان يقال له مرقس ⊙ فخرجت قرعته الى مصر ⊙ فخرج يكرز انجيل سيدنا يسوع المسيح كما امروه الطوبانين السليحين عمد الكنيسة المقدسة ⊙ وان هذا القديس ابتدا بلوبية وما حولها من المدن يبشر ويكرز انجيل مخلصنا المسيح ⊙ وكان جميع اهل هذه البلد كلها عباد الاوثان سكارى بكل نجس مشتغلين بالطمث هالكين باعمال [2]العدو ⊙ فكرز الطوبان مرقس البشير بقوة الرب يسوع المسيح واضاهم فى تلك الخمس مدن فى الابتدا كلمهم بكلمة الله ⊙ وعجايب كثيرة فعل عندهم f. 201 b لمرضاهم اشفا لبرصهم نقا ⊙ والارواح السو اطرد بنعمة الرب ⊙ وكثير امنوا [3]من اجله[3] بربنا يسوع المسيح ⊙ وعلى المقام حطم اوثانهم واعمدهم باسم

[1] Cod. منجلنا [2] Cod. العدوا [3] Cod. منجله

الاب والابن وروح القدس ⊙ وظهرت عليهم النعمة وعزم على المسير الى الاسكندرية ليبذر الزرع الجيد من خزاين كلمة الله الالهية ⊙ وانه ودع الاخوة وسلم عليهم وقال لهم الرب قال لى فى الرويا اذهب الى مدينة الاسكندرية ⊙ فتباركوا الاخوة منه واركبوه فى مركب فقالوا له الرب يسوع المسيح يكون معك فى جميع طرقك ⊙ وان الطوبان مرقس فى اليوم الثانى وصل الى الاسكندرية فنزل من لمركب ودخل الى [1][موضع يقال له خمس مدن ومن هناك دخل الى] المدينة وفى ذلك الموضع انشق نعله ⊙ وان الطوبان السليح نظر الى انسان يخرز الخلقان ويرم ⊙ فدفع اليه نعله ليصلحه ⊙ وفيما الخراز يخرز فى نعله انغرز الشفا فى يده الشمال بمره ⊙ فقال بسم الله واحد هو الله ⊙ فلما سمع الطوبان مرقس الخراز يقول واحد هو الله ⊙ قال فى نفسه الرب هيا طريقي ⊙ فبزق من ساعته فى الارض ⊙ وعجن طين ببزاقه ولطخ يد ذلك الخراز ⊙ وقال باسم الرب يسوع المسيح بن الله الحى الى الابد ⊙ f. 202 a وان الرجل هذا رجع يده من ساعته وبرى ⊙ وتفهم قوة الكلمة وعلم انه غريب ليس هو من البلد ⊙ فقال له اسلك يا رجل ان تجى وتنزل فى بيت عبدك لناكل خبز جميع لانك فعلت بى اليوم رحمة ⊙ ففرح مرقس الطوبان فقال الرب يعطيك خبز الحياة من السما ⊙ وان الرجل اخذ السليح وصار به الى منزله بفرح · فلما دخل القديس مرقس منزل الخراز. قال الرب يحل بركة هاهنا ⊙ فصلوا جميع وبعد الصلاة اتكوا واكلوا وشربوا وفرحوا جدا ⊙ فقال الرجل صاحب البيت [2]يا ابي[2] احب منك ان تخبرنى من انت ⊙ وايش هذه الكلمة القوية التى سمعت منك ⊙ فقال له القديس مرقس انا عبد الرب يسوع المسيح بن الله الحى ⊙ فقال له الرجل فقد اشتهيت ان اراه ⊙ قال له الطوبان مرقس انا اخبرك به ⊙ فبدا مرقس القديس يكرز وقال ابتدا انجيل يسوع المسيح بن الله بن داود بن ابرهيم ⊙ وعرفه ايضا من الانبيا ⊙ فقال له الخراز يا سيدي ما سمعت انا قط بهذا الكتاب الذى تكرز انت به سوف يحكموا بنى الاقباط ⊙ وجعل الطوبان مرقس يخبره بالمسيح ⊙ وقال له حكمة

[1] In margine [2] Cod. يابي

1 Cor. iii. 19 f. 202 b العالم هى حماقة عند الله ⊙ فامن الرجل بالله بكلام مرقس ⊙ وصار يفعل
العجايب والايات واضاءه هو وجميع اهل بيته ⊙ وكان يقال للرجل انيانوس
[1]ومن اجله[1] امن بالرب خلق عظيم ⊙ وسمعوا اهل المدينة بان انسان جليلى
قدم ⊙ فقالوا قد صار فى هذه المدينة انسان يبطل ذبايح الالهة وعبادتها ⊙
فطلبوه ليقتلوه وجعلوا له كمناء ⊙ وفخاخ وعلم الطوبان مرقس بما عزموا
عليه ⊙ فصير انيانوس اسقف ومعه ثلثة قسوس ⊙ يقال الاول مليان ⊙ واصابينس
وكردونا ⊙ وسبعة شمامسة ⊙ واقام احدى عشر فى خدمة الكنيسة ⊙ واخذهم
وفر معهم الى تلك الخمس مدن ومكث هناك سنتين وقوا الاخوة واقام عليهم
ايضا اساقفة وكهنة فى جميع الخمسة مدن ⊙ ورجع الى الاسكندرية ⊙ فوافا
هولايك الاخوة قد اضوا بنعمة الله ⊙ وبنوا لهم كنيسة [2]التى على شط
البحر لسُفل من الخليج ⊙ وفرح الصديق بعمله وخر ساجدا وسبح الله ⊙
ومكث هناك حينا ⊙ وكثروا المومنين بالمسيح وكانوا يتهزوا بالحنفا وعباد
f. 203 a الاوثان ⊙ وعلموا الحنفا بامور النصارى واغتاظوا عليهم جدا [3]من اجل[3] العجايب
التى كانوا يصنعوا للمرضا كانوا يبروا ⊙ وللبرص ينقوا ⊙ والصم يسمعوا ⊙
وللعميان يبصروا ⊙ فهموا بهلاك مرقس البشير ⊙ ولم يقدروا عليه · وكانوا يصروا
السنهم باسنانهم من الحرد ⊙ فاجتمعوا فى هيكل اوثانهم وكانوا يصيحوا
ويقولون كيف لنا بذلك المجوسى ⊙ فحضر الطوبان مرقس يوم احد الفصح
المقدس ⊙ وكان ذلك فى تسعة وعشرين يوما من برمودة ⊙ وكانوا الحنفا
يطلبوه ولم يجدوه قديما ⊙ ففى ذلك اليوم وافوه رسل الجماعة وهو قايم تقدم
صلاة الهية فى وقت القداس ⊙ فاخذوه وجعلوا فى رقبته حبل ⊙ وكانوا
يجروه على الارض والبلاط ⊙ ويقولون جروا الجموس الى الحقل ⊙ وكان
مرقس القديس يحمد وهو يشكر المسيح قايلا اشكرك يا ربي يسوع المسيح لانى
استاهل من اجل اسمك هذا الوجع ⊙ وكان لحمه يتناثر على الارض ⊙ ودمه
يسيل على البلاط والحجارة يبتل من دمه ⊙ وعند المسا القوه فى الحبس
f. 203 b ليتفكروا باى موت يهلكوه ⊙ فلما كان نصف الليل والابواب مغلقة عليه ⊙

[1] Cod. ومنجله [2] Cod. الذى [3] Cod. منجل *passim*

والحراس نيام على الابواب ⊙ اذا ضا الحبس وصارت زلزلة عظيمة · وملاك الرب نزل من السما فمسه وقال له يا عبد الله مرقس قد [1]كتب اسمك فى سفر الحياة فى السما ⊙ وذكرك لا ينسا الى الابد والملايكة لروحك يحفظوا ⊙ وعظامك لا تنزل فى الارض ⊙ هذا المنظر [2]راى مرقس ⊙ ورفع يديه الى السما وقال اشكرك يا ربي يسوع المسيح لانك لم ترفضنى بل اهلتنى ان اكون مع رسلك ⊙ اسلك يا سيدي يسوع المسيح ان تقبل روحي بسلم ⊙ ولا تحرمنى نعمتك ⊙ فلما تم دعاه ظهر له الرب يسوع المسيح كما كان [3]يتراى بالتلاميذ بالنور الذى تاخذ الاوجاع ⊙ وقال له السلم لك يا مرقس البشير ⊙ اجاب مرقس الطوبان وقال السبح لك يا يسوع المسيح سيدي ⊙ فلما كان الغد اجتمعوا ايضا جماعة اهل المدينة ⊙ واخرجوه من الحبس وجعلوا فى رقبته حبل وكانوا يجروه ايضا ويقولوا جروا الجاموس الى الحقل ⊙ وكانوا يجروا الطوبان مرقس وهو يشكر الله اكثر من اول مرة الاه القوى ⊙ وقال فى يديك اسلم (f. 204 a) روحي يا رب ⊙ وحينيذ اسلم الطوبان مرقس روحه ⊙ وان جماعة الحنفا اوقدوا نار ليحرقوا جسده ⊙ ومن تدبير الرب يسوع المسيح كانت غبرة عظيمة وريح عاصف جدا ⊙ حتى تغطا شعاع الشمس ⊙ وصوت رعد عظيم ⊙ وكان مطر وندا مع برد الى المسا ⊙ حتى جرت الاودية وهلك خلق من الحنفا· وفزعوا وتركوا عظام القديس وهربوا ⊙ فاتوا رجال مختارين من الكهنة واخذوا جسد الطوبان من حيث كان ملقا ⊙ وصاروا به الى الموضع الذى كانوا يتموا فيه الصلاة ⊙ وكان هذا الطاهر ربع القامة ⊙ اشهل العينين عظيم الحواجب ⊙ جعد الشعر ⊙ ممتلى من النعمة الالهية ⊙ فجنزوه الكهنة ودفنوه مثل سُنة المدينة وصيروه فى موضع منقور ⊙ وصنعوا له ذكرة بالمسبح وتهليل ⊙ وصيروه فى شرقى المدينة ⊙ وتالم الطوبان مرقس البشير الاول ⊙ فى الاسكندرية التى فى ناحية مصر ⊙ وتم شهادته على اسم ربنا يسوع المسيح ⊙ فى خمسة وعشرين يوم من شهر نيسان ⊙ ومن اشهر الروم فى ابرلس ⊙ ومن اشهر القبط فى (f. 204 b) برمودة ⊙ على ايام ملك اغايون طباريوس قيصر [4]من اجل[4] ذلك يسبح الاب والابن وروح القدس من الان والى دهر الداهرين امين ⊙

[1] Cod. ايتبت [2] Cod. ارا [3] Cod. يترا [4] Cod. منجل *passim*

هده شهادة لوقا الانجيلي وكانت فى ثمانية عشر يوما من تشرين الاول بسلام الرب يسوع المسيح امين

كان لما اقتسموا التلاميذ مدن العالم كان سهم بطرس مدينة رومية ⊙ وكان بعض التلاميذ مقيم عنده ⊙ هذه اسماوهم طيطس من مدينة الجليل ⊙ ولوقا من مدينة انطاكية ⊙ فلما تنيح الطوبان بطرس برومية فى زمان نارون الملك ⊙ افترقوا ينادوا بانجيل الرب يسوع المسيح فى جميع تلك البلاد ⊙ وان نارون قيصر الملك قبض على بولس واخذ راسه فى رومية ⊙ فاما لوقا فانه استنفر عن وجه الملك ⊙ وكان ينادى فى البلاد وكل المدن التى فى تلك السواحل ⊙ وكان كاتب بطرس يكتب فى جميع اعماله الصالحة التى ينادى بها باسم الرب يسوع المسيح ⊙ وعجايب كثيرة اجراها الله على يده ⊙ الاعلا شفاهم ⊙ والعمى فتح اعينهم ⊙ والعرج مشوا ⊙ والبرص طهرهم ⊙ والصم جعلهم f. 205a يسمعون ⊙ وجميع العلل المختلفة كان يشفيهم باسم سيدنا والاهنا يسوع المسيح ⊙ فلما خرج سماعه فى تلك البلاد كثروا المومنين فيها على يديه ⊙ وبنا كنايس كثيرة وديارات فى كل موضع والذين امنوا بسيدنا يسوع المسيح كانوا فى كل يوم يكثروا وهم ملازمون للعبادة والتعليم الذى للقديس لوقا ⊙ فلما [1]راوا كهنة برابى الاصنام حسن ايمان الامم داخلهم الشيطان فتوامروا هم واليهود سكان تلك البلاد ⊙ واجتمعوا فى البربى الذى فى المدينة العظمى [2]التى فى تلك البلاد وكان فى عشرين يوما من توت ⊙ فلما اجتمعوا مع اليهود الى البربا زينوا الكهنة اصنامهم [3]بالصور والمصابيح وجميع الطيب ⊙ وحضروا جميع اشراف البلاط وروسا البلاط جلسوا على الكراسى فقدم كبير كهنتهم وقال قد دخل الى مدينتنا سحرة من الاثنا عشر رجل والذين من السبعين الذين جعلهم يسوع الذى يدعا المسيح له تلاميذ واكرزوا من العجايب فى كل موضع وانقاد الى تعليمهم كل الروم ⊙ من كثرة خديعتهم وسحرهم وقد قتل منهم نارون الملك جماعة ⊙ وهذا لوقا فر

[1] Cod. راو   [2] Cod. الذى   [3] Cod. بالسور

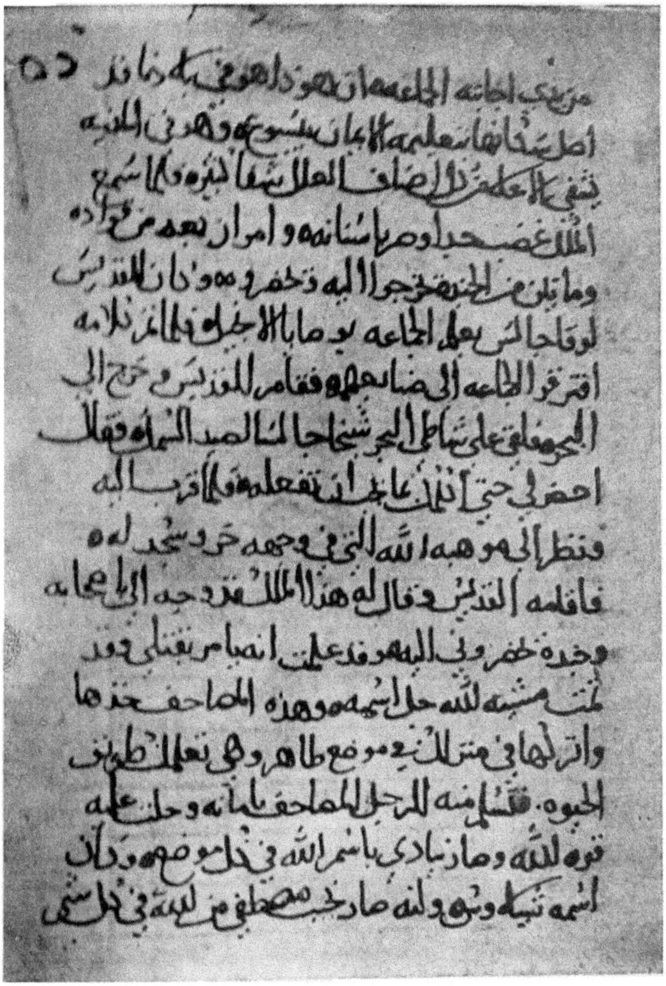

Cod. Sin. Arab. 539

f. 206 a

f. 205 b من قدام الملك ⊙ وقد اضل كثير من اهل المدينة ⊙ والبلاد ⊙ عند ذلك وقف يهودى اسمه اسحق وبين ⌜فى⌝ جماعة اليهود الذين فى تلك الكورة ⊙ وقال كنت قبل ان احضر الى هذه البلاد فى اورشليم عند رجل خير اسمه عماناكيل ⊙ فكان روسا الشعب حنا وقيافا والاكسندرس ودقاليوس ⊙ قد مسكوا رجل يسما يسوع وحكموا عليه بالموت وعلقوه على الصليب وقتلوه وتركوه فى القبر وقام من بين الاموات فى اليوم الثالث ⊙ هو الذى هذا الرجل الذى اسمه لوقا ينادى باسمه ⊙ اجابه كل الشعب بصوت واحد ⊙ وقالوا كيف هذا الذى اسمه يسوع ⊙ وكيف قدر ان قام من الاموات ⊙ وعند تسميتهم اسم يسوع فى البربا سقطت الاصنام كلها وتكسرت ⊙ مثل الخزف ⊙ فلما رات الكهنة هلاك الهتهم شقوا ثيابهم ونتفوا شعورهم وخرجوا الى مدينة رومية يستغيثوا الى الملك قايلين ما اكثر السحر الذى يعمل بهذا الاسم الذى يدعا يسوع ⊙ قال لهم الملك ان كلمن يومن بهذا الاسم فى جميع بلادي f. 206 a قتلتهم الا واحد يسمى لوقا ⊙ وانه خلص من يدي اجابه الجماعة ان هوذا هو فى بلادنا قد اضل سكانها بتعليمه الايمان بيسوع ⊙ وهو فى المدينة يشفى الاعلا من كل اصناف العلل شفا كثير ⊙ فلما سمع الملك غضب جدا وصر باسنانه ⊙ وامر ان بعض من قواده ومايتان من الجند ⊙ يخرجوا اليه ويحضروه ⊙ وكان القديس لوقا جالس يعلم الجماعة بوصايا الانجيل ⊙ فلما تم كلامه افترقوا الجماعة الى صنايعهم ⊙ فقام القديس وخرج الى البحر ⊙ فلقى على شاطى البحر شيخا جالسا لصيد السمك ⊙ فقال احضرنى حتى اكلمك بما يجب ان تفعله ⊙ فلما قرب اليه فنظر الى موهبة الله التى فى وجهه خر وسجد له ⊙ فاقامه القديس وقال له هذا الملك قد وجه الي اصحابه وجنده يحضرونى اليه ⊙ وقد علمت انه يامر بقتلي· فقد تمت مشيية الله جل اسمه ⊙ وهذه المصاحف خذها واتركها فى منزلك فى موضع طاهر وهى تعلمك طريق الحيوة· فتسلم منه الرجل المصاحف بامانة وحلت عليه قوة الله وصار ينادى باسم الله فى كل موضع ⊙ وكان اسمه ثبيلاوس ⊙ وانه

f. 206 b صار محب مصطفى من الله فى كل شى وفيما لوقا التلميذ على مثل هذه الحال ⊙ وصلوا جند الملك الى المدينة ومسكوا القديس وساروا به الى رومية الى حضرة الملك وهو مقيد ⊙ وكان القديس لوقا يبارك اسم الله فى نفسه ⊙ فامر الملك ان يحبس فى السجن الى الغداة ⊙ فلما كان الغد امر به ان يحضر فتوقف بين يديه وهو مقيد ⊙ وكان لا يفتر من التسابيح فى كل حين ويقول اشكرك يا سيدي يسوع المسيح انك اهلتنى لهذا الموقف الكريم ⊙ فلما بلغ الى الملك ⊙ قال له انت لوقا الذى قد افتنت جميع مداين الروم ⊙ وابطلت عبادة الالهة بسحرك ⊙ اجابه القديس لوقا وقال له (cf. Matt. v. 11, 12) سيدنا يسوع المسيح قال فى انجيله المقدس ⊙ اذا طردتم وقيل فيكم كل كلمة بطالة من اجل اسمي افرحوا ابتهجوا ان اجركم كبير فى السما ⊙ اعمال ابي بطرس اعمال جيدة هى التى تعلمتها منه ⊙ فاما السحر فما اعرفه ⊙ والذى اعرفه اسم سيدي يسوع المسيح ⊙ قال الملك لجميع من حضر من اهل مملكتة لا يذكر اسم يسوع فى مجلسي ⊙ فعند تسميته اسم f. 207 a يسوع المسيح بسرعة سقط جميع الصور والطلسمات التى كانت فى مجلسه التى[1] يظن انهم الهة ⊙ فلما راى الملك وجميع من حضره القوة التى عملها القديس لوقا صاحوا وقالوا اخرجوا هذا من بلادنا ⊙ فامر الملك من تلك الساعة ان ينصب للعذاب ⊙ وان يضرب بالسياط حتى يسيل دمه مثل الماء على الارض وامر ان يقطع ساعده الايمن فضرب ساعده ضربة فقطعه ⊙ فقال له الملك هذه اليد التى كنت تكتب بها الكتب التى تضل بها الروم اهل مملكتي ⊙ قال له القديس لوقا لا تظن ان الهى ضعيف انا اريك قدرته فدعا وقال سيدي يسوع المسيح الذى رفضنا بالعالم وتبعناه انت مخلص النفوس ⊙ لا تحسب على ما جرى منى من الزلل ما اعلم وما لا اعلم ⊙ لانى بشر ولا تفعل هذه القوة التى اسلك من اجلي انا الخاطى ⊙ بل لاسمك القدوس وقوتك العالية ليلا يقولوا الامم اين الههم الذى يدعوه ⊙ اعطى هذه الموهبة لعبدك ان يعود ساعدي كما كان صحيح لان لك القوة الى دهر الداهرين

[1] Cod. الذى

امين ⊙ فلما تم القديس صلاته مد يده اليسرى ومسك يده اليمنى [1]التى قطعت والصقها مكانها ⊙ فعادت صحيحة كما كانت بقوة سيدنا والهنا يسوع [f. 207 b] المسيح ⊙ فلما نظر الملك، الى هذا العجب هو وكلمن حضر بهتوا وقالوا ⊙ انظروا الى قوة فعل هذا الساحر ⊙ قال له القديس حاش لله ان اكون ساحرا ⊙ وانما اردت ان تعرف قوة سيدي يسوع المسيح ⊙ وليس اكره موت هذا العالم ⊙ فعاد القديس ومسك يده اليمنى بيده اليسرى وجعلها مقطوعة ⊙ فلما راى اناطولى الوزير هذا العجب امن بالرب يسوع المسيح ⊙ هو وزوجته واهل بيته وجميع عبيده ⊙ وعددهم مايتين وسبعة وستين انسانا ⊙ فامر الملك ان تكتب اسماوهم واوجب عليهم القضية ان تضرب اعناقهم فى يوم واحد ⊙ وكان ذلك فى ثمانية عشر يوما من شهر بابه ⊙ وامر بالقديس لوقا ان يضرب رقبته ويجعل فى كر شعر ويملا رمل ويطرح فى البحر ⊙ فلما سمع الطوبان هذه القضية ⊙ خرجوا به الى شاطى البحر لياخذوا راسه ⊙ فقال للشرط اسلكم بحق بعضكم على بعض ان تصبروا علي قليلا حتى اصلى الى الهي ⊙ ودعا [2]هكذا وقال سيدي يسوع المسيح الذى خلق كل [f. 208 a] شى بحكمته كارادته السما والارض والبحر وكل شى يدب فيهما ⊙ اعطى عبدك قوة وهب له غفران واجعل بى قسم وحظ مع ابي بطرس ⊙ فلما تم القديس صلوته تقدم اليه واحد من الشرط اعور بعين واحدة ⊙ فتقدم الى القديس لياخذ راسه ⊙ عند ذلك انفتحت عينه ⊙ فخر على الارض وقال للقديس اغفر لى يا عبد الله الصالح فقد اخطات اليك ⊙ وان السياف اخترط سيفه وضرب راس القديس لوقا فابراها من جسمه ⊙ والشرطى الاخر الذى انفتحت عينه ⊙ وتما شهادتهما جميعا وتركوا جسد القديس لوقا فى كر شعر وثقلوه وطرحوه فى البحر ⊙ وقدر الله جل جلاله ان طرحته الامواج الى جزيرة ⊙ فوجده رجل مومن بالله فاخرجه ودرجه فى كفن رفيع ⊙ وتمت شهادة القديس لوقا الانجيلى فى ثمانية عشر يوما من تشرين الاول ⊙ فى عهد نارون الملك اللعين ⊙ لسيدنا وخلاصنا يسوع المسيح الملك والقدرة والتسبيح والتمجيد والقدس و[ا]لمملكة الذى لا يزول الى الابد ودهر الداهرين امين

[1] Cod. الذى [2] Cod. هكذى

Cod. Sin. Arab. 539 f. 96 b, l. 9

هذه قصة يحنا بن زبدى كاروز الانجيل وحبيب ربنا المسيح احد الاثنا عشر تلميذ صلواته تحفظنا امين

لما حلت روح القدس على التلاميذ يوم العنصرة امتلوا من روح القدس ⊙ وذلك بعد صعود ربنا المسيح الى السما ⊙ فتكلموا جميع الالسن افترقوا فى جميع البلدان وبشروا حق بشرا صدق المسيح كلمة الله لكيما يومنون الناس ⊙ ثم ان سمعان الصفا ابتدا بالكلام ⊙ ثم قالوا جميع ان المسيح قد امرنا قبل صعوده الى السما وقال اخرجوا باجمعكم فبشروا الناس واعمدوهم (cf. Matt. xxviii. 19 Mark xvi. 15, 16) على اسم الاب والابن وروح القدس ⊙ فمن امن يحيا ⊙ ومن يجحد (f. 97 a) يدان ⊙ فينبغا[1] لنا ان نفترق فى البلدان كلها وتسمع عباد الاوثان الذين[2] الشياطين ساكنة فيهم ونطا العدوا[1] بارجلنا ولكل قواته ⊙ فلما تموا الرسل هذا الكلام فارق بعضهم لبعض ⊙ فلما خرج يحنا بن زبدى الرسول من اورشليم صحبته نعمة الرب ⊙ وكانت قرعته قد خرجت الى افسس المدينة ⊙ وكان معه صليب وانه بعد ثلث ايام نصبه فى الارض قدامه وسجد يحنا ⊙ وصلا وقال يا ربي والهي يسوع المسيح الان قد تم وعدك لنا واعطيتنا كمسرتك ⊙ وانجيتنا من شعل وانك منجينا فى اى وقت ذكرنا مولدك الذى كان من العذرى ⊙ ومشيتك بين الناس ⊙ وارتفاعك على الصليب ⊙ وموتك ومدخلك القبر ⊙ وقيامتك بعد ثلثة ايام ⊙ وطلوعك الى ابيك فى السما ⊙ فالان اعطينا الغلبة على الشيطان العدوا[1] ⊙ وانا ماضى الى البلد الذى يسرت لى بنعمتك المحبوبة لكيما ارد الناس عن طغيانهم ويقبلوا روح القدس الذى خرج من عند ابيك وحل بنا ⊙ ويخرب اوثان الطاغوت وابنى لك فى مدينة الاصنام (f. 97 b) هيكل لكرامتك ⊙ فلما تم يحنا بن زبدى صلاته ⊙ اجابه السيد من السما قايلا قد احببتك وليس اخيبك ⊙ ولا ادعك بيديهم ⊙ انا معكم اجمعين الى منتها[1] العالم ولا تخاف يا بن زبدى اذهب فاكرز ولا تهتم بما تعمل وبما تتكلم ⊙ وعند تمام كلام الرب قام يحنا من صلاته وسار وهو طيب النفس

[1] sic [2] Cod. الذى

وكان لباس يحنا كمثل زى اهل فلسطين وكان مشيه حافى ⊙ فسار فى طريقه تلك ثمانية واربعين يوما وهو يبشر سماع بشرى المسيح ⊙ فكان بعض الناس يقول انه مجنون وبعضهم يقول دعوه فانه رجل غريب قد قدم من مكان بعيد وليس يعرف الهتنا الجبابرة ⊙ ولو قد دخل معنا وخرج فانه يحبها ويذبح لها ⊙ واما اناس من اهل مدينة يقال لها اسيا ⊙ فسمعوا منه وامنوا بما قال واعتمد منهم فى ليلة مايتين نفس ⊙ وعلمهم طريق الحق ⊙ ثم انه خرج من اسيا الى بلد الاوثان وكان طعامه خبز وبقل وشى من عدس فكان يشترى ذلك بثمنه ⊙ من مدينة الى مدينة وكان شرابه الماء ⊙ فلما بلغ يحنا القديس الى مدينة افسس وكما اوجدنا مكتوب فى [f. 98a] بيت نارونا المنافق ⊙ فرفع عينيه ونظر اليها وهوذا يصعد دخان من مدينة افسس ⊙ وكان فى تلك اليوم [عيد وذبحوا ل]اوثانهم وشياطينهم ⊙ فعجب من ذلك وقال اى هذا الدخان الذى قد غطى عين الشمس ⊙ وفيما هو ماشى بلغ الى احد ابواب المدينة فرفع نظره فابصر صنم ارطميس قايم فوق الباب مصور بالاصباغ وعلى شفتيها ذهب وصباغ ⊙ وعليها حجاب من ديباج وقدامها قنديل وقاد ⊙ فلما اراها يحنا الطاهر تركها. ثم انه بكى على اهل المدينة ⊙ ثم ذهب من هناك حتى راد على اربعة ابوابها ⊙ وكل ذلك يرا مثال الاول ⊙ وفيما هو قايم على الباب الاخرى ابصر عجوزة قايمة قدام الصنم وتسجد له ⊙ فقال لها يحنا ايها الامراة من هذا الصنم الذى انت تسجدين له ⊙ فقالت له هذا الصنم التى تراه ⊙ هى ارطمس الاهنا [1]التى نزلت من السما وهى [1]التى ترزق اناس عامة ⊙ فلعنها يحنا الطاهر وقال لها هدى فانك قد ذهب عقلك بذبايح الاوثان. مثل هذه ابنة الشيطان ⊙ فلما سمعت كلامه العجوز طاطت الى الارض فملت يدها تراب ورمته فى وجه [f. 98b] يحنا ⊙ [2]حينيذ تبعد القديس قليلا وسجد على الارض وصرخ الى ربه وقال يا رب اسمع صلاتي ⊙ ويسر لى الدخول الى هذه المدينة لاكون فى موضع بهواك. وانه دخل من الجانب الايمن من باب المدينة فنظر هناك حمام فصار اليه ⊙ واذا ثم رجل يقال له [3]سقندس ⊙ فكلمه يحنا البشير

[1] Cod. الذى   [2] Cod. حينيذا   [3] Cod. سنقذس *passim*

بلسان تلك البلد وقال له ايه الرجل هلك ان تستاجرني في عمل حمامك هذا ⊙ قال له سقندس نعم بكم تعمل معي في كل يوم ⊙ قال له يحنا اعطيني ما شيت ⊙ فشارطه كل يوم على ماية فلس ⊙ وكان يقرب الحطب والسرقين الى وقادين الحمام ويجمع لهم الزبل من كل موضع ⊙ فاقام عنده اربعين يوم وكان ياخذ كراه يوم بيوم ⊙ فقال سقندس صاحب الحمام للقديس يحنا ⊙ اريد منك ان تخبرني ايش تعمل بكراك الذي تاخذه مني لاني اراك حافي عاري ⊙ فاتركه عندي حتى يجتمع وتشتري لك به حاجتك [1]التي تصلح لك لانك انسان غريب ⊙ فقال يحنا [2]لسقندس البلدي ⊙ لان ربي قد f. 99a قال لنا لا تقتنوا ذهب ولا فضة ولا نحاس ولا ثوبين ⊙ وما اقدر اتعدا وصيته والا فهو يسخط علي ⊙ قال له سقندس ومن هو ربك هذا وما اسمه اخبرني به لا يكاد يجي يستعدي علي ⊙ او لعله رجل شديد [3]فيلزمني منه امر يشق علي ⊙ هذا عيب علي لا يكون عندي عبد بغير راي مولاه ⊙ فقال له يحنا لا تخاف يا بن [4]الاحرار ان مولاي يغضب علي ⊙ فقال له سقندس وكيف لم تخبرني من اول ما عملت عندي انك عبد ⊙ قال يحنا ان مولاي هذا هو في السما [5][وكل ما يريد وهو] يتم في السما وفي الارض والبحار ⊙ هو خالق ما يرا وما لا يرا ⊙ وهو الذي بعث الانبيا يبشرون خليقته ⊙ فمنهم من قُتل ومنهم من رُجم ⊙ وفي اخر الازمان اعني هذا الزمان بعث ابنه الحبيب الوحيد الذي هو معه مذ قط لم يزل ⊙ فدخل في اذن العذرى الطاهرة وحل فيها تسعة اشهر وهو [6]ملوا السما والارض ⸢وبعد⸣ تسعة اشهر ولد من مريم ابنة داود الكلمة التي ⸢صار جسداً⸣ ⊙ ولم يفك عذرتها ⊙ وارى بين الناس كلمة الله ⸢مثل⸣ انسان متضع سوا الخطية ⊙ وتم له ثلثين سنة وانتخب له تلاميذ اخيار f. 99b وتبعوه وهو تقلب في البرية معهم لانه حول الما شراب في قانا من مدن الجليل ⊙ واشبع من خمسة خبزات خمسة الاف رجل سوا النسا والصبيان وفضل منها ووقع ⊙ وفتح اعين العميان وابرا البكم والخرس ⊙ واحيى ابنة يورس سيد الجماعة من بعد موتها وهي حتى الان بالحياة مع ابوها وان احببت

[1] Cod. الذى [2] Cod. لسنقدس [3] Cod. فليزمنى [4] Cod. الاحزان
[5] Cod. وهم [6] Syriace ܡܠܘܐ

ان تراها فتعال معهم. واحيا ابن الارملة فى مدينة ناين وهم ذاهبين به يدفنوه ⊙ واقام العازر من بعد ما مكث فى القبر اربعة ايام ⊙ وعندى اكثر من هذا ان احببت ان تسمع وتصدق يا [1]سقندس ⊙ فاما شعب يهودا فرفضوه واسلموه الى بلاطس البنطى ونزعوه ثيابه وجعلوا اكليل شوك على راسه ⊙ فلما صلبوه [2]اظلمت الشمس وطفى نورها من ثلثة ساعات الى تسع ساعات وانشق حجاب الهيكل وتقلقت الصخور التى كانت على افواه القبور وخرج منها موتا عدة ينادون باصواتهم قايلين هذا نور الخالق ⊙ فاتوا وشهدوا له وهو على الصليب ⊙ واخذه رجل يقال له يوسف فكفنه بثياب كتان وصيره f. 100 a فى القبر ⊙ وانه قام بعد ثلثة ايام ورايناه وكلمناه واكلنا معه الخبز وجسسناه بايدينا وامنا به انه هو الذى كان معنا ⊙ الكلمة الذى كانت لحما ⊙ وصعد الى السما وجلس عن يمين الاب واعطاه السلطان ليعطى cf. Mark xvi. 15, 16 الخيراة لمن صدق به ⊙ وقال لنا اخرجوا فاعمدوا الناس باسم الاب والابن وروح القدس ⊙ فمن اعتمد وامن فقد عاش ومن لم يعتمد ويومن ⊙ فانه يدان ⊙ وانا الان اطلب اليك يا [3]سقندس لمعرفتي بك وبحريتك لانى قد رايتك وجربتك فى هذه الايام فاصبتك على ما ينبغا ⊙ لانك تحب الغربا والمساكين فاسمع قولي ولا تعده كذبا ⊙ فان اردت فاذهب بنا الى ارض الجليل حتى اريك من كان ميتا قد عاش ⊙ واناس عمى قد ابصروا ⊙ وبرص قد تنقوا ⊙ وان انت امنت به ولم تراه فانت اعظم من الذى قد اراه وعاشره ⊙ اما [3]سقندس صاحب الحمام فكان جالس ينظر اليه باهت [4]من اجل[4] كلامه الذى كان يسمع منه ⊙ فقال له ما اعجب ما رايت به ⊙ لو لم يكن هذا كما تقول ونزل من السما وولد من مرة عذرا ⊙ كان ينبغى لنا ان ندعوه الاها [4]من اجل[4] فعاله هذه لانه اقام الموتا وصير الماء شراب ⊙ فحق انه الاها خلاف ارطامس f. 100 b هذه [5]التى لم تبرى ابني ولى اكثر من ستين سنة اقرب لها القرابين وابني اعما وما ابصر بعده وبعد فانا احب ان تحفظ هذا السر حتى يهوا ربك اعلانه ⊙ لانك رجل غريب واخاف ان يسمع بك احد انك ليس تسجد لارطامس

[1] sic [2] Cod. اضلمت [3] Cod. سنقدس *passim* [4] Cod. منجل [5] Cod. الذى

فيحرقوك بالنار ⊙ فاما انا فمن الان فقد صدقت وايقنت بربك ⊙ وانا احب منك ان يكفينى انت ولى هذا الحمام وتحفظ غلته وتقوم بنفقته ⊙ قال له يحنا ما ينبغى لى اكل شى ان لم اعمل ⊙ وانه كان يحاسبه كل غداة ⊙ وانه عجب هو واهل بيته مما زاد غلة الحمام منذ وليه يحنا ⊙ وكان سقندس ياتى الى يحنا ويسمع منه ⊙ ثم انه اعمده ولاهل بيته وصلا فاشفا الله ابنه الاعما ⊙ ومكث عنده خمسة وعشرين يوما ⊙ وفى الساعة الاولة من ذلك اليوم بعث اليه بن سيد المدينة ليصلح له الحمام ⊙ وكان اسمه منلاوس ⊙ واسم ابوه طورانوس ⊙ فشق ذلك على يحنا ⊙ ثم انه فعل كما امره واصلح له الحمام ⊙ فاتا منلاوس ودخل الحمام واتا معه بمرة فاسدة فادخلها معه الحمام وافسدها داخله فلما علم يحنا انهما قد خرجا من الحمام ⊙ قال (f. 101 a) للفتى[1] انظر . . . ها هاهنا لانك اهنت وجهك الذى هو [خلق فى] تشبيه الله ⊙ لانك ادخلت معك مرة فاسدة . . . .
. . . . عند ذلك دنا منه الفتى[2] وشال يده ولطم يحنا ⊙ ⌜فقال له يحنا⌝ حقا اقول لك ان انت عاودت مرة اخرا ⌜الى الحمام⌝ لم تخرج من هاهنا ⊙ فلما كان بعد يومين [بعث اثنين من عبيده] قايلا اصلح الحمام لابن سيد المدينة [فتصلح الحمام] ⊙ فبعد ساعة اتا ذلك الفتى[2] ومعه تلك [المرة الفاسدة] ⊙ وكان يحنا عند الوقادين ⊙ فلما رجع قالوا له اذا بن سيد المدينة قد دخل الحمام ومعه تلك المرة ⊙ فلما سمع يحنا الطاهر بان معه المرة الفاسدة بكا وغمه ذلك ⊙ وجلس حتى خرجا كلاهما لابسين ثيابهما ⊙ فلما ابصر الفتا قال له لك اعنى يضربك يسوع المسيح الذى صلبوه اليهود ومات وقام لثلثة ايام وهو كلمة الله وصعد الى السما وجلس عن يمين الاب ⊙ هو قادر ان يميتك مكانك فمن ساعته مع كلمة يحنا ضربه ملاك الرب (f. 101 b) وموضعه مات ⊙ وجلس يحنا مكانه والفتى[3] ملقا موضعه حذاه ⊙ والناس لما اروا وجهه عرفوه وذهب بعض الناس الى ابيه واعلمه بموت ابنه على باب الحمام ⊙ فنهض طورانوس بالعجلة فشق ثيابه وعفر راسه بالتراب وذهب يجرى

[1] Cod. للفتا [2] Cod. الفتا *passim* [3] Cod. والفتا

الى الحمام وكل من علم بخبره لحقه ⊙ فلما ارا ابنه ميتا ويحنا جالسا ⊙ قصدوه فجعلوا فى عنقه جامعة واوثقوا يديه ورجليه بالحبال ⊙ وان طورانوس امر بنزع ثيابه ليراه عريان ⊙ فلما عروه من ثوب خلق وتبان وردا بال كان متردى به فاصابوا فى عنقه صليب ⊙ فامر طورانوس ان يوخذ الصليب منه· فلما دنوا اليه لياخذوه منه ⊙ خرجت نار من اربعة اركان ذلك الصليب فاحرقت ايديهم ⊙ وان الجماعة صرخوا بصوت عالى قايلين هذا رجل ساحر فاحتفظوا به حتى نسل عنه اصحابه ⊙ فامر ذلك الاركون ان يجروا برجليه الى داخل السجن ⊙ ويُدفن الميت ⊙ فاما الاركون فالقا نفسه على وجه ابنه ⊙ وكان يحنا قد قال لهم ان ذلك الفتى لم يموت وان كان مات f. 102 a فانى اقيمه وفيما هم يجروه وسقندس صاحب الحمام بحذاءه يبكى لانه يوهم ان يحنا [1]سيقتل ⊙ وكان طورانوس يظن ان يبكا [2]من اجل[2] ابنه ⊙ فقال يحنا لسقندس لا تحزن ولا تفزع لان روح القدس قد سره ان يعلن امره ⊙ فقال القديس لاب ذلك الفتى امر الناس يسكتوا ⊙ ففعله حينيذ ⌜صرخ⌝ يحنا بصوت عالى وقال لك اقول يا منلاوس الفتى باسم الرب يسوع المسيح الذى صلبه اليهود باورشليم ⊙ ومات وقبر وقام اليوم الثالث ⊙ وصعد الى السما وجلس عن يمين الاب ⊙ لك اقول [3]قم من مكانك ⊙ فمع كلمة يحنا قام منلاوس الفتى وسجد على رجلى يحنا ⊙ فلما اراه وفى عنقه جامعة وهو مكتوف الايدين بالحبال وثب اليه ⌜الفتى وجعل يقبله ⊙ وانه حله وهدا الناس وبدا يقص ⌜من البدو⌝ وامر الزانية ودخولها الحمام وكيف كان ⌜يحنا يمنعهما عن ذلك ولم يطيعاه ⊙ وقالوا الناس ⌜ما فعل لك واماتك ⊙ فقال لهم يحنا هذا ⊙ قال لى ⌜هكذا يضربك يسوع المسيح الذى صلبه اليهود باورشليم ومات وقبر وقام لثلثة ايام ⊙ وصعد الى السما وجلس عن يمين الاب ⊙ فمن f. 102 b ساعتي ضربنى الملاك واخذ نفسي وارات ما لا اطيق ثنيه بلسان الا ان ياذن لى يحنا القديس ⊙ عند ذلك طلبوا الى يحنا ان يامره بالكلام ⊙ فقال له يحنا [4]اتكلم ⊙ فقال رايت ملايكة ليس لهم احصا ولهم اجنحة يغطون وجوههم

[1] Cod. سايقتل [2] Cod. منحل [3] Cod. قوم [4] sic

ببعض اجنحتهم ليلا ينظرون الخالق ⊙ وببعض يغطون ارجلهم ⊙ وببعض يطيرون ويقولون قدوس قدوس قدوس الرب القدير الذى السما والارض مملوة من تسبحته ⊙ ورايت اثنا عشر رجلا فى موضع واحد ⊙ وفى مكان اخر سبعين رجلا وهم شاخصين الى السما ⊙ ورايت يمين انسان خرجت من وسط الملايكة شبه النار يامرهم ان يخرجوا فيعمدوا الناس باسم الاب والابن وروح القدس وكل من يومن يحيا الى الدهر ⊙ وفيما انا فوق ارتعد من الخوف قلت لهولايك السبعين [1]رسلا من هذا ⊙ فقالوا لى هذا بن الله الذى صلبوه اليهود باورشليم وكل ما رايت فهو مالكه ⊙ لانه قوة الله وحكمته ⊙ وهو الذى بعثه الى العالم لكيما يجذب الناس الى ابيه ⊙ ونظرت اثنا عشر تلميذ ورايت يحنا f. 103a هذا معهم وهو لابس لباس بهى فاضل ⊙ وانه قام فى اولهم يلسق شيخ ⊙ وكانوا الاثنا عشر [ينظرونه بمحبة] وكانا عيناه شاخصة الى السما وهو [باكى ⊙ فدنى منه] الشيخ وقال له لم تبكى يا ابني ⊙ فرد عليه ⌜جوابا قايلا من اجل⌝ . . . وث مدينة افسس ⊙ فسالت من ⌜اسم الشيخ⌝ وقالوا لى هذا سمعان الصفا ⊙ ورايت ايضا ⌜اصابع التى⌝ شارت اليه مع صوت يقول له كل ما ⌜سالت⌝ منى فقد قبلته منك واجبتك عنه ⊙ وفى ما انا فزع عرفت انه الذى اردت قتله عند ما وبخنى بالزنا ⊙ ثم سمعت صوته فانزلت اليه وهذا انا قايم عندكم ⊙ وانا اسله ان يقربنى الى الحق ⊙ وانتم الذين رايتم [2]هذا العجب ⊙ فارجعوا عن ضلالتكم وابعدوا الاوثان عنكم وتعالوا ان تكون له تلاميذ وتحيا انفسنا ونصدق ونومن بالاب والابن وروح القدس من الان وكل اوان والى دهر الداهرين امين ⊙ فامنوا اهل المدينة باجمعهم ما خلا الصيارفة وكتاب ارطامس وقالوا هذا من جنس ارطامس ربتنا ⊙ واما يحنا فكان يصرخ قايلا f. 103b انا انسان مثلكم ميت ⊙ ولكن ربي يسوع المسيح بن الله الذى نزل وسكن فى العذرا تسعة اشهر وولدته ولم يفك عذرتها ودار فى هذا العالم مثل انسان ما خلا الخطية وهو مثل الله ابيه ⊙ وصلبوه اليهود على الخشبة ⊙ ومات وقبر وقام لثلثة ايام ⊙ وصعد الى السما وجلس عن يمين الاب ⊙ وهو الذى

[1] Cod. رسولا [2] Cod. هذه

انتخبنى ⊙ فلما سمع الاركون هذا الكلام خر على وجهه مع ريسا المدينة وطلبوا اليه ان يعمدهم ⊙ وقالوا له كلامك كله حق وكانوا ناس مع ارطامس الهتهم ⊙ فقالوا بل هذا احق بالسجود من يسوع المصلوب ⊙ فامن بالرب منهم فى ذلك اليوم ستة وثلثين الفا وسبعة مائة وستة انفس ⊙ واما كهنة ارطامس ومن معهم [1]فوضعوا القناديل قدام ارطامس وكانوا يسجدون لها ⊙ فهم الاركون ان يبعث اليهم ناس ليقتلهم فقال لهم يحنا لا تقتلوهم فان المسيح يردهم الى الحق بصلاواتكم ⊙ فلما دنا الليل عزموا الكفار ان يحرقوا المدينة بالنار ويقولون ان ارطامس غضبت فاحرقت المدينة فقال يحنا للمومنين سيروا فى المدينة فمن لقيتم من الناس فقولوا لهم فى المدينة
f. 104 a موضعين الصلاة الواحد للشياطين فى بيت [2]ارطامس والاخر ليسوع المسيح حيث ⌜تريدون لتذهبوا⌝ واذهبوا ⊙ وامر يحنا ان يهبوا موضع للمعمودية وانه ⌜يكون⌝ واسعة اثنا عشر باع فى اثنا عشر ⊙ وعمقه باعين ونصف ⊙ ⌜فامر وامَلُوه بدهن طيب ⊙ وان يحنا الفاضل سجد على الارض ⌜ونظر⌝ الى السما وقال مقدس الاب والابن وروح القدس الى دهر الداهرين امين ⊙ فقال الشعب كله امين ⊙ عند ذلك رشم على الدهن بالصليب وصرخ بصوت عالى التسبحة ⌜للاب والابن⌝ وروح القدس امين ⊙ فعلى المقام [3]فار الدهن ⌜واشتعل مثل النار ولا يحترق ⊙ وملاكين باسطين اجنحتهما ⌜على النار⌝ يصرخون قدوس قدوس قدوس الرب العزيز ⊙ ⌜فلما راوا الشعب هذا العجب فزعوا وسجدوا [4]نحو المشرق ⌜فلما تقدس الدهن دنا من الماء وقال باسم الاب والابن وروح القدس الى ابد الابدين ⊙ فقالوا الشعب امين ⊙ وان الملاكين اتيا فقاما على الماء وقالا قدوس قدوس قدوس الاب والابن وروح القدس ⊙ فقال يحنا للشعب قوموا باذن الله ⊙ فقاموا ورفعوا ايديهم الى السما وقالوا نومن ونعترف الاب والابن وروح القدس ⊙
f. 104 b وان الاركون اقترب فنزع ثيابه فرشمه يحنا بالدهن ⊙ حينيذ نزل فى الماء فوضع السليح يده على راسه وقال باسم الاب ⊙ فقالوا امين ⊙ وقال الثانية باسم الابن فقالوا امين ⊙ وقال باسم روح القدس فقالوا امين ⊙ فانه اعمدهم

[1] Cod. فضعوا [2] Cod. ارطيمس [3] Cod. افرى [4] Cod. نحوا

وكان عدد [1]الذين اعمد فى ذلك اليوم تسعة وثلثين الفا وخمسة انفس ⊙ فلما كان بعد ايام عزم يحنا الطاهر يخرج من عندهم فطلب اليه الاركون ان يقيم عندهم ولا يفارقهم ⊙ فقال له [يحنا انا] احب ان تورنى موضع هولا المضلين ⊙ فذهبوا الى هيكل ارطامس وهموا بقتل كهنتها ⊙ فمنعهم من ذلك يحنا ⊙ فقال لهم اصنعوا لى هاهنا مظلة فعزموا ان يبنوا له بنا جيد ⊙ وابا عليهم ⊙ فقالوا كهنة ارطامس بعضهم لبعض تعالوا نقرب ذبيحة لارطيمس لنعرف ما غضبها علينا وكيف تركت المدينة تكون فرقين ⊙ ففعلوا ذلك ودنوا الى ارطيمس فكانوا يسمعوا من جوفها خشخشة وكلام خفى ⊙ وقالوا لهم الشياطين هذه المظلة الصغيرة تهلك بيت ارطامس الكبير فلا تقاتلوا جدا لان الذى فى المظلة ان دعا ربه خفنا ان يهلكنا ويغرقنا كما غرق اصحابنا اذ كانوا فى الخنازير· نحن نحرص ان لا نغلب ⊙ فان هو غلبنا فقد غلب f. 105 a
ربه سيدنا من قبلنا ⊙ فقالوا الكهنة ⌜فمن سيد⌝ هذا الرجل ⊙ فقالوا هو بن الله الذى نزل من السما وتجسد فظنه سيدنا انه انسان ⊙ ولم يعلم انه ⌜الله وانه⌝ يقوم بعد الموت ويطلع الى السما ⊙ وهو حتى الان غضبان علينا ⊙ فلما سمعوا الكهنة هذا الكلام من شياطين ارطيمس ⌜فزعوا⌝ وعجبوا ⊙ وقالوا لهم الناس من ايش تحيركم اخبرونا ما قالت ارطيمس ربتنا ⊙ اجابوا الكهنة قايلين ان ارطيمس قالت ان هذه المظلة تعقر هذا الهيكل وامرتنا ان نفزع من هذا الرجل الذى فى المظلة . فقالوا الجماعة فمكفور بارطمس هذه [1]التى ليس فيها خير ⊙ ان كان هذا الذى هو عبد وخادم ليس لها شدة قوة طاقة ⊙ فبكم مولاه اشد واعظم ⊙ وانهم ضربوا على وجوههم وصدورهم وقالوا الويل لنا ولغفلتنا ولهلاكنا وخسران انفسنا ⊙ فقالوا لهم الكهنة افعلوا ما احببتم ⊙ اما نحن فانا نعبد لمن يحيى ويميت ⊙ حينيذ انطلقوا الى يحنا الطاهر وطلبوا اليه وسجدوا ⊙ ليستغفر عنهم ويعمدهم ⊙ وان الجماعة ربطوا الحبال فى ارطيمس وكانوا يجرروها فى المدينة ويقولون لها يا سيدتنا قومى f. 105 b
الان فخلصى نفسك من هولا الذين يجرروك ⊙ لعمري ما نزلتى من السما

[1] Cod. الذى

ولا كرامة لك ⊙ ولكن الصناع عملوك والشياطين يايدوك ⊙ ثم كسروها وذهبوا الى القديس يحنا ومعهم الاركون فطلبوا اليه ان يستغفر لهم ويعمدهم ⊙ فلما سمع فلبس الدنس فعل اهل افسس ⊙ بعث الى يحنا فاخرجه الى البرية وبعث الى سيد المدينة فحبسه واخذ كل شى كان له وتواعد اهل المدينة بكل شر ⊙ فلما كان بعد ثلثة ايام فى نصف من الليل وقيصر نايم ⊙ فاذا قد ترايا له رجل داخل اليه لابس بياض يلهب بالنور ⊙ فقال له افتح عينيك ⊙ عند ذلك رفع الملاك سيف كان معه يومى به الى بطنه وقال له رد الرجل الذى اخرجت من المدينة الى مكانه ⊙ فان انت لم تفعل ضربتك بهذا السيف فى قلبك ⊙ فمن ساعته ابكم لسانه وبقى يعوى مثل الكلب ⊙ وامر ان ياتوه بقرطاس وكتب الى اهل بيته فدخلوا اليه ⊙ فكتب لهم قايلا ان قدرتم ان لا ينام يحنا حتى توجهوا به الى افسس مع كل من حبس معه من اجله وبسببه من اهل افسس ⊙ وانهم ذهبوا الى يحنا فوافوه قايم يصلى f. 106 a الى المشرق ⊙ فقالوا له ان الملك قد امر ان نبلغك الى افسس ⊙ فذهب معهم حتى وصل ⊙ ثم ان روح القدس امر متى ان يكتب الانجيل ⊙ ثم عاد على اثره مرقس وبعده لوقا ⊙ وان بطرس [1]وبولس اتيا يحنا فى افسس وسلما عليه ⊙ وفرح بهما فرح شديد ⊙ فقالوا له ان متى ومرقس ولوقا قد كتبوا ⌜اناجيل ويجب⌝ ان تكتب انت ايضا ⊙ وكان يوم دخول بطرس وبولس الى افسس يوم الاثنين ⊙ فمكثا عنده خمسة ايام فطلبوا اليه ليكتب الانجيل ⊙ فقال لهما يحنا يكون هوا الرب ⊙ فلما كان ليلة الاحد فى الوقت الذى قام فيه ربنا يسوع المسيح من القبر ⊙ خلا يحنا وحده وجلس فكتب الانجيل ثم خرج فناوله لبطرس وابولس ⊙ فلما اشرقت الشمس خرجا به الى هيكل الصلاة فقرياه قدام اهل المدينة ثم صلوا وتقربوا القربان ومكثا عند يحنا ثلثين يوما ⊙ وبعد ذلك خرجا الى اورشليم عند يعقوب وعادوا الى انطاكية ⊙ وكان يحنا الطاهر جالس فى تلك المظلة شتاه وصيفه ⊙ حتى اتا عليه ماية سنة وعشرين سنة ⊙ ثم ان ربه كتمه فى ذلك الموضع كما اخفا موسى فى

[1] Cod. ويحنا

f. 106 b جبل مـاب ⊙ وكـل مـن يصدق ويومن بالاب والابن وروح القدس ⊙ وبالجرايح التى عملوا الرسل تلاميذ سيدنا المسيح فيقبل من الله المغفرة ومن [1]الصالحين الصلاة ويرث [2]ملكؤة ربنا يسوع المسيح الذى له التسبحة والمجد الى دهر الداهرين·

هذه [3]تسعية نياحية يحنا السليح صاحب الانجيل وكانت نياحته فى ستة وعشرين يوم من ايلول

كان يحنا الطوبان مع الاخوة التلاميذ يوم سبت جالس فرح بالرب ⊙ فلما اصبحوا يوم الاحد اجتمعوا قال لهم يا ⌜ا⌝خوتي عبيد ربي المسيح الذى قد صار لهم معي حظ فى [2]ملكوة السما ⊙ قد علمتم كم اعطانى الرب من القوات والعجايب والعطايا المشفية ⊙ وعلـم وتعليم وخدمة حسنة ⊙ فتشددوا واذ نكروا الايات التى كانت تعمل قدامكم ⊙ واعرفوا التدبير والسر الذى صنع الرب من اجل حياة الانسان ⊙ والرب يطلب ذلك منكم ⊙ فاياكم لا تحزنوه ولا ترجزوا الاهنا الرحوم القدوس الطاهر من كل نجس ⊙ القريب من كل فجور⊙ الدايم اله الحق وليس فيه كذب ⊙ الذى لا يوجر ⊙ وهو ارفع من جميع البشر يسوع المسيح بن الله يفرح بكل خير تعملوه ⊙ واسلكو⌜ا⌝ بالطهارة والعفة ⊙ f. 107 a ويجب ان تشاركوه بالاوجاع ⊙ لانه يفرح بنا اذا كنا وديعين ⊙ ويسر بنا اذا سلكنا فى سبيله ⊙ وكلامي لكم فى هذه الساعة يا اخوتي لانى ذاهب الى ربي ⊙ واوفى الدين الذى ورثناه ابونا ادم ⊙ ماذا اكثر عليكم ⊙ معكم [4]نعما ربنا وعربون رحمته ⊙ معكم فرح قدومه الذى لا بد منه ⊙ وهو يغفر لكم ما سلف من جهلكم ⊙ وان انتم رجعتم الى عملكم الاول من بعد ما قد عرفتموه فليس يغفر لكم ما سلف من ذنوبكم ⊙ فلما تكلم كلامه هذا ⊙ صلى وقال هذا الاكليل صنعه يديك يا يسوع المسيح ⊙ فانت الذى قربت اليك هذه الزهرة الطيبة [5]التى طيبها يتحل ⊙ انت البها الذى زرعت ثمر هذا الكلام⊙

[1] Cod. الصلحين [2] sic [3] Syr. ܬܫܥܝܬܐ [4] Cod. نعمان [5] Cod. الذى

انت الرحوم وصانع الخيرات ⊙ انت الذى ليس تتعظم عن الخاطى ⊙ انت
محب البشر ⊙ انت منجى الصديق ⊙ انت الابدى قبل الدهور ⊙ انت المحيط
بكل ⊙ وملك كل ⊙ يسوع المسيح بن الله ⊙ استر يا رب برحمتك المتكلين
عليك ⊙ انت عارف بشر عدونا وخبثه ⊙ فعين عبيدك يا رب برحمتك ⊙ لان باى
سبح ⊙ او باى قربان يلحق الانسان تمجيدك يا يسوع المسيح مع ابوك وروح
f. 107 b قدسك لمجد اسمك يا رب الذى بعث من الاب ⊙ نسبح اسمك يا رب لانك
سُميت الابن ⊙ نسبحك بطريق الحياة ⊙ نسبح اسمك [1]من اجل[1] القيامة التى
اظهرت لنا بقيامتك ⊙ نسبح سبلك نسبح زرع كلمتك نسبحك بامانتنا ⊙ انت
كنز الحياة ⊙ انت الفدان والشبكة التى [2]اصطدتنا ⊙ نسبح لعظمتك ⊙ انت
الاكليل الذى [3]من اجلنا[3] دعيت بن الانسان ⊙ انت الذى اعطيتنا النور والفرح
والحرية والحب ⊙ انت الذى الهمتنا ان نفر اليك من الطغا ⊙ انت ربنا وعين
الحياة الذى لا يموت ⊙ المنبوع الذى لا يفنا ⊙ اساس كل الخليقة ⊙
انت الاله خالق الخلايق من اجل الانسان ⊙ لك [4]ندعو لانا نعرف تقدمك
الذى لا يظهر فى هذا العالم الا الاطهار التى تظهر لهم لاهوتك من سو
جسدك ⊙ لنظر يا رب الى المومنين بك وبارك هذا القربان ولنا من اجله ⊙
لان لك السبح مع الاب وروح القدس امين ⊙ وصلى علينا جميع لنكون اهل
لرحمة الرب ومتاهلين للقربان المقدس ⊙ وبعد ذلك تقرب وقال اجعل لى
فيه حظ ونصيب يا رب ⊙ سلم الرب يكون معكم يا احباي ⊙ وقال لابيرس خذ
معك انسان اخر وقفة وفاس واتبعنى ⊙ ففعل بيرس كما قال له عبد الله
f. 108 a يحنا ⊙ وخرج منطلق حتى انتها الى قبر انسان من اخوتنا ⊙ فقال للاخوة
احفروا يا اولادي ⊙ فحفروا كما امرهم ⊙ فقال لهم اعمقوا الحفرة ⊙ وكانوا
يحفروا وهو يكلمهم بكلام الرب ويعظهم ويشددهم بوصايا الرب ⊙ فلما فرغوا
من الحفر ⊙ اخذ ثيابه [5]التى كانت عليه ⌜والقاها⌝ فى القبر ورفع يديه الى
السما وجعل يصلى ويقول ⊙ انت يا رب الذى اخترتنا رسل منك الى المومنين
وبعثتنا ⌜الى⌝ العالم ⊙ انت الذى اظهرت وحدك فى الناموس والانبيا ⊙ [اسالك] ان

[1] Cod. منجل *passim* [2] Cod. اصطتنا [3] Cod. منجلنا
[4] Cod. ندعوا [5] Cod. الذى

تدبر عبيدك المومنين برحمتك ⊙ انت الذى تجسد انك احببت الانفس الهالكة ⊙ والذين كانوا سباع باتيانك وعجايبك جعلتهم خراف اعفا ⊙ وخلصت الخطاة ⊙ وانقذت [1]الذين كان قد تغلب عليهم الشيطان ⊙ وكتبت لهم ناموسا اذ استغاثوا بك ⊙ انت الذى اعطيتهم يدك واقمتهم ونجيتهم من الجحيم واعماله ⊙ انت الذى جعلتهم يعرفوك يقينا ⊙ ربنا والاهنا يسوع المسيح اله المومنين بك وناموسهم ⊙ فاقبل الان نفس عبدك يحنا الذى جعلته مبشرا ⊙ وحفظته من دنس الناس ⊙ وترايت لى عند ما اردت اتزوج فى شبابي ⊙ وقلت لى انا f. 108 b اريدك يا يحنا· فلما اخطيت ابليتنى بالمرض ⊙ ومنعتنى ثلثة مرار ⊙ وفى ثلثة ساعات من النهار ترايت لى فى البحر فقلت يا يحنا لو لا انى قد اتخذتك لى لتركتك تتزوج ⊙ انت يا رب الذى اعميتنى سنتين وجعلتنى ادعوك باكيا ⊙ وفى السنة الثالثة فتحت عيناي وقلبي واصبت بصري الخارج ⊙ وحجبت عيناي بعد ما [2]ابريت قلبي عن النظر الى وجه امراة ⊙ انت الذى حفظت حبى اياك بالزكاوة ⊙ انت الذى سهلت سبلي اليك والهمتنى الامانة بك بغير افتراق مع يقين معرفتك ⊙ انت الذى تكافى كل احد كعمله ⊙ انت الذى صيرت نفسي تعظمك افضل من كل ⊙ وفى هذه الساعة يا سيدي يسوع المسيح قد تممت الخدمة [1]التى اتمنتنى عليها ⊙ فاجعلنى اهلا لملكوتك والحياة الداهرة ⊙ ابعد عنى النار والظلمة القصيا واطفى نار جهنم ⊙ اتبعنى بملايكة صالحة لتفرق عنى ارواح الشياطين وتخزا كل قواتهم وتهلك كل سميعهم ⊙ وسهل لى الطريق اليك بغير دنس ولا خطية ⊙ واجزينى بما اوعدت لاحباك الذين حييوا بالطهارة واياك التمسوا ⊙ ثم رسم جسده وقال انت معى يا رب يسوع المسيح الى الابد ⊙ وانه نزل القبر واضطجع فيه ⊙ وقال رحمة f. 109 a ربنا تكون معكم يا اخوتي الى الابد امين ⊙ واسلم روحه على المقام بسلام ⊙ وانصرفوا الاخوة ⊙ فلما كان الغد اتوه الاخوة ⊙ فلم يجدوه فى القبر واصابوا تلك الارض تفوح ريح طيب ⊙ حينيذ ذكروا كلمة الرب الذى قال لبطرس من اجله ⊙ ان اردت انا يمكث هذا حتى اتى فما لك انت ⊙ ورجعوا بامانة (John. xxi. 22) شديدة ⊙ وكانوا يسبحوا الله من اجل العجب الذى كان ويمجدوه ⊙ ويهللوه الى دهر الادهار امين

[1] Cod. الذى [2] Cod. ابرت

بسم الاب والابن وروح القدس اله واحد

هذا اليوم يا اخوتي واحباي يوم الحج الروحاني جمعنا فيه يحنا الصياد حبيب ربنا يسوع المسيح المخلص من جميع المواضع والبلدان لهذا العيد المبارك ⊙ هذا هو التلميذ الذى كان ربنا يوده ⊙ يحنا الذى طرح الشبكة واخذ الانجيل ⊙ طرح القصبة واخذ كلمة الله ⊙ يحنا الذى لم يكن مثل النواتية ⊙ وكان احكم الحكما ⊙ الذى من اجله اجتمعتم اليوم لتسمعون مدحته هذه ⊙ هذا مبشر بالله ⊙ متكلم الالهيات بمعرفة سيدنا يسوع المسيح عند ما ترك الينا من منبر الاب ⊙ ولكن من يستجرى يخبر بصلاح هذا القديس ⊙ فاذ [f. 109 b] نصتم الى كلامي انا الحقير فانى اعلمكم بالحق يقينا ⊙ لانى اتيت من تلك الارض ورايت بعيناي ⊙ وسمعت باذناي من الابهات كما قال الانجيل المقدس [1 John i. 3] ما سمعنا وراينا نخبركم به ⊙ اريد ان اعلمكم يا احباي من اجل موت هذا السليح يحنا ⊙ ان كان ينبغى ان يسمى موت ⊙ قال القديس لتلاميذه يحفروا له القبر . فلما حفروا صلا عليهم وبسط جسده فى القبر واسلم روحه الى خالقه ⊙ وللغد صاروا تلاميذه الى القبر فلم يجدوا [1]فيه شيا ⊙ وان [cf. Deut. xxxii. 49, 50] الطاهر رفع الى حبيبه المسيح مثل موسى لان الله قال لموسى اطلع الى الجبل لانك هناك تموت ⊙ ومن بعد مماته طلبوا بنى اسراييل جسده فلم يجدوه ⊙ وان تلاميذ القديس يحنا بنوا على قبره كنيسة شريفة ⊙ ومن بعد زمان قليل احب قسطنطين الملك المبارك الذى كانت فيه خشية الله ان ياخذ نصيبا من عظام القديس الى مدينة [2]التى كان بنا ⊙ فبعث ناس وامرهم ان يحفرون الموضع حيث قبر وياخذوا له شي من عظامه ⊙ فلما صاروا الرسل الى القبر حفروا واقاموا ايام كثيرة يطلبوا فلم يجدوا شي ⊙ فترايا قديس الله يحنا للملك وقال له لا تشقى يا محب الله فى طلبي فى الارض من [f. 110 a] اجل ودك ونيتك الحسنة ⊙ فانى عند سيدي المسيح الذى اعطاك الملك ⊙ هو الذى رفع جسدي اليه وقبله عنده ⊙ رايت الى شدة كلمة الرب التى

[1] Cod. فيا   [2] Cod. الذى

(John xxi. 22) قال لبطرس ان اردت ان يقيم حتى اجى فما لك انت ⊙ وحتى يومنا هذا فى ذلك الموضع نور اكثر اشراق من الكواكب فى السما ⊙ ويفور من قبر القديس بركة تشفى جميع الاسقام والارواح الشريرة ⊙ وكما لا ينقص ماء البحر كذلك ولا تلك البركة ⊙ وان اراد انسان يخبر بالعجايب والايات [1]التى كانت تظهر فى ذلك الموضع على جميع الزمنا والمرضا فما يقدر ⊙ فان كان السليح (Ps. cxvi. 15) يضع هذا بعد موته ان كان يدعا موت ⊙ فداود النبى الزكى قد قال عظيم كريم عند الله موت الصديقين وعلى حال فمن يقدر يقص عجايبه على جهتها ⊙ ولكنى اخبركم بعجب من ما فعل ومنه تعرفوا خيره ⊙ كان فى افسس ناووس لارطامس قريب من المدينة ⊙ وكانوا اصحاب الاصنام يكرموه افضل من كرامتهم لجميع الاوثان ⊙ وكانوا الخلايق يصيرون اليه من كل موضع من اجل ذلك العيد مثل الرمل ⊙ فلما [2]راى الطوبان يحنا كثرة الخلايق دخل اليهم فى حجهم وراهم ⊙ وطلب له موضع متعالى فصعد ووقف عليه وصرخ (f. 110b) بصوته قايلا يا رجال افسس لم تضلون وتظنون ان ارطيمس اله· لم ترجزون الله عليكم وتسجدون للاوثان التى لا تدفع عن انفسهم شى ⊙ وبعد فاسمعوا قولي ⊙ اختاروا من احدى خصلتين ⊙ اما ان تصلون الى صنمكم وتطلبون اليه [3]فيقتلنى وحدي ⊙ والا صليت انا الى الاهي فيقتلكم باجمعكم ⊙ ففزعوا من هذه الكلمة فزع شديد وخروا على وجوههم مرعوبين ⊙ لان اكثر الناس كانوا يعرفوا ثقته بالاهه وقوة كلمته من العجايب التى كان يفعل ⊙ فكانوا يشكروه ويقولون له يا يحنا عبد الله [4]الصالح ارحم انفسنا ولا تهلكنا ⊙ فلما [2]راى يحنا القديس توبتهم ورجعتهم الى الله الذى لا يهوا موت الخاطى بل انّ يرجع ويتوب اليه ⊙ امرهم ان يبتعدوا عن الناووس ورفع يديه الى السما [5]وصلى عليهم ⊙ ولم يزل رافع يديه الى السما والناووس يتساقط حتى ما بقى (cf. Ex. xvii. 11) فيه حجر على حجر ⊙ كما كان موسى يرفع يديه الى السما فيغلب العمالقة ⊙ مثله كان هذا السليح حتى اهلك الاههم النجس الذى لم يكن يقدر يغنى عن نفسه شيا ⊙ فلما عاينوا العجب الذى صنعه القديس صاحوا باجمعهم وقالوا

[1] Cod. الذى [2] Cod. ارا [3] Cod. فيقلتنى [4] Cod. الصلح [5] Cod. وصلا

f. 111 a عظيم هو اله يحنا الذى صنع مثل هذا العجب لمنفعة الانفس· وذهب الطغيان من المدينة من ذلك اليوم حتى الان ⊙ واقاموا لله حج جديد فى ذلك اليوم الى يومنا هذا ومن يقدر يصف او يخبر بما كان فى ذلك اليوم من العجايب [1]التى صنع الله على يدى القديس يحنا· فلما تواقع ناووس ارطيمس قتل اخو الكاهن الذى كان يخدم الناوس ⊙ فاخذه اخوه بامانة شديدة وقدمه الى يحنا القديس ⊙ وكانوا باجمعهم يصرخون قايلين يا عبد الله انت الذى اعتقتنا من الضلالة ⊙ وانت الذى جعلتنا نرفع اعيننا الى السما ⊙ وانت الذى اهديتنا وانقذتنا من الطغيان ومن الان ما نسجد للحجارة ايضا ⊙ انت الذى قدمت هذه الجماعة العظيمة لله وخلصت انفسهم من الموت السو ⊙ فبكا الكاهن وقال له ينصرفون هولاء الخلايق كلهم فرحين الى منازلهم ⊙ وابقى انا وحدي انوح بل احب ان اذهب وانا مثلهم افرح بالاهك ⊙ فلما ارا القديس يحنا حسن امانته ووده صلى عليه موضعه ذلك وعاش بالميت ⊙ انظروا وتعجبوا اى اله مثل الاهنا الذى يقبل توبة الخطاة ويحيى الموتا بدعوة سليحه ⊙
f. 111 b كما قبل دعوة اللص على الصليب واسكنه الفردوس ⊙ كذلك ايضا يحنا هذا الممدوح ⊙ هو الذى ارا الاب القوى والابن وروح القدس وبشر الناس به ورجعوا عن الضلالة ⊙ كذلك ايضا والقديس يحنا البشير الذى قبل النعمة السماوية والخلايق طهر وقدس ⊙ كذلك يحنا الممدوح المتوسط نعمة الاب
John i. 1 والابن وروح القدس الرب القوى وقبل السراير الروحانية ⊙ هو الذى قال فى البدى كانت الكلمة والكلمة عند الله· ⊙ والله هو الكلمة ⊙ هذا هو يحنا الذى تكلم كلام اعظم من كلام موسى النبى ⊙ موسى كان يكرز للناس ويقول
Gen. i. 1 John i. 1 الله خلق السما والارض ⊙ فاما يحنا البشير فقال فى البدى كانت الكلمة ⊙ والكلمة عند الله والله هو الكلمة ⊙ الذى له المجد والكرامة والوقار الى دهر [2]الداهارايين امين

[1] Cod. الذى [2] sic

f. 1a بسم الاب والابن وروح القدس اله [1]واحد [2]هذا خبر بطرس وبولص رسولى سيدنا ايسوع المسيح لذكرة السجود والتسبيح

عند ما دخلوا الرسولين الى مدينة رومية ولما امن بولص بسيدنا ايسوع المسيح والعجيبة التى صنعوها فى بنت الملك مع عجايب كثيرة صلاتها تكون معنا امين ❊ ان القديس بولص كان مقاوما لكنيسة الله المقدسة وكان يضطهد النصارا حتى ظهر له السيد المسيح وهو ساير الى مدينة دمشق على انه يهلك f. 1b جماعة النصارا المومنين بالمسيح وانه امن واعتمد من حانانيا الرسول : فقال الرب لبولص [3]امضى الى مدينة رومية وانا اوجه معك بطرس : وهو يعرفك كيف تقاتل الشيطان : عند ذلك امر الرب لرييس الملايكة جبراييل : ان ياتى بالرسل على سحابة مضية : فحضروا الرسل الى سيدنا فسجدوا له : فقال لهم السيد السلام عليكم يا اخوتي . عند ذلك فرحوا الرسل كلهم لما ابصروا [بولص] مع سيدنا لانه كان فى الاول مخالفة وقال الرب لبطرس اذهب مع اخيك واوريه كيف يحارب الشيطان برومية . فقال بطرس للسيد اين تريدنى اذهب : قال f. 2a الرب الى حيث تذهب بكم السحب ناك قاتلوا العدو ولا تفزعوا بل تقووا فانى جاعله تحت اقدامكم : اذهبوا باسمي ولا تشككوا فانى معكم الى الانقضا : عند ذلك امر الرب بسحابة فحملت الرسل فى الهوا : وانزلتهم فى وسط بلاط الملك فى مدينة رومية امام برعموس الملك الكافر الحنيفى : وهو جالس على كرسى منبره : والحجاب قيام حوله عن يمينه ويساره : فلما ان راى الملك الرسل قد نزلوا من السحب فزع وتغير لونه : وبادروا الحجاب يضربوا الرسل : فصاح الملك وقال ارفعوا يديكم عن هولاى الرجال ولا تضربوهم: لان شبهة ملايكة بينت فيهم . ثم قال للرسل كيف جهلتم على الدخول الى f. 2b هاهنا بغير امري : ولو فعل هذه ابنتي الوحيدة اخذت راسها بالسيف : ولو لا قد رايت شبه ملايكة فيكم لكنت اهلكتكم عاجلا : لكن عرفونى خبركم ومن اين قدمتم ومن اصحاب من انتم : فقال بطرس لبولص يا اخي تتكلم انت

[1] Cod. وواحد [2] Cod. هذه [3] Cod. امظى

اولا ام اتكلم انا : فقال بولص تكلم يا اخي لانك انت الذى جعلك راس على الجماعة : فختم بطرس نفسه برسم الصليب وجاوب الملك وقال له انا من مدينة صيدا الجليل : [1]وهذا اخي بولص من طرسوس : ومجينا من بلد الحياة : ونحن عبيد المسيح الرب الاله ملك الملوك الذى صنع السما والارض : [2]والابحار وكلما يدب فيها· صور ادم بشبهه ومثاله المولود من مريم العذرا f. 3a الطاهرة الزكية : الذى صنع الما شراب : ومن خمس خبزات اشبع خلق كثير فى البرية الذى ابرا البرص واشفا المرضا : وفتح اعين العميان : واسمع الصُم : وانطق الخرس : واخرج الشياطين : وقوم الحدب : واحيا الموتى : وانما حسدوه شعب اليهود : واسلموه الى قضاة الارض بالموت : وصعد على الصليب واحتمل ذلك من اجلنا ومن اجل خطايانا : وارتفع على خشبة الصليب [3]واظلمت الشمس لتالمه وحارت الخليقة : ونزل الى الجحيم وفزع منه الموت وتوارا من جهته : وقاموا الموتى من القبور : [4]ووردوا السلام على القوم : وهو قام فى اليوم f. 3b الثالث وظهر لرسله : وعرفهم السراير اللاهوتية : وارسلهم يكرزون بملكوته : وهو لا بد ان ياتى فى الاخرة : بالقوة والمجد العظيم مع ملايكته الاطهار يغير السماوات بكلمته : وتطوى مثل القرطاس بامره : ويصرخ القرن فى العلا : ويقوم كل واحد من موضعه : وينهض كل بشرى من غباره : ويجلس على كرسيه ليدين الاحيا والاموات : [ثم] يقوموا اولاد ادم من قبورهم عراة قدامه بلا كسوة : ويفرق الاخيار من الاشرار . . . كل احد فى ذلك الوقت ما جنا ويكمل فى عباده الصالحين : ويدين الخطاة ويكشف سرايرهم : وبقوة هذا الاله اتينا الى هاهنا اليوم : لنطرد الشيطان : والحنوفية تبطل من مدينة رومية : f. 4a فاجاب الملك وقال للرسل : ان كان كلامكم حق : فقد تكلمتم كثير : بل اريد امتحن ذلك واعرفه : واعلم قوة الاهكم هوذا لي ابنة وحيدة وقد نزل عليها طير من السما : واخرج عينها اليمين وقد احضرت الاطبا والحكما والفلاسفة [5]الذين في سلطاني على ان يشفوها : فما قدروا على ذلك وقد ارسلت الى ساير الملوك : وابذلت مال جزيل : على انى اجد انسان يرد عينها· فلم [2]اصيب

[1] Cod. وهذه [2] sic [3] Cod. واضلمت [4] Cod. وادر [5] Cod. الذى

واريد احضرها بين يديكم وانظر ان كان الاهكم الذى ذكرتم يبريها : حينيذ
[1]اعترى بطرس بروح القدس وقال للملك احضر بنتك وتعاين قوة السيد
f. 4b الذى لا [2]يخرب ابدا : وبادر الان بابنتك لوحيث : اجاب الملك وقال لبطرس
اراك هوذا تعرف اسم ابنتي : فضحك بطرس وقال للملك نعم ودوروثاوس ابو
ابوك : وان انت امنت بالمسيح اعظم من هذه تعاين : عند ذلك تعجب
الملك : وقال للرسل حقا ان الله ساكن فيكم اذ تعرفوا اسامى الناس وانتم
غربا : وقد عرفتم اسم ابنتي لوحيث واسم جدي . حينيذ امر الملك بان تحضر
ابنته : فحضرت وامها معها : فلما [3]نظروا الرسل الجرية حزنو⌈ا⌉ بما عمل بها
الشيطان . فقال بطرس للملك : اريدك تقول لنا ايش اخطيت ولاى حال اخرج
f. 5a الطير عين بنتك . فقال الملك لبطرس كم اطبا وحكما قامو⌈ا⌉ بين يدي [4]وهذا
شيا لم يسالونى عنه : ولم اسمعه منهم : فان كنتم يتيقنوا انكم تبروها والا
فسدو⌈ا⌉ افواهكم واخرجو⌈ا⌉ من قدامي : وانما قال الملك هذه استحاء من امراته :
ومن الجماعة [5]التى كانو⌈ا⌉ عنده ليلا يقر بخطيته : فقال [6]بولص لبطرس هلم
حتى نصلى قدام سيدنا : ليعطينا الصبر والغلبة فى [7]هذا الجهاد : فقال بطرس
لبولص يا ابي بولص لا [8]تظن انى افضل منك : اعلم انى انكرت المسيح
المخلص ثلاث ⌈مرة فى ليلة⌉ واحدة . وحلفت واحرمت اننى ما اعرفه : حتى
f. 5b لا ينيح في الشيطان الذى تكلم فى ذلك الوقت قبلنى سيدي وصفح عنى
ما اخطيت من اجل دموعي وتحننه علي : وقال ايضا بولص لبطرس وانت
يا اخي بطرس اعلم اننى كنت عدو المسيح ومضطهد كل من يسجد له
وما كنت استحق ان ادعا له رسول من اجل مقاومتي لكنيسة الله : وبفضله
ورحمته اهلنى ان ادعا له رسول وتلميذ ليكونو⌈ا⌉ يتمثلونى ساير الخطاة ويحيو⌈ا⌉
الى الابد : فالان صلى يا ابي بطرس وانا معك وان كنت ⌈تريد⌉ تستحق :
فندعو الطير الذى اخرج عين بنت الملك وهو ياتى ويعرف الملك بخطاياه
f. 6a وخزيه : فصاح بطرس بصوت عظيم وقال ايها الطير الذى جا الى ابنة الملك

[1] Cod. اغتر [2] Cod. يجرب [3] Cod. نضروا [4] Cod. وهذه [5] Cod. الذى
[6] Cod. بطرس لبولص [7] Cod. هذه [8] Cod. تضن

برعموس ملك رومية الحنيفى باسم سيدي ايسوع المسيح الاه كل الخليقة احضر فى هذا الوقت وعرف الملك الحنيفى بما عمل لابنته⌝ ليس يريد يعترف : وعرفه بخطيته : ليغفر الله له : وللوقت حضر الطير وراه كل من حضر وقد بسط اجنحته فى الهوا واوقف بين السما والارض قايلا من هم بطرس وبولص خدام المسيح : فبكا بولص وقال ان كنا مستحقين [1]لهذا الاسم فنحن هم خدام المسيح ولكن [2]تكلم ايها الطير ولا تخاف وبكت الملك على خطيته [f. 6b] [3]وخزيه : حينيذ اجاب الطير : اسمعوا⌝ يا مختارى الله : فهوذا الجهل واتكلم بين ايديكم : لما كان يوم ذكر مولد الملك الحنيفى : عمل وليمة عظيمة : وشرب وسكر وابصر جارية جميلة الحسن جدا : وطلب ان ينام معها فلم تجيبه الى ذلك : فلما لج عليها ولم تواتيه سخط عليها وحبسها في اسطبل الدواب وامر ان لا تعطا خبز ولا ماء : واي من دفع اليها شى تاكل او تشرب يوخذ راسه بالسيف : فمكثت الجارية فى شدة عظيمة اثنعشر يوم : وبعد ذلك ذكرتها ابنة الملك فى قلبها وقالت الويل لي ان تلك الجارية [4]التى حبسها ابي بجهله [f. 7a] وغباوته تموت من الجوع والعطش· الويل لى . . . . هالكة . . . . ابي ولا اد . . . . من الجوع والعطش ولا افرج عنها : فتقدمت بنت الملك فناولها خبز وماء من الكوة : وكنت انا الطير واقف فدخل فى عقلي شى ولم ادرى ما صنعت : عند ذلك نزلت الى عند بنت الملك : وقلعت عينها اليمين وطرت ذاهب الى البرية : وفى [5]مضيي عميت عيني اليمين : وسقطت تحت شجرة منذ [6]ثلاثة عشر يوم ولم [f. 7b] [7]اذق شيا : والان قد جيت بغير هواي لاعرفكم ما فعلته وما فعل الملك : وانا مضطهد من الملك السماوى الاهكم الذى هو المسيح. حينيذ قال بطرس للملك عرفنا الان فم من يسد افواهنا ام فمك : عند ذلك بكا الملك بين يديهم وقال ليس لى وجه اخاطبكم لان [8]هذا الطير قد اخزانى : وذلك بقوة الاهكم : حينيذ قامت الملكة وقدمت بنتها لوحيث قدام الرسل : وقالت اسالكم يا ساداتي ان ترحمونى وتشفوا⌝ بنتي هذه الجارية الوحيدة التى لامتك : عند ذلك وضع بطرس

[1] Cod. لهذه [2] Cod. اتكلم [3] Cod. واخزيه [4] Cod. الذى
[5] Cod. مظيي [6] Cod. اثلاثة [7] Cod. اذوق [8] Cod. هذه

⌜يده⌝ على عين ابنة الملك : وقال باسم سيدي ايسوع المسيح نور العالم

f. 8a تكوني مثل صاحبك : ومن ساعتها صارت . . . .

. . . .

. . . .

. . . .

. . . .

. . . .

. . . .

f. 8b واجتمعوا⌝ الناس : وصعد الملك وجماعة الريسا والملكة وبنتها وساير الناس [1]لينظروا⌝ ما يصنعوا⌝ الرسل : حينيذ قام بطرس وبولص ووقفوا⌝ فى وسط الناس : فصاحوا⌝ جماعة اهل رومية قايلين [2]اظهروا⌝ لنا اليوم قوة الاهكم لنعاين ذلك وتحقق وتصح امانتنا . عند ذلك قال لهم بولص يا اهل رومية اسمعوا⌝ ... كلامي : كل من كان عليل او مريض او اخرس او مجنون او اعما او مقعد او ميت قد راح يدفن فليحضروه الى هاهنا وياخذه صحيح باسم السيد ايسوع المسيح :

f. 9a عند ذلك مضوا⌝ جماعة اهل رومية وجمعوا⌝ ساير الاعلا وتركوهم فى وسط التاطرون فجعلوا⌝ يصيحوا⌝ قايلين اشفوا⌝ لنا اعلانا يا رسل المسيح [3]لننظر ونعطى المجد والوقار لالاهكم : حينيذ اشار اليهم بطرس ان يسكتوا من الصياح : فلما سكتوا⌝ ختم نفسه برسم الصليب المكرم فامتلا من روح القدس : وانه خاطب بلسان الرومى : وقال يا اهل رومية الى متى تكون قلوبكم عمى وليس لكم معرفة وانتم من الامانة بالله غربا : وتسارعوا الى الاوثان المحمولة بايدى ⌜الفاعل⌝ وتركتم الاله القوى العظيم الذى نفوسكم فى يده : اتركوا⌝ الان الكفر الردى الحنيفى وارجعوا⌝ الى ... السيد المسيح الذى هو وحده الاه الحق

f. 9b الازلى وليس الله غيره .. هو الذى صنع السما والارض بحكمته : وجمع الامياه الى

Is. xl. 12 الابحار : وجعل للماء حدود لا تتغير : الذى مسح الارض بشبره وكال التراب

Ps. cxxxvi. 8, 9. بحفنته : وهو الذى وزن الجبال بالقبان والاكام بالميزان : وصير الشمس

[1] Cod. لينضرو [2] Cod. اضهرو [3] Cod. لننضر

لسلطان النهار : والقمر لسلطان الليل : الذى جعل ملايكته من ريح وخدامه [Ps. civ. 4; Heb. i. 7] من نار تتقد : الذى تمجده طغمات الروحانيين السارافيم والكارابيم مستنيرين من نور بهجته : الجالس على كرسى اللهيب ونهر النار تجرى بين يديه : الوف الف وربوات ربوات سبحوا لاسمه : الذى حصا الكواكب وجعل لها اسما : الذى يبصر الى الارض فتفزع منه وينهر الجبال فتدخن : الذى هو راكب على [f. 10 a; Ps. civ. 32] الكاروبيم ويطير على اجنحة الرياح : [1]هذا هو الذى خلق ادم [1]هذا ولد العلى المرسل من اجل الرحمة : هذا هو حمل الله الذى اخذ خطايا العالم: الذى [John i. 29] به [2]يسترضى الاب : [1]هذا هو المنّ الذى نزل من السما [3]وحفظ فى قسط ذهب [Ex. xvi. 33] التى هى مريم العذرا هذا هو خبز الملايكة الذى فى نعمته يطهر كل من اكل منه : هذا ينبوع الحياة من يشرب منه لم يعطش : هذا هو قاتل الموت [cf. John iv. 14] ومهلك الخطية : هذا هو نور العالم والمومنين به يقيدوا : هذا هو صاحب الجهاد المعطى الاكاليل للمجاهدين فى طاعته : هذا هو الشجرة الطيبة الذى [f. 10 b] منها غذى الروحانيين : هذا هو السلم المودى الى العلى وفيه يصعدوا القرابين الى عند الرب : هذا هو باب الله وفيه يدخلوا الصديقين : هذا هو رجا الصالح الذى لا يخزوا المتوكلين عليه : فهلموا اليه يا ابنا رومية واتكلوا عليه فان وجوهكم لا تخزا الاغنيا افتقروا وجاعوا : والفقرا شبعوا وفضلوا : فان انتم طلبتم الرب فلم يخبى عنكم خيراته : فلما قال بطرس هذا الكلام واكثر منه : صرخوا اهل رومية وقالوا يا رسل المسيح اشفوا لنا اعلانا : فقال بطرس لبولص املا لى قسط ماء وقدمه بين يدي . حينيذ قدم له بولص قسط ماء [f. 11 a] واحضره بين يديه : فرسم عليه بطرس برسم الصليب وقال باسم ربي ايسوع المسيح مبرى كل الاوجاع الذى نبع هذا الماء من الارض ويكون شرب فشفى الاسقام والاوجاع المختلفة : فدفعه الى بولص وقال له : اذهب يا اخي [4]وارشه على كل المرضا : وللوقت يبروا باسم سيدنا ومرسلنا ايسوع المسيح : فاخذ بولص [5]قسط الماء : ورشه على كل الاعلا : ومن ساعتهم بريوا وقاموا يمجدوا الله كثير : وبهذا الرش الذى رشه على كل الناس ولم ينقص ذلك

[1] Cod. هذه [2] Cod. ستظى [3] Cod. وحفض [4] Cod. ورشه [5] Cod. قصط

f. 11 b الماء الذى فى [1]القسط الا كما كان بقى ملان حينيذ صرخوا كل اهل رومية
وقالوا بصوت واحد : حق هذا هو الاله العظيم الذى هو الاه بطرس وبولص
الذى اظهر لنا اليوم [2]هذه [3]العجوبة : ونحن ما كنا نعرف هذا الاله بل هو
برحمته ارسل لنا مخلص : واقبلوا الى الرسل يسجدوا لهم وخروا بين ايديهم
وساروا لهم بالمجد والتسبيح الى بلاط الملك : فحينيذ قال بطرس يا ابنا
رومية نحن اناس مثلكم وليس التسبيح لنا لكن التسبيح والمجد يجب لسيدنا
ومخلصنا ايسوع المسيح الذى بتحننه وكثرة رحمته ارسلنا اليكم : عند ذلك
f. 12 a قاموا الرسل في رومية ستة اشهر وتلمذوا لكثيرين بالامانة المستقيمة وخرجوا
من هناك وذهبوا الى مدينة فيلفوس كما اظهر لهم الرب : فلما دخلوا الرسل
الى مدينة فيلفوس لم يسكتوا ولا يهدوا من ما يبروا باسم المسيح الليل والنهار
والرب كان يقويهم ويشدد عزمهم بالايات والعجايب [4]التى كانوا يصنعوا : وان
العدو لما راى وعرف ما يعملوا الرسل ادعا باراكنته واصحابه وقال ماذا اصنع
بهولا تلاميذ ابن مريم فقد غلبونا وافسدوا كل اعمالنا وحيلنا : ولكن هلموا
f. 12 b بنا نحتال لعلنا نقدر نفسد ما يصلحوا : عند ذلك بدل الشيطان شبهه وغير لونه :
وصار شبه رجل هندى : ولبس ثياب ملك وترك على راسه تاج وادعا بعفريت
وجعله فرسه وركبه : وادعا باربعة من اراكنته وصنعهم كشبه رجال روم
حاملين عصى وسايرين قدامه كشبه الامرا واتا ببلاط الملك بر ومية : وقال
للبوابين ادخلوا وقولوا لبرعموس الملك : ان اخوك ملك الهند قايم على الباب
ويريد الدخول اليك فدخلوا البوابين وعرفوا الملك : فاذن له بالدخول ودخل
f. 13 a معه الاربعة [4]الذين هم اراكنته : فلما ابصره ملك رومية فقام استقبله وصافحه
واجلسه معه على سرير ملكه . عند ذلك ابتدا ملك الهند يبكى ويتنهد وهولايك
الذين كانوا معه : فقال برعموس لماذا يا اخي تبكى وتتنهد ولماذا انت حزين
وهذا وقت حضور المايدة ولكن بعد الطعام عرفنى امرك وماذا جرى عليك وانا
اخذ الطايلة وابلغك مرادك : اجابه ملك الهند وقال له : انا الذى انت ترانى
فى الهوان والذل والضر الشديد : ملك كنت مثلك : وكنت على السند

[1] Cod. القصط [2] Cod. هذا [3] sic [4] Cod. الذى

والهند : وكان لي جيوش كثيرة وعساكر [1]عظيمة في بلد الروم والنوب
f. 13 b وكان لي ولاة وقواد في مشرق البلد وغربيه وفي مصر والشام والعراق وبلد
فلسطين وفي بلاد الهلاليين والارمنين وبلد التيمن والعرب وبلد البربر : ولم
[2]يكن في الدنيا شعب ولا لسان ولا قبيلة الا ولي كانت تطيع ولملكي :
والشرف والهدو في ملكي كان حتى اتاني رجلين ساحرين مجوس : اسم
الواحد بطرس والاخر بولص : فنزلو⌜ا⌝ علي من السحاب ووقفو⌜ا⌝ قدامي في
وسط بلاطي وانا جالس على كرسي ملكي : وحجابي عن يميني ويساري
قيام : فلما رايتهم فزعت وتغيرت من لوني فوثبو⌜ا⌝ الحجاب اليهم ليضربرهم فلم
f. 14 a ادعهم لاني رايتهم شبه ملايكة فيهم : فسالتهم عن خبرهم ومن اين هم : فاجاب
اكبرهم وقال لي انا بطرس من بيت صيدا الجليل : وهذا اخي بولص فهو
من طرسوس ومجينا من ارض الحياة ونحن ⌜عبيد⌝ ايسوع المسيح الرب الاله
ملك الملوك الذي خلق السماوات والارض والابحار وكلما يدب فيها : الذي
خلق ادم بشبهه ومثاله وولد من مريم العذري : وصنع من الماء شراب ومن
خمس خبزات اشبع خلق : وابرا البرص واشفا المرضا : وفتح اعين العمي
واسمع الصم وانطق الخرس واخرج الشياطين واحيا الموتى وصنع العجايب :
f. 14 b وتكلمو⌜ا⌝ بكلام كثير بين يدي واطغو⌜ا⌝ وزراي وحجابي واصحابي ورفضوني
كلهم ونزعو⌜ا⌝ سلاحهم وطرحوه في وجهي وقالو⌜ا⌝ خذ سلاحك عنا فليس لنا هي
حاجة فقد وجدنا الاه سماوي افضل منك وهو ملك بطرس وبولص ضابط
الدنيا كلها : ولم يبقا لي من تلك الحجاب والقواد الا هولاي الاربعة الروم
وقد اتو⌜ا⌝ معي وهم [3]الذين ترا عينك : والان يا اخي فقد شفقت على ملكك
لا يزول مثلي وقد اتيت من بلد بعيد لاعرفك وانصحك ايلا ياتو⌜ا⌝ اليك
ويطغوا اصحابك بسحرهم ويكفروا بك ويتركوك وحدك بغير قوة ولا عسكر :
f. 15 a [4]فتنقضي وتطمع بك ملوك الارض : عند ذلك قام الملك عن كرسيه وكتف
يديه وخر له ساجدا : وقال اشكرك يا اخي وحبيب نفسي لانك شفقت علي
واتيت من البعد لتعرفني هذا الامر : حقا اقول لك انهم اتوني بهذا الشبه

[1] Cod. عضيمة [2] Cod. يكون [3] Cod. الذي [4] Cod. فتنقطي

الذى وصفت انهم اتوك به وكذلك اتونى وقد اتصل بى خبرهم وقد مضو⌈ا⌉ الى مدينة فيلفوس ليطغوهم بسحرهم كما طغو⌈ا⌉ بك وبى : غير انى سانفذ فى طلبهم رقع ياتوا بهم وهم مكتوفين وفى [1]ارقابهم الاغلال : واسلخ جلودهم واجعلها زقاق : واحرقهم بالنار كما تشتهى روحك : حينيذ دعا برعموس الملك f. 15b بقايد من قواده : وامره ان ياخذ الف رومي بالسلاح ويمضو⌈ا⌉ الى مدينة فيلفوس وياتوا بطرس وبولص وفى [1]ارقابهم السلاسلة مسحوبين : وحلف وقال وحيات ابنتي لوحيث ان فعلت ذلك اني ارفع منزلتك . فخرج القايد من عند الملك واخذ معه العسكر ومضو⌈ا⌉ الى مدينة فيلفوس واحاطو⌈ا⌉ بها من كل جانب : فنظرو⌈ا⌉ اهل فيلفوس الروم وهم مقبلين اليهم ولابسين السلاح وقد احاطو⌈ا⌉ بالمدينة ففزعو⌈ا⌉ جدا وغلقو⌈ا⌉ الابواب وطلعو⌈ا⌉ فوق [2]السور وقالو⌈ا⌉ للقايد لماذا جيتنا بهذا العسكر ونحن عبيد الملك وقد ارسل الروم يخربوا مدينتنا : اجاب القايد وقال لم يرسلنا الملك لنخرب مدينتكم بل جينا ناخذ بطرس وبولص f. 16a ريسا السحرة وادعوهم الينا ونرجع عنكم . حينيذ اجابو⌈ا⌉ اهل فيلفوس وقالو⌈ا⌉ لهم اما [3]السحرة فليس فى مدينتنا : بل عندنا رجلين وهم صديقين حكيمين : يبرو⌈ا⌉ النفوس والاجساد : والان امهلونا حتى نعرفهم فان احبو⌈ا⌉ ان يمضو⌈ا⌉ معكم فسلمناهم اليكم وان لم يهوو⌈ا⌉ ذلك فنحن والاهم المسيح الملك السماوى نقاتل عنهم لك وللملك الاحمق الذى وجهك : وان الرسل لما سمعو⌈ا⌉ انهم قد سموهم سحرة شكرو⌈ا⌉ الله كثير وقالو⌈ا⌉ لك الشكر يا ايسوع المسيح لك الذي استحققنا اليوم ان ندعا سحرة من اجل اسمك القدوس وفتحو⌈ا⌉ باب المدينة وخرجو⌈ا⌉ اليهم : وامر القايد ان يعلقو⌈ا⌉ الاغلال والسلاسل فى [1]ارقابهم : فلما ابصرو⌈ا⌉ اهل فيلفوس الرسل وفى [1]ارقابهم الحديد اقبلو⌈ا⌉ يبكو⌈ا⌉ : فقال لهم بطرس لا تبكو⌈ا⌉ يا f. 16b اخوة بل اصبرو⌈ا⌉ وتعاينوا قوة المسيح الاهنا وكيف يجرى لهولا ولملكهم الاحمق الذى ارسلهم : وكان القايد والروم الذين معه ركاب خيولهم : فقال بطرس للقايد ان رايت ان تنزل عن فرسك حتى تصلى وكما يامر المسيح نصنع : فقال له القايد بغضب يا سحار السو رجز برغموس تيقد مثل النار وانت قايم

[1] sic [2] Cod. الصور [3] Cod. سحرة

بسحرك : حينيذ استقبلوا الشرق هم واهل المدينة وقاموا فى الصلاة : فصلا بطرس وقال يا مودى عبيده الى كل بلد ومعين خديمه فى كل موضع فى مجاهدته فى كل قتال : هلم الى [غياثنا] فى [1]هذا الوقت الذى دعوتك واخزى برغموس الملك الذى كفر بك بعد ايمانه : ليتحققوا اهل مدينة فيلفوس f. 17 a المومنين انك انت هو الاه الحق الازلى : ومن تلك الساعة نزل ملاك الرب من السما ودخل بين الخيل وبجعها واقلب بعضها لبعض وجعل ركابها سقطوا على الارض وتدوسهم ˹الخيول˺ بارجلها ومجررهم بافواههم تجرير عظيم ˹والخيول˺ صهلت كلها بصوت واحد وصلت كلها وسجدت قدام الرسل : فسجدوا ايضا قدام الله ومدوا ايديهم الى السما كمثل [2]رسل المسيح : فصاحوا اهل فيلفوس وقالوا : نشكرك يا الاه بطرس وبولص اذ نحن نعاين البهايم تمجدك باصواتها : حينيذ اقبل ذلك يبكى ويصيح والروم الذين معه يقولوا ارحمونا يا بطرس وبولص رسل المسيح : فقال بطرس لهم : اما تريدوا نصنع f. 17 b معكم قالوا نريد منكم ان تسالوا الاهكم ان يساوينا مثلكم خدام فقال لهم بطرس فى [1]هذا الذى انتم لابسين ليس تقدروا تخدموا لملكنا : بل ان احببتم ان تجاهدوا معنا فى هذه القتال اسمعوا قوالنا ان ملكنا هو المسيح و[فى] خدمته السلاح : وقوتنا هى الحياة : وكسوتنا هو الثوب الروحانى الذى قد لبسناه من المعمودية والخوذة [3]التى على روسنا فهى بركة الكهنوت واما المهاميز [3]التى فى ارجلنا فهو تحقيق الانجيل الذى بها ندوس الحيات والعقارب وجميع قوات العدو : وجواشننا فهى الامانة الحقيقة [3]التى بها نستقبل كل سهام العدو : وسيوفنا فهى كلمة سيدنا ايسوع المسيح الذى بها نقطع كل حيل ابليس اللعين : وخيلنا هى السحب التى فى الهوا تحملنا باسم الاهنا f. 18 a وحربتنا فهى صليب سيدنا ايسوع المسيح ودمه الزكى المحى : والان يا اخوة قوموا اذهبوا الى الملك ˹الذى˺ ارسلكم واكفروا به ظاهر واطرحوا سلاحكم بين يديه وقولوا له خذ سلاحك عنا : وقد وجدنا ملك سماوى وهو افضل منك وهو ملك بطرس وبولص : واعلموا هذا يقينا ان الملك يسخط عليكم

[1] Cod. هذه [2] Cod. الرسل [3] Cod. الذى

ويطرحكم فى الحبس· ولكن لا تخافوا منه فان ايسوع المسيح الملك السماوى
الذى تامنوا به هو يخلصكم منه بسرعة : حينيذ قاموا الرسل وباركو⌜ا⌝ عليهم
باسم سيدنا ايسوع المسيح وارسلوهم الى رومية ودخلو⌜ا⌝ الى برعموس الملك
فقال لهم اين هم الرجال السحرة [1]الذين ارسلتكم اليهم: فقالوا له : ايها الملك :
الناس الاخيار الصديقين [1]الذين تشكر منهم الخلايق تسميهم سحرة : [2]وبهذه
المكافاة تكافى القوم الذى ابروا بنتك مجان وكان لها ثلث عشر سنة مشروقة f. 18b
العين : وانهم عند ذلك خلعو⌜ا⌝ سلاحهم وطرحوه قدامه : وقالو⌜ا⌝ له خذ سلاحك
عنا ليس لنا فيه حاجة : فقد وجدنا ملك سماوى افضل منك : وهو ملك بطرس
وبولص الذى لا يزول ملكه الى الابد : حينيذ غضب الملك وقام عن الكرسى :
وجعل يلطم وجه ذلك القايد بيده ويقول له : حقا انى احرقك بالنار حيا : حتى
انظر ان كان الاه بطرس وبولص يخلصك من يدي : حينيذ اجابوه وقالوا
ان الاه بطرس وبولص بتحننه يقدر ان يطفى نارك وسخطك : وان الملك امر
ان يطرحوهم فى الحبس· وفيما هم سايرين الى الحبس كانو⌜ا⌝ يمجدو⌜ا⌝ الله f. 19a
الذى من اجله يحبسوا : عند ذلك قال ملك الهند لبرعموس : لم [3]اقل لك
انهم يطغوا اصحابك بسحرهم وكلامهم : فقال ملك رومية وحق الالهة وحياة
رومية العظما ان كل ما قلت لى صح : وان الملك استدعا قايد اخر وقال
له : خذ معك اربعة الاف فارس وامضو⌜ا⌝ الى مدينة فيلفوس وحلو⌜ا⌝ فيها النهب
واهلكو⌜ا⌝ سكانها بالسيوف : ولا تشفقو⌜ا⌝ على كبير ولا على صغير : لانهم [4]طغو⌜ا⌝
بقوة سحرهم عنيد ارادتنا : فخرج القايد من عند الملك وامر الروم واعطاهم
علامة اذا ضرب البوق الاخر يركبوا ويسيروا معه : عند ذلك ظهر روح القدس f. 19b
للرسل وهم فى فيلفوس : وعرفهم ما تكلم به ملك الهند مع ملك رومية وما
ولف العدو عليهم : فاجاب بطرس وقال يا اخي بولص [5]قم نصلى قدام سيدنا
ايسوع المسيح ان يخلصنا من مكرهم فى هذه الليلة : يا اخي قد عمل
البطريق ان يجى يطلبنا من مدينة رومية ومعه اربعة الاف رجل بالسلاح
ويتولو⌜ا⌝ المدينة ويحلو⌜ا⌝ فيها النهب والحريق ويهلكوا اهلها بالسيوف من اجلنا :

[1] Cod. الذى [2] Cod. بهذه [3] Cod. اقول [4] Cod. صغو [5] Cod. قوم

ولكن يا اخي [1]قم نصلى قدام سيدنا ومخلصنا ايسوع المسيح : كما تهوا بقدرته f. 20 a كذلك يصنع. وفى الوقت الذى قاموا فيه الروم فيسيروا اليهم : فى تلك الساعة نزلت غمامة وحملت الرسل : وانزلتهم فى وسط بلاط الملك برغموس وهو جالس على سرير ملكه : مفتكر من اجل القايد الاول واصحابه كيف يهلكهم : فلما نظر الملك الرسل قيام قدامه صاح عليهم قايلا يا بطرس وبولص السحرة الطغاة انفس اهل الدنيا : قال له بطرس ليس نحن سحرة بل نحن جينا نطرد عنك الشيطان الذى قد اغواك بسحره فى كل وقت : حينيذ دعا الملك [حجاب] البلاط الذين كانوا على بابه وقال لهم اذهبوا الى . . . .

f. 20 b . . . . . وارسل الى . . . . لا يسير الى

مدينة فيلفوس : ولما كان الغد امر الملك فضرب البوق فى كل المدينة بان يجتمعوا الناس لينظروا الى حريق بطرس وبولص السحرة وامر الملك ان يوتا [2]بجبتين ويصيرهم فى وسط المدينة : وامر ان تحما خوذتين حديد بالنار وتجعل على روسهم فصنعوا بهم ذلك واقبل يدخن تحتهم ويقول يجى الان المسيح يخلصكم من يدي ويطفى هذا النار عنكم وان بطرس اوجعه كلامه جدا : وكلمه بولص بالعبرانى وقال صلى يا ابي بطرس قدام المسيح [3]واساله ان يخلصنا من [4]هذا العذاب فاننى فى شدة عظيمة منه : ونفسي قد بلغت f. 21 a الموت فاما بطرس فلم يتالم من ذلك العذاب لانه كان كثير الامتحان والتجارب فاجابه بطرس وقال لبولص اصبر يا اخي قليل فانه [هكذا مكتوب] الناصح فى الصبر يستحق انه ياخذ [اجرة عظيمة.] حينيذ صلا بطرس وقال يا سيدنا ايسوع المسيح هلم الى معونتنا فى هذه الساعة وخلصنا من هذه الشدة ومن برغموس الكافر ويخزا مع معلمه ملك الهند ويخرج القايد واصحابه المومنين من الحبس ويبصروا مجدك وكرامتك ويتحققوا بامانتك : وللوقت سمعت صلاة الرسل ونزل ملاك الرب من السما : فاحدر بطرس وبولص عن f. 21 b الحبس واقامهم على الارض : ونزع الخوذتين عن روسهم وصيرهما مثل التراب ولم يتاذوا الرسل شيا . . . .

[1] Cod. قوم [2] Cod. بنجتين [3] Cod. وساله [4] Cod. هذه

. . . .

. . . .

. . . .

. . . .

. . . .

. . . .

f. 22a طويل الروح : بل ارسل واخرج القايد وجميع اصحابه [1]الذين حبستهم فى طغيانك : حينيذ اجاب الملك وقال من ارسل ونحن معلقين : قال بطرس ان كنت حريص ارسل ابنتك لوحيث فبكا الملك وقال لوحيث ارحمينى واشفقى علّى ابوك لانه قد سقط وصار [2]اعجوبة فى العالم فقالت ابنته اذا ارحمك واشفق عليك ودم تلك العذرا [1]التى حبست بجهلك يصيح من الارض قدام الله : cf. Gen. iv. 10 وهو الذى ارسل اليك البلوة : وانه قال لها اسالك يا ابنتي تذهبى تخلص المحبسين لعلهم ياتوا ويسالوا فى امري للملك السماوى : عند ذلك ذهبت لوحيث واخرجتهم من الحبس : فلما اتوا [3] الرسل فوجدوا الملك وساير f. 22b اصحابه معلقين فلما راهم الملك : قال لهم ارحمونى يا رسل المسيح الجدد : ثم قالوا السبح لله دايما الذى اذل ملكك ووضع افتخارك وخلصنا من يدك [1]التى كنا بها معوقين : حينيذ اجاب برعموس الملك وقال مع جماعة الذين كانوا معه معلقين : لا يكون لملك الهند ذكر صالح الى الابد : الذى اطغانا [4]وضلنا بعد هدانا فهو الذى ادفعنا فى [5]هذا العذاب الشديد فنسال الله ان لا يقيم له جاه ولا ملك ابدا : عند ذلك بكا الملك بكا مر وقال يا بطرس وبولص خدام المسيح الرحوم اسالوا فى امري يا احبا المسيح الرحوم لننطلق f. 23a من هذا العذاب الشديد فاقبلونى انتم بايديكم : عند ذلك اعترى بطرس بروح القدس وقال للملك : حى هو اسم السيد المسيح الذى اقر بين يديه الليل والنهار : انك لا نزلت من هاهنا ولا يكون لك فرح ولا لروحك نياح حتى تامن انت بفمك وتكتب بيدك وانت معلق موضعك انه ليس [قوة] ولا ملك

[1] Cod. الذى [2] Cod. عجوبة [3] Cod. + عند [4] Cod. وظلنا [5] Cod. هذه

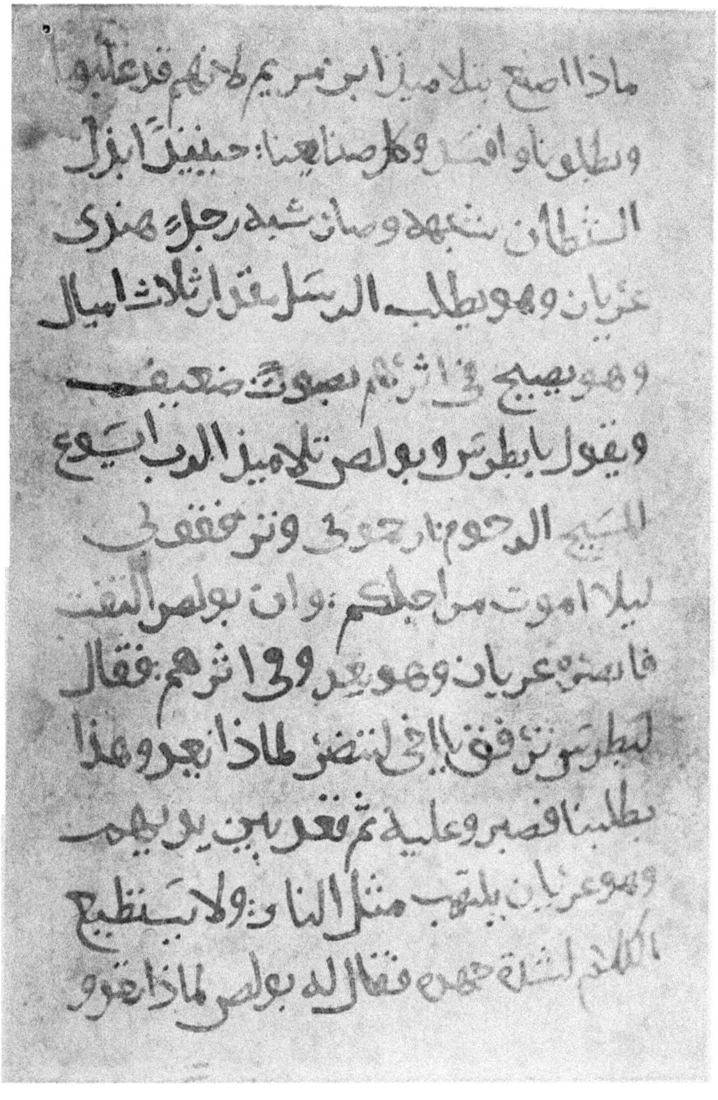
ماذا اصنع بتلاميذ ابن مريم لانهم قد غلبوا
وبطلوا اوامري وكل صنائعنا. حينئذ ابدل
الشيطان شبهه وصار شبه رجل هرم
عريان وهو يطلب الرسل مقدار ثلاث اميال
وهو يصيح في اثرهم بصوت ضعيف
ويقول يا بطرس وبولس تلاميذ الرب يسوع
المسيح الرحوم ارحموني وتحننوا علي
لئلا اموت من اجلكم. وان بولس التفت
فابصره عريان وهو يعدو في اثرهم. فقال
لبطرس تريث يا اخي لننظر لماذا يعدو هذا
بطلبنا فصبروا عليه ثم تقدم بين يديهم
وهو عريان يلتهب مثل النار ولا يستطيع
الكلام لشدة حصره فقال له بولس لماذا تعدو

Cod. Sin. Arab. **خبر**
f. 24 b

فى السموات والارض الا ايسوع المسيح : وبكا عند ذلك الملك من شدة
العذاب وقال اتونى بدواة وقرطاس حتى اكتب لعلى اخلص من [1]هذا العذاب
f. 23 b والشدة فتقوم القايد وناوله دواة وقرطاس وقال له لماذا لم تومن بالمسيح
وانت قايم معلق على الارض مغلوب : حينيذ مسك القلم بيده وكتب وهكذا
اقول قد امنت وتحققت انا برغموس ملك رومية : وكنت انا وجماعتى واهل
مدينتي رومية ونحن معلقين مقهورين ان ليس الاه اخر لا فى السما ولا فى
الارض غير ايسوع المسيح ملك بطرس وبولص : وانا من الان والى الابد مومن
ولا يكون احد يجدف على اسم المسيح الناصرى : ومن كفر به لا يبقا على
وجه الارض بل يطرح فى غمق البحر هو وكل بيته : لان ليس الاه مثله
الذى يخلص سجاده واصحابه من البلا والنار : حينيذ رفعوا الرسل ايديهم
f. 24 a الى السما وقالوا يا سيدنا ايسوع المسيح الاله الصالح الذى لا يكافى احد
باعماله انت يا رب اغفر لبرغموس الملك واصحابه المعلقين معه : لان ملك
الهند الذى اطغاهم ومن تلك الساعة نزل ملاك الرب حلهم وانزلهم الى الارض :
وقاموا الرسل ثلاث سنين وستة اشهر : واسسوا كنيسة عظيمة كاثوليكى واقاموا
بها اساقفة اربعة وعشرين وقسوس اربعين وشمامسة اثنين وسبعين : وابودياكونية
ماية واثنعشر وجعلوا لهم قانون وناموس وامور تليق بخدمة السيد المسيح :
وخرجوا من هنالك [2]ماضيين : وان الشيطان لما راى انه قد غلب وقهر
f. 24 b من الرسل : ثم ادعا بقواته وقال لهم ماذا اصنع بتلاميذ ابن مريم لانهم
قد غلبونا وبطلونا وافسدوا كل صنايعنا : حينيذ [3]ابدل الشيطان شبهه وصار
شبه رجل هندى عريان وهو يطلب الرسل مقدار ثلاث اميال وهو يصيح فى
اثرهم بصوت ضعيف ويقول يا بطرس وبولص تلاميذ الرب ايسوع المسيح
الرحوم : ارحمونى وترفقونى ليلا اموت من اجلكم : وان بولص التفت فابصره
عريان وهو بعيد وفى اثرهم : فقال لبطرس ترفق يا اخي [4]لننظر لماذا يعدو
هذا بطلبنا فصبروا عليه ثم قعد بين يديهم وهو عريان يلتهب مثل النار : ولا
f. 25 a يستطيع الكلام لشدة جهده فقال له بولص لماذا تعدو فى اثرنا : لا [5]تظن اننا
احققنا من برغموس بشى حى هو اسم الرب ايسوع المسيح اننا ليس نملك

[1] Cod. هذه [2] Cod. ماظيين [3] Cod. ابذل [4] Cod. لننضر [5] Cod. تضن

فى [1]هذا العالم غير اللباس الذى علينا ⌜نغطى⌝ به اجسادنا لا غير : فان اخترت
ندفع لك شيا من ما علينا فافعل : فاجاب العدو للرسل وقال اسالكم يا ساداتي
بالقوة العظيمة [2]التى انزلتنى حنونى اذهب من عندكم لان نار حامية
تخدمكم : فقال بطرس احلف لنا ان الموضع الذى نذهب اليه لا تلحقنا
وتشوش علينا ⌜وتفسد⌝ ما نعمله : وان العدو حلف وقال لا وحق نار الجحيم
المعدة لى ولكل اصحابي ان الموضع الذى تكون فيه انت واصحابك لا تطاه
رجلي وان الرسل اطلقوه : فلما تباعد عنهم قليل غير شبهه وصار ثور اسود f. 25b
وسرع لينطح بولص ففزع بولص منه فبادر عانق بطرس وقال يا ابي خلصنى
من هذا الشيطان الهايل الشبه : فقال بطرس لا تفزع يا اخي بقوة ربنا ايسوع
المسيح : اجذب انت بقرن وانا بقرن ونبطبطه : فاقبل يجذب كل واحد
منهم الى ناحية : وعند ذلك صرخ الملعون وقال للرسل بحق ايسوع المخلص
اتركونى [3]امضى من عندكم لان قوتكم عظيمة من عند الاهكم : قال بطرس
للشيطان ليخزيك المسيح ولكل قواتكم : فقال الملعون لبطرس انت نكرت
المسيح ثلاث مرات فى ليلة واحدة انك ما تعرفه : ولكننى ماذا اصنع فانى f. 26a
اذا حاربت واحد منكم على شى وغلبته يذهب يبكى قدام المسيح ويتنهد
فيغفر له فقال بولص للعدو مبارك هو ايسوع المسيح الذى اخزاك واخزا وجهك
وجعلك موطا تحت ارجلنا وباسمه قهرناك : قال الشيطان لبولص افزع يا ممعوط
الشعر واذل الناس كلهم [4]تظن انك بقوتك غلبتنى لو لا رحمة الله انقذتك
منى كنت قد هلكتك بيد الخطية [2]التى كنت بها مكدون الى اخر عمرك
حينيذ بكا بولص وتنهد قدام الرب حتى قال له برحمة الله خلصت مني من
نير الخطية التى كنت بها مكدون عند ذلك اطلقوا الشيطان فقال له بطرس
تحلف وتكذب ان ما تقاومنا اجاب العدو ⌜وهو⌝ يضحك اعطا السبح والمجد f. 26b
للرب الذى يعطى عبيده هذه القوة للمومنين باسمه وعاملين مسرته ولسيدنا
المجد والوقار والسجود [5]والكرامة من الان وكل اوان والى دهر الداهرين امين

نجزت اخبار الرسل القديسين بمعونة الله سبحانه فى الول
والسبح لله دايما وعلينا رحمته امين

[1] Cod. هذه [2] Cod. الذى [3] Cod. امطى [4] Cod. تضن [5] Cod. والكرام

Sinai Arab. 405 p. 1

بسم الاب والابن والروح القدس الالاه الواحد التاسع وعشرون من هذا الشهر
وصف شهادة الرسولين الكبيرين متقدمين الرسل بطرس وبولص ۞

لما قدم بولص من اسبانية الى رومية اقبل اليه كافة اليهود قايلين سبيلك ان تنتصر لامانتنا التى ولدت فيها . فليس هو واجبا ان تكون عبرانيا ومن عبرانيين ان تقول انك معلما للامم وتنتصر لذوى الغلفة وانت نفسك مختون وتبطل امانة ذوى الختانة · فاذا رايت بطرس فجاهد بازا تعليمه · فقد بطل كل تحفظ شريعتنا وقد غلق الاسبات ومواسم روس الشهور والبطالات الشرعية . فاجاب بولص فقال لهم اما انا فيهودى محق وبهذا تستطيعون تختبروننى اننى الى الان احفظ السبت واتامل الختانة المحقة · لان فى يوم السبت استراح الله من كل اعماله ونحن لنا الابا وروسا الابا والتوراة . فما هو الملك الذى [1]يبشر به بطرس فى الامم · لكن ان شا احدبنا يستورد تعليما فعرفوه بلا قلق ما او حسد او تعب [2]لننظر نحن تعليمه ونقف عليه واوبخه امامكم كلكم · فان يكن تعليمه محقا ومحصنا بشهادة كتاب العبرانين فامر لايق ان تقنعوا له وتذعنون فاذ قالوا هذه ونظايرها لبولص مضوا فقالوا لبطرس ان بولص العبرانى قد جا من اسبانية ويستدعيك ان تجى اليه · لان [3]الذين جاووا به يقولون ان ما
p. 2 يمكن احد ممن يروم مخاطبته ان يكلمه بعد ظهوره لقيصر. فاذ سمع بطرس فرح فرحا عظيما · وعلى المكان قام ومضى اليه . فاذ ابصر احدهما الاخر بكيا من الفرح وتعانقا · واهتل احدهما على الاخر دموعا كثيرة . وان بولص خبر بطرس بحديث افعاله وكيف وصل باتعاب كثيرة فى المركب وحدث بولص لبطرس ايضا كم مصاعب تكبدها من سيمن الساحر. وحين صار المسا انصرف بطرس الى منزله · فلما صارت غدوة اشراق النهار اقبل بطرس فوجد كثرة من اليهود امام باب منزل بولص وكان بين اليهود من مسيحيين واممين شغب كثير اما الذين امنوا من اليهود فقالوا نحن الجنس المنتخب

[1] Cod. يسيد [2] Cod. لننصر [3] Cod. الذى

الكهنوت الملوكى · احبا ابراهيم واسحق ويعقوب . وكل الانبيا الذين ناجاهم الله · واراهم اسراره وعجايبه العظيمة · فاما انتم الذين من الامم · فليس فى نسلكم شيا عظيما · بل صرتم شغفين بالاوثان المنحوتات الدنسة المرذولة · فاذ قال هذه ونظايرها الذين امنوا من اليهود اجابهم الذين امنوا من الامم قايلين نحن معما سمعنا الحق للحين اتبعنا المسيح الذى هو الحق بالحقيقة · وتركنا [1]ضلالتنا · فاما انتم فقد عرفتم القوى الابوية · وكانت لكم تعاليم التوراة والانبيا · وعبرتم البحر بارجل مغبرة · ورايتم اعداكم راسين الى العمق · وظهر لكم منار نار ليلا · وظللتكم السحابة نهارا · واعطيتم منا من السما وفاضت لكم مياه من صخرة · فلم تومنوا لكن وبعد هذه الاشيا [2]جعلتم لكم صنما واقمتوه وسجدتم للمنحوت فنحن ما راينا شى من العجايب وامننا بالالاه [p. 3] الحقيقى الذى اذ عصيتموه تركتموه واذ كانوا يتخاصمون بهذه ونظايرها · قال بولص الرسول ما سبيلكم ان يكون بينكم مثل هذه المناظرة والمجاوبة لكن بالحرى املوا هذا فان الله قد كمل مواعيده التى حلف عنها لابراهيم ابينا ان بزرعك تتبارك كل الامم لان ليس عند الله محاباة وجوه . لان كل الذين [Gen. xii. 3; 2 Sam. xiv. 14; Gal. ii. 6; Acts x. 34] [3]اخطاوا ولهم شريعة فبحكومة شريعتهم يحاكمون · وكافة الذين اخطاوا ولا شريعة لهم فبغير شريعة يهلكون . [cf. Rom. ii. 12] فنحن يا اخوتي سبيلنا ان نشكر الله . لانه برحمته اختارنا شعبا له قدوسا حتى ان به سبيلنا ان نفتخر . ان كنتم اولا يهودا او يونانيين فانتم كلكم واحد بالايمان باسمه . فاذ قال هذه الخطوب بولص هدوا الذين من اليهود والذين من الامم . وكذلك وبطرس علمهم قايلا ان الله وعد لرييس الابا داوود قايلا من ثمرة بطنك اجعل على كرسيك هذا [cf. Ps. cxxxii. 11] لكلمة الله وارسل ابنه · فتجسد من زرعه الذى شهد داوود من اجله بذاته قايلا انت هو ابني وانا اليوم ولدتك . [Ps. ii. 7] والاب شهد نفسه من السما قايلا هذا هو ابني الحبيب من به سررت له فاسمعوا [Matt. xvii. 5] وهو الذى صلبه من تلقا الحسد روسا الكهنة وروسا الشعب ومن اجل خلاص العالم سمح ان تصيبه هذه كلها · وبه فتح الله للكل مدخلا لبنى ابراهيم واسحق ويعقوب وكل امة

[1] Cod. ظلالتنا [2] Cod. عجلتم [3] Cod. اخطاووا

الارض بايمان اعترافهم واقرارهم به يكون لهم حياة وخلاصا باسمه · لان الذى p. 4 وعد الله ابراهيم قد اكمله · فلذلك يقول عنه داوود النبى حلف الرب ولن Ps. lx. 4 يندم انت هو الكاهن الى الابد على ترتيب ملكيسداق لان المخلص صار كاهنا اذ قدم للاب الذبيحة المثمرة كلها ذبيحة جسده ودمه عن كل العالم · فاذ قال بطرس وبولص هذه ونظايرها صمتوا كلهم · وسمعوا منهما تعليمهما وكرزهما لكل المومنين كلمة الله · وكان كل يوم تشكاير الذين يومنون بربنا ايسوع المسيح كثرة لا تحصى · فاذ تامل روسا جميع اليهود وكهنة اليونانيين ان بكرازتهما قد امن الا قليل كل اهل رومية بربنا ايسوع المسيح · طفقوا ينشيون عليهما هرجا وتدمرا فى الشعب ويمدحون سيمن الساحر قدام كثرة المتلوين من الرسولين · واجتهدوا ان يجعلوا هذا الامر امام نارون الملك مشهورا · ويكذبون رسولى الرب وفى كثرة الشعب التى لا تحصى التى عادت الى الرب بكرازة بطرس اتفق ان امنت امراة نارون ليفيا وامراة الوزير اغريبا التى اسمها اغربينا · فامنتا هكذا حتى انهما ابتعدتا من ملاصقة رجليهما وبتعليم بولص استحقر ناس كثيرين الجندية ولصقوا بالله حتى ان قوما من قصر الملك قصدوهما وصاروا مسيحيين ولم يريدوا يعودوا ايضا الى الجندية ولا الى البلاط · من هاهنا وجد المحال فرصته وشغب الشعب ودمره · وجر له بالغيرة وانهضها تتقول على بطرس مثالب ردية يسميه ساحرا ومضلا · وامن p. 5 به الذين عجبوا من اياته · لانه كان يعمل حية نحاس من ذاتها · واصنام حجارة تضحك وتتحرك من ذاتها · وكان فى احضاره يجعل ذاته بغتة يظهر فى الهوا قدامهم · واما بطرس فكان يشفى المرضى بكلمة · ويجعل العميان يبصروا واذا صلى بامرته يهرب الجن ويقيم الموتى · وكان يقول للشعب ان يهربوا من طغيان سيمن المضل بل ويشهدونه ليلا يباهروا متعبدين للمحال وهكذا صار لان الناس الورعين كلهم كانوا يرفضون سيمن الساحر ويشيعون انه لا بر فيه · فاما اللاصقون بسيمن وكانوا يزيرون على بطرس ويشهدون كذبا انه ساحر جميع التابعين سيمن الساحر حتى ان الخبر اتصل بنارون قيصر · فامر ان يحضر الى حضرته سيمن الساحر · فلما دخل وقف

امامه . وطفق يتبدل صورا بغتة حتى انه كان يصير مرة بغتة صبيا وبعد قليل شيخا· ومرة اخرى شابا· لانه كان يتبدل فى الوجه والقد صورا مختلفة ويتشامخ متخذا للشيطان خادما· فلما راه نارون ذهل حتى انه [1]استشعره نفسه ابن الالاه واما الرسول بطرس فقال ان هذا كاذب وساحر· وردى لا بر فيه· وعاصى ومقاوما فى كل شى ارادة الله· وما قد بقى شى الا ان تظهر بامر الله ذنوبه وماثمته· وتصير واضحة للكل· فحين دخل الى نارون الملك قال اسمع ايها الملك الصالح· انا هو ابن الله الذى نزلت من السما· والى الان كان بطرس المدّعى عن ذاته انه رسول بطابقتي رايا . والان قد p. 6 ضاعف سيئته وبولص فهم بهذه الاشيا يعلمان ويعتقدان الارا التى تضاددنى اعنى الكرازة التى يشيدان بها· فعن هذا الامر ان لم تامر فى اهلاكهما جملة· فمن البين ان ملكك ما يستطيع ثبوتا· حينيذ استوعب نارون اهتماما فامر للوقت باسراع ان يحضر اليه· وفى اليوم المقبل دخل الى نارون سيمن الساحر وبطرس وبولص رسولى الرب فقال سيمن هذان تلميذا الناصرى الذى لم يكن حسن جدا ان يكون من شعب اليهود· فقال نارون وما معنى الناصرى· فقال سيمن مدينة فى بلد يهودا التى كانت تضاددنا جدا دايما يقال لها ناصرة· فقال ومعلم هذين منها صار· فقال نارون ان الالاه يعتنى بكل انسان ويحبه· فانت لم تضطهد هذين فقال سيمن هذان الرجلان استردا كل جنس اليهود الا يومنوا بى· فقال نارون لبطرس لم تخالفون وتناصبون جنسكم بعضكم بعضا· حينيذ قال بطرس لسيمن قد تقويت على جماعة بخدايعك· فاما علي انا فلم تقتدر· وجماعة الذين خدعوا منك قد استعادهم الله بي من [2]ضلالتهم وقد جربت فلم تستطع ان تقهرنى وانا متعجب كيف تبدلت بكل لون امام الملك وتتعاظم· وتظن ان بصناعتك السحرية تغلب تلميذى المسيح· فقال نارون ومن هو المسيح· فقال بطرس الذى هذا سيمن الساحر نفسه يتجبر باطلا وهو انسان شرير جدا وافعاله محالية· ويدعى انه هو اياه· فان اثرت ايها الملك الصالح ان [تعرف] الاشيا التى عملت من اليهودية فى امر المسيح واخباره

[1] Cod. استسعره [2] Cod. ظلالتهم

p. 7 فاستحضر الكتب التى وردت من بيلاطس البنطى مرسله الى قلوديوس وحينيذ
نعرف كل شى · فامر نارون ان يحضر الكتب وتقرا قدامه · وكان فيها هكذا .
من بيلاطس البنطى الى قلوديوس ان افرح . اتفق ان صار فى ايامي امرا
اجرده لك لخيصا · ان اليهود لحسدهم انفسهم · ومقاومتهم عذبوه بحكومات
متعبة لان اباهم اخبروهم بما يزمع ان يكون ان الاههم يرسل لهم قديسه
من السما الذى يقال له بواجب ملكهم . ووعدهم ان يرسله على الارض من
عذرا · هذا اذا فى ولايتي على اليهودية جا الاه العبرانيين ورايته يضى ابصار
العميان وينقى البرصان ويشفى الزمنى . ويهرب الجن من الناس ويقيم الموتى ·
وينتهر الرياح يتمشى برجلين مغبرتين على امواج البحر واجترح عجايب
كثيرة . وكافة شعب اليهود كانوا يقولون انه ابن الله · فتحرك عليه روسا
الكهنة بحسد فمسكوه واسلموه الي وكذبوا عليه باشيا عوض اشيا · وقالوا انه ساحر
ويعمل افعال تضادد الناموس فصدقت انا ان اقوالهم محقة . فدفعته اليهم
مجلودا برايهم · وانهم صلبوه واذ دفن اقاموا عليه حراسا · والحراس كانوا
من جندي . فقام فى اليوم الثالث فعلى هذا توقد شر اليهود حتى انهم اعطوا
cf. Matt. xxviii. 13 الجند فضة قايلين قولوا ان تلاميذه جاووا ليلا فسرقوا جسده . لكنهم اخذوا
p. 8 الفضة ولا استطاعوا . يكتمون الامر الكاين وشهدوا انه قد قام لانهم ابصروا ذاك
قايما . هذه طالعتك بها . لكيلا يكذب احد فتصدقون اقوال اليهود الكاذبة . فاذ
قريت الرسالة قال نارون يا بطرس قل لى هذه كلها هكذا عملت به . فاجاب
بطرس ايها الملك هكذا هو الامر . طالبا ان توقن به وان سيمن هذا مملوا
كذبا وخداعا . فاما المسيح فيه نهاية كل غلبة من اجل الالاه · ومن اجل الانسان
الذى اتخذ فلذلك المجد لا يدرك الذى اهل الناس له بالانسان · وهذا
سيمن فيه موضوع ⊙ جوهران انسان وشيطان . فبالانسان يحاول ان يعوق
الناس · فاجاب سيمن اننى لاعجب ايها الملك الصالح كيف تحسب هذا شيا
انسانا غير مودب صيادا شديد الفقر · ولا سلطة له لا فى كلام ولا شارك
جنسا لكن ليلا احتمل هذا العدو اكثر الان اوعز الى ملايكتي لينتقموا لي

بمجيهم· فقال بطرس لست ارهب ملايكتك اوليك اولا بهم ان يخافوا مني بقوة ربنا ايسوع المسيح والتوكل عليه· الذى انت نفسك تكذب عليه· فقال نارون اما ترهب سيمن الذى يحقق لاهوته بافعاله وبالامور . فقال بطرس اراك هو اللاهوت الذى يفتش مكتومات القلب فليقل لى الان ماذا افكر به وماذا اعمل· والفكر الذى افتكر به قبل ان يكذب هو عليه انا اظهره لاذنيك· ليلا يجترى ان يكذب ويحرف ما افتكر به. فقال نارون تقدم الي وقل لى افتكارك . (p. 9) فقال بطرس امر ان يجاب خبز شعير. واعطاه سرا . فلما امر باحضاره واعطيه بطرس سرا . قال بطرس ليقل سيمن لى ماذا افتكرت او ما هو القول او ما هو الذى صار. فقال نارون اتريدنى اصدق ان سيمن ما يعرف هذا من قد اقام مايتا وضرب عنقه . فاقام ذاته بعد ثلثة ايام . ومهما قلت له يعمله يفعله . فقال بطرس لكنه لم يعمل بى انا شيا .، فقال نارون الا انه بحضرتي انا قد فعل هذه كلها . وقد امر ملايكته ان يجيوا اليه فبادروا [1]وجاوه . فقال بطرس ان كان قد فعل الامر العظيم. فلم لا يعمل الحقير. ايقل لى ما اضمرته . وما ذا قد عملت . فقال نارون ما تقول يا سيمن اما انا فلم يتحقق عندى شيا من امركم· فقال سيمن ليقل بطرس ما ذا انويت . فقال بطرس ما قد اضمره سيمن انا بذاتي اعرف به فى افتعاله بى ما قد اضمره. فقال سيمن اعلم هذا ايها الملك الصالح ان افكار الناس لن يعلمها احدا الا الله وحده . فبطرس اذا كذاب . فقال بطرس انت يا من تقول عن ذاتك انك ابن الله . قل لى ما ذا فكرت فيه وما قد فعلت الان فى السر ان كان ذلك يمكنك· فعرفنا بينا . لان بطرس كان قد بارك على الخبز الشعير الذى اخذه وكسره وضمه باصابع يده اليمنى . واليسرى . حينيذ اذ اغتاظ سيمن لانه لم يستطع يقول مكتوم الرسول الذى لم ينطق به هتف قايلا فليخرج كلاب ولتاكله قدام قيصر. بغتة كلاب كبار ووثبت الى بطرس. (p. 10) واذ مد بطرس يديه فى الصلاة واوصل الخبز الذى باركه . الذى لما ابصرته الكلاب لم تظهر [2]السانة عودا· حينيذ قال بطرس لنارون ها قد اريتك اننى قد عرفت ما ذا اضمره سيمن الساحر لا قولا فقط . بل بالافعال لانه ليس له

[1] Cod. وجوه [2] sic

ملايكة يطلقها علي . فاجتلب علي كلاب ليوضح ذاته ان ليست له ملايكة الاهيين بل كلبيين· حينيذ قال نارون لسيمن ما الامر يا سيمن اظننا قد انهزمنا . فقال سيمن هكذا وفى اليهودية وفى كل فلسطين وبقيسارية قد عمل بى هذه الاشيا . وقد خاصمنى مرارا كثيرة وعرف هذا انه مخالف لهذه الامور فعرف هذا اذا ليهزمنى لان افتكار الناس لن يعرفها احد الا الله وحده . فقال [1]بطرس لسيمن انت تخيل عن ذاتك انك الاه بمبالغة . فلم لا تظهر افكار كل احد . حينيذ لفت نارون الى بولص . وقال انت يا بولص لم لا تقول شيا . فاجاب بولص وقال يا قيصر استيقن هذا علما انك ان امهلت لهذا الساحر ان يعمل مثل هذه المساوى سينمى فى بلدتك شرا عظيما وينشق ملكك من قبل مقاومته . فقال نارون لسيمن ما ذا تقول انت . فقال سيمن انا ان لم اوضح ذاتي جهرا الاها . فما ينقاد احد الي العبادة الواجبة لى . فقال نارون فلم تبطى الان وما ترى ذاتك الاها . لكيما يعذب هذين . فقال سيمن امر ان يبنى لى برجا عاليا من خشب واصعد اليه . واستدعى بملايكتي . فامرهم ان يصعدونى بمعاينة الكل الى ابي الذى فى السما . فاذا لا يستطيع هذان p. 11
ان يفعلا هذا يوبخان لانهما رجلان لا ادب لهما . فاذ سمع نارون قال لبطرس اسمعت يا بطرس المقول من سيمن من هذا الامر. يستبين لمن هى القوة لهذا ام لالاهك . فقال بطرس ايها الملك العزيز لو شيت لامكنك ان تتامل هذا انه موهب جنا . فقال نارون لم تجعلان محال اقوالكم دايرة لى غدا يختبر امركما معا . فقال سيمن اما تصدق ايها الملك الصالح اننى عظيم الشان بما اننى متت وقمت لان سيمن العاصى كان بسو افعاله قد قال لنارون امر بضرب عنقي فى موضع مظلم. وذرنى هناك ذبيحا فان لم اقم فى اليوم الثالث فاعلم اننى كنت ساحرا . وان قمت فاعرف اننى انا ابن الله فاذ صار هذا بامر نارون عمل فى الظلمة بصنعته السحرية هذه الحيلة ان تضرب عنق كبش· وكان يظهر كانه سيمن الى ان ضربت عنقه· فلما ضربت عنق الكبش فى الظلمة اخذ السياف الراس فوجده راس كبش لكنه لم يوثر ان يقول هذا للملك ليلا يجلده ضربا اذ امره ان يعمل هذا فى الخفى· فاذ

[1] Cod. سيمن لبطرس

عبرت ساعة واحدة رام الملك ان يعرف صحة هذا · فحين ابصر الراس عجب· فمن هاهنا قال سيمن انه قد اقام ذاته بعد ثلثة ايام· لان بعد ان اورى الملك الراس · رفع بالسحر [1]الاعضا اى الجثة · فاما الدم فبقى هناك · وفى اليوم الثالث اظهر ذاته لنارون الملك · وقال امر ان يمسح دمي المهراق فاننى هذا المقتول صحيحا كما قلت اننى فى اليوم الثالث اقوم · واذ قال نارون ان p. 12 غدا يختبر امركم لفت الى بولص وقال له انت، يا بولص لم لا تنطق شيا او من علمك ومن هو معلمك وكيف علمت فى المدن وانما اشيا صارت بتعليمك · فانى اظن انه ليست عندك شيا من حكمة ولا يمكنك تكمل قوة ما فاجاب بولص اتريدنى اخاطب انسانا شريرا ساحرا قد دفع نفسه الى الموت الذى سيمضى سريعا الى الابادة والتهلكة . او يجب ان اكلم من يجاوب بما ليس هو ويتهزى بالناس بصناعته السحرية · ويهورهم الى الهلاك فان اثرت ان تسمع اقواله وتعضده ستهلك نفسك وملكك. لانه انسان ردي جدا. وكما ان الساحرين المصريين يانيس ويامبرس استضلا فرعون وعسكره الى ان تغرقوا فى البحر كذلك وهذا بتعليم المحال ابيه يقنع الناس وهكذا يخدع كثيرين من الساذجين لامتحان ملكك · وانا اذ ابصر كلام المحال المستفيض فى هذا الانسان· اخترع زفرات قلبي مع الروح القدس مبتهلا ان يمكن يعرف ما هو لاننى كما [2]اظن انه يتعالى الى السماوات ويغوص بمقدار ذلك فى عمق الجحيم حيث البكا وقعقعة الاسنان . فاما امور تعليم معلمي التى سالتنى Matt. viii. 12 عنها · فما يحتمل وسعه الا الانقيا قلبا المعتصمين بالامانة . لاننى قد علمت فرايض الامانة والمحبة والسلامة · دايرا من اورشليم الى اللوريقوا قد اكملت كلمة السلامة · لاننى علمت ان يقدم الناس اكرام بعضهم بعضا · وعلمت الاقويا والاغنيا الا يتشامخوا . ولا يتوكلوا على غنا غامض بل يجعلوا توكلهم p. 13 على الله وعلمتهم ان يكتفوا بالحقير من الغذا واللبوس . علمت الفقرا ان يفرحون بفقرهم· علمت الابا ان يعلموا ابناهم التادب بمخافة الله · والابنا ان يخضعوا لوالديهم فى الوعظ المخلص · وعلمت اصحاب الاملاك ان يودوا

[1] Cod. والاعضا [2] Cod. اضن

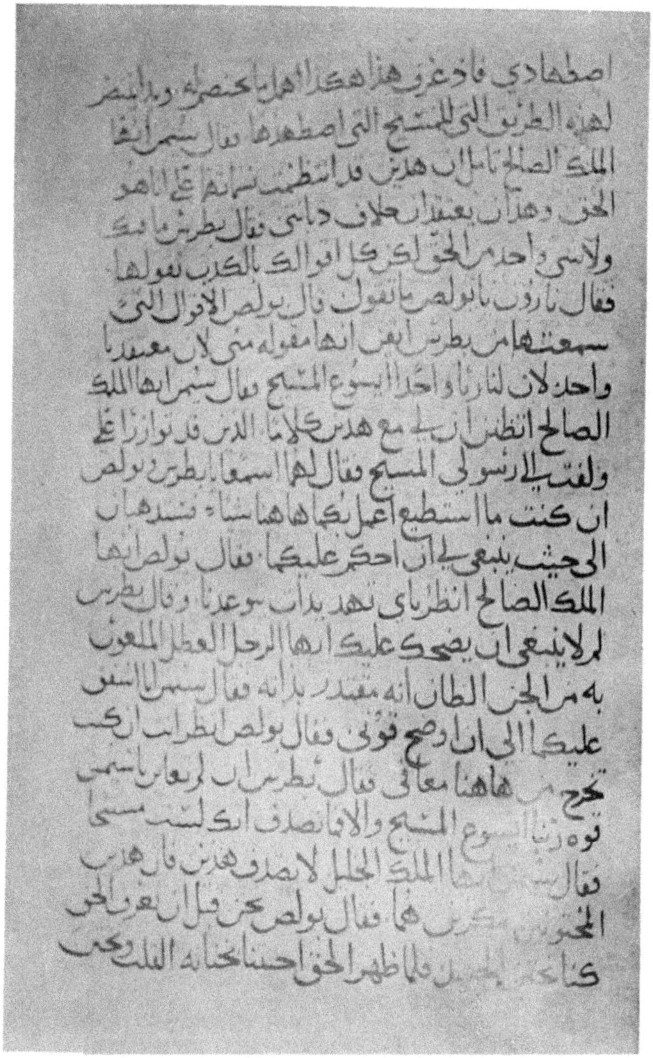

Cod. Sin. Arab. 405

قصة بطرس وبولس

p. 14

الخراج · علمت النسا ان يوددن رجالهن ويرهبنهم مثل سادة · والرجال ان يحفظوا الامانة للنسا وعلمت السادة ان يستعطفوا عبيدهم بوداعة · والعبيد ان يخدموا مواليهم بامانة · وعلمت جميع المومنين ان يعبدوا الاها واحدا ممسكا كلا · لا مريي ولا مدروكا · هذا هو تعليمي وليس هو من ناس ولا بانسان Gal. 1. 11, 12 بل اعطيته بايسوع المسيح الذى كلمنى من السما · فقال نارون انت يا بطرس ما ذا تقول · فاجاب قايلا كل الذى قالها بولص بحقة لانه كان يضطهد امانة المسيح قديما · فصات به صوت من السما ·وعلمه الحق · لانه لم يكن عدوا بحسد امانتنا بل بغاو · لان كان ينشوا مسحا كذبة كثيرون مثل سيمن هذا · ورسل كذبة وانبيا كذبة الذين كانوا يتظاهرون بالرسوم والاشكال الجليلة مسرعين لابطال الحق وكان هذا الرجل مضطرا ان يعطل امرهم وينقض اراهم الذى منذ طفوليته لم يعمل شيا اخر الا ⌜يدرس⌝ اسرار الناموس الالهى التى هى بها صار تلميذ الحق و⌜عاصم⌝ له وطارد الكذب . لان اضطهاده ما صار لحسد لكن ⌜لغيرة⌝ للناموس · وهذا هو الحق ⌜قال له انا الحق بذاته⌝ الذى تضطهده انت ⌜خلى عن⌝ اضطهادي · فاذ عرف هذا هكذا اهمل ما يختصم له · وبدا يتنصر لهذه الطريق p. 14 التى للمسيح التى اضطهدها · فقال سيمن ايها الملك الصالح تامل ان هذين قد انتظمت نسمانهما علي · انا هو الحق وهذان يعتقدان خلاف ديانتي · فقال بطرس ما فيك ولا شى واحد من الحق لكن كل اقوالك بالكذب تقولها · فقال نارون يا بولص ما تقول · قال بولص الاقوال التى سمعتها من بطرس ايقن انه مقولة منى لان معتقدنا واحد · لان لنا ربا واحدا ايسوع المسيح · فقال سيمن ايها الملك الصالح اتظن ان لى مع هذين كلاما · الذين قد توازرا علي ولفت الى رسولى المسيح فقال لهما اسمعا يا بطرس وبولص ان كنت ما استطيع اعمل بكما هاهنا شيا فستذهبان الى حيث ينبغى لى ان احكم عليكما · فقال بولص ايها الملك الصالح انظر باى تهديدات يتوعدنا · وقال بطرس لم لا ينبغى ان ضحك عليك ايها الرجل العطل الملعون به من الجن الظان انه مقتدر بذاته · فقال سيمن انا اشفق عليكما الى ان اوضح قوتي

فقال بولص انظر انت ان كنت تخرج من هاهنا معافى· فقال بطرس ان لم
تعاين يا سيمن قوة ربنا ايسوع المسيح والا فما تصدق انك لست مسيحا· فقال
سيمن ايها الملك الجليل لا تصدق هذين فان هذين المختونين ماكرين هما·
فقال بولص نحن قبل ان نعرف الحق كنا نختتن الجسد· فلما ظهر الحق
p. 15 اختتننا بختانة القلب ونختتن فقال بطرس ان تكن الختانة يا سيمن ردية·
فلم اختتنت انت· فقال نارون اوسيمون اذا قد ختنت فقال بطرس ما امكنه
يخدع النفوس بشى اخر الا بادعايه انه يهودى وبالتظاهر انه يعلم ناموس
الله· فقال نارون يا سيمن انى لاراك تضطهد هذين بحسد قد تشملك
وكما [1]ايقن ان ذلك لغيرة عظيمة بينك وبين مسيحهما وانى احرز الا تغلبت
منهما فتتشبك بمساوى عظيمة فقال سيمن قد [2]ضللت ايها الملك· فقال نارون
فيما [2]ضللت انا انما اقول ما اراه فيك· لانى اراك عدو امينا لبطرس وبولص
ولمعلمهما· فقال سيمن لم يصر المسيح لبولص معلما فقال بولص نعم باستعلانه
لى ادبنى وعلمنى· لكن قل لنا انت المسلة التى سيلت عنها لم انت مختون
فقال سيمن ولم تسلانى عن هذا· فقال بولص هذه مسلة سالناك الك عذر
تحضره عن ما سالناك· فقال نارون لم قد ذهلت حايرا عن اجابتها· فقال
سيمن اسمع ايها الملك فى ذلك الاوان الذى امرنا بالختانة من الله قبلتها
انا· ولذلك ختنت· فقال بولص اسمعت ايها الملك الصالح المقول من سيمن
ان تكن الختانة حسنة فلم اسلمت انت القوم المختونين وتضطرهم ان يقتلوا
مسجونين· فقال نارون ما قد تحقق عندي علم شى صالح منكما· فقال بطرس
وبولص ان استشعرت امورنا محقة ام ردية· فما يتباطا الامر حتى نتم اضطرارا
p. 16 ما قد وعدنا به معلمنا· وقال نارون وان لم اوثر انا ذلك· فقال بطرس لا
كما تشا انت لكن كما يشا ذاك الذى وعدنا يكون· وقال سيمن ايها الملك
الجليل ان هذين الانسانين قد استفرصا سرعة انعطافك فاقتضاءك فقال نارون
انت الذى قد سكتنى بمداهشك كما ها انا اتامل· فقال سيمن كم من
امور حسنة وايات قد رايتها منى فاعجب كيف قد شككت· فقال نارون انا

[1] Cod. اقاين [2] Cod. ظللت

ما اشكك ولا امدح احدا منك · لكن الذى اسلكم اياه اجيبونى عنه · فقال سيمن فيما بعد لست اجاوبك عن شى · فقال نارون لانك كذاب لذلك تقول هذه · لكن ان كنت ما استطيع انا اعمل بك شيا · فالالاه القادر يفعل بك ما تستحقه · فقال سيمن ما اجاوبك اصلا · فقال نارون ولا انا مذ الان احتسبك شيا · لانى كما استشعر انك كذوب فى كل شى · ولم اطلب المقال كثيرا · انتم ثلثتكم قد اوضحتم عن ذاتكم ان فكركم لا شان له ولا مقول عليه · وقد صيرتمونى مرتابا باقوالكم المشوشة كلها حتى اننى ما استطيع اصدق امر احد منكم · فقال بطرس نحن انما نكرز الاها واحدا ابا المسيح مخلص مع الروح القدس الالاه الواحد [1]بارى الكل [2]خالق السما والارض والبحر وكل البرايا التى فيهم · الذى هو الملك الحق الذى ليس لملكه نهاية · فقال نارون من هو الرب الملك · فقال بولص هو مخلص كافة الامم · فقال سيمن انا هو الذى تتوخونه · فقال بطرس وبولص لم يكن فيك شيا حسنا يا سيمن الساحر الموعب مرارة · فقال سيمن اسمع يا نارون قيصر · لتعلم p. 17 ان هذين كاذبان · واننى المرسل من السماوات لامضين غدا الى السموات ولاجعلن الذين امنوا بى مغبوطين وساظهر سخطي فى هذين الذين لم يومنا بى وجحدانى · فقال بطرس وبولص نحن قد دعانا الله الى مجده فاما انت المدعو من المحال فاسرع الى التعذيب · فقال سيمن يا نارون قيصر اسمع منى واقضى عنك هذين الموسوسين لكيما اذا انطلقت الى السما الى ابي اكن لك غفارا وبك [3]مرافق فقال نارون وبمن نختبر هذا انك الى السما تذهب · فقال سيمن اوعظ ان تعمل برجا شاهقا من خشب لكيما اذا صاعدت اليه يقبلون ملايكتي فيجدوننى فى الهوا لانهم ما يستطيعون يجيون الي على الارض بين الخطاة · فقال نارون اشا ان اعلم ان كنت تتمم ما تقوله · فحينيذ امر نارون ان يعمل فى موضع يُعرف بالقنبو مارتيوا برجا عظيما عاليا · وان يلتيم كل شعوب المدينة وكل المراتب لمعاينة المشهد · وفى اليوم الاخر

[1] Cod. البارى [2] Cod. الخالق [3] Cod. مرفاق

حين اجتمع الملا · امر نارون باحضار بطرس وبولص · وقال لهما الان يظهر
الحق · فقال فطرس وبولص نحن نشهر امر هذا لكن ربنا ايسوع المسيح ابن
الله الذى كذب عليه هذا نفسه هو يشهر نفاقه · ولفت بولص الى بطرس
فقال له انا احنى ركبتي لله متضرعا اليه · واما انت فابتهل لانك انت
المقدم انتخابك من الرب اولا · والمسيم راعيا · واذ ركع بولص على ركبتيه
صلى بطرس · ثم رفع ناظره الى سيمن قايلا تممت ما بدات به · فقد حان p. 18
اشتهار امرك واستدعونا نحن لان هانذا اريى المسيح الذى يدعونى ولبولص ·
فقال نارون · والى اين تذهبان عنى غير راى · فاجاب بطرس الى السما
يدعونا ربنا · فقال نارون ومن هو ربكما · فاجاب بطرس ايسوع المسيح الذى
هنذا اراه يستدعينا اليه · فقال نارون افانتما اذا تزمعان ان تذهبا الى السما ·
فاجاب بطرس الى حيث يرى الالاه الذى يستدعينا · فقال سيمن ايها الملك
ولتعلم موقنا ان هذين الرجلين هما خداعان فى انطلاقي الى السما وقتيذ
ارسل اليك ملايكتي · واضيرك ان تجى الي · فاجاب نارون اصنع مذ الان
التى تقولها · فحينيذ ارتقى سيمن بمحضر كافة الحاضرين الى البرج · مكللا
راسه بورق الغار · ومد يديه وطفق يطير · فاذ راه نارون طايرا قال لبطرس ان
هذا سيمن لمحق هو · وانت وبولص خادعان فاجابه بطرس فى هذا الوقت
تعرف انا تلميذين المسيح محقين ويعرف هذا انه ليس هو مسيحا · بل
ساحرا وماكرا وللشر فاعلا · فقال نارون وانتما الى الان تقاومان وتبصرانه ماضيا
الى السما · حينيذ نظر بطرس الى بولص وقال يا بولص تامل وابصر · فرفع
بولص ناظره واستفاض دموعا اذ عاين سيمن طايرا · فقال يا بطرس لم
تتلبث تتم ما ترتيبه · فها ربنا ايسوع المسيح يستدعينا · فاذ سمعهما نارون
تحقرهما زاريا · وقال هذان اذ قد ابصرا ذاتهما انهما قد غلبا يهذيان هذيا ·
فقال بطرس ستبصر الان اننا ما نهذى ولا نهدر · فلفت بولص فقال لبطرس · p. 19
تمم مذ الان ما ترتابه · فتبصر بطرس الى رايتا وقال استحلفكم يا ملايكة
الشيطان الذين تحملونه فى الهوا لاختداع قلوب الذين لا يومنون بالالاه
البارى كل الاشيا · وبايسوع المسيح الذى اقامه من الموتى فى اليوم الثالث

الا تحملوه ايضا منذ هذه الساعة · لكن خلوه · وفى الحال وقتيذ خلى فسقط فى موضع يدعى صقرافيا · الذى معناه طريق الهيكل · وتفصل اربعة اجزا ومات اشر موت · حينيذ امر نارون ببطرس وبولص ان يغلا ويقيدا بالحديد وان يُحفظ جسم سيمن باهتمام الى ثلثة ايام · ظانا انه يقوم بعد ثلثة ايام · فاجابه بطرس انه ما يقوم اصلا . لانه قد مات تحقيق مشجوبا فى التعذيب الدهرى · ناجابه فارون ومن امرك ان تعمل مثل هذا الامر الفظيع[1] · فاجاب بطرس تجديفه وافتراوه على ربي ايسوع المسيح استقاده الى هذه التهلكة · فقال نارون لا هلكتكما باىادة سييه · فقال بطرس ليس هذا منك ان تستشعر اىادتنا · لكن الذى وعدنا معلمنا سبيله ان يتمم ووقتيذ استدعى نارون اغريبا وزيره انارخوس · فقال له رجلين يتدينان ديانة ردية يجب ان يماتا · فلذلك امر ان يشد فيهما قارات حديدية ويهلكان فى البحر · فاجاب اغريبا الوزير ايها الملك الجليل هذا الذى حكمت به ليس هو كافيا لان بولص يظهر امره انه مبرا اكثر من بطرس · فقال نارون فبايما تعذيب نهلكهما · فاجاب اغريبا فقال كما يخطر فى ظني ان حكما عدلا ان تضرب عنق بولص ويُعلق بطرس p. 20 على صليب بما انه صار سبب قتل . فقال نارون حكومات واجبة حكمت . حينيذ سيق الرسولان بطرس وبولص من حضرة نارون · فاما بولص فضرب عنقه فى طريق وستينيا واما بطرس فلما اقبل الى الصليب قال ان ربنا ايسوع المسيح لانه نزل من السما الى الارض رُفع على الصليب قايما · فاما انا الذى اهلت ان ادعى من الارض الى السما فينبغى ان يكون راس صليبي منحنا على الارض ليتيسر مسير قدمي الى السما · ولاننى لست مستحقا ان اُصلب مثل ربي · حينيذ نكسوا صليبه وسمروا رجليه فوق · فالتام الجمع العديد يسبون قيصر معتزمين على قتله · فمنعهم بطرس قايلا · لا تستكرهوا امره فانه خادم للشيطان ابيه · فانا يجب علي ان اكمل امرة ربي لاننى منذ قبل ايام قليلة اطلب الي الاخوة من اجل الشغب الصاير علي من اغريبا ان اتنحى من المدينة · فالتقانى الرب ايسوع المسيح ربي واذ سجدت له قلت الى اين تذهب يا

[1] Cod. الفضيع

رب فاجاب قايلا لي. فانني ذاهب أُصلب فى رومية· فقلت له انا يا رب
افما قد صلبت دفعة· فاجاب الرب فقال رايتك هاربا من الموت واثرت ان
أُصلب عنك· وقلت يا رب انا امضى واتمم امرك· فقال لى لا تخاف فانني
معك انا. فلهذا الحال يا اولادي لا تعوقوا طريقي· فان رجلي سايرتين منذ
انف فى الطريق السماوى ولا تحزنوا بل افرحوا لى فانني اليوم اخذ ثمرات
اتعابي· واذ نطق بهذه قال ايها الرب ايسوع المسيح اشكر لك ايها الراعى p. 21
الصالح· فان الغنم التى ايتمنتنى عليها يتوجعون لي· فاليك ابتهل ان تجعل
لهم معى حظا فى ملكك· فاذ قال هذا اسلم الى الرب روحه· فعلى المكان
ظهر رجال شرفا· نوعهم نوع غربا· يقول بعضهم لبعض اننا اقبلنا من اورشليم
من اجل الرسولين الاقدسين [1]الجحجاحين· ومعهم رجل اسمه مركللوس
الليسطرى· الذى امن بكرز بطرس وهجر سيمن فحمل جسمه سرا· ووضعوه
نحو تارافينثوس بقرب ناوماشو فى موضع يعرف بفاتيقانون فاما الرجال الذين
قالوا انهم اقبلوا من اورشليم فقالوا للشعب افرحوا وابتهجوا· لانكم قد اهلتم
ان يكون عندكم المعلمان العظيمان· واعرفوا ان نارون هذا· ليس بعد ايام
كثيرة يباد· وتعطى مملكته لاخر فبعد ذلك انتصب عليه جمهرة الناس هيجا·
فاذ عرف هو هرب الى اماكن مقفرة وبالجوع والعطش بذر نفسه وصار جسمه
فريسة للوحوش· وان قوما ورعين من نواحى المشرق اعتزموا ان يختلسوا
جسدى القديسين· فعلى المكان صارت زلزلة عظيمة فى المدينة· فلما
علم السبب قاطنوا المدينة تحاضروا واختطفوهما· وان الرجال تهاربوا· حينيذ
اخذهم الروم فجعلوهما فى موضع بعده ثلثة اميال من المدينة وحفظوهما
هناك سنة وسبعة اشهر الى ان بنيت الهيكلان اللذان اجمعوا ان يجعلوهما فيهما·
وبعد ذلك التامت جمهرة الشعب ونقلوهما بتمجيدات وتسبيحات الى الهيكلين p. 22
اللذين بنيا لهما· وكمل الرسولان الاقدسان الشريفان بطرس وبولص شهادتهما
فى اليوم التاسع والعشرون من شهر حزيران بايسوع المسيح ربنا الذى له
المجد والعزة الى اباد الدهور امين

[1] Cod. الجمحامين

بسم الاب والابن والروح القدس الالاه الواحد ۞

[1]وهذه قصة ثانية لشهادة بطرس راس السليحين واعماله العجيبة برومية لما دعاه الملاك اليها· صلاته يحوطنا امين انى لموثر ان اخبركم بهذه القصة ايضا التى لهامة الرسل بطرس اول السليحين اجمعين حيث دعا به الرب وقال له انت بطرس رييس تلاميذي· ومدينة رومية العظمى محتاجة اليك لان فيها قوما كثيرين قد اغواهم الشيطان· فاسرع الذهاب اليهم لتردهم عن الطغيان والخطايا· وذلك ان بطرس لما سمع هذا القول بدا بان يبكى قدام ربه ويقول له هكذا يا رب انى قد تعلم ضعيف من [2]الكبر جدا ومسكين ولا حيلة لى ولا قوة الا بك . ولا اقدر على المشى ولم تامرنى يا رب ولا اذنت لى فى اقتنا شى من قمامات هذه الدنيا الزايلة لا من ذهب ولا من فضة ولا من لباس ولا من دواب ولا عصا اتوكا عليها فضلا عن غير ذلك· وها انا اراك تريد ان ترسلنى الى بلاد الغربة البعيدة المسافة والصعبة المسلك· فانا اطلب منك يا الاهي ان تميتنى بهذا الموضع الذى كانت فيه قيامتك· فقال له المسيح لا تخاف من المضى الى هناك· لانك انت فى الارض وانا فى السما وانا p. 23 اكفيك· والملك فيسجد لك والجبابرة يحاضرون جزيا بين يديك وومية فستراك وتنسا الهتها الكاذبة المصنوعة المعبودة دون الخالق منذ خمسة الاف وخمس مايه سنة· اذا نسيونى ولم يعرفونى· وانى انا هو الذى ارزقهم الخيرات والطيبات كلها· واطلع عليهم شمسي وافواههم مملوة تجديفا علي· فاجابه بطرس قايلا يا رب ارحمنى وانظر الى ضعفي بعين رحمة لاهوتك· وقل لى كيف يمكننى ان اذهب الى رومية فاكرز فيها باسمك وهى مدينة الجبابرة ولباسهم الذهب واللولوا والاسورة والحلل الرفيعة· وبها ايضا كما تعلم القوم المستكبرون والجهال المفتخرون واولدها المتجبرون ونبىٌ من الانبيا فلم يدخلها قط· واسمك فلم يرفعه بها احد· وهذا امر عظيم عسر المرام بعيد المطلب

[1] Cod. هذا [2] Cod. الكفر

وانا فمسكين ضعيف من بين البشر· فاذهب واموت كمثل الاحمق· لانهم اذا هم سمعوا باسمك من فمي قتلوني بغير رحمة ولا اشفاق· وتذهب حياتي باطلا· فقال له الرب· فاين هى قوتي الالاهية وقدرتي الذاتية· واين هى جبروتي التى اعطيتك بها مفاتيح السما ومقاليد الارض والعلا فاذهب الان انت ولا تخاف وان رايت قوما قد ينهرونك فاظهر فيهم عجايبي ومعجزاتي· وان هم لم يسمعوا من تعليمك ولم يقبلوا كرازتك باسمي ولم يصدقوا قولك فقل للارض تبلعهم فانها ستطيعك بسلطان لاهوتي وعظمة قدرتي التى منحتك اياها· p. 24 ولا تهتم مع هذا بحجة تحتج بها او جواب ترد به عليهم· فان روح قدسي تنطق على شفتيك ولسانك فى الوقت بكل ما تريده· وكل ما تسالني فيه وتلتمسه مني فقد تعطاه بسرعة بحضرة [1]اعيان· فاذهب الان وقل لمن اردت من الاموات يقومون بقوة لهوتي· وكذلك فارسم لعيون العميان ان تبصر· فانها تطيعك· وحيثما وقع صوتك· فمن هناك قد تخرج رحمتي· ثم دعا الرب بالبحر فاجابه· وقال الرب لبطرس قم الان فامشى على البحر كمثل مشيك فى البر· وامشى فوق الماء كمشيك فوق التراب· ففعل ذلك بطرس بامر ربه· ومشى فوق البحر حتى اتى رومية فجلس عند باب المدينة· ونظر الى كافة الناس وهم يسجدون قدام الاصنام النجسة واوثان الجن الرجسة· والشياطين يخاطبوهم من داخلها· فلما راى بطرس هذا الفعل فزع فزعا عظيما· ثم انه عاد راجعا الى شاطى البحر مرعوبا· فاذا هو باصحابه الثلثة من التلاميذ وهم توما واندراوس ويوحنا فقال لهم بطرس السلام عليكم يا اخوتي· فردوا عليه كمثل سلامه· فقال لهم صلوا علي فاني خارج من بينكم فى هية المايت وساير فى الطريق التى قالها لى الرب· فقالوا له اذهب يا تلميذ الرب وقدوس الله· فان روحه معك هى وليس يضيعك ولا تخلا عنا· لانه ربنا ومعلمنا فذهب بطرس حتى اتى مدينة رومية· فجلس خارج الباب فوق مزبلة وعليه الثياب الخلقان ووضع على راسه التراب وطفق يبكى وكان للبواب ابنة برصا· p. 25 فنظرت اليه وهو جالس يبكى والتراب على راسه· فوافت اباها البواب وقالت

[1] Cod. العيان

له يا ابتاه ان هاهنا شيخا ضعيفا مسكينا وعليه ثياب خلقان وهو يبكى ويذرى التراب فوق راسه· وقد رايت يا ابتاه عدة مساكين ومثل مسكنة هذا لم اشاهد قط· فان رايت يا ابتاه ان اتناوله واوديه الى بيتك واطعمه واسقيه· واتبارك بصلاته· فعلت هذا بامرك· فقال لها اذهبى يا ابنتي الى ذلك الشيخ المسكين فخذيه الى منزلي· وخذى انتى صلاته· فانى انا لا احتاج الى صلاته· فاتت الجارية ابنة ذلك البواب الى بطرس وهو جالس يبكى· فقالت له قم يا ابتاه ولا تكن باكيا فقد بلغت نيتك. فقام بطرس فدخل معها الى بيتها فوضعت له كرسيا من الفضة فجلس فوقه فطلب منها ماء فناولته اناء فيه شى من الماء· وسترت يديها بكميها· فقال لها يا ابنتي اما بيتك فقد اويتينى فيه· وعلى كرسى من الفضة فقد اجلستينى· وقسط الماء فقد سقيتينى· فلماذا سترت عنى يديك عرفينى· فقالت له انا اخبرك يا ابتاه ان ابى زوجنى من بعض اشراف رومية· فلما كانت الليلة التى مضيت فيها الى بيت زوجي اصابنى هذا المرض الذى تراه وكنت منذ ذلك الوقت الى هذه الغاية برصا· ثم كشفت له يديها وارته اياهما· وقالت له انى لاجل ذلك سترت عنك يدى· فسمع بطرس واخذ ذلك الاناء الذى فيه بقية الماء واكب يصلى عليه بنية صادقة مقبولة روحانية· ولم يخالطها شى من الجسدانية· ثم انه ناولها الاناء وقال لها اغتسلى من هذا الماء· ففعلت وانها تنقت وعوفيت لوقتها وساعتها p. :6 من ذلك المرض وصارت كالثلج كانها لم ينلها قط مرض· فاذ نظرت الى ذلك فزعت فزعا عظيما· ثم انطلقت ذاهبة الى البواب ابيها· فقالت يا ابتاه ما الذى يجلسك هاهنا· قم وانظر الي لترى العجب· وانها كشفت له ساعديها ووجهها وارته اياها كيف قد زال البرص ونقى جسمها كمثل الفضة منه وتطهر فعجب من ذلك جدا· وقال لها ما هو هذا الامر يا ابنتي وكيف كانت الصورة عرفينى· فقالت له بارفع صوت حقا اقول لك يا ابتاه ان الاه الحق دخل منزلنا فى هذا اليوم· فمضى والدها معها الى بطرس· فقال له ايها الشيخ اشفى ما قد بقى فى جسم ابنتى من هذا البرص· وسلنى كلما اخترته من الذهب والفضة لكى اعطيك ذلك· فقال له بطرس انا ابرى ما بقى فى بدن ابنتك

من هذا البرص· فاما ذهبك وفضتك فلا حاجة لى فيها لكنى اريد منك ان تعبد ربنا المسيح· وتترك هذه الاصنام النجسة التى انت الى الان عابدها· فقال له البواب لك ذلك عندى افعله كما تحب اذا انت ابريتها· ثم انه عمد فنصب معمودية فى ذلك الحين· ثم اخذ الجارية فاعمدها فى تلك الساعة وطهرها كانه لم يكن بها قط شى منه· فلما راى ذلك ابوها امن بالمسيح وترك الاصنام مع الجن الذين كان يعبدهم· فاقام بطرس عندهم
يوما وليلة· ثم انه اراد الدخول الى المدينة فدخل فنظر اليه البواب المومن· p. 27
فقال له· الى اين تريد ان تمضى· اعلم انك لا تقدر تدخل الى مدينة رومية واهلها· فان لهم عيدا· واذا هم راوك بهذه الخلقان اخاف عليك منهم ان يقتلوك· فقال بطرس للبواب انه لا بد لى من الدخول· فان ربي لمثل هذا اليوم بعثنى· ولن استطيع اعصى امر ربي· ثم ان بطرس ذهب حتى دخل الى المدينة· فسمع الناس يصيحون ويقولون اى احد من الناس وجدناه لم يلبس الجليل من الديباج والارجوان المذهبة الكثيرة الجواهر ⊙ وياتى الى موضع الالهة المكرمة فقد حل قتله· فنظر الناس الى بطرس وهو لابس الخلقان فقالوا له ايها الشيخ الاحمق اين تريد بهذه الخلقان التى عليك انه ان ابصرك ملك رومية فهو يقتلك· فاذهب والبس الذهب والارجوان وهلم الى مكان الالهة· فقال بطرس للملوك والجند والشعوب ان هذا لباس ربي هو الذى اعطانى ولا الاه غيره· فانكروا ذلك عليه اشد ما يكون من الانكار وغضبوا غضبا عظيما منه· ثم انهم ارادوا ان يرجموه بالحجارة لقوله ان المسيح ربه· فلما راى بطرس مثل هذا· وافى الى موضع مشرف بحيث كانت الهتهم· فتوجه الى الرب بنية صادقة مقبولة روحانية فى ذلك المقام· فخرج عند ذلك ملك رومية ومعه من الملوك والشعوب والاجناد ما لا يحصى عددهم كثرة· ومعه ماية جارية قد زينوهم ويراد بهن ان يذبحن
ويجعلن نذور [1]للالهة والجن· فلما راى بطرس ذلك رفع ناظره الى السما p. 28
وقال يا ربي والاهي لا صبر بعد هذا الذى اراه· يا رب من قدرتك التى

[1] Cod. للاهة

اليها قد تحتاج فى هذه الساعة· فاستجاب دعى بطرس منه وبعث اليه غمامة شديدة وريحا شديدة ايضا فوقعت تلك الاصنام كلها وتكسرت· فلما راى ذلك الملك قال [1]للجوارى اذهبن بسلام· فان مملكتي قد زالت من جهة تلك المظلة التى على تلك الشرفة· لان النار كانت تخرج على الشعوب من ناحية الشرفة التى كان بطرس عليها· وفى تلك الساعة اقبل الى الملك رسول من بيته· وقال له يا ملك رومية ما الذى يقعدك وابنك وحبيبك قد مات فعند ذلك امر الملك ساير الملوك والجند والشعوب ان يلحقوه. وكانوا الوفا لا حصى عددها كثرة· فتبعوه حتى وافا منزله· فخرجت زوجته وقالت له قد مات ابنك وحبيبك· فهلم لنبكى على ولدنا ووحيدنا· فحينيذ اتت تلك الجارية التى كانت برصا· فدخلت الى الملك وقالت له ما الذى يبكيك ايها الملك على ابنك وفى البلد شيخ كبير ضعيف مسكين وعليه ثياب خلقان فان انت بعثت اليه فهو يقيم لك ابنك حيا فى هذا اليوم· فقال لها الملك يا ابنتي لا تقولى هكذا اذ تزعمين ان الاموات يقومون· والعميان يبصرون والحجارة تنطق وان وحيدي يقوم· بل اتركى عنكى هذا القول· وهلمى فابكى معنا على ولدنا انت وكافة اصحابك· فقالت له يا ملك رومية اما p. 29 تعرفنى· فقال لها نعم انت معروفة بابنة ذلك البواب البرصا· فقالت له لست انا برصا· ثم انها كشفت له وجهها وساعديها· فقال لها الملك فما هو هذا وكيف كان شفيه· فقالت له حقا اقول لك ايها الملك ان برومية شيخا ضعيفا مسكينا وهو الذى ذكرته لك· وهو الذى يقيم لك ابنك فى هذا اليوم· فبعث الملك الى الملوك والجند وقالوا لهم اطلبوا الى هذا الشيخ بجد وحرص· فان وجدتموه فى المدينة فاحضروه الينا بخلقانه· فلما جدوا فى طلبه وجدوه· وامام الملك اقاموه· فقال له الملك ايها الشيخ ها انا اقول لك انك ان انت اقمت ابنى المايت حيا فى هذا اليوم ملكي باسره لك· فقال له بطرس ان [2]اقيم لك ابنك· فاما مملكتك فلست اريدها· وانما اريد منك ان تعبد ربي خالق السما والارض· وهو ايسوع المسيح الذى لا الاه سواه وتترك هذه

[1] Cod. للجوار [2] Cod. تقيم

الاصنام والجن التى تعبدها· فقال له الملك انا افعل ذلك يا بطرس· فقال له بطرس ابعث الى الملوك والشعوب والجند من ساير سلطانك من كان منهم داخلا· ومن كان منهم خارجا· ثم اجمعهم واحمل ابنك هذا المايت فوق سرير وهلم الى موضع الهتك التى تعبدها· فبعث عند ذلك من جمع له اهل سلطانه ومملكته الداخلين والمتباعدين وحمل ابنه على سرير· واتى به الى مكان الهته [1]الذين كان يعبدهم· ثم ان بطرس قام متوجها الى المشرق الى جانب السرير الذى كان فيه المايت فدعا الى ربه بنية صادقة روحانية مقبولة فسمع ربنا دعوته· واقام له ميته· ثم نزل حينيذ عن السرير p. 30
واقبل الى بطرس حتى سجد قدامه· وقال له السلام عليك يا من سمع الرب منه دعوته ورد لي روحي بعد موتي وخروجها من بدني· ثم ان الغلام اقبل الى ابيه وقال له ويحك يا ابتاه واى خطايا [2]واية ظلمة كنا فيها· ويحك يا ابتاه ان الملايكة كانوا يكلمون هذا الشيخ المبارك· وفى ذلك المقام امر الله لبطرس· فقام ونصب المعمودية بحيث كانت الاصنام الهتهم فاعمد ابن الملك واباه وطهرهما وساير الجند والملوك· فلما راى بطرس انه لا يقدر ان يعمد الناس اجمعين· كان ياخذ من ذلك الماء فيرش عليهم فمن كان يقع عليه من ذلك الماء نقطة او قطرة فقد اعتمد وتطهر من امن بالله وعبد ابنه كل من حضر من الخلايق والشعوب الذى له العز والقدرة فى كل وقت وزمان امين غفر الله لمن قرا وسمع وترحم على الناسخ المسكين

هذه شهاده الطوباوى بولس تلميذ يسوع الذى تمها فى مدينه روميه فى تسعه Cod. Vat. Arab. 694
وعشرين من حزيران صلاته تحفظنا امين ⁘

كانوا التلاميذ المباركين لوقا الذى من البروا وطيطس الذى من طلمذيه f. 12 a
بروميه ينتظرون قدوم بولس فلما قدم عليهم ونظرهم ونظروا اليه فرحوا جميع بذلك جدا وان بولس استاجر منزل خارج المدينه وسكنه هو والاخوه وكان

[1] Cod. الذى [2] Cod. وايت

ينادى باسم الرب ويعلم جميع من حضر اليه وان قوله شاع فى مدينه روميه
وتبعه ناس كثير مومنين بالمسيح لما يروا من العجايب التى كان يجريها
الله على يديه المعترايين من اصناف العلل كان يعافيهم باسم الرب يسوع
المسيح ,وبرشم الصليب الكريم وتبعه جماعه من خواص نيرون الملك وكان
فرح عظيم فى المدينه وان غلام اسمه بطريق هو الساقى علي مايده الملك
حضر الى الموضع الذى فيه بولس يعلم وكان ليلا ليسمع تعاليمه فلم يقدر
f. 12 b ان يدخل اليه لكثره الجمع الذى حوله | وانه صعد الى موضع عال وكان
يشرف فغلب عليه النوم وسقط من فوق ذلك الموضع العالى ومات وبلغ الخبر
الى نيرون الملك ان بطريق مات فحزن عليه حزن شديد لانه كان يالفه
جدا فلما علم بولس بالروح ما كان قال للاخوه ولمن حوله ان الشيطان
العدوا يريد يجربنا اخرجوا الى برا الباب تجدوا غلام ميت مطروح احملوه
وقدموه الي وانهم خرجوا فوجدوا الميت كما قال فدخلوا[1] به الى عند بولس
التلميذ المبارك ⁘ فلما نظروه الجماعه وعرفوا انه بطريق اضطربوا جدا لعلمهم
بمنزلته من الملك فقال لهم بولس ايها الاخوه لا تقلقوا ولا تخافوا الساعه تظهر
ايمانكم قوموا ندعوا الرب يسوع المسيح لكيما يتحنن علينا ويهب الحياه لهذا
f. 13 a الميت ليلا نموت كلنا وان بولس خر على الارض ساعه وكان | يسل الرب
بدعا متصل ورفع راسه عند ذلك قام الميت وهو سالم ليس فيه شى من
الوجع ⁘ وان بولس ارسله الى دار نيرون الملك سيده وكان نيرون ذلك الوقت
فى الحمام لما علم بوفاه بطريق فعند خروجه حضر منزله وجد المايده قد
اصلحها بطريق على العاده وان جميع خواصه خرجوا اليه مبشرين له بحياه
بطريق وانه على المايده كعادته فلما نظر نيرون الملك الى بطريق ⁘ قال
له انت حى ومن الذى احياك بعد مماتك وان بطريق امتلا قلبه من موهبه
روح القدس وقال لسيده ⁘ الرب يسوع المسيح الملك الازلى الذى هو ربك
والهك الذى هو احيانى ⁘ قال له نيرون الملك هل ذلك الذى تظن انه
f. 13 b يملك الى الابد وهو الذى يزيل جميع المملكات والملوك والمتوليين لها | الذى

[1] Cod. فدخلو

تحت السما هو يزيلهم وهو وحده الدايم الى الابد وليس اخر غيره ولا يغلب ملكه ملك ⁘ وان نيرون دق على يديه وقال له وانت يا بطريق تامن بذلك فاجابه بطريق نعم يا سيدى انا امن به لانه الذى احيانى من الموت وفيما هو يقول هذا تقدم الى الملك اربعه من وجوه خدم المملكه الذى كان يحبهم ويأثرهم اكثر من جميع من فى البلاط وهم الذى كانوا لا يزالوا من حضرته كل حين وهذه اسماهم فرنساس فسطس فرسطس كنمسطس اجابوا الملك قايلين اعلم ايها الملك انا من هذه الساعه قد افترضنا فى بلاط الملك السماوى الازلى يسوع المسيح بن الله الحى فعظم ذلك على الملك نيرون وامر ان يعذبوا عذاب شديد وبعد ذلك يلقوا فى السجن وصار الملك فى شده من الغم والحقد على | كل من يامن بالمسيح الازلى وامر امرا f. 14a هكذا قايلا كل من يوجد انه مفترض فى بلاط الملك يسوع المسيح يقتله فلما سمع جميع اهل العسكر ما امرهم الملك افترقوا فى كل المدينه وقبضوا على كل من امن بالرب يسوع المسيح واحضروهم اليه مقيدين وكان جمع عظيم من المقيدين كانوا يزاحموا بعضهم بعض ينظروا الى بولس وينصتوا لكلامه وجميع ما يجرى بينه وبين الملك فلما نظر اليه الملك وهو مقيد ⁘ قال له ايها الانسان الذى للملك الازلى الاعظم هوذا ' قد اسلمت الي مقيد ⁘ قول لى ما الذى حملك على هذا الفعل انك استجريت ودخلت مدينتى وتجمع عسكر من مملكتى لملكك ⁘ اجابه القديس بولس بحضره كل واحد ايها الملك ليس من مملكتك نجمع عسكر لملكى بل من كل | المسكونه ⁘ f. 14b كذلك امرنا ربنا ان لا نغلق باب امام كل احد وقد كان يجب عليك انت ايضا ان تفترض فى بلاطه ⁘ لان هذه المملكه وهذا المجد لا يخلصك الا ان تخر وتسجد له لذلك الملك وتسله ان يعطيك الخلاص ⁘ لان سوف يكون ياتى ليدين العالم ويعطى الحياه لكل من يامن به فاما الذين لا يومنون به والخطاه يدينهم ويسلمهم الى العذاب الدايم وان نيرون الملك لم يكن يامن بما يقوله بولس وامر بكل من امن وهو قد حضر مقيد من اجل المسيح ان يحرقوا بالنار وهم احيا وامر ببولس ان تضرب رقبته كما

يامر ناموس الروم وسلم بولس الى حاجبين لياخذوا راسه واسماهما ليغوس يوسطس ⁘ وانهم اخرجوه من حضره الملك وان بولس يبدى يكلمهم بكلام

. . . .

f. 15 a . . . . | معونه الله ولكل من تبعه لان اجتمع اليه خلق عظيم يريدوا ينظرون شهادته ⁘ وكان فى مدينه روميه قوه كثيره للشيطان تعاون على قتل كل من يامن بيسوع المسيح فقتل جماعه ما لهم عدد واجتمع الى بلاط الملك من اهل روميه من اراكنه المدينه وصرخوا الى الملك قايلين ايها الملك انك تقتل الرجال وهم روم لم انت تضعف مملكه الروم وعساكرهم عند ذلك امر ان يرفع السيف ولا يطلبوا الذى يامنوا بالمسيح حتى يسل عنهم ⁘ ومن بعد هذا الامر احضر بولس الى الملك من ضربه حتى يسمع كلامه ايضا من اجل اهل روميه وكثر تعجبه من كثره الجمع الذى اجابوا الى دعوه بولس ⁘ اجاب بولس وقال للملك ان ليس f. 15 b حياتى هذه لملكى هى حياه لها مده بل هى | حياه دايمه ليس لها انقضى وانك امرت ان يوخذ راسى وانا اظهر لك ايضا وانا حى لكيما تعلم صدق قولى انى اعيش لملكى يسوع المسيح الذى يدين الاحيا والاموات ويجازى كل احد كنحو [1]اعمله خير كان ام شر ⁘ فلما سمع نيرون مثل هذا من قول بولس اشار الى الحجاب بغضب ان يعجل عليه بالقتل ⁘ فلما سمع فسطس وليغوس الحجاب اخرجوه لياخذوا راسه قالوا لبولس اين يكون [1]ملكم الذى تامنوا به ولا تريدوا ان ترفضوا به وتصبروا على هذا العذاب كله من اجله ⁘ اجابهم بولس ايها الرجال الذين ملكتم الضلاله وقله المعرفه بالله ارجعوا وتوبوا لتخلصوا من الرجز الذى ياتى على الكفار ⁘ ليس كما تظنوا انتم انا نجمع عساكر لملك الارض مثلكم بل انا نحن نفترض من بلاط f. 16 a الملك السمايى الذى من اجل خطايا | العالم هو ياتى يدين المسكونه وكل من يامن به يعطيه الحياه الدايمه ⁘ فلما سمعوا الحجاب مثل هذا سجدوا له قايلين اهلنا ان نكون من اصحاب هذا الملك ونحن نطلقك ان تمضى

[1] sic

الى حيث شيت قال لهم بولس ليس انا جبان ولا خايف من عذابكم ان اهرب من الله ولكن انا عبد لربى يسوع المسيح الملك الحى لاننى لو علمت ان هذا الموت هو موت الى الابد لكنت افعل ما تقولوا بل انا احيا مع ملكى الى الابد وانا مطيع له واليه اصير ومعه اعود اذا اتا فى مجد ابيه ⁖ قالوا له الحجاب كيف تستطيع بعد ان تضرب رقبتك ان تكون فى الحياه الثانيه وفيما هم يتكلموا ارسل الملك رسولين ليعلم هل ضربت رقبه بولس ام لا فلما نظروه فى الحياه قال لهم بولس امنوا بالله الحى الذى f. 16b |يحيى كل مومن به من الموت ويهب لهم حياة الدهر اجابوه قايلين ان هوذا انت تموت وان نظرناك قمت من الاموات امنا وانهم عادوا الى الملك ⁖ فاما ليغوس وفسطس كانوا مدمنين فى الطلب من بولس قايلين له عرفنا طريق الحياه والخلاص قال لهم بولس تبكروا غد الى القبر الذى يترك جسدى فيه ⁖ انتم تجدوا رجلين قيام يصلوا وهما طمطس ولوقا هم الذى يعطوكم علامه الخلاص ويقربوكم الى الرب يسوع المسيح الاله بالحقيقه ⁖ وان بولس نظر الى الشرق بحضره كل من اتا لينظر شهادته ورفع يديه وصلى ساعه طويله باللغه العبرانيه ⁖ فلما فرغ من الصلاه عاد كل الجماعه الذين حضروا بكلام الايمان بالله حتى ان جمع كثير امنوا من حلاوه كلامه والنور الذى f. 17a كان فى وجهه | والموهبه الحاله عليه وان الرسولين عادوا الى نيرون الملك وعرفوه انهم وجدوا بولس يكلم ليغوس وفسطس ويعلمهم ايمانه وان الملك غضب جدا ووجه بسياف عسوف ليضرب رقبه بولس بسرعه ⁖ فلما اتا السياف مد القديس رقبته وهو ساكت لا يتكلم واقام ساعه طويله ورقبته [1]ممدوده والسياف واقف مقابله وسيفه مسلول ويديه ترتعد لا يستطيع ينزلها عليه واخرة قام السياف وضربه ضربه اسقطت راس القديس على الارض وخرج من جسده المقدس لبن ودم حتى اثر فى ثياب السياف وان الجماعه عجبوا ومجدوا الله الذى اعطا هذه القوه والمواهب العظيمه لتلميذه القديس وعاد السياف واخبر الملك بما كان وان نيرون عجب من ذلك هو وجميع الفلاسفه

[1] Cod. مدود

الذين حوله وبقوا مبهوتين فلما | f. 17 b كان تسع ساعات من النهار ظهر لهم بولس ⁘ وقال للملك انا القايد الذى ليسوع المسيح انا الذى اتيت الى مدينتك اخذ منها العساكر لملكى هانذا حى ولم امت فاما انت سياتى عليك شرور كثيره لانك سفكت دما كثيره لقوم ازكيا وبعد . ايام يسيره سياتى عليك جميع ما قلته ⁘ فلما قال بولس هذا غاب عنهم وان نيرون الملك امر ان يطلق جميع من فى السجن الذين امنوا بيسوع المسيح ⁘ وان بطريق غلام الملك واخر اسمه ليعوس وفسطس من خاصه الملك بكروا الى قبر بولس ⁘ فلما قربوا اليه نظروا الى الرجلين قيام يصلوا وبولس قايم فى وسطهم بمجد عظيم وانهم بهتوا ورعبوا من الخوف مما عاينوا من مجده فاما طيطوس ولوقا فانهم خافوا وهربوا من بين ايديهم ⁘ وان غلمان الملك الذى تقدم ذكرهم عدوا فى طلبهم وادركوهم | f. 18 a وقالوا لهم ليس نطلبكم للموت بل تعطونا حياه الدهر كما قال بولس الذى كان فى هذه الساعه واقف فى وسطكم ⁘ فلما سمع طيطوس ولوقا منهم مثل هذا الكلام فرحوا جدا وكلموهم بكلام الموعظه وعرفوهم الامانه بالرب يسوع المسيح واعطوهم علامه الحياه الى دهر الداهرين امين

تمت شهاده القديس بولس ⁘ فى تسعه وعشرين من احزيران بسلام الرب يسوع المسيح صلواته تحفظنا وتكون معنا من الان والى دهر الداهرين امين

APPENDIX.

Those words which confirm emendations made by the late Prof. William Wright on a text five centuries later are indicated by an asterisk.

ܝܗܘܕܐ ܘܐܡܪ ܠܗ f. 153a
ܡܠܟܐ ܡܢܐ ܐܘܡܢܘܬܐ
ܝܕܥ ܐܢܬ ܕܬܥܒܕ
ܐܡܪ ܠܗ ܝܗܘܕܐ
ܢܓܪܐ ܐܢܐ ܥܒܕܗ
ܕܢܓܪܐ ܘܐܪܕܝܟܠܐ
ܐܡܪ ܠܗ ܡܢܐ ܝܕܥ
ܐܢܬ ܕܬܥܒܕ ⌜ܐܡܪ⌝
ܠܗ ܝܗܘܕܐ ܒܩܝܣܐ
ܝܠܦܬ ܕܐܥܒܕ
ܢܝܪ̈ܐ ܘܦܕܢܐ
ܘܡܣܣܐ [a] ܠܡܥܒܪܢܐ
⌜⌝ܘܠܦܢܓܘܢܐ ܘܥܪ̈ܕܐ
ܠܐܠܦܐ ܘܩܦܣܝܬܐ
ܢܦܫܬܐ ܘܢܘܣܐ
ܘܒܝܪ̈ܬܐ ⌜ܠܡܠܟܐ⌝
ܐܡܪ ܠܗ ⌜ܡܠܟܐ⌝
ܠܗܕܐ ܐܦ ܐܢܐ ܒܥܐ[b]
ܗܘ ⌜ܐܘܡܢܐ⌝[b] ܐܡܪ ܠܗ[c]
ܒܢܐ ܐܢܬ ܠܝ ܒܝܪܬܐ
ܐܡܪ ܠܗ ܝܗܘܕܐ
ܒܢܐ ܐܢܐ ܘܡܫܟܠܠ
ܐܢܐ ܐܦ ܕܐܒܢܐ
⌜ܘܐܢܓܪ⌝ ܐܬܬ
ܘܕܒܪܗ ܗܘܐ ܘܢܦܩ
ܠܒܪ ܡܢ ܬܪܥܐ
ܕܡܕܝܢܬܐ ܘܡܡܠܠ
ܗܘܐ ܥܡܗ ܥܠ
ܥܒܕܐ ܕܠܗ ܕܒܝܪܬܐ
ܘܥܠ ܫܬܐܣܝܗ̇
ܕܐܝܟܢܐ ܢܬܬܣܝܡܢ
ܘܥܕ ܡܛܘ ܕܘܟܬܐ
ܗܝ ܕܒܗ̇ ܨܒܐ
[d]ܗܘܐ ܡܠܟܐ ܕܢܒܢܐ
ܠܗ ܒܝܪܬܐ ܐܡܪ
ܠܗ ܠܝܗܘܕܐ ܗܪܟܐ
ܨܒܐ ܐܢܐ ܕܬܒܢܐ
ܠܝ ܒܝܪܬܐ ⌜ܐܡܪ⌝
ܠܗ ܝܗܘܕܐ ܐܦ ܗܕܐ
ܗܝ [e]ܕܘܟܬܐ[e] ܠܒܢܝܢ
ܕܒܗܝܐ ܠܗ̇ ܐܬܝܗ̇
ܗܘܬ ܕܝܢ ܗܘܦܢܐ
[d]* * * * * ܡܪܓܐ
[f]ܗܘܐ ܘܡ̈ܝܐ ܫܓܝܐܐ
ܡܬܕܒܝܢ ܗܘܘ ܠܗ̇
ܐܡܪ ܠܗ ܡܠܟܐ
ܫܪܐ ܠܡܒܢܝܐ ܗܪܟܐ
ܐܡܪ ܠܗ ܝܗܘܕܐ
ܗܫܐ ܠܐ ܡܫܟܚ
ܐܢܐ ܠܡܒܢܝܐ ܒܗܢܐ
ܙܒܢܐ ܐܡܪ ܠܗ

---

[a] + ܘܠܫ̈ܩܐ   [b] ܗܘ ܐܘܡܢܐ ܒܥܐ ܐܢܐ   [c] + ܡܠܟܐ   [d] om.   Wright p. ܩܨܗ l. 6
[e] ܠܒܪ ܕܘܟܬܐ   [f] ܗܘܬ   p. ܩܨܘ

ܡܠܟܐ ܘܐܝܢܐ
ܕܝܢܐ ܡܫܟܚ ܐܢܬ
ܠܡܒܢܐ ܐܡܪ ⌜ܠܗ⌝[a]
ܝܗܘܕܐ ܡܫܪܪܐ ܐܢܐ
ܒܬܪܝ، ܘܡܫܠܡ
ܐܢܐ ܒܢܝܫܢ ܐܡܪ
ܠܗ ܡܠܟܐ ܠܟܠܗܘܢ
ܒܢܝܢܐ ܒܡܦܝܣܐ ܗܘ
ܡܬܒܢܝܢ ܘܐܢܬ
ܒܫܘܬܐ ܒܢܝܐ ܐܢܬ
ܐܡܪ ܠܗ ܝܗܘܕܐ
ܗܟܢܐ ܗܘ ⌜ܡ⌝ܫܟܚܢܐ
ܒܝܪܬܐ ܕܬܬܒܢܐ
ܐܡܪ ܠܗ ܡܠܟܐ
[b]ܡܫܐ [b]⌜ܕܠܐ⌝ ܪܫܘܡܢܗ
ܠܝ ܐܢܫܐ[c] ܡܦܩܠ[d]
ܕܠܒܢܐ ܦܠܟܐܐ ܐܬܐ
ܐܢܐ ܠܟܐ ܘܐܬܐ
ܝܗܘܕܐ ܘܫܩܠ ܩܢܝܐ
ܘܫܪܝ ܗܘܐ ܕܢܡܫܘܚ.
ܘܫܒܩ ܬܪܥܐ
ܠܡܕܢܚܐ ܠܢܘܗܪܐ
ܘܟܘ̈ܐ ܠܡܥܪܒܐ
ܠܪܘܚܐ ܘܒܝܬ
ܢ̈ܬܘܡܐ ܠܬܝܡܢܐ
ܘܐܓܘܓܐ ܠܡ̈ܝܐ[e]
ܠܬܫܡܫܬܐ ܠܓܪܒܝܐ

f. 153 b
ܐܡܪ ܠܗ ܡܠܟܐ
ܙܪܝܙܐܝܬ ܐܘܡܢܐ
ܐܢܬ ܓܒܪܐ ܘܠܡܠܟܐ
ܫܘܐ ܐܢܬ
ܕܬܫܡܫ ܘܫܒܩ
ܗܘܐ ܠܦܘܓܐܐ[f]
ܕܦܘܫܐ[g] ܘܟܢܝܢ ܡܢ
ܠܘܬܗ ܐܦ ܡܢ[a]
ܒܦܫܐ ܘܕܗܒܐ ܡܫܬܕܪ
ܗܘܐ ܠܗ ܡܢ[h] ܕܝܢ
[i]ܘܢܗܘܪܐ ܡܬܒܪܟ
ܗܘܐ ܒܩܘܪ̈ܢܝܐ
ܘܒܡܕܝܢܬܐ ܘܐܦ
ܠܡܫܟܢܐ ܡܦܪܢܣ
ܗܘܐ ܘܠܐܠܝܢܐ
ܟܕ ܗܘܐ ܕܢܬܪܘܣ
ܘܐܡܪ ܗܘܐ
ܕܡܠܟܐ ܠܡܠܟܐ
ܢܬܗܒ ܘܢܝܚܐ
ܠܦܓܪܐ ܢܗܘܐ.[k]
[a]ܗܕܝܢ ܡܠܟܐ ܠܘܬ
ܝܗܘܕܐ ܐܝܓܪܐ
ܫܕܪ ܘܫܠܚ ܠܗ[l]
ܕܫܠܘܚ ܠܝ ܡܢܐ
ܒܢܝܬ ܘܡܢܐ ܐܫܕܪ

Wright p. ܩܥܘ l. 6 — [a] om. [b] ܡܕܡ. [c] ܕܐܢܫܝܬ. [d] ܡܦܠܠ [e] ܕܡ̈ܝܢܐ [f] ܦܘܓܐܐ
[g] ܚܕܘܗܝ. + [h] ܒܝܢ [i] ܢܗܘܪܐ ܕܝܢ ܡܢ ܒܬܪ ܕܝܢ ܐܝܟ ܗܠܝܢ ܦܓܥܐܐ. + [k]
ܗܟܢܐ. + [l]

ܐܢܐ[a] ܘܠܡܪܘܕܗ[a] f. 158a
ܠܒܠܬ ܒܡܐܟܠ
ܡܪܝܐ ܕ[b]ܟܠܐ ܕܠܐ
ܐܢܐ[b] ܐܢܐ ܐܢܐ ܗܘ
ܕܠܝܗܘܕܐ ܫܘܚܕܐ*[c]
ܝܗܒܬ.[c] ܕܠܡܫܝܚܐ
ܠܡܘܬܐ ܢܫܠܡ. ܐܢܐ
ܐܢܐ ܗܘ ܕܐܘܚܕܢܐ[d]
ܠܫܝܘܠ ܐ * * ܐܢܐ
ܒܗ ܕܒܪܝܢ ܒܪ[d] ܡܪܝܡ[e]
ܒܦܓܪܐ ܘܒܪ ܕܐܠܗܐ
ܡܢ ܠܘܬܝ. ܐܢܐ ܒܪ
ܠܦܓܪܗ ܐܢܐ ܕܗܘܐ
[f]ܕܗܘ ܡܕܒܚܐ[f] ܐܬܐ
ܕܫܘܠܛܢܐ ܝܗܒ[g] ܠܗ
ܘܒܪ ܗܠܝܢ ܐܡܪ
ܫܘܝܐ ܗܘ ܡܛܠ ܕ[h]ܒܟܬܐ
* * * * * *
* * * * * *
* * * * * *
* * * * * *
* * * * * *
* * * * * *
* * * * * *
* * * ܕܐܫܬܡܥܬܘܢ
* * * * * *

ܕܢܚܬ ܕܫܘܦܟ ܡܠܟܐ
ܠܗ ܐܡܪ[i] ܠܗ[i]
ܒܫܡܗ[k] ܝܫܘܥ ܗܘ
ܕܒܕܡܐ ܠܗܘܫܐ[l]
ܐܢܘܢܐ ܒܒܕ
[m]ܒܡܢܟ ܟܠ ܐܦ̈ܝ
ܒܢܝ ܐܢܫܐ[m] ܕܠܗ
ܕܬܫܘܒ ܗܝ ܡܪܬܐ
ܕܐܫܕܝܬ ܒܠܝܠܝܐ
ܗܢܐ[n] ܘܢܒܘܒܘܟ ܒܕ
ܚܝ[n] ܐܡܪ[o] ܠܗ ܚܘܝܐ[p]
ܠܐ ܒܕܡܐ ܠܗܘܫܐ
ܡܠܟܐ ܫܘܒܚܝ[q] ܐܝܟܢܐ
[r]ܕܐܡܪ ܐܢܬ.[r] ܡܢܐ
ܐܠܝܢ ܐܢܬ ܠܝ
ܕܐܫܒ ܡܕܡ
ܕܝܗܒܬ[s] ܒܗܢܐ[t]
ܐܦ ܐܒܝ ܠܒܢܝ
ܐܡܬܝ, ܕܢܫܒܘܩ
ܘܢܫܒ ܡܕܡ ܕܝܫܐ
ܒܒܪܝܬܐ. ܗܘܐ
ܠܗ ܫܘܒܚܗ ܐܡܪ
ܠܗ ܫܠܝܚܐ ܚܘܐ
ܗܒܠ ܒܢܝܗ ܕܐܒܘܟ
ܘܐܬܐ ܗܘܐ[u] ܚܘܝܐ
ܘܫܡܥ ܦܘܡܗ ܒܠ

---

a ܐܢܐ ܗ̇ܘ ܕܠܡܫܝܚܐ ܘܠܡܪܘܕܘܗܝ — b ܥܠ ܕܢܟܐ ܬܪܝܢܐ. — Wright p. ܪܟܘ l. 20

c ܐܚܕܬܗ. ܕܫܘܚܕܐ ܢܣܒ: ܒܗ ܐܫܬܟܚܬ ܠ

d ܕܫܘܠܛܢܐ ܐܬܝܗܒ ܠܗ ܕܒܠܥܐ ܗܘܐ: ܘܒܪ — e ܕܒܬܘܠ +

f ܕܡܕܒܚܐ — g ܡܗܝܒ — h ܕܡܘܗܒܬܐ ܕܒܟܐ — i ܐܠܐ ܐܝܟ ܐܡܪ ܐܢܐ

k ܕܒܪ̈ܝ + — l ܠܡܘܦܬܐ — m ܒܟ ܒܝܫ: ܫܠܦ ܒܢܝܫܐ — Wright p. ܪ

n ܡܛܠ ܕܐܠܗܐ ܫܕܪܢܝ ܕܐܝܟ ܐܦܘܫܬ. ܘܠܗ ܐܝܟܢ ܒܗ ܒܪ ܥܡܟ ܒܢܝܫܐ ܗܢܐ. ܕܢܦܫܬܗܘܢ ܒܗ ܕܗܘܘ ܐܠܗܐ ܕܫܪܪܐ ܘܠܝܬ ܐܚܪܝܢ ⁘

o ܘܐܡܪ̈ — p ܗ̇ܘ. + — q ܫܘܒܚܝ — r ܕܐܡܪܬ. — ܒܗ +

t ܒܠܚܘܕ. + — u ܗ̇ܘ

f. 158 b

* ܕܐ * * * ܠܗ ܕܡܫܘܚܬܐ
ܕ * ܕ * * * ܘܐܝܟܢܐ
ܕܢܟܒܐ ܐܢܬ * * * ⌜ܗܘ⌝
ܡܫ * * * * * * *
ܟܠܐ ܠܗ ܐܝܟܢܐ
ܕܚܢܢܐ ܐܢܐ * * ܬ
ܗܘܐ ܒܢܝܢ ܠܗܘ
[o][n] * * * * * *
ܕܫܠܝܚܘܗ ⌜ܐܢܬ⌝
ܘܐܡܪ ܠܟ ܦܠܚܐܬܐ
ܐܝܬ ܠܟ ܕܐܚܘܐ
ܒܐܕ̈ܢܝܟ ܘܒܥܒܕܐ
ܦܠܚܐܐ ܐܝܬ ܠܟ
ܕܬܟܫܘܪ [p]ܠܟ ܐܠܝܢ
ܕܐܝܬ ܬܦܠܘܚ ܐܓܪܗܘܢ
ܘܠܦܠܚܐܐ ܬܒܥܕ
ܕܢܚܘܢ [q]ܘܕܢܗܘܘܢ
ܒܡܪܘܡܐ ܘܒܥܘܗܪܐ[q]
[c]ܐܝܟ ܒ̈ܢܝܐ ܠܐܠܗܐ
ܐܝܬ ܗܟܝܠ ܐܚܐ
ܠܗܢܐ ܟܠܝܘܡܐ
ܕܐܬܡܚܝܬ ܡܢ ܒܠܒܒܗ
ܡܛܠ ܕܟܠ ܐܢܫ ܐܚܐ
ܐܝܬ ܠܗ ܠܡܦܪܢ
⌜ܐܝܟ⌝ [r]* * *[r] ܠܗܪܘܒܐ
* * * * * *

ܡܫܘܚܬܗ ⌜ܕܗܘ⌝ ܟܠܢܫܐ
[a]ܕܟܢܒܕ ܗܘܐ ⌜ܐܝܟ⌝
ܐܪܓܘܢܐ ⌜ܚܘܪ⌝ ܗܘܐ
ܘܫܘܫܐ ܘܗܘ ܙܘܐ
ܗܘܐ ܘܟܕ ܟܠܗ
[b]ܡܪܬܐ ܠܟܕ ܡܢܗ ⌜ܕܗܘ⌝
⌜ܟ⌝ܠܢܫܐ ܨܘܪ ܘܩܘܡ
ܘܪܗܛ [c]ܘ * * ܠܘܬ
ܟ̈ܠܗܘܝ ܕܫܠܝܚܐ
[c]ܘܗܘܕܐ ܘܢܦܠ ܦܓܥ ⌜ܠܗ⌝
ܗܕܝܢ ܚܘܝܐ ⌜ܗܘ⌝
⌜ܦ⌝ܩܕ [d]ܘܗܝ ܕܢܩܒܬܐ
ܕܢܦܠܬ ⌜ܗܘܬ⌝ [e]⌜ܗܝ⌝
ܡܪܬܗ [f]ܕܚܘܝܐ [g]ܒܗ̇
ܘܦܩܕ [h]ܗܘܕܐ ܠܡܠܟܐ
[c]ܗܘ ܘܠܐܚܘܗܝ
ܕܢܡܠܘܢ̇ [i]ܕܢܩܒܬܐ
[i]ܗܝ ܘܢܫܩܘܢ ܥܬܐܣܐ
ܘܢܒܥܕܘܢ ܒܗ̇ ܒܬܐ
ܒܝܬ ܡܥܪ̈ܝܐ ܠܢܘܟܪ̈ܝܐ
[k]ܘܗܘ ܕܝܢ ܟܠܢܫܐ
[l]ܡܬܟܢܫ [m]ܗܘܐ
[n]ܘܒܟܐ ܘܐܬ * * *
ܕܡܟܗܘܝ * * * * *
ܠܗ * * * * * * *
ܐܣܟܠܬ * * * * *

---

[a] + ܘܡܟܐܡ ܗܘܐ ܡܪܬܐ ܒܢܗ. ܘܡܛܠܠ ܛܠܠ ܒܒܟܐ ܕܗܘ̇ ܡܪܬܐ — Wright p. ܛ l. 11

[b] ܡܬܢܟܦܐ. ܒܫܡܗ ܕܗܘ̇ ܟܠܢܫܐ ܡܪܬܗ   [c] om.

[d] + ܡܟܬܠܗ ܕܢܩܒܬܐ.   [e] ܒܗ̇   [f] ܕܗܘ̇ ܚܘܝܐ.   [g] + ܦܬܚܐ ܦܘܡܐ ܗܘܐ

[h] + ܗܘܐ ܠܗܘܢ   [i] ܠܗ̇ ܕܢܩܒܬܐ   [k] ܗ̇ܘ   [l] ܡܬܟܢܫ   [m] + ܠܐܠܗܐ.

[n] similitudo deest

[o] adsunt pagina et pars dimidia quae in codice Sinaitico desunt

[p] ܒܢ   [q] ܘܢܗܘܘܢ ܒܪܘܚܐ ܒܡܘܗܪܐ   ܕܒܪ̈ܝ ܥܠܝܗ ܕܐܠܗܐ. ܢܣܒ ܒܟܢܬ ܕܐܬܬ — Wright p. ܪܕ l. 10

ܫܠܝܚܐ ᵃ ܕܒܢܝܐ ᵇ ܗܠܝܢ f. 161 a
ܟܠܗܘܢ ᶜ ܚܙܝܢ ܗܘܘ
ܕܢܣܒܘܢ ܡܢܗ ܦܬܓܡܐ
ܝܗܒ ⌜ܗܘܐ⌝ ᵈ ܠܚܝܠܐ
ܗܘ ܘܒܕ ܒܕܢܐ
ܦܠܛܐܐ ܩܐܡ ᵉ
ܫܠܝܚܐ ܘܡܫܬܕܪ
ܘܡܥܒܕܢܐ ܣܓܝ ܗܘܐ
ܐܡܪ ܠܗ ܠܚܝܠܐ
ܗܘ. ܡܢܘ ᶠ ܐܢܬ
ܘܡܢܐ ܫܡܟ ܕܡܫܡܥܟ
ܬܕܡܪܬܐ ᵍ ܐܬܡܠܠ
ʰ ܪܘܪܒܬܐ ܐܝܠܝܢ
ܕܡܢ ܦܠܛܐܐ ܡܫܬܪܝܢ
ܗܘܝ ܐܡܪ ܠܗ
ܚܝܠܐ ⁱ ܡܢ ᵏ ܫܪܒܬܐ
ܐܢܐ * * * ᵏ ܕܠܒܠܡ
ܢܒܝܐ ܫܡܥܬ ˡ * * *
ܘܡܪܢ ˡ ܒܠ ܦܘܡܗܝ
⌜ܪܒ⌝ ܘܐܢܐ ܠܢ
⌜ܐܫܬܕܪܬ⌝ ⌜ܕܐܢܫܝܢ⌝
ᵐ * * * * * * ᵐ
ܘܬܬܘܣܦ ܠܝ⌝ ܗܝ
ܡܢܬܐ ܐܚܪܬܐ
ܐܝܕܐ ܕܦܘܡܢܐ
ܡܛܠ ܕܠܝ ⌜ܐ⌝ܫܡܫ

ܦܢܝܬܗ. ܘܡܢܐ ܕܠܝ
ܫܡܫܬ ܡܫܬܘܠܐ
ܠܗ̇ ܡܢܝ ܐܡܪ ⁿ ܠܗ̇
ܝܗܘܕܐ ⁿ ܡܢܗܝܢ
ܗܘ ᵒ ܡܢ ܕܫܕܪܢܝ
ܘܝܗܒ ᵒ ܠܝ ܗܫܐ
ᵖ ܡܘܗܒܬܐ ܗܕܐ ᵖ
ܕܐܦ ܒܐܚܪܝܬܐ ᑫ
ܬܫܬܡܠܐ ܒܡܢ
ܘܡܢ ܟ̈ܠܗ ܫܪܒܬܢ
ܐܢܐ ܒܪ ܡܢ ʳ ܐܪܙܐ
ܗܢܐ ʳ ܕܒܘܪ ܐܢܐ
ܘܡܣܟܝܢ ܘܠܐ ܢܒܐ
ܗܘܐ ܕܢܪܒܒ
ܒܠܚܘܕܝ ⌜ܗܘ⌝ ⌜ܕܝܢ⌝
ܚܝܠܐ ⌜ܒܒܐ⌝ ܗܘܐ
ܡܢܗ ⌜ܘܡܬܟܬܫ⌝
ܠܗ ܕܢܬܒܪܝܢ ܡܢ
ܪܒܘܬܗ ܘܫܠܡ ܗܘܐ
ܪܒܬܗ ܘܐܬܚܡ ܗܘܘ
ܐܢܫܐ ܒܬܪܗ
ܘܡܕܒܘܗܝ ܕܫܠܝܚܐ
ܘܪܗܛܝܢ ܗܘܘ ܐܢܫܐ ˢ
ܕܢܣܒܘܢ ܡܢܗ ܦܪܕ
ܠܗ ᵗ ܠܚܝܠܐ ܗܘ. ܘܟܕ
ᵘ ܡܓܠܦܘ ܠܬܪܒܐ ᵘ

ᵃ + ܗܠܝܢ ᵇ ܗ̇ܢܘܢ ᶜ + ܕܚܒܝܫܝܢ ܗܘܘ ܬܡܢ: ᵈ + ܠܗ ᵉ + ܗܘܐ ᶠ ܬܡܢ Wright p. ܪܠܕ l. 13
ᵍ ܐܬܡܠܠ ܒܗ: ʰ ܘܪܘܪܒܬܐ ⁱ + ܗ̇ܘ. ᵏ ܗ̇ܝ ܐܢܐ ܫܪܒܬܐ
ˡ ܘܡܪܢ ܐܠܗܐ ᵐ ܘܡܛܠ ܗܕܐ ܡܫܡܠܝܘܬܗܘܢ ܕܫܠܝܚ ܬܬܒܥܐ.
ⁿ ܠܗ ܬܐܘܡܐ. ᵒ ܐܠܗܐ ܕܝܗܒ ᵖ ܗܕܐ ܡ̈ܘܗܒܬܐ.
ᑫ ܒܐܚܪܬܐ ʳ ܗܢܐ ܪܙܐ ˢ om. ᵗ + ܠܗ ܥܢܐ ܘܐܡܪܐ
ᵘ ܢܓܠ ܬܘܪܒܐ

f. 161 b

ܕܡܕܝܢܬܐ ܢܚܬ ܡܢܗ
ܘܐܡܪ ܠܗ ܙܠ
ܐܬܠܡܝܪ ܐܟܢܢܐ
ܕܐܬܡܢܝܢ ܗܘܬ ܘܒܗ̇
ᵃܒܗ̇ ܥܒܕܬܐᵃ ܢܦܠ
ܒܝܠܐ ܗܘ ܘܫܠܡ
ܘܫܠܡܘܢ ܗܘܝܢ ܕܐܝܬ
ܗܘܘ ܬܡܢ ܒܒܝܬ
ܗܘܬ ܠܗܘܢ ܒܠܘܗܝ
ܘܐܡܪܝܢ ܗܘܘ ܠܗ
ܠܫܠܝܚܐ ᵇܒܒܝܢ ܚܒܝܢ
ܡܢܝܢᵇ ܐܚܘܗܝ ܐܡܪ
ܠܗܘܢ ܫܠܝܚܐ ܠܐ
ܗܘܐ ܡܡܠܠ ܕܠܐ
ܡܫܒܚ ܐܢܐ ܕܐܚܘܗܝ
⌜ܠܗܢܐ⌝ ܒܝܠܐ ܠܐ
ܡܫܚܐ ܐܢܐ ܠܗ.
ܐܠܐ ᵇܡܡܠܠ ܕܐܒܒܕᵇ
ܗܕܐ ⌜ܗܝ⌝ ܕܡܒܕܪܐ
ܠܗ ᶜܘܦܩܕ ܗܘܐ
ᵈܕܝܢ ⌜ܠܗܘܢ⌝ ܕܒܡܗ
ܕܢܚܦܪܘܢ ܕܗܘܒܬܐ.
ܘܢܩܒܪܘܢ ܦܓܪܗ ܘܥܒܕܘ
ܗܘܘ ᵉܐܝܟ ܕܦܩܕᶠ
ܠܗܘܢ ᵍ ܘܟܠ
ܗܘܐ ܫܠܝܚܐ

ܠܡܕܝܢܬܐ ܕܒ ܒܢܝܫܐ
ܗܘܢ ܒܡܢܗ ܘܪܢܐ
ܗܘܐ ܕܢܐܙܠ ܠܒܝܬ
ܐܢܫܗܘܢ ܕܗܘ ܒܠܡܐ
ܕܐܝܢ ܡܡܠܠ ܕܗܦܟ
ܒܟܐ ܗܘܐ ʰܘܐܬܬܢܬܐ
ܚܕܐ ܫܦܝܪܬܐ
ᵇܡܢ ܫܠܝܚܐᵇ ܦܒܬ
ܒܦܠܐ ܪܡܐ ܘܐܡܪܐ
ܠܗ ⁱܫܠܝܚܗ ܕܐܠܗܐ
ܚܕܬܐ ܕܐܬܐ
ܠܗܢܕܘ ܒܒܕܗ
ܕܐܠܗܐ ܡܕܥܐ ܕܒܝܢ
ܡܬܒܪܝ ܘܡܚܝܢܐ
ܕܢܦܫܬܐ ܕܐܠܝܢ
ܕܠܘܬܗ ܐܬܝܢ ܘܡܐܣܝܢܐ
ܕܦܓܪܐ ܐܠܝܢ ܕܡܢ
ܒܟܠܕܒܒܐ ܡܫܬܠܒܝܢ
ᵏܗܘܐ ˡܗܘܐ ܟܠܬܐ
ܕܫܐ ܠܟܠܗ ᵐܢܫܘܬܐⁿ
ܐܦܣ ᵇܠܝ ܘܦܩܘܕ
ᵇܠܝ ܕܢܠܘܫ ܡܕܡܝܢ
ᵒܘܐܡܪ ܠܝܢ ܡܕܡ
ܕܟܕܢܝ ᵖܘܐܡܒܪ ܡܢ
ܠܘܬܟ ܣܒܪܐ ܢܗܘܐ
ܠܝ ܘܗܘܠܝܢ ܕܦܩܡܝܢ

Wright p. فب l. 11

ᵃ ܒܥܒܕܬܐ ᵇ⁻ᵇ om.
ᶜ + ܗܘ̣ ܕܝܢ ܟܕ ܕܫܡܥ ܗܘܐ ܠܗ ܡܠܬܐ. ܡܫܒܚ ܗܘܐ ܕܠܒܩ + ܠܗ ܕܠܐ ܢܒܘܬ · ܐܠܐ ܗܘܐ ܡܢ ܕܡܒܕܪܐ ܠܗ. ᵈ ܫܠܝܚܐ
ᵉ ܐܝܟܢܐ ᶠ + ܗܘܐ
[ܥܠܝܬ ܦܪܘܣܐ ܕܐܪܒܥ·] [ܬܘܒ ܦܪܘܣܐ ܕܬܠܬܐ.] +ᵍ ܒܟܝ. +ʰ
ⁱ ܫܠܝܚܐ ᵏ ܕܗܘܐ ˡ om. ᵐ ܐܢܫܘܬܐ ܕܗܘܝ. +ⁿ
ᵒ ܕܐܡܪܬ ᵖ ܕܐܡܒܪ

ܝܬܝܪܐܝܬ ܢܫܬܪܪܘܢ f. 170a
ܒܐܠܗܐ. ܗܘ ܕܡܢܟ
ܡܬܒܪ. ܘܐܡܪܐ ܠܗ[a]
ܐܢܐ [b] ܠܐ[c] ܗܘܐ
ܒܓܝܪܐܝܬ ܡܫܬܥܝܢܐ
ܐܢܐ ܡܢ ܒܠܚܘܕܝܐ.
ܗܐ ܕܒܢܐ *[d]ܫܢ̈ܝܢ
ܣܓܝ. ܒܫܠܝܐ ܒܬܪ
ܬܒܥܐ ܗܘܝܬ ܘܫܢܝܐ
ܫܢܝܢ ܗܘܐ ܠܝ ܡܢ ܟܠ[e]
ܟܠܝ ܘܕܡܕܡ ܠܐ
ܝܕܥܐ ܗܘܝܬ ܡܛܠ
ܕܐܦ ܠܐ ܝܕܥܬܐ
ܕܢܟܐ ܗܘܝܬ ܒܬܪ
ܕܡܢ ܟܕ ܡܢ ܡܘܦܡܬܐ
ܒܕ [f]ܢܦܘܫܐ ܐܢܐ[f]
⌜⌝ܡܢ ܒܠܝܐ. ܦܓܥ ܒܝ
ܒܒܪܐ ܚܕ ܕܒܝܫܘܬܗ
[g]ܐܝܟܐ ܫܦܝܪ ܡܬܚܙܐ
ܗܘܐ ܠܝ[a] ܒܚܙܬܗ
⌜ܘܒܪܬ ܩܠܗ⌝ ܦܬܟ
ܪܢܝܢܐ ܗܘܬ ܘܐܡܪܬ
ܠܝ ܕܐܢܐ [h]ܘܐܢܬܝ,
ܒܢܝ ܫܘܒܐ ܢܗܘܐ
[i]ܘܐܫܬܘܬܦܝ ܒܥܡܝ
*ܡܫܘܬܦܘܬܐ ܕܒܓܪܐ
ܘܕܐܢܬܬܐ [k]ܘܐܢܐ

ܐܡܪܬ[k] ܠܗ[l] ܠܡܒܝܢ,
ܠܐ ܗ̇ܘܝܬ. [m]ܡܛܠ
ܕܠܐ [n]ܡܫܒܚܝ ܐܢܐ
ܠܡܦܣܝܒܪܘ ܠܓܒܪܐ
ܠܟ ܕܝܢ [a]ܕܐܝܟ
ܕܒܠܘܪܐ ܝܒܝܫܬ
[o]ܠܡܫܬܘܬܦܘ ܒܥܡܟ
ܐܣܝܐ ܢܦܫܝ ܝܗܒܐ
ܐܢܐ ܠܟ [p]ܘܠܬܠܬܝܢ,
ܕܐܝܬ ܗܘܬ ܒܥܡܝ
ܐܡܪܬ [q]ܚܝܝ. ܠܗ[q]
ܠܡܣܝܒܘܬܗ ܕܗܘ
ܒܠܝܡܐ ܒܕܡܐ
[r]ܕܦܪܗܣܝܐ ܢܡܠܠ
ܥܡܗ ܘܗܘ, ⌜ܐ⌝ܡܪܬ
ܠܝ [s]ܡܢ ܠܓܒܪܐ[s] ܗܦܟܐ
[t]ܚܙܝܢ [u]ܕܡܠܠ ܥܡܟ
ܘܒܕ ܠܒܝܫܬܐ ܐܙܠܬ
[w]ܘܠܚܫܡܫܬܝ, ⌜ܐ⌝ܠܐ[a]
ܠܟܝ ܡܦܠܛ ܗܘܐ
ܠܝ ܡܢܗ ܕܒܬܪܬܝܢ
ܕܡܘܢ ܐܬܚܢܝ, ܠܝ
ܘܕܡܟܬ ܒܕ ܙܢܝܐ
ܐܢܐ ܒܗ ܘܒܠܠܝܐ
ܐܬܐ [a]ܘ* * [a]ܒܠܝ
ܘܐܫܬܘܬܦ ܒܥܡܝ

[a] om. [b] + ܠܟ [c] ܕܠܐ [d] ܕܫ̈ܢܝܐ [e] ܟܘܠ [f] ܢܦܫܐ ܗܘܝܬ. Wright p. ܪܢܐ l. 15
[g] ܟܕ [h] ܘܐܢܬܝ [i] ܘܐܢܬܝ ܐܫܬܘܬܦܝ [k] ܘܐܡܪܬ [l] + ܐܢܐ
[m] ܡܛܠ [n] ܡܫܒܚܐ [o] ܕܬܫܬܘܬܦ [p] ܘܠܬܠܬܝܢܐ [q] ܠܗ. ܚܝ
[r] ܕܦܪܗܣܝܐ [s] ܕܐܢܐ ܠܓܒܪܐ [t] ܚܙܝܬ [u] ܕܡܠܠ [w] ܘܐܫܬܡܫܬ.

f. 170b

ܒܫܘܬܦܘܬܐ ܢܐܬܐ
ܘܐܦ ܒܐܝܡܡܐ
ܚܙܝܐ ܗܘܝܬ ܠܗ
ܘܒܪܝܐ ܗܘܝܬ
ܡܢܗ ܒܠܠܝܐ ܕܝܢ
[a]* * ܦܘܗܡܗ[a] ܐܬܐ
ܗܘܐ [b]ܘܡܫܬܥܝܬ ܗܘܐ
⌜ܒܢ⌝ ܘܗܐ ܒܒܕܝܠ
ܐܝܟ ܕܚܙܝܐ ܐܢܬ
[c]ܒܒ * ܐ ܐܢܐ[c]
[d]ܥܠܝܡ ܚܡܫܥ[d]
ܘܠܐ ܐܪܦܝܢ ܐܠܐ
ܡܦܠܠ [e]ܕܒܕܒ ܐܢܐ
ܘܡܗܡܢܢܐ ܐܢܐ
ܕܐܦ ܥܐܕܐ ܘܐܦ
⌜ܪܘܚܐ⌝ ܘܐܦ
⌜ܕܢܘܐ⌝ ܡܥܬܒܒܕܝܢ
ܠܟ ܘܕܚܠܝܢ ܡܢ ܢܠܡܘܬܟ
* * * * * *
* * * * * *
* * * * * *
* * * * * *
* * * * * *
* * * * * *
* * * * * *
* * * * * *

ܒܝܫܬܐ ܕܠܐ ܬܝܒܐ
ܐܘ ܒܠܒܒܐ ܕܠܐ
ܒܗܠ ܐܘ ܠܫܘܡܗܐ
ܕܠܝܬ ܠܗ ܥܠܝܐ ܐܘ
[f]ܠ * * ܐ * * * ܕܠܐ
ܡ * * ܐܘ ܠ * * *[f]
ܕܡܘܬܐ [g] ܘܐܝܟܢܐ
ܕܢܒܐ ܡܬܚܙܝܐ
ܠܟܘܢ ܕܝܢ ܐܘܟܡܐ ܠܐ
ܡܬܚܠܦ ܡܦܠܠ
ܕܒܢܝܢ ܗܘ [h] ܐܘ
[i]ܠܐܝܠܝܢܐ ܡܪܝܪܐ
ܕܦܐܪܘܗܝ ܠܗ ܕܡܝܢ
ܐܘ [k]ܠܐܟܠܘܢܝܪܐ
ܕܟܠܐ ܕܒܠܐ ܕܝܠܗ
ܡܬܒܬܥ [l] ܕܒܪ
ܟܠ [m]ܥ * ܕܗ ܘܟܠ[m]
ܪܥܝܗ [n]ܘܡܫܟܐ [o]ܘܡܡܪܚܐ[p]
ܐܘ ܠܒܝܫܬܐ [q]ܕܐܥܦܐ
ܐܝܟ ܢܘܚܐ [r]* * * *[r]
[s]ܠܡܝܬܪܘܬܐ * * *
ܡܥܬܘܥܦܐ [t] * * *
ܘܒܕ ܗܠܝܢ ܐܡܪ ܗܘܐ
ܥܠܝܢܐ[u] * * * * *
ܒܠܒܒܐ[w] * * * *
ܡܒܡܘܗܝ[m] ܒܕ ⌜ܠܐ⌝ *

---

a ܕܣܠܩܐܬ b ܚܠܒ + c ܠܗ ܗܘܐ d ܣܓܝ ܥܠܝܡ. e ܕܒܗܒܐ
f ܗܢܘܢ ܕܡܢ ܥܦܪܐ ܡܬܓܒܠܝܢ ܐܝܬ. ܕܐܬܒܒܘܐ ܐܝܟ ܢܦܫ ܐܬܚܙܝܬ: ܐܘ ܕܐܬܬ ܠܗ ܦܨܝܚܘܬܐ ܦܫܝܛܬܐ. + g (Wright p. ܩܒ l. 16)
ܐܘ ܢܚܒܐ ܘܡܬܚܪܘܢܐ ܕܚܢܢܐ ܢ̈ܩܒܐ. + h i ܐܠܝܠܐ k ܐܟܠܘܢܝܪܐ
ܐܘ ܠܗܘܒܝܢ + l m om. n ܦܩܚܐ. + o ܚܢܝܩܘܬܐ. +
ܟܠ ܐܢܠܝܢ ܕܝܠܗܝܢ ܡܢܗ. + p q ܕܢܦܩܐ r ܘܪܒܝܥܐ ܘܒܐܠܐ
s ܘܠܡܝܬܪܘܬܐ ܘܒܗܕܐ ܠܐܡܬܗ ܐܡܪ ܗܠܝܢ. ܐܠܐ ܒܒܠܠ + t
ܢܘܐ ܡܢܗܝܢ ܒܠܒܒܐ ܕܒܬܪܗܘܢ ܕܡܫܝܚܐ. ܕܢܚܘܢ ܒܢ̈ܝܐ ܗܠܝܢ
ܕܠܘܬ ܐܠܗܐ ܕܒܪܢܐ ܡܢܝܢ ܠܗܘܢ ⁘ u ܐܬܐ w ܗܘ ܘܡܢ

ܘܐܦ. ܚܝܢ ܐܠܐ ܥܠܡܝܢ[a] f. 167 b
ܠܥܠܡܐ ܕܢܥܘܐ
ܠܗ ܠܗܢܐ ܥܡܠܐ
ܡܫܡܫ ܒܪܝܐ ܡܫܡܠܝܢ[b]
ܚܝܢ[b] ܘܠܕܝܢܐ ܘܠܬܫܡܫܬܐ
ܗܘܐ ܠܗ ܘܓܠܐ
[c]ܡܗܘܕܐ ܒܫܡܗܘܢ
ܠܡܘܬܐ ܢܓܝܪܬܐ
ܘܐܓܒܠ ܐܢܘܢ ܠܒܪܢ
ܘܐܡܪ ܡܪܐ
ܕܟܠܗܘܢ ܒܠܡܐ
ܕܠܗ ܡܫܡܫܝܢ ܡܪܐ[d]
ܘܐܒܐ ܕܢܦܫܬܐ
ܕܟܠܗ[d] ܡܫܡܒܪܝܢ[e] ܦܘܡ[f]
ܡܢ ܦܘܡܝܢ ܠܒܢܝ[g]
ܐܢܫܐ[g] ܕܟܠܗ ܡܫܝܪܪ
ܡܢ ܚܒܠܐ ܘܡܢ
[h]ܕܚܒܠܐ ܘܒܒܝܘܬ[i] ܠܐܠܗܝܢ
ܕܐܫܬܡܥܘ ܠܗ
ܘܐܬܘ ܠܒܝܬ ܓܢܘܗ
ܐܢܬ ܗܘܝ ܒܡ
ܡܪܒܝܬܗ ܕܐܬܚܫܒܬܘܗ
ܘܡܫܘܚܝܢܗ ܠܒܢܝܗ
ܡܢ ܡܫܝܚܐ[k] ܕܚܝܐ
* * * *[l] ܘܢܦܪܝܗ ܡܢ
ܕܐܒܐ ܘܡܢ ܚܠܘܦܐ

ܕܠܐ ܢܒܕܘܢܗ ܡܢ
[m]ܐܢܫܗ[n] ܒܠܒܗܘܢ ܘܐܡܪ
ܠܗܘܢ ܢܗܘܐ ܒܡܫܡܫܘܢ
ܥܠܡܗ ܕܢܥܘܒ
ܘܢܐܙܠ *ܐܦ ܒܡܢ
ܘܢܦܩ ܗܘܐ ܥܠܝܡܐ
ܠܡܐܙܠ ܒܐܘܪܚܐ
ܟܠܗܘܢ ܕܝܢ ܒܒܒܬܐ
ܡܠܝܢ ܗܘܘ ܠܗ ܘܡܡܘܡܝܢ
ܗܘܘ ܠܗ ܒܡܪܗ
* * *[o]ܒܡܗܕ[p] ܒܝܠܘܬܗ
ܘܠܐ ܢܦܠܓܐ ܐܢܘܢ
ܘܟܕ ܫܠܡ ܗܘܐ
ܥܠܝܡܐ ܬܒ ܒܝܬ ܓܘܪܐ[q]
ܘܦܫܘ ܟܠܗܘܢ ܐܢ̈ܫܐ
ܐܬܐ ܕܝܢ ܚܠܝܐ
ܘܐܡܪ ܠܗ ܠܡܪܪܐ
ܗܘ [r]* * * ܠܐ[r] ܐܢܐ
[h]ܕܝܢ ܡܦܠܓܐ ܐܢܐ
ܕܐܢܫܐ ܕܐܬܝܠܕܬ
ܝܓܠܘܗܝ ܕܥܠܝܡܐ[s]
ܕܟܪ[s] ܥܘܠ ܡܫܝܚܐ
ܐܬܒ ܘܐܗܘܐ ܠܗ
ܦܪܪܐ ܒܐܘܪܚܐ[t]
ܕܫܠܝܚܐ ܢܕܒܝܢ ܠܗ

[a] ܥܠܡܝܢ [b] ܡܫܡܠܝܢ: [c] ܗܘܐ [d] ܘܐܠܗܐ ܕܟܠܗܘܢ ܢܦܫܬܐ ܕܒܗ Wright p. ܪܠ l. 12
[e] ܡܫܡܫܝܢ. [f] ܘܦܘܡ [g] ܠܒܢܝܢܫܐ [h] om. [i] ܒܒܝܘܬܐ: [k] ܡܫܝܚܢ
[l] + ܘܕܦܘ ܡܢ ܚܘܒܘ. [m] ܐܬܒܗܘܢ [n] + ܘܡܢ ܐܬܒܗ [o] ܒܡܬܬ
[p] + ܠܗܘܢ [q] + ܕܗܘ ܐܒ ܚܠܝܐ: [r—r] om. [s] ܕܒܪܗ ܕܐܠܗܐ
[t] + ܗܕܐ

f. 167 a

ܕܢܗܘܐ ܠܗ ܗܘ ܗܕܝܐ
ܒܐܘܪܚܐ ܗܝ
ܕܥܕ ܥܕܢܐ ܐܘܠܝܢ[a]
ܘܥܕ ܐܘܠܘ[b] ܐܝܟ
ܡܠܠܐ ܒܟܐ
ܡܢܗ ܫܘܕܥܐ[c] ܡܢ
ܪܒ ܫܠܝܐ[d] ܘܐܬܒܥܝܗ[e]
ܠܘܬܗ ܘܐܦܣ
ܠܡܪܐ ܕܢܬܒ ܥܠ ܕܘܟܬܗ
ܘܥܕ[f] ܐܠܝܢ ܗܘܘ
ܒܐܘܪܚܐ ܘܪܕܐ[g] ܫܘܕܥܐ[h]
ܥܡ ܪܒ ܫܠܝܐ
ܡܫܡܠܠ ܗܘܐ
ܒܒܢܝܐ ܕܝܢ ܗܠܝܢ[i]
ܠܐ ܗܘܝ ܠܗܘܢ ܡܢ
ܦܪܕܐ ܘܦܪܚܐ ܕܦܪܕ[k]
ܐܢܝܢ ܘܡܢ[l] ܠܗܘܢ[m]
ܘܠܐ ܓܢܝܢ ܗܘܝ
ܠܡܪܝܡ ܘܪܒ ܫܠܝܐ
ܗܘ[n] ܦܪܩܗ ܫܢܝܐ[o]
ܦܟ ܘܠܐ[p] ܢܕܥ
ܗܘܐ ܡܢܝܐ ܠܟܒܕ[p]
ܘܬܕ[q] * * * ܗܘܐ
ܕܒܪܓܠܘܗܝ ܢܪܗܛ
ܘܫܬܐ ܒܒܝܪܐ ܐܫܝܪܬܐ
ܐܝܟܐ ܕܡܨܥܝܢ[r] ܐܘ

ܙܒܢܐ. ܡܛܠ ܕܒܕܪ،[s]
ܗܘܐ ܠܗ ܒܕܒܐ[g].
ܘܥܕ ܚܝܐ[t] ܥܠܡܝܐ
ܐܡܪ ܠܗ ܠܐ
ܬܕܚܠ ܘܠܐ ܬܬܪܗܒ
ܡܗܝܡܢܘ[u] ܗܝ ܡܢ
ܒܠܫܘܕ[g] ܒܚܝܠܗ ܡܫܝܚܐ[g]
ܗܘ[w] ܕܐܡܪܬ ܠܟ
ܘܬܕܡܪܬܐ ܪܘܪܒܬܐ
ܬܚܙܐ. ܚܝܐ[x] ܫܘܕܥܐ[y]
ܠܟܝܪ[g] ܕܡܟܢܐ ܕܒܪܝܐ
ܟܕ ܢܛܝܪܐ ܠܟܠ
ܡܢ ܐܘܦܬܪܦ ܘܐܡܪ
ܠܗ[z] ܠܦܪ[z] ܫܠܝܐ
ܗܘܐ[aa] ܐ ܡܗܡܢܢܘܬܢ[aa]
ܐܝܬ ܒܚܝܠܗ ܡܫܝܚܐ[g]
ܒܦܪܗ[g] ܕܐܠܗܐ ܠܐ
ܠܗ،[bb] ܕܡܟܢܐ ܘܐܡܪ
ܠܗܘ ܕܐܡܪ ܫܘܕܥܐ
ܥܠܡܝܐ[cc] ܕܢܘܥܐ
ܡܢܥܘܬܐ ܒܪܗ
ܕܐܠܗܐ ܠܐܬܘܗܝ
ܐܪܒܥܐ ܡܢܘܢܝ ܕܠܐ
ܡܬܒܥܝܢ ܘܐܠܗ ܗܘܐ[dd]
ܪܒ ܫܠܝܐ ܟܕ
ܕܢܫܠ[ee] ܡܦܠܓܘܠ[ff]

---

e + ܕܢܬܒ   d + .ܗܘ   c + ܠܐܬܐܠܗ   b ܐܠܐ   a + ܒܗ   Wright p. ܐܠܣ l. 10

m + ܘܗܘܐ   l ܘܡܢ   k ܕܦܪܕܘ   i ܗܠܝܢ   h ܘܫܘܕܥܐ   g om.   f + ܗܘ

q ܘܟܐܬܒܥܐ   p ܘܟܠܐ ܢܒܥܐ ܠܗ ܢܕܥ ܗܘܐ.   o ܗܘܐ   n ܡܬܬܟܬܒܢ

w ܐܝܟ   u + ܒܠܫܘܕ ܐܠܗܐ   t ܫܒܝܢ   s ܕܒܕܪܐ ܒܕܪ   r + ܗܘܐ

x + ܐܡܪ ܠܗ ܗܘ ܪܒ ܫܠܝܐ. ܡܗܝܡܢ ܐܢܐ ܒܗ. ܕܗܘܐ ܡܢܗ ܒܠܟܐ +

ܐܬܒܥܝܘܗܝ ܠܡܥܒܕ ܠܗ ܕܒܪܬܐ ܡܢܗ ∴ ܗܘܐ y + ܗܘ   z ܠܗܘ ܦܪ

aa ܐܝܟܢܐ ܕܗܡܝܡܢܢ   bb ܠܗܘ   cc ܥܠܡܢܐ   dd + ܗܘ   ee + .[illegible]   ff ܡܦܠܓ

ܒܢܝܢ ܠܗܘܢ [a] ܘܠܐ f. 164b
[b]ܕܢܦܫܠܘ ܠܛܠܝܐ[b]
ܐܝܠܝܢ ܕܦܣܘܠܐ ܡܕܝܢ
ܠܗ̇ ܠܐܘܡܢܘܬܗܘܢ
ܐܠܐ ܐܬܦܫܘܕ[c]
⸢ܡܕܝܢ⸣ [d]ܡܫܘܒܐ
ܠܐܢܫ * * * * ܠܐ
ܢܥܒܕ ܘܗܘܘܢ [d] ܝܗܘܕܝܢ
ܡܢ ܓܘܪܐ ܢܘܟܪܝܐ
ܕܒܠܗܘܢ ܒܢܝܫܬܐ
ܘܡܢ ܡܦܠܠܐ ܕܒܟܠܬܗ
ܠܘܛܬܐ ܥܠ ܐܚܪ̈ܢܝܐ[e]
ܐܬܬ ܘܡܢ ܓܢܒܘܬܐ
[f]* * * * * [g]ܕܝܗܘܕܐ
ܣܪܘܛܐ ܠܚܣܝܢܘܬܐ
ܐܝܬܝܗ ܘܡܢ
ܐܣܘܛܘܬܐ [h]ܕܠܐܡܙ
ܠܠܘܛܬ ܐܝܬܝܗ[h]
ܘܡܢ ܡܟܢܘܬܐ ܕܡܢ
ܕܠܗ ܡܬܪܡܐ ܠܐ
ܒܚܙ ܡܢܐ ܒܒܕ
ܘܡܢ ܫܘܒܗܪܐ ܣܪܝܩܐ
ܘܡܢ ܡܐܟܠܘܪܓܝܐ
ܕܣܟܠܐ ܘܡܢ [i]ܒ̈ܟܕܐ
ܒ̈ܢܝܐ ܘܡܢ [k]ܣܘܒܪܢܐ
ܕܒܗܬܬܐ ܘܡܢ
ܫܘܬܦܘܬܐ [l]ܕܐܢܬܬܐ

ܘܡܢ [m]ܫܒܒܐ ܕܢܛܘܦܬܐ
ܕܒܗ ܗܝ ⸢ܡܫܥܒܕܘܬܐ⸣
ܕܠܥܠܡ [n]ܗܘ ⸢ܗܝ⸣
ܐܡܐ ܕܥܒܕܝܠ
ܕܐܬܐ[n] ܗܘ ⸢ܗܝ⸣
[o]ܕܒܪܐ ܠܢܦܫܐ ⸢ܒܛ⸣ܘܦܢܐ
ܘܪ⸢ܡ⸣ܢܐ ܠܗܘܢ ⸢ܒܡܘ⸣ܡܐ[p]
ܘܡܒܕܪܐ ܠܗܘܢ ⸢ܬܚ⸣ܝܬ
[q]ܐܪܙܐ. ܘܠܐ[r] ⸢ܢܚܙܘ⸣ܢ
ܡܢܐ ܕܒܕܝܢ ܘܕܢܗܘܘܢ
ܒܥܕܝܗܘܢ ⸢ܒܫܝܢ
ܡܢܗܘܢ [s] ⸢ܘܐ⸣ܬܕܒܪܘ
ܒܡܕܝܢܘܬܐ [t]ܗܕܐ
[u]ܓܒܪ ܓܒܝܐ ܘܕܡ
ܐܠܗܐ ܛܒ ⸢ܡܢ⸣
ܟܠܗܝܢ ܛ̈ܒܬܐ
ܘܒܥܒܘܕܘܬܐ ܗܕܐ
ܓܒܪ ܒܒܢܝܢܐ [w]ܒܡ
ܐܠܗܐ [x]ܚܝܐ
ܘܚܝܐ ܕܠܥܠܡ ⸢ܝܗ⸣ܒܐ
ܘܠܡܘܬܐ ⸢ܒܫ⸣ܪܐ
[y]* * * * * ܐ[y] ⸢ܗ⸣ܕܐ
ܓܒܪ ܒܡ ܟܠ
ܡܕܡ ܐܬܬܩܠܠܬ
ܘܗܝ ܢܛܠܠܬ ܘܒܪܬ
ܘܥܡܠܬ ܟܠܝܠܐ
ܘܒܡܫܡܫܢܘܬܐ[z] ܘܡ * * *

---

[a] ܡܣܟܢܬܐ. + [b] ܛ̈ܠܚܝܐ ܕܦܫܝܠܬܐ [c] om. [d] ܕܚ̈ܒܝܫܝܢ ܕܝܚܕܐ. ܕܗܘܝܢ Wright
[e] ܡܟܝܢ [f] om. [g] ܕܠܝܗܘܕܝܐ [h] ܕܠܚܣܡܐ ܡܢ ܡܡܪܘܬܗ ܐܪܫܝܘܬܗ p. ܪܢܓ l. 14
[i] ܣܘܒ̈ܟܕܐ [k] ܚ̈ܬܢܐ [l] ܫܘܬܦܘܬܐ. [m] ܡܫܒܒܐ [l–n] om.
[o] ܕܕܒܪܐ [p] ܠܡܡܘܡܐ ܬܚܝܬܐ. [q] ܐܪܙܗ. [r] ܕܠܐ
[s] + ܐܠܐ ܥܡܟܘܢ ܐܢܬܘܢ. [t] ܕܗܕܐ [u] ܗܝ [w] ܕܒܡ [x] ܡܚܝܢܐ
[y] ܘܐܦ ܒܡܫܡܫܢܘܬܐ ܐܬܕܒܪܘ. [z] ܘܒܡܫܡܫܢܘܬܗ

ܦܪܨܘܦܗ ܕܝܘܚܢܢ ܬܐܘܠܘܓܐ

f. 164 a

* * * * * *
ܕܣܝܢܩܐ * * * *
ܩܕܝܫܘܬܐ * * *
* * * * * *
* * * * * *
* * * * * *
* * * * * *
* * * * * *
⌜ܒܠܗܘ⌝ܢ * * *
ܒܒܪܐ ܫܦܝܪܐ ܡܢ
ܒܢܝ ܕܠܐ ܡܬܘܕܝܢ
ܡܕܡ [a]⌜ܕܫܦܝܪ⌝ܐ ܠܗ ܠܐ
⌜ܡ⌝ܕܡܝܢ [b]ܠܦܓܬܐ ܒܠܗܘܢ
⌜ܒ⌝ܢܝ [c]ܒܬܪܗ [d]ܕܗܘܐ ܐܝܟ[d]
ܩܕܝܫܘܬܐ ܘܡܢ
ܐܠܗܐ [e] ܐܬܝܗܒܬ
ܩܕܝܫܘܬܐ [f]ܠܒܬܘܠܬܐ
ܐܣܦܩܬ ܩܕܝܫܘܬܐ
[*]ܠܐܠܗܐ ܫܦܝܪܬ
ܡܠܠ ܗܘܐ ܡܢܗ
ܪܕܬ ܩܕܝܫܘܬܐ
ܐܬܠܠܟܐ ܗܝ [g]ܒܢܝܪ
ܕܠܐ ܡܕܒܪܐ
ܩܕܝܫܘܬܐ ܓܪܝܪܐ[h]
ܕܠܐ ܝܐܒ ܩܕܝܫܘܬܐ

ܫܬܐܣܬܐ[i] ܕܠܐ[k]
ܢܦܠܐ[k] ܩܕܝܫܘܬܐ
ܠܐܠܗܐ ܝܗܒܬ
ܕܬܗܘܐ [l] ⌜ܩܕܝܫܘܬܐ⌝
ܗܝ ܗܝ ܫܦܪܬ[m]
ܟܕ ܠܘܬ ܦܓܥܐ
ܡܫܬܒܚܐ ܩܕܝܫܘܬܐ
ܠܒܬܘܠܐ ܦܫܝܛܬ
ܩܕܝܫܘܬܐ ܐܢܫܝܐ[n]
ܕܪܘܚܢܐ ⌜ܕ⌝ܡܫܝܚܬܐ
ܦܓܪܢܝܬܐ ܕܓܒܠܐ
ܒܢܝܢܘܬܐ [o]ܠܗܘܢ ܕܢܘܪܐ
ܠܗ̇ [p] ܒܢܝܢܘܬܐ
ܕܡܕܡ ܠܐ ܢܦܩܐ
ܐܠܐ ܕܐܝܟܢܐ
ܬܫܦܪ[q] ܠܡܪܗ̇
ܒܢܝܢܘܬܐ ܒܫܒܪܐ
ܬܠܝܐ ܒܕ ܡܩܘܝܐ
ܠܦܘܪܢܐ ܒܢܝܢܘܬܐ
ܒܟܠ ܒܕ ܒܟܠܝܐ
ܒܬܝܐ [r]ܡܦܠܓܠ
ܕܡܕܡ ܕܗܘܝܐ ܠܐ
ܫܒܪܐ ܒܢܝܢܘܬܐ
ܝܚܝܕܐ ܕܝܚܝܕܐ[s]
ܘܢܕܘܬܐ [t] ܠܟܠ [u]ܕܡܢܐ*
ܠܗ̇ ܘܠܦܪܢܣܗ̇ ܡܦܪܢܣܐ

---

[a] ܫܦܝܪܐ. [b] ܠܡܕܡܝܢ. [c] ܦܬܓܡܐ. + [d] ܐܝܟ ܕܗܘܐ [e] ܒܢܝ +
[f] ܠܒܬܘܠܐ [g] om. [h] ܗܝ + [i] ܫܬܐܣܬܐ [k] ܗܝ ܕܠܐ ܢܦܠ.
ܠܗ ܒܪܬ ܩܕܝܫܘܬܐ. + [l] [m] ܫܦܝܪܐ. [n] ܗܝ + [o] ܕܡ +
ܡܢ ܓܒܠܐ ܕܒܠܗܘܢ ܒܢܝܢܐ ܠܗ. + [p] [q] ܬܫܦܪ + [r] ܡܦܠܓ
ܒܢܝܢܐ. + [s] [t] ܗܝ + [u] ܕܡܢܐ

Wright p. ܢܘ l. 18

ܠܐ [a]ܒܒܪܐ ܘܒܥܕ f. 157 b
ܗܠܝܢ ܥܒܕ ܒܪܢܫ
ܐܝܠ ܠܡܪܝ، ܡܠܟܐ
ܐܫܬܥܝ. ܘܐܡܪ
ܡܪܝ، ܡܠܟܐ ܢܬܬܐ
[b]ܘܗܝ، [c]ܘܢܘܕܥܘܢܝܗܝ*
ܐܡܪ [d]ܕܐܢ ܒܪܝܫ [e]ܦܪܘܫܗ
[b]⌜ܠ⌝ܡܠܟܐ ܐܓܪ
ܟܠܗܘ، ⌜ܪܘܚܐ ܘܠܝܠ⌝
ܘܐܦܝܣܗ، ܘܐܡܪ
ܠܗ [f]⌜ܘܐܕܝܠܗ⌝، ܒܒܪ
[g]ܡܫܡܫ ܠܗ̇ ܠܡܓܕܘܠܝܐ
ܕܬܗܘܐ ܠܘܬܝ،
ܐܒܗܐ ܕܐܝܬܝܗ̇
ܗܘܬ ܘܫܕܪ ܡܪܝ،
ܡܠܟܐ ܘܐܝܬܝܗ
ܠܝܗܘܕܐ [h] ܥܠܝܢܗ
[i]ܕܡܪܝܐ ܘܒܝܢܬܐ
ܗܘܬ ܠܗܘܢ ܠܟܠܗܘܢ
ܗܢܘܢ [k]ܐܣܝܪܐ [l] ܕܐܙܠ
ܗܘܐ ܠܗ ܝܗܘܕܐ
ܥܠܝܢܝܐ ܡܢ
[m]ܐܝܕܝܗܘܢ ܘܒܟܝܢ
ܗܘܘ ܠܗ ܘܐܡܪܝܢ
ܕܐܦ ܦܘܪܓܝܐ ܕܐܝܬ
ܗܘܐ ܠܢ ܕܒܪܗܘ،
ܡܢ ܠܘܬܟ ܡܪܝ،
ܕܝܢ [n] ܐܡܪ [b]ܗܘܐ

ܠܗ [o]ܝܗܘܕܐ ܠܡܪܢܐ
ܡܠܦ ܐܢܬ ܝܘܠܦܢܐ
[b]ܡܕܡ ܕܐܠܗܐ
ܘܐܢܫܐ ܫܡܥܝܢ ܠܗ
ܘܡܕܡ ܕܫܦܝܪ ܠܝܬ
ܒܗ ܐܡܪ ܠܗ
ܝܗܘܕܐ ܡܠܟܐ ܕܟܢܫ
ܡܠܦ ܐܢܐ ܐܡܪ
ܠܗ ܡܪܝ، ܕܐܡܪ
ܐܢܬ ܕܠܐ [p] ܫܢܝܢ
[q]ܒܢܝ ܐܢܫܐ[q] ܠܘܬ
ܐܠܗܐ ܐܠܐ [b]ܐܢ
ܢܛܪܘܢ ܢܦܫܗܘܢ [r]ܕܟܝܐ
ܠܐܠܗܐ [s] ܕܡܟܪܙ
⌜ܐܢܬ⌝ ܐܡܪ ܠܗ
ܝܗܘܕܐ [b]ܐܝܢ
ܫܪܝܪܐܝܬ ܗܟܢܐ
ܐܡܪ ܐܢܐ ܘܠܐ
ܡܕܓܠ ܐܢܐ [t]ܡܕܡ
ܕܐܡܪ ܐܢܐ [u]ܠܡܐ
ܡܥܒܕܝܢ ܦܠܚܝܟ
ܒܠܒܘܫܐ ܡܝܩܪܐ
ܠܡܦܩ ܘܡܕܡܝܟ
ܐܘ ܟܕ ܐܝܟܢ ܐܘ
ܟܕ ܫܡܥܝܢ ܐܢܬ
ܗܟܝܠ ܕܡܠܟܐ
ܐܢܬ ܐܪܟܢܐ [w]ܒܐܪܥܐ

---

[a] ܒܒܪ̈ܐ ܀ [b] om. [c] ܢܘܕܥܘܢܝܗܝ. [d] ܠܗ [e] ܦܪ̈ܘܫܗ. [f] ܘܐܕܝܠܗܝ. Wright p. ܪܓ l. 5
[g] ܐܝܠ + ܘ [h] + ܬܫܡܫܬܐ [i] ܕܡܕܒܪܢܐ. [k] ܐܣܝܪ̈ܐ. [l] + ܡܛܠ
[m] ܐܝܕܝܗܘܢ [n] + ܡܠܟܐ [o] ܠܝܗܘܕܐ. [p] + ܠܟ [q] ܒ̈ܢܝܢܫܐ
[r] ܕܟܝܐܝܬ [s] + ܗܘ [t] ܡܕܡܕܡ [u] ܕܠܡܐ [w] ܘܒܐܪܥܐ

ܡܬܚܫܒ ܐܢܬ.
ܓܒܘܬܐ [a] ܥܘܕܪܢܬܐ
ܘܠܡܕܪܬܐ [b]ܒܢܝܐ[b] ܐܢܬ
ܒܝܕ ܦܠܚܝܢ ܠܗܢܐ
ܡܠܟܐ ܕܟܠ ܐܘܡܢܐ
[c]ܐܡܪܝܢ * * * *
* * * ܐܢܬ ܐ * *
* * * * * * *
* * * * * * *
* * * * * * *
ܒܗܬܐ ܘܢܦܩܘܢ ܡܢ
ܠܒܢܝܐ ܡܬܪ̈ܐ
ܕܒܢܝܐ ܘܕܒܢܝܬܐ ܘܡܢ
ܓܦܬܐ ܡܬܪ̈ܐܬ[d]
ܕܒܘܬܪܐ ܘܡܢ
ܫܢܝܘܬܐ [e]* * *
ܕܒܫܡܐ ܐܠܝܡ ܒܢ̈ܝ
ܕܠܟ ܡܫܡܫܝܢ ܘܠܟ
ܡܫܬܒܒܝܢ [f]ܘܒܕܘܒܪ̈ܝܟ
ܓܒܝܬ ܕܗܘܘ
ܡܬܕܒܪܝܢ ܘܐܢ
ܒܒܪ ܚܕ ܡܢܗܘܢ
[g]ܦܘܩܕܢܝܟ ܡܫܡܫ
ܒܪܫܐ ܡܢܝ [h]*ܡܫܡܫܠ
ܚܕ ܒܟܐ ܗܢܐ [i]ܠܗ
ܐܠܗܐ ܕܟܠ ܕܘܠܐ

f. 157 a
ܠܡ ܠܐܠܝܢ [k]ܕܗܝܡܢܘ
ܒܫܡܗ [l]ܕܝܠܝܕ[l] ܠܒܪܢ
ܒܕܝܢܘܬܐ ܘܡܫܪܪܢܘܬܐ
ܘܒܢܘܢܘܬܐ ܘܡܗܝܡܢܘܬܐ
ܘܒ * * * * * *
ܘܗܘܝ * * * * *
ܡܢܝܢ * * * * *
* * * * * * *
* * * * * * *
* * * * * * *
* * * * * * *
* * * * * * *
* * * * * * *
* * * * * * *
* * * * * * *
* * * * * * *
ܐܢ ܡܢܘ ܓܒܝܬ
ܠܡܒܢܝܢ ܠܝ ܠܐ
ܬܫܬܘܕܪ ܗܝ ܚܒܝܪ
ܐܢ ܫܪܝܪܐܝܬ
ܘܟܠܬ ܡܢܝܢ ܕܫܡܫܬ
ܠܐ ܦܘܪܥܢܐ [i]ܡܗܪ
[i]ܠܗ. ܘܠܐ ܢܘܪܐ
ܘܠܐ [i]ܡܢܝܢ
ܐܣܝܪܐ ܕܡܢ ܗܢܐ

---

[a] + ܘܗ [b] ܒܢܝܬ [c] ܐܡܪ̈ [d] ܡܬܪܬܐ [e] ܘܡܫܡܫܘܬܐ Wright p. ܪ̈ܘ l. 4

[f] ܒܕܘܒܪ̈ܝܟ [g] + ܟܠ ܚܕ ܡܢ [h] ܡܫܡܫܠܝ. [i] om. [k] ܕܗܝܡܢܝܢ

[l] ܕܝܠܝܕܘܗܝ

ܐܢܐ ܠܗ ܠܟ ܕܠܐ f. 162 b
ܒܥܠܡܐ [a]ܠܥܠܡܐ ܠܐ[1][a]
[b]ܠܐ ܬܥܒܕ ܦܘܠܫܢܐ
ܘܐܢܬ ܡܢ ܐܚܪܝ
ܠܐ ܬܬܦܠܓ ܕܒ
ܚܙܝ ܕܐܢ ܠܐ ܡܦܝܣܬ
ܠܗ̇ ܠܟ ܡܫܥܒܕ
ܐܢܐ ܘܠܗ [c]ܒܫܢܝܐ
ܠܐ ܢܫܒܩ[c] ⌜ܐܢܐ⌝
[d]ܘܠܚܝܪܬܐ ܐܢܐ
[b]ܢܦܩ ܡܢ ܥܠܡܐ [e]
[f]ܢܦܠ ܐܢܐ. ܘܐܢ
[g]ܐܝܟܢܐ ܕܐܡܪ ܐܢܬ
ܐܢܬ ܚܝܐ ܘܡܘܬܐ
ܘܐܢܬ ܚܝܒܘܬܐ
ܘܙܟܘܬܐ ܘܐܢܬ
ܕܝܢܐ ܘܦܘܪܥܢܐ
ܬܡܢ ܒܡܢ ܒܕܝܢܐ
ܡܐܟ ܐܢܐ ܘܐܢ
ܒܐܢܐ [h] ܐܠܗܢ ܗܘ
ܕܡܠܟ ܐܢܬ [i]ܘܒܐܢܐܝܬ
ܬܒܥ ܡܬܦܪܥ. ܐܢܐ ܐܝܟ
ܕܠܐ ܡܕܡ ܐܫܬܠܛܬ ܒܟ
ܘܐܫܬܢܝܬ ܘܠܐ
ܫܠܛܬ ܒܟ ܘܫܠܛܬ
ܒܟ ܐܠܐ ܐܦܢ
ܗܪܟܐ ܕܡܟܐ ܐܢܐ
ܕܐܬܦܪܥ ܡܢܟ

ܘܐܥܒܕ ܒܟ ܟܘܠ
ܕܥܒܕܬ ܒܝ ܐܬܦܠܚܫ
ܠܝ ܡܟܝܠ ܘܬܐ ܒܥܡܝ
ܠܒܝܬܝ ܘܐܡܪ[k]
ܠܡܟܪܙܘܬܐ ܘܐܦܣܩܗ̇
ܕܬܗܘܐ ܠܘܬܝ ܐܝܟ
ܕܐܬܝܬܗ̇ ܗܘܬ ܒܝܕ
ܠܐ ܬܚܝܪܐ ܐܦܝܢ
⌜ܘܗܘ⌝[l] ܝܗܘܕܐ[l] ܟܕ
ܒܚܢܢ ܐܙܠ ܗܘܐ
ܒܥܗ ܘܐܡܪ ܠܗ
[b]ܗܝܡܢܘ [b]ܒܝ ܕܐܠܘ
ܪ̈ܚܡܝܢ [m] ܒܢܝ [n]ܐܢܫܐ
ܠܐܠܗܐ ܐܝܟܢܐ
ܕܪ̈ܚܡܝܢ [m] [b]ܠܒܢܝ
[b]ܐܢܫܐ [o]ܚܒܪ̈ܝܗܘܢ
[p]ܟܠ ܡܐ ܕܒܥܝܢ ܗܘܘ [q]
ܢܥܒܕ ܗܘܐ ܠܗܘܢ
ܘܠܝܬ ܗܘܐ ܡܕܡ
ܕܒܥܐ ܗܘܐ ܠܗܘܢ.
ܘܟܕ [r]ܗܝ ܐܡܪ
ܗܘܐ ܐܙܠ[s] ܠܒܝܬܗ
ܕܟܪܝܫ. [t]ܐܬܟܢܫܘ
ܠܡܟܪܘܙܘܬܐ ܟܕ ܝܬܒܐ
ܘܠܢܘܗܪܐ ܟܕ ܩܝܡܐ
⌜⌝ ܩܕܡܝܗܘܢ ܘܫܡܥܝܢ
ܐܝܕܝܗܘܢ ܥܠ ܦܓܪܗܘܢ
ܘܐܡܪ ܠܗ

[1] sic in Cod.

---

[a] ܘܠܥܠܡܐ ܠ [b] om. [c] ܡܢ ܩܠܝܠ ܬܘܒ ܚܙܐ ܩܘܕܡܝ [d] ܘܐܚܪܢܬ Wright p. ܪܘ l. 5
[e] + ܢܦܩ [f] ܚܘܒܒ [g] ܐܝܟ [h] + ܗܘ [i] ܘܒܐܢܐܝܬ [k] + ܠܗ̇
[l] ܘܝܗܘܕܐ [m] + ܗܘܘ [n] ܢܫܐ [o] ܠܚܒܪ̈ܝܗܘܢ [p] ܟܘܠ
[q] + ܡܢܗ [r] ܗܠܝܢ [s] ܟܠ ܗܘܐ ܝܗܘܕܐ [t] ܘܐܬܟܢܫܘ̇

f. 141 a

ܠܡܫܝܚܘܬܗ̈ ܢܩܠܘܢ
ܠܗܘܢ ܢܩܘܬܐ ܟܠܗ
ܐܡܪ ܘܢܗܘܢ ܠܗܘܢ
[a]ܥܒܕܐ ⌜ܟܠܗܘܢ⌝[a] ܚܕܐ
ܘܐܦܩܘܗ ܠܗ ܡܢ
ܒܠܡܐ [b] [c]ܐܝܟ ܐܢܫܝܘܗܝ
ܠܗܘ ܥܦܝܪܐ ܕܓܒܠܗ
ܥܒܕܬ [d]ܕܗܘ ܚܝܐ
ܘܗܒ ܚܝܐ ܠܐܢܫܝܢ
ܕܗܝܡܢܘ ܒܗ [e]ܒܕ
ܕܐܝܬ[e] ܐܝܬܝܐ
ܘܠܠܝܐ [f]ܘܬܡܢ ܕܠܝܬ
ܢܘܗܪܐ ܘܚܫܘܟܐ[f]
ܘܠܝܬ ܟܦܢܐ ܘܒܨܝܪܐ
ܘܠܝܬ ܒܬܪܐ ⌜ܘܡܣܟܢܘܬܐ⌝ [g]
ܘܠܐ ⌜ܥܒܕܐ⌝ ܘܠܐ
ܒܝܫ ⌜ܚܐܪܐ⌝ ܘܠܐ
ܕܪܚܡܝܢ ܘܡܫܬܥܠܝܢ
ܟܠ ܕܫܦܠܝܢ ⌜ܘ⌝ܒܕ
ܗܠܝܢ ܐܡܪܐ ܗܘܬ
[h]ܢܗܘܕܐ ܟܠ[h] [i]* * *
[i]ܡܕܡܥܝܗ̈. ⌜ܘܗܝ⌝
ܐܫܬܘܪܬ ⌜ܡܥܡܬ⌝
[k]ܘܡܠܟܕܬ ܠܗ ܐܡܪ
ܠܗ ܒܪܫ ܚܕܝ
⌜ܕ⌝ܕܚܠܬܐ ⌜ܡܪܢ⌝ ܘܪܚܡܬܐ

ܠܝ [l]ܘܟܠ ܕܐܡܪ ܐܢܬ
ܠܗ [m]ܒܒܕ ܠܝ ܝܚܝܕܐ
ܐܡܪ ܠܗ ܝܗܘܕܐ
ܒܪܬܝ ܡܓܕܘܢܝܐ
ܐܬܦܝܣ⌜ܝ⌝ ܠܡܕܡ
ܕܐܡܪ ܠܟܝ ܒܪܝܫ
ܐܚܘܒܝ ܐܡܪܐ ܠܗ
ܡܓܕܘܢܝܐ ܐܢܬ
[n]ܬܐܡܪܝܢܘܗ ܒܒܕܐ[n]
ܠܐ ܐܫܟܚܬ [o]ܠܝ
ܕܐܒܒܕܝܘܗܝ [i]ܠܗ
[i]ܠܒܒܕܐ ܐܝܟܢܐ
ܡܦܝܣܬ ܠܝ ܡܪܝ
ܗܐ ܥܒܕܬ ܕܐܡܪ ܗܘܝܬ
ܕܗܠܝܢ ܚܝܐ [p] ܥܐܠܝܐ
ܐܢܘܢ ܘܗܢܐ ܢܝܫܐ
[q]ܕܥܒܕܬ * * *[q] ܘܗܠܝܢ
ܩܝܢܐ ܠܐ ܡܩܘܝܢ
ܘܬܘܒ ܐܡܪ ܗܘܝܬ
ܕܡܢܘ ܕܗܢܐ ܗܠܝܢ
ܚܝܐ ܐܝܟ ܡܩܒܠ
ܚܝܐ ܕܠܟܠܗ ܘܡܢ
ܕܗܢܐ ܗܢܐ ܢܘܗܪܐ
ܕܐܝܡܡܐ ܘܕܠܠܝܐ
ܐܝܟ ܡܩܒܠ ܢܘܗܪܐ
ܕܠܝܬ ܒܗ ܠܠܝܐ
ܘܬܘܒ ܐܡܪ ܗܘܝܬ

---

[a] ܟܠܗܘܢ ܥܒ̈ܕܐ [b] ܗܢܐ. + [c] ܘܐܝܟ [d] ܠܗ̇ܘ [e] ܒܪ ܕܠܝܬ

[f] ܘܠܝܬ ܚܫܘܟܐ ܐܝܟܐ ܕܠܐ ܢܘܗܪܐ. ܘܠܐ ܗܕܪܐ ܘܠܐ ܢܨܚܬܐ. + [g]

[h] ܟܠ ܢܘܗܪܐ. [i] om. [k] ܡܨܝܕܬ [l] ܘܡܠܟܬܐ [m] ܚܒܝܒܐ

[n] ܕܐܬܐܡܪܢܘܗܝ ܠܒܝܬܐ [o] ܘܠܐ ܕܠܐ [p] ܕܘܟܝܐ + [q] ܕܘܟܝܐ ܗܘ.

Wright p. ܪܨܛ l. 7

ܦܪܘܣܘܦܗ ܕܝܗܘܕܐ ܬܐܘܡܐ

[a]ܕܡܢ ܕܥܒܕ ܩܕܝܫܐ f. 141 b
ܗܠܝܢ ܐܪܒܥܐ ܐܝܠ
ܡܫܒܚܝܢ ܩܕܝܫܐ
ܕܠܟܠܗ ܡܩܘܝܢ
[b]ܘܗܫܐ [c]ܐܫܪܝܢܬܐ
ܡܛܠ ܕܕܚܠܬ [d]ܐܡܪܬ
ܠܗ [e] ܡܢܗ ܕܥܒܕ ܥܒܕܐ
[f]ܘܐܫܬܒܚ ܒܗ
ܘܡܫܕܪ ܥܒܕ ܒܗ
ܘܡܢܗ ܕܒܢܝܐ ܡܬܒܕܠܐ
ܘܗܦܟ ܡܢ ܫܬܐܣܘܗܝ
ܒܥܒܪ ܠܗ̇ ܡܢ[g] ܕܢܥܒܪ
ܚܢܢ ܒܐܬܪܐ ܕܗܘܐ
ܘܪܡܙ ܘܡܡܠܠܐ[1][h] ܠܗ̇
[g]ܘܡܢ ܡܫܒܚ[i] ܫܘܡܠܝܬܐ [j]
ܘܠܐ ܡܬܚܫܒ ܒܗ̇
ܘܒܕ ܗܠܝܢ ܫܡܥ
*ܒܬܪ ܩܪܒܗ̇ ܕܡܐܢܝ
ܡܠܟܐ ܐܡܪ [k] ܠܐ
ܗܘܐ ܐܢܐ ܐܟܬܘܒܘ
ܘܠܐ ܡܦܬܪܗܒ ܐܢܐ
[l]ܘܐܣܪܘܗܝ ܒܟܒܐ
ܠܟ ܕܝܢ ܐܣܪ ܐܢܐ
ܠܟ ܡܛܠ ܕܥܠܝܟ
ܐܢܐ ܒܠܒܟ ܘܠܐ
ܥܒܕ ܐܢܐ ܠܟ
ܕܬܐܠܝܢ [m] ܘܬܡܠܠܝܢ
ܒܟܠܗ ܕܫܪܝܪܐ[n]
ܗܢܐ ܘܐܦ ܐܬܦܠܣܬܝ

ܘܐܠܐ ܐܢܐ ܝܕܥ
ܐܢܐ ܡܢܐ ܥܒܕ
ܐܢܐ ܘܦܩ ܝܗܘܕܐ
ܡܢ ܒܝܬܗ *ܕܒܪܝܫ
ܘܐܙܠ ܗܘܐ ܠܒܝܬܗ
ܕܣܝܦܘܪ ܪܒ ܚܝܠܐ
ܘܬܡܢ ܥܡܪ ܗܘܐ
ܘܐܡܪ ܗܘܐ[b] ܠܗ
ܣܝܦܘܪ ܠܝܗܘܕܐ
ܐܬܩܢ ܠܟ ܦܪܢܘܣܝܐ
ܘܗܘܝ ܡܛܠ ܒܗ
ܘܥܒܕ ܐܝܟ ܕܐܡܪ
ܠܗ ܘܐܡܪ ܠܗ
ܣܝܦܘܪ ܪܒ ܚܝܠܐ
ܐܢܐ [o]ܘܐܢܬܬܝ
ܘܒܪܬܝ[o] ܩܕܝܫܐܝܬ
ܒܫܪܝܢ ܚܝܢ ܡܟܝܠ
ܒܚܕ ܪܥܝܢܐ ܘܒܚܕ
ܚܘܒܐ ܘܒܚܒܢܢ
[b]ܡܢܟ ܕܢܩܒܠ
ܪܘܫܡܐ ܡܢ ܐܝܕܝܟ
ܘܢܗܘܐ ܠܗ [p] ܦܠܚܐ
ܕܫܪܪܐ ܘܡܬܒܝܢܐ
ܒܡܫܝܚܐ ܕܒܪܘܩܘܗܝ
ܘܕܢܩܘܡܘܬܗ ܐܡܪ
ܝܗܘܕܐ ܡܬܚܫܒ
ܐܢܐ ܕܐܡܪ ܘܕܚܠ
ܐܢܐ ܘܚܕ ܐܢܐ

[1] sic

---

a ܕܟܠ   b om.   c ܘܐܫܬܪܝܬܐ.   d ܐܡܪ ܐܢܬ   e + ܗܠܝܢ.   Wright p. ܪ l. 6
f ܘܡܫܬܒܚ   g ܘܡܢܗ   h ܘܡܡܠܠܐ   i ܕܡܫܒܚ   j + ܦܠܚܘܬܐ   k + ܐܢܐ
l ܕܐܣܪܘܗܝ   m + ܠܗܘܬܗ   n ܡܢ ܫܪܝܐ   o ܘܒܪܬܝ ܘܐܢܬܬܝ.
p + ܠܡܪܢ

f. 150 a

ܕܡܕܕܦ ܕܝܕܥ ܐܢܐ
ܠܐ ܡܢܐ ܐܢܐ
ܕ⌜ܐܡ⌝ܪܝܢܘܗܝ
ܘܫܪܝ ܗܘܐ ܕܢܐܡܪ
ܥܠ ܡܟܣܘܕܝܬܐ
ܘܐܡܪ ܗܘܐ ܗܕܐ
ܡܟܣܘܕܝܬܐ ܕܫܘܒܩܢ
ܚܛܗܐ ܗܕܐ ܡܘܠܕܬ
ܒܢܝܢܫܐ ܚܕܬܐ
ܗܕܐ ܡܚܕܬܬ ܒܪܢܫܐ
ܘܡܫܡܠܝܬ [a] * * * ܠܟܢ
ܐܢܫܐ * * * * *
ܡܫܘܬܦܘܬܐ * * *
ܟ * * * [a]ܘܡܡܠܟܘܬ
[b]ܒܪ ܐܢܫܐ[b] ܚܕܬܐ
⌜ܒܬ⌝ܠܬܘܬܐ ܘܗܘܝܬ.
ܫܘܬܦܘܬܐ ܟܫܘܒܩܢܐ
ܕܚܛܗܐ [c]ܫܘܒܩܢܐ
[c]ܠܟ [d]ܕܚܝܠܐ ܟܫܪܐ
[e]ܕܟܫܪܢܝܐ ܫܪܐ
ܘܐܡܪ ܗܘܐ
ܘܐܬܝܘ ܒܪܒܐ ܪܒܬܐ
ܘܐܡܟܕ ܐܢܘܢ ܒܫܡ
[f]ܕܐܒܐ ܘܒܪܐ
ܘܪܘܚܐ [g]ܩܕܝܫܬܐ
⌜ܘܟܕ⌝ ܒܡܕܘ ܘܠܒܫܘ
ܐܢܬ ܠܡܫܝܚܐ [h]

ܘܣܦ [i] ܥܠ ܦܬܘܪܐ
ܘܫܪܝ ܗܘܐ ܕܢܒܪܟ
ܥܠܘܗܝ ܘܐܡܪ
ܗܘܐ ܠܡܫܝܚܐ ܚܝܐ
[k]ܕܢܚܬ ܡܢ ܫܡܝܐ[k]
ܕܐܟܘܠܘܗܝ ܠܐ
ܡܝܬܝܢ ܠܡܫܝܚܐ
ܕܠܢܦܫܬܐ ܟܦܢܬܐ
ܡܠܐ ܡܢ ܛܘܒܗ
[l] * * * ܐܫܬܘܕܝܬ * *
[l]ܗܘܬ * * * * *
ܘܬܗܘܐ ܠܫܘ⌜ܒ⌝ܩܢ
ܚܛܗܐ ܕܐܟܠܝܢ
ܠܐ [m]ܡܝܬܝܢ ܫܡܫܐ
ܕܐܟܐ [n]ܡܕܟܪܝܢ.
[n]ܚܝܢ ܟܠܝܢ ܫܡܫܐ
[o]ܕܟ * * * * ܟܫܪܐ[o]
ܕܟܫܪܐ ܡܢ ܟܘܠ
ܘܐܡܪ [k]ܠܬܠܡܝܕܐ
* * * ܟ * * *
* * [k]⌜ܒܫܡܟ⌝ ܢܫܘܒ
ܠܐܬܐ ܫܠܝܚܐ
[p]ܘ * * * ⌜ܕܒܘܪܟܬ⌝ܐ
ܘܕܬܘܕܝܬܐ ܘܫܪܐ
ܥܠ ܗܢܐ ܠܡܫܝܚܐ
[q]ܕܢܦܫܬܐ ܟܠܗܝܢ[q]
ܕܫܠܡ ܡܢܗ [r] ܢܫܬܒܩܘܢ
[s]ܠܗܘܢ ܚܛܗܝܗܘܢ[s]

Wright p. ܟܙ l. 6

[a] ܢܦܫܐ ܘܦܓܪܐ. [b] ܒܪܢܫܐ [c] ܠܟ ܫܘܒܚܐ [d] ܚܝܠܐ
ܕܡܡܠܟܘܬܐ. . ܠܟ ܫܘܒܚܐ ܚܝܠܐ ܒܟܠܐ ܕܡܡܠܟܘܬܐ ܕܡܡܠܟܘܬܐ ܒܟܡ + [e]
ܡܫܬܘܬܦ. ܠܟ ܫܘܒܚܐ ܚܝܠܐ ܕܡܡܠܟܘܬܐ ܡܠܟܝܐ . . ܠܟ
ܫܘܒܚܐ ܫܘܬܦܘܬܐ ܕܡܡܠܟܘܬܐ ܡܠܟܘܬܐ. ܐܝܟ ܕܫܘܒܚܐ ܦܪܘܩ
ܠܗ. ܀ ܘܟܕ ܗܠܝܢ ܐܡܪ ܐܡܪ ܡܫܝܚܐ ܒܥܝܢܘܗܝ. ܘܐܡܪ . . ܠܟ
ܫܘܒܚܐ ܦܐܪܐ ܢܨܚܐ. ܠܟ ܫܘܒܚܐ ܫܒܚܐ ܕܡܫܝܚܐ . . ܠܟ ܫܘܒܚܐ
ܚܝܠܐ ܒܫܡܐ [f] ܐܒܐ [g] ܕܩܘܕܫܐ ܀ [h] + ܘܡܒܪܟ [i] + ܗܘܐ [k–k] om.
[l] ܐܝܬ ܕܝܗܒܬ ܕܬܦܠ ܡܗܡܢܘܬܐ. [m] ܡܫܬܘܬܦܝܢ. [n] ܡܕܟܪܝܢ
[o] ܕܟܪܐ ܡܕܟܪܝܢ ܟܠܝܢ. ܫܡܫܐ ܕܢܘܚܐ ܡܕܟܪܝܢ ܟܠܝܢ. ܫܡܫܐ ܕܟܪܐ
[p] om. [q] ܕܟܠܗܘܢ ܢܦܫܬܐ [r] + ܘ ܡܫܬܒܩܢ [s] ܠܗܘܢ ܚܛܗܝܗܘܢ.

ܘܡܓܐ ܘܝܗܒ ܠܓܦܘܪ f. 150 b
ܘܠܐܢܬܬܗ ܘܠܒܪܬܗ
ܡܢܕܝ [a] ܡܠܟܐ ܒܗ.
ܫܪܝܗܝ ܠܝܗܘܕܐ [b]
ܐܙܠ ܠܒܝܬܗ ܠܡܫܡܫܘ
ܘܡܫܬܒܐ ܗܘܐ
ܠܐܢܬܬܗ ܡܢܕܫ
ܕܓܒܫ [c] ܠܩܪܝܫ ܩܪܝܒܗ
[d]ܕܡܠܟܐ ܘܐܡܪ ܠܗ̇
ܚܙܝ [e] ܡܢܝܐ ܗܘܗܝ
ܠܗܘ ܡܛܪܦܐ ܝܕܒܬܝ
[d]ܓܒܪ ܚܬܝ ܛܪܛܝܐ
ܕܠܝܬ ܠܗ ܠܐܢܫ ܐܝܟ
ܒܪܬ ܘܢܓܗ [f] ܕܒܠܝܗ̇
ܡܬܬܢܝܚ ܓܒܪ ܕܝܢ
[g]ܕܐܙܠܬ ܕܬܚܙܝܘܗܝ
ܠܗܘ ܚܪܫܐ ܕܫܡܒܬ
ܗܘܬ ܒܛܒܗ ܘܡܢܐ
ܥܒܕ ܘܚܪܫܗ ܘܦܪܫܗ
ܡܢ ܫܘܬܦܗ [h]ܘܠܐ
ܢܒܕ [i] ܡܢܝܐ ܢܒܒܕ
ܘܓܒܬ ܕܐܘܒܕܘܗܝ [j] ܐܠܐ
ܐܠܗ [k]ܡܠܘܟܝܗܝ[k]
[l]ܕܬܛܦܣ ܠܒܥܠܗ̇ ܘܠܐ
ܬܫܡܫ ܠܡܠܘܗܝ
ܒܛܠܬܐ ܕܗܘ * *
ܒܓܦܪܐ ܕܝܢ ܡܫܡܫܬ
ܛܪܛܝܐ ܘܐܙܠܬ

ܠܒܝܬܗ ܕܩܪܝܫ ܩܪܝܒܗ
[m]ܕܡܠܟܗ̇ ܘܐܫܟܚܬܗ̇
ܠܡܓܕܘܢܝܐ ܟܕ ܝܬܒܐ
ܥܠ ܐܪܥܐ ܘܪܡܐ
ܠܗ̇ ܩܣܡܐ ܘܩܛܡܐ
ܘܒܟܝܐ ܡܢ ܡܪܗ̇
ܕܢܫܒܘܩ ⌜ܠܗ̇⌝ ܚܛܗܝܗ̇
ܩܕܡܝܐ * * * * *
ܘܬܬܦܪܩ ܡܢ
ܥܠܡܐ ⌜ܒܓܒܠ⌝ ܘܒܕ
ܥܠܬ ܠܒܝܬܗ̇ ܛܪܛܝܐ
ܐܡܪܐ ܠܗ̇ ܠܡܓܕܘܢܝܐ
ܚܬܝ ܘܚܒܝܒܬܝ
[n]ܘܒܪܬ ܒܢܝ̈ܢܝ
ܡܢܝܐ ܗܘ ܠ[o] * * * [o]
ܕܐܚܝܕ ܠܟܝ ܘܠܡܢܝܐ
ܐܝܟ ܫܢܝܬܐ
ܒܒܝܕܬܝ ܒܗܕܝ
ܢܦܫܟܝ ܒܗܕܝ
ܛܘܗܡܟܝ ܘܦܢܝ ܥܠ
ܫܪܒܬܟܝ ܚܓܝܐܬܐ
ܘܚܘܣܝ ܥܠ ܫܘܬܦܟܝ
ܕܫܪܪܐ ܒܪܝܫ ܘܠܐ
ܬܥܒܕܝܢ ܡܕܡ [p]ܕܠܐ
ܘܕܡ ܠܚܐܪܘܬܟܝ[p]
ܐܡܪܐ ܠܗ̇ ܡܓܕܘܢܝܐ
[q]ܠܛܪܛܝܐ ܛܒܥܐ

Wright p. ܥܕ l. 10

[a] + ܗܝܡ [b] + ܬܐܘܡܐ. [c] + ܗܘܐ [d] om. [e] + ܚܬܝ [f] + ܗ̇ܝ
[g] ܘܡܓܕܘܢܝܐ ܐܙܠܬ . [h] ܠܐ [i] + ܢܥܒܕ ܘܠܐ .ܐܢܫ
[j] + ܥܒܕܝܢ. ܘܠܐ [k] ܐܬܬ ܘܡܠܘܟܝܗ̇ [l] ܕܬܬܦܝܣ [m] ܕܒܥܠܗ̇.
[n] ܘܒܪܬܝ [o] ܥܘܠܐ ܗ̇ܢܐ [p] ܕܠܚܐܪܘܬܟܝ ܠܐ ܘܐܦ ܗ̇ܘ ܀ [q] + ܠܗ̇

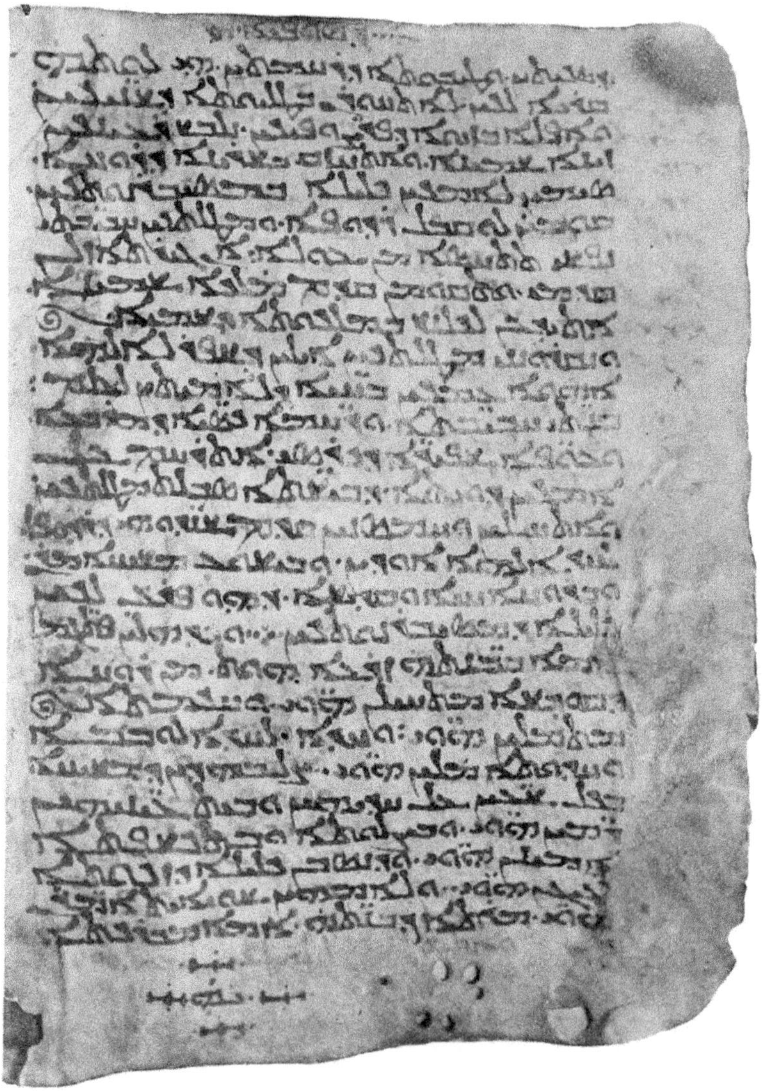

Cod. Sin. Syr. 30

f. 150 b

(Script. inf. Acta Thomae)

(Script. sup. Acta Sophiae)

f. 169a

ܕܚܝܐ ܚܪ̈ܬܐ ܠܐ
ܫܒܝܩ ܠܗ ܘܠܐ
[a] ܕܐܝܟ ܕܒܢܘܪܐ [b] ܒܐܕܢܝܗ
[b] ܠܐ [b] ܢܦܠ [b] ܫܡܫܐ
ܕܚܝܐ ܠܐ [b] ܓܒܪ
[c] ܠܒܣܬ ܘܗܘ ܠܦܘܪܐ
[b] ܕܐܝܟ ܕܚܒܠܐ ܠܐ
[d] ܐܬܦܪܢܬ ܠܐ ܚܢܝܢ
ܠܗ ܚܝܐ ܕܠܥܠܡ
ܘܒܚܝܐ ܕܙܒܢܐ ܗܘܐ
ܡܢܗܬܝ ܠܐ [e] ܐܪܓܫܬ
ܒܫܘܬܦܘܬܐ ܕܫܪ̈ܪܐ
ܘܒܫܘܬܦܘܬܐ ܕܚܒܠܐ
ܗܘܐ [f] ܡܫܬܘܕܥܬ
ܢܫ̈ܬܐ ܕܒܠܝܢ ܠܒܝܫܬܝ
ܘܠܒܝܫܬܐ ܕܠܥܠܡ
[g] ܗܘܐ ܡܬܐܘܒܬ [g]
ܒܫܘܦܪܗ [h] ܕܡܬܝܒܠ
ܝܬܝܪܬܝ ܘܒܠ
[i] ܦܝܝܘܬܐ ܕܢܦܫܗ
ܠܐ ܡܬܒܛܠ ܠܗ
ܒܡܘܓܐܐ [k] ܕܒܒܕܐ
[m] [l] ܝܬܝܪܬ ܘܒܫܦܥܗ
[b] ܕܠܗ ܡܢ ܒܒܕܘܬܐ
ܠܐ ܦܪܘܬ, ܒܫܘܒܚܐ
ܕܫܓܝܐܐ [m] ܝܬܝܪܬ
ܘܡܢ ܕܝܢܐ ܕܡܘܬܐ

ܠܐ [n] ܡܬܦܢܝܬ. ܘܟܕ
ܗܘܝܬ ܫܡܥܬ ܦܪܦܠܐ
ܡܢ ܡܓܕܘܠܝܐ ܐܘܠܬ [o]
ܠܒܝܬܗ [p] ܕܒܪ * ܐ
ܪܒ ܚܝܠܐ ܕܬܚܝܐ
ܠܥܠܝܡܝܐ. ܚܕܬܐ
ܕܐܬܐ ܠܬܠܡܝ. ܘܟܕ
ܟܠܬ ܠܘܬܗ ܥܪܝ,
ܕܢܐܡܪ ܠܗ ܡܢܐ
[b] ܕܐܝܟ [q] ܐܬܬ ܠܡܫܝܚܐ
[r] ܠܓܒܪܐ [b] ܐܒܫܢܝܐ
ܕܟܠܗ ܐܬܪܐ ܘܫܝܦܠܐ
ܘܒܫܝܐ ܕܡܢ ܟܠܗܘܢ
[s] ܒܢܝ ܐܢܫܐ [s] ܘܠܐ
ܡܢܝܢܐ ܘܠܐ ܒܘܬܪܐ
ܐܝܬ ܠܗ ܐܝܬ
ܠܗ ܕܝܢ ܡܢܝܢܐ
ܕܡܠܟܐ ܘܪܘܒܢܐ
[t] ܕܢܫܒܘܚܢܗ ܡܢܗ
ܠܐ ܡܫܒܚܝܢ. ܘܠܐ
ܡܬܚܫܒܠ ܘܠܐ
ܡܬܒܢܝ ܫܘܒܚ
ܡܫܝܚܐ ܡܫܝܢܐ
ܕܟܠܗ ܐܢܫܘܬܐ
ܒܪܗ ܕܐܠܗܐ
ܚܝܐ ܗܘ ܕܝܗܒ
ܚܝܐ ܠܟܠܗܘܢ ܐܝܠܝܢ

---

a ܕܡ̈ܬܠܐ   b om.   c ܠܒܣܬܝ.   d ܐܬܦܪܢܬܝ.   e ܐܪܓܫܬܝ
f ܡܫܬܘܕܥܬܝ.   g ܠܐ ܡܬܐܘܒܬܝ.   h + ܗܘܐ   i ܦܝܝܘܬܗ̇
k ܕܒܒ̈ܕܐ   l + ܗܘܐ   m ܝܬܝܪܬܝ: n ܡܬܦܢܝܬܝ ⁘   o + ܒܟܠܠ
p ܕܝܚܘܪ   q ܐܬܬܝ   r ܠܓܒܪܐ   s ܐ̈ܢܫܐ.   t ܕܢܫܒܚܘܢܗܝ

Wright p. ܟܐ l. 12

ܘܐܙܠܬ* ܫܒܩܬ[a] ܫ̈ܢܝܐ f. 154 b
ܚܕܬܐ ܘܚܝܘܬ
ܠܫܠܝܚܐ ܕܐܠܗܐ
ܚܕܬܐ. *ܘܗܝܡܢܘܬ
ܕܗܘܘ ܫܠܝܚܐ
ܕܐܠܗܐ ܗܘ[b] ܕܝܗܒ
ܚܝܐ ܠܟܠ ܡܢ
ܕܡܗܝܡܢ ܒܗ
ܘܥܒܕ ܙܒܢܝܢܗ
[c]* * * * ܗ * * *[c]
⌜ܐܦ ܐܢܐ⌝ ܠܦܘܩܕܢܘܬܐ
ܕܥܒܕܬ ܒܗ ܘܐܡܠܟܢ
ܡܠܟܐ ܦܠܚܐ ܕܐܦ
ܐܢܬ ܗܘܝܬ ܡܠܟܐ
ܘܪܒܐ ܒܫܡܝܐ
⌜ܐܢ⌝ ܬܬܦܩܘܣ ⌜ܠܝ⌝
ܘܬܒܥܕ ܡܕܡ
[d]ܕܐܡܪ ܐܢܐ ܠܟ
[e]ܘܡܦܩܣ ܐܢܐ ⌜ܠܟ⌝
ܕܬܪܚܡ ܡܢ ܐܠܗܐ
ܕܒܝܕ ܗܢܐ ܐܟܣܢܝܐ
ܐܬܐ ܠܟܠܐ ܘܬܦܬܪ
[f]ܢܦܫܢ ܕܒܢܝܐ[f] ܠܐܠܗܐ
⌜ܡ⌝ܦܘ⌜ܠ⌝ ܕܡܠܟܘܬ⌜ܟ⌝
⌜ܗ⌝ܕܐ ܒܒܪܐ ܠܗ̇
ܘܢܝܚܝܢ ܗܘܐ
ܡܬܚܠܦ ܠܗ ܠܐܘܠܨܢܐ

ܐܠܐ [b]ܕܝܢ ܐܬܐ ܠܝ
ܠܘܬ ܥܒܪܐ ܗܘ
ܘܗܝܡܢ[g] ܘܬܘܚܐ[h] ܠܥܠܡ.
ܘܟܕ ܗܠܝܢ ܫܡܥ
[b]ܡܙܕܝ, ܡܢ ܦܬܓܡܐ
ܐܠܗܘܬܗ. ܐܒ̈ܕܘܗܝ,
ܠܬ̈ܦܘܗܝ, ܦܬܓ ܗܘܐ[b]
ܘܢܝܚܘܬܗ, ܦܪܡ
[b]ܗܘܐ ܘܐ⌜ܡ⌝ܪ[i] ܠܐ ܢܗܘܐ
ܠܗ ܩܒܪܐ ܕܩܒܪܝ,
[k]* * * * * * ܠܐ
ܪܘܚܗ * * * * * *
* * * * * * *[k]
ܘܐܙܠ ܗܘܐ ܟܕ
[l]ܡܢܝܟ ܘܐܫܟܚܗ
ܗܘܐ ܒܫܘܩܐ ܠܒܪܢܫ
ܩܪܒܗ ܘܐܡܪ ܠܗ
ܠܡܢܐ ܕܒܪܬܢ ܠܟ
ܠܘܝܐ ⌜ܠ⌝ܫܝܘܠ ܠܡܢܐ
[m]ܐܚܣ⌜ܪܬ⌝ܢ ܘܐܢܬ
[n]ܠܐ ܐܫܬܪܬ ܡܕܡ[n] ܠܡܢܐ[o]
ܘܦܠܛܬܢ ܘܐܢܬ ܠܐ
ܚܝܬ ܠܡܢܐ ܒܒܪܬ
ܒܢ ܒܘܠܐ ܘܐܢܬ
ܒܪܕܝܘܬܐ ܠܐ
ܗܘܝܬ ܠܡܢܐ ܠܐ
ܫܒܩܬܢ *[p]ܕܐܘܒܕܝܘܗܝ,

---

a ܘܫܒܩܬ b om. c ܠܐ ܠܝ ܕܐܦܪܘܩܝܢ d ܕܐܡܪܢܐ Wright
e ܘܡܦܩܣܢܐ f ܕܒܐܝܬ ܢܦܫܢ g + ܡܢ h ܘܬܝܚܐ p. ܡܙ l. 11
i + ܠܐ ܢܗܘܐ ܢܦܫܐ ܠܢܦܫܗ ܕܡܢ ܡܬܘܬܐ ܟܠ ܢܦܫ ܐܢܬܐ +
k ܕܐܠ ܡܘܡ. l ܡܢܝܒ. m ܫܡܥܬܢ n ܡܕܡ ܠܐ ܐܫܬܪܬ.
ܠܡܢܐ ܡܦܠܛܬܢ ܘܐܢܬ ܡܕܡ ܠܐ ܐܫܬܪܬ. o+ ܘܐܘܒܕܝܘܗܝ MS p

ܐܬܚܙܝܬ [a]ܟܠܗܘܝ f. 163 a
ܘܦܩܕ ܕܢܚܙܘܢ ܩܦܣܐ
ܕܦܪܓܠܐ ܘܠܚܡܝܢܘܗܝ
[b]ܠܡܗܘܕܐ ܟܠܗܘܢ
ܫܦܝܪ ܘܒܪ ܐܘܬܒܗܝ
ܘܢܩܫ [c]ܠܡܫܐܠܘܗܝ
ܘܗܘ ܠܡܣܒ ܗܘܐ
ܘܐܡܪ ܡܢܬܪܐ ܗܝ
ܫܒܩܬܢ ܢܥܒ ܝܬܪ
ܡܢ [d]ܫܡܥܬܗܘܢ ܕܟܠܗܘܢ
[e]ܒ̈ܢܝ ܐܢܫܐ [e]ܐܢܬ
ܐܬܚܙܒ [f]ܘܡܫܝܚܘܬܟ
ܬܩܝܢ ܠܗܘܒܠ
ܫܡܥܬܗܘܢ ܕܟܠܗܝܢ
ܘܐܬܬܘ [g]ܩܕܡܝܐ ܒܪ
ܕܡܢ ܠܢܘܪܐ ܘܐܚܕܘܗܝ
ܠܡܗܘܕܐ [h]ܘܢܣܒ ܠܟܠ
ܡܢܗܘܢ ܘܡܢ ܥܠܝܐ
ܡ̈ܢܐ ܩܘܫܬܐ [i]ܡܢ
ܐܪܥܐ ܩܕܝܫܝܢ [i]ܗܘܘ
ܘܩ̈ܫܐ ܩܕܡܘ ܘܐܡܪܐ
ܐܪܦܝܗܘܢ ܘܥܢܘ
ܡܠܟܐ ܕܝܢ ܒܪ ܚܝܐ
[k]ܫܐܠܐ ܕܩ̈ܢܝܐ ܐܡܪ
ܠܡܗܘܕܐ ܟܟܢ ܡܢ
ܐܠܗܝ [*]ܘܠܦܝܢ ܡܢ
ܡܫܬܐ ܗܢܐ [l]ܕܩܦܘܠܝܐ

[m]ܕܠܐ ܢܦܘܩ ܗܒܝܢܐ
ܘܥܠܝ [b]ܗܘܐ ܡܗܘܕܐ
ܘܐܡܪ [n]ܡܪܝ، ܫܡܥܘܢ
ܡܢܐ ܗܠܝܢ ܘܫܡܥܬܘܢ
ܒܫܝܕܐ [n] ܕܘܒܬܐ
[o]ܦܠܛܗ ܠܕܘܒܬܐ [o]ܫܡܥܬܐ
[p]ܡܢ ܒܠܫܘܕ ܕܠܐ
ܩ * * ܒ⌜ܩ⌝ܠܦܣܐ[p] [q]ܡܗܒ
ܬܕܡܪܬܐ ܫܡܥܬܐ
ܒܝܕ ܒܒܕܢ ܘܥܠܝܢܢ
ܡܗܘܕܐ ܡܫܘܚܝܢܐ
[r]ܕܐܘܒܠ ܬܘܒ ܝܘܢ
ܡܗܒ ܐܓܪܐ [s]ܠܒܠܡܐ
ܒܠܗܘܢ ⌜ܡ⌝[t]ܫܒܚܝܗ
ܕܢܦܫܝ ܠܘܬ ܒܢܝܗ̇
ܕܠܐ ܚܘܠܦܢܗ [u]ܕܐܒܠ
ܘܪܓܐ[u] ܗܘܐ ܒܠܬܐ
ܕܚܝ̈ܝ ܒܟܠ ⌜ܒܕ⌝
⌜ܐܝܬ ܐܫܠܝܗܝ⌝ [w]ܩܘܦܝܐ
ܗܢܐ ܕܠܐ ܢܫܬܒܠܐ
ܘܢܫܒܠ *ܐܝܬ ܠܒܪ
ܡܢ ܗܠܝܢ ܕܡܫܡܥܝܢ
ܘܡܫܡܥܝܢܝܢ ܒܢ
ܘܫܝܢܝܢ ܘܒܕ ܝܠܝܕ
[x]ܗܘܐ ܥܠܝܐ ܘܡܠܝܠ
ܡܠܝܠ [y]ܡܢܝܐ ܗܘܘ
[b]ܐܬܒܠܒܘ ܘܠܐ

[a] ܟܠܗܘܢ ܒ̈ܢܝ ܡܠܟܘܬܐ. [b] om. [c] ܘܢܩܫ ܠܡܫܐܠܘܗܝ. [d] + ܟܠܗܝܢ. [e] ܒ̈ܢܝܢܫܐ. Wright p. ܥܛ l. 7
[f] + ܠܗܘܢ. [g] + ܗܘܘ [h] ܕܢܚܙܘܢ [i] ܩܝܡܝܢ ܗܘܘ ܡܢ ܐܪܥܐ.
[k] + ܠܗ [l] ܕܩܦܘܠܝܐ. [m] ܘܠܐ [n] ܡܪܝ ܫܡܥܘ ܒܢܝ̈ ܐܢܫܐ ܡܪܝ.
ܐܫܬܡܥܘ ܠܚܝܠܐ ܗܢܐ ܘܡܫܡܥܝܢܝ ܠܚܕܐ [o] ܐܝܬ ܗܘ
ܦܠܛܘܗܝ ܠܕܘܒܬܐ. [p—p] om. [q] ܘܡܘܗܒܬ [r] + ܕܐܘܒܠ [s] ܠܒܠܡܐ
[t] ܡܫܒܚܝܗ̇ [u] ܕܪܓܝܐ. [w] ܠܩܘܦܝܐ [x] + ܗܘܐ ܡܝܬ [y] + ܐܬܒܠܒܘ

ܐܪܬܚܫܫܘ ܐܠܐ
ܗܘܬ ܗܝ ܕܘܒܬܐ
ܐܝܟ ܕܐܝܬܘܗ ܗܘܬ
ܒܕ ܢܚܡܝܐ ܘܥܒܕ
ܚܝܐ ܗܢܘܢ ܡܠܟܐ
ܐܡܪ [a]ܕܒܪܘ* ܐܝܠܘ[a]
ܠܒܝܬ [b]* * * * *[b]
ܡܬܢܣܒܝܢ ⌜ܡܢܐ⌝ ܢܒܒܕ
[c]* * * * * * * *[c]
ܘܐܝܠ ܗܘܐ ܡܗܘ⌜ܕ⌝ܐ
ܕܢܬܚܫܒ ܘܒܡܠܐ
ܒܠܗ ܒܬܪܗ ܐܬܐ
⌜ܗܘܐ ܘܘܠܝ⌝ ܒܪܗ
ܕܡܢܝ, [d] ܡܢ ܠܡܢܝܢܗ
ܕܡܗܘܕܐ ܐܬܐ ⌜ܗܘܐ⌝
[e]ܘܪܒ ܚܝܠܐ ܦܩܘܕ
ܕܡܢ[e] ܫܡܠܗ ⌜ܗܘܐ⌝[f]
* * * * * *
* * * * * *
* * * * * *
* * * * * *
* * * * * *
* * * * * *
* * * * * *
* * * * * *
* * * * * *
* * * * * *

f. 163 b [g]ܕܦܠܓܢܝܐ ܘܫܪܝ ܗܘܐ
ܡܗܘܕܐ ܕܢܐܡܪ
ܡܫܪܪܢܐ ܕܢܦܫܝ
ܡܢ ܒܒܥܘܬܐ * *
* * * * * * *
* * * * * * *
ܚܕܐ ܐܢܐ ܘܪܘܪ
ܐܢܐ ܡܛܠ ܕܡܕܒ
ܐܢܐ ܕܫܠܡܘ ܙܒܢܐ
ܘܒܕܢܐ ܘܫܢܝܐ
ܘܡܪܝܐ ܘܦܘܡܬܐ
ܘܐܬܐ ܘܐܘܒܠܟ
* * * * * * *
* * * * * * *
* * * * * * *
* * * ܢܦܩ ܐܢܐ
ܗܐ ܡܫܠܡ ܐܢܐ
ܦܓܪܐ ܘܫܪܪܐ
ܡܩܒܠ ܐܢܐ ܗܐ
ܡܠܟܗܐ ܐܢܐ ܡܢ
ܒܪܝܘܬܐ [h] ⌜ܘ⌝ܗܘܐ[i]
ܐܢܐ ܕܠܐ ܦܓܬܐ
ܘܕܠܐ ܒܪܝܘܬܐ
ܘܕܠܐ ܒܩܘܬܐ
ܘܒܝܢܝܚܐ ܕܠܥܠܡ
ܫܪܐ ܐܢܐ ܗܐ
ܡܬܚܪܪ ܐܢܐ ܡܢ

Wright p. ܥ l. 9 [a] ܕܒܪ ܐܝܠ [b] ܢܣܒܝܢܐ ܗܘ [c] ܠܗ ⁘ ⁘ [d] + ܡܠܟܐ
[e] ܘܡܢܗܘܢ ܪܒ ܚܝܠܐ ܡܢ [f] om. [g] ܦܠܓܢܝܐ ⁘
ܘܡܢܬܐ ܕܠܥܠܡ. ܘܡܢܬܐ ܒܠܝܘܕ ܠܟܪ ܐܢܐ. ܗܐ + [h] [i] ܗܘܐ

ܒܥܒܕܘܬܐ ܘܠܐܣܝܪܘܬܐ[a] f. 159 b
ܕܐܬܦܪܩܬ ܠܗ̇ ܐܙܠ
ܐܢܐ ܗܘܐ ܫܡܫܬ
ܙܒܢܐ ܘܙܒ̈ܢܐ ܘܡܢ
ܙܒܢܐ ܘܙܒ̈ܢܐ ܐܬܟܠܬ
ܗܐ ܡܩܒܠ ܐܢܐ [b]
ܐܓܪܝ ܡܢ ܡܪܐ
ܐܓܪܐ ܕܠܐ ܡܬܚܫܒ
ܘܝܗܒ ܡܛܠ ܕܡܣܘܦܐ
ܗܘ ܒܘܬܪܗ ܠܡܘܗܒܬܐ[c]
ܗܐ ܫܠܡ ܐܢܐ
ܘܠܒܫ ܐܢܐ ܘܬܘܒ
ܠܐ ܫܠܡ ܐܢܐ
ܗܐ ܕܡܟ ܐܢܐ
ܘܩܐܡ ܐܢܐ
ܘܬܘܒ ܠܐ ܕܡܟ
ܐܢܐ ܗܘܐ ܡܐܬ
ܐܢܐ ܘܚܝܐ ܐܢܐ
ܘܬܘܒ ܠܐ ܡܐܬ ܐܢܐ
ܬ[d] * * * ܐܢܐ[d] ܗܐ
ܚܕܝܢ ܘܚܝܪܝܢ ܠܝ
ܘܐܙܠ[e] ܘܐܬܚܒܠܬ
ܬܘܒ[f] ܒܚܕܘܬܗܘܢ
ܘܦܝܫ ܗܒܒܐ
ܒܠܝܠܝܗܘܢ ܗܐ
ܡܫܬܠܟ ܐܢܐ
ܒܡܠܟܘܬܟ [g]ܕܐܡܛܠܐ[g]

ܠܗ̇ ܡܒܪܝܗ[h]. [i]ܐܒܗ
ܒܝܫܐ ܕܡܒܪܘ ܕܫܥܒܕܘܗܝ
ܒܫܘܠܛܢܗܘܢ ܗܐ
ܡܫܬܚܦܝܢ ܡܪܘܕܐ
ܡܪܕܝܢ [k]ܘܢܪܒܬ ܠܝ ܡܠܟܗܘܢ
ܗܐ ܗܘܐ [*][l]ܠܝ ܥܒܝܕܐ
ܕܠܗ ܪܘܪ̈ܒܢܐ ܓܒܝܢ
ܘܟܕ ܗܠܝܢ ܐܡܪ
ܗܘܐ ܝܗܘܕܐ ܠܟܠܗܘܢ
ܗܢܘܢ [m]ܕܬܡܢ ܐܝܬܝܢ
ܗܘܘ ܘܡܒܪܝܢ ܗܘܘ
[f]ܓܝܪ ܕܒܗ ܒܫܒܬܐ
ܗܘܐ ܗܘܐ ܡܦܘܢܗ
ܕܡܢ ܚܠܡܐ ܘܐܡܪ[n]
ܝܗܘܕܐ ܗܝܡܢܘ [o]ܠܐܘܣܐ
ܕܟܠܗܘܢ ܒܢ̈ܒܐ
ܒܩ̈ܝܢܐ ܘܓ̈ܠܝܢܐ
ܘܡܫܝܚܢܐ ܕܢܦܫܬܐ
ܐܝܠܝܢ ܕܒܥܝܢ ܒܥܘܕܪܢܐ
ܡܢܗ ܗܢܐ ܒܪ
ܚܐ̈ܪܐ ܘܒܪ ܡܠܟܐ
ܕܗܘܐ ܒܒܪܐ ܘܡܫܡܫܢܐ
ܗܢܐ ܐܫܝܢܐ ܗܘ[r]
[p]ܕܒܪ̈ܝܬܗ ܘܒܪܝܗܐ
ܡܢ ܒܒܕܘܗܝ، ܗܢܐ
ܡܒܕܢܢܐ ܕܡܗܝܡܢܘܗܝ،

---

[a] ܘܠܐܣܝܪܘܬܐ [b] + ܠܝ [c] ܠܚܠܡܝܢ ܕ̈ܡܘܗܒܬܗ. [d–d] om. [e] ܕܐܙܠ Wright p. ܩܥ l. 8
[f] om. [g] ܢܬܗܢ : ܕܡܛܠܐ [h] ܡܒܪܝܬ. [i] ܒܣܝܡܝܢ [k] ܘܢܪܕܬ [l] ܠܗ
[m] ܕܐܝܬ ܗܘܘ ܬܡܢ [n] + ܬܘܒ [o] ܠܐܘܣܝܐ [p] ܕܒܪܝܬܗ.

f. 159 a

[a]ܘܡܬܚܣܕ. ܡܢ
[b]ܒܢ̈ܘܗܝ,[b] ܗܢܐ
[c]ܡܬܚܪܪ ܡܢ [d]ܒܥܕܬܐ
ܘܡܢ ܚܒܠܐ ܘܡܢ
ܫܘܥܒܕܐ ܘܡܢ
ܣܘܪܚܢܐ ܠܩ̈ܢܝܢܘܗܝ,
ܘܡܫܬܥܒܕ ܘܡܬܚܣܕ.
ܡܢ ܒܢ̈ܘܗܝ, ܗܢܐ
ܐܒܐ [e]ܕܒ * ܐ ܘܡܫܪܐ
[f]ܕܪܘܡܐ ܘܕܝܢܐ [g]ܒܠܒܐ[h]
[i]ܘܡܢ [k]ܠܘܬ ܐܒܐ[k]
[l]ܗܢܐ * * * * * ܐ
ܒܪܐ ܒ * * [l] * ܘܐܬܚܙܝ,
ܡܢ ܡܪܝܡ ܒܬܘܠܬܐ
ܘܡܬܩܪܐ ܒܪ ܝܘܣܦ
ܢܓܪܐ ܗܢܐ [m]ܕܒܥܘܪܘܬܗ
ܕܦܓܪܐ ܒܚ̈ܝܝܢ ܚܝܝܢ[m]
ܘܪܒܘܬܗ ܒܗܝܡܢܘܬܐ
ܡܠܝܢ̇. [l]ܘܒܥ̈ܒܕܐ
[l]ܫܢ̈ܝܢܗ̇ ܗܢܐ ܕܦܓܪܗ
[n]ܥܡܝܢܐ ܠܥܡ[n] ܒܐܢܫܝܢ
ܘܚܝܬܗ ܡܟܐܪܬܐ
[o]ܒܚ̈ܝܝܢ ܚܝܝܢ[o] ܘܦܓܪܗ
ܐܠܗܝܬܐ ܒܦܘܪܐ
ܠܒܘܫܝܢ ܠܐ ܐܬܥܒܝܢ
ܠܡܫܝܚܐ. ܗܢܐ [p]ܡܫܠܛܢܐ
[l]ܕܫ̈ܠܝܛܢܐ ܘܡܕܒ̈ܪܢܐ ܕܢܘ

ܠܡܘܬܐ.[l] [q]ܗܢܐ ܥܪܪܐ[q]
ܕܠܐ ܡܬܒܠ. ܘܝܗܒ
ܡܒܣܐ ܘܒܣܦ
[r]ܪܥܝܐ ܫܠܝܡܘܗܝ,[r] ܘܫܠܝܡ[l]
[l]ܬܠܡܝܕܘܗܝ, ܗܢܐ
ܕܒܕ [s]ܣܐܘܗܝ, ܐܪ̈ܒܝܛܐ
ܕܣܝܠܐ[s] ܘܣܝܠܘܬܐ[l]
ܕܒܡܗ ܐܝܬܘܗܘ[l]
ܘܐܬܪܗܒ ܘܝܐܠܗ
[t]ܡܢܘ ܘܡܐ ܛܠܗ
ܘܟܠ ܥܪܪܐ ܠܐ
ܐܣܘܡܗ [u]ܡܛܠܘܠ
ܕܥܪܪܐ ܒܗ [w]ܠܐ
[w]ܐܝܬܘܗܝ ܗܢܐ ܒܕ
[x]ܡܫܠܛ ܥܠ[x] ܥܠܡܐ
[y]ܘܟܠ ܙ̈ܟܘܬܗ ܘܟܠ
ܡܢ̈ܝܢܘܗܝ, ܘܟܠ ܣ̈ܥܘܗܝ,
ܡܢܗ ܕܣܝܐ * *[y]
ܐܘܦ ܘܠܐܠܝܢ ܕܥܡܝܢ
ܠܗ[z] [aa]ܘܗܪ [bb]ܕܒܗܝܢ
ܠܐ ܢܬܚܥܣܘܦ
ܘܒܕ ܥܠܡ ܗܠܝܢ
ܠܡܐܡܪ ܡܡ[cc] ܕܢܛܠܐ
ܘܐܡܪ ܗܒܝܐ
ܐܒܘܦ ܕܒܥܡܝܐ
ܢܬܘܕܥ ܥܡܛܝ

---

[a] + ܘܡܬܬܥܝܩ [b] ܐܝܠܝܢ ܕܠܐ ܥܒܕܘܗܝ. [c] ܡܬܚܪܪ [d] ܒܥܒܕܘܬܐ

[e] ܕܪܘܡܐ [f] ܕܒܪ̈ܝܬܐ [g] ܕܒܠܒܐ. ܗܢܐ ܕܐܬܐ + [h] [i] ܡܢ [k] ܪܘܡܐ.

[l-l] om. [m] ܕܒܥܘܪܬܐ ܕܦܓܪܗ ܒܚ̈ܝܝܢ ܚܝܝܢ. [n] ܡܥܡܪܐ ܠܥܡ ܒܢܝܢܫܐ.

[o] ܚܝܝ ܚ̈ܝܝܢ. [p] + ܕܐܬܓܒܝ [q] ܘܗܘܝܘ ܥܘܙܪܐ [r] ܪܥܝܐ ܫܠܝܡ. ܘܫܠܝܡܘܗܝ.

[s] ܒܝܫܘܗܝ ܒܚܠܒܒܐ ܕܒܠ. [t] ܕܟܝܢܗ [u] ܡܟܠܠ [w] ܠܝܬ. [x] ܐܝܬܘܗܝ ܡܪܐ

[y] ܘܙ̈ܟܘܬܗ ܘܩܘ̈ܫܘܗܝ ܘܟܠܗܘܢ ܢ̈ܝܫܘܗܝ: ܗܘ ܡܢܗ̇ ܐܢܫ

[z] + ܘܡܗܡܢܝܢ ܒܗ. [aa] + ܐܦ [bb] ܕܒܗܠܝܢ [cc] + ܗܘܐ

Wright p. ܥܛ l. 7

ܘܬܐܬܐ[a] ܡܠܟܘܬܟ f. 166 b
ܘܬܗܘܐ ܥܡ ܒܢܝܢܟ
ܒܐܪܒܐ. ܐܝܟ
ܕܒܫܒܝܐ. ܗܒ[b] ܠܟ
ܠܡܫܝܚܐ ܐܡܝܢܐ
ܕܢܡܘܣܐ. ܘܫܒܘܩ ܠܝ
ܚܘܒܝ. [c] ܕܐܦ ܚܠܝ
ܢܫܒܘܩ ܠܩܕܝܫܝ. [d]ܠܐ
ܬܬܠܝ ܠܢܘܣܝܐ. ܐܠܐ
ܦܨܝ ܡܢ ܒܝܫܐ
ܡܪܝ ܘܐܠܗܝ ܘܡܦܪܩܝ
ܘܬܘܒܠܢܝ [e]ܡܠܦܢܝ
ܘܡܠܟܢܝ ܐܢܬ [f] [g]ܐܠܦܬܢܝ
ܕܢܓܠܐ ܡܗܝܢܐ ܗܐ
ܓܠܘܬܟ ܡܓܠܐ
ܐܢܐ ܘܒܢܝܢܟ [h]ܗܐ
ܡܫܠܡ ܐܢܐ ܐܢܬ
ܗܘܝ ܒܟܝ [i] ܠܚܐܪܬܐ
ܐܢܬ ܕܡܢ ܦܠܠܘܬܢ
ܐܝܬܝ ܒܟ ܚܝܐ
ܘܡܢ ܚܠܝܐ ܢܦܪܬܢ
ܐܢܬ ܕܠܡܫܒܚܘܬܐ
ܕܒܠܡܐ ܐܢܬܬܢ
ܘܠܥܘܬܪܟ ܕܫܪܪܐ
ܡܝܬܢ ܐܢܬ
ܕܐܘܒܠܬܢ ܕܕܠܟ
ܐܢܐ ܘܠܐܢܫܬܐ
ܠܐ ܐܬܘܒܪܬ

ܕܡܫܡܫ ܕܠܟ ܡܬܒܥܐ
ܒܦܘܠܚܢܐ ܠܐ ܢܫܬܒܩ
ܠܐ ܫܦܫ ܦܘܡܗ
ܠܡܘܕܝܘ ܠܟ ܘܠܐ
[k]ܬܫܒܚܬܐ ܠܡܫܒܚܘ
[l]ܥܠ ܡܣܝܒܪܢܘܬܟ[l]
ܕܒܠܝ ܗܘ ܕܒܪ ܢܫܐ
ܗܘܝܬ ܕܐܘܢܝܐ
ܘܐܟܬܪ ܐܝܬ
[m]ܒܚܝܘܢܐ ܫܘܬܦܘ
ܕܚܘܣܪܢܐ ܗܘܐ
ܠܣܓܝܐܐ ܡܢ ܥܘܬܪܐ
ܘܡܢ ܡܢܝܢܐ ܘܗܝܡܢܘܬ
ܠܚܝܬܟ ܘܡܫܡܫܢܘܬܐ
[n]ܕܒܠܡܐ ܩܘܡܬ
ܒܕܡܐ ܕܐܝܬ ܕܥܘܬܪܐ[o]
ܕܫܪܪܐ ܐܫܬܘܕܝܬ
ܠܝ ܘܠܐܠܝܢ ܕܫܡܥܘܢ
ܠܟ ܡܢ ܥܘܬܪܟ [p]
ܡܠܝܬ ܐܢܘܢ ܘܡܢ
ܩܢܝܢܘܬܐ ܘܡܢ
ܓܦܬܐ ܘܡܢ ܒܢܝܢܘܬܐ
ܦܪܥܬ ܐܢܘܢ ܗܐ
ܡܚܝܠ ܫܠܡܬ ܥܒܕܟ[q]
ܘܓܡܪܬ [r]ܒܢܝܢܟ
ܗܘܝܬ ܡܣܟܢܐ

---

a ܘܐܬܐܬܐ   b ܘܗܒ   c + ܘܢܫܠܡܘܢ.   d ܘܠܐ   e ܘܡܠܦܢ   Wright p. ܥܫ l. 5

f + ܗܘ   g ܐܠܦܬܢ   h om.   i + ܕܒܡܣܐ   k ܬܫܒܚܬܢ

l ܠܡܣܝܒܪܢܘܬܟ   m ܒܣܘܟ   n ܕܠܚܠܡ   o ܥܘܬܪܐ.   p + ܕܫܪܪܐ

q ܒܢܝܟ.   r ܥܒܕܟ.

f. 166 a.

[h]ܓܘܦܗ̇ ܠܫܡܝܐ
*ܘܬܫܘܢ ܦܐܪ̈ܝܗ̇
ܒܐܪܥܐ ܘܬܬܒܣܡܘܢ
ܒܗܘܢ ܐܝܠܝܢ ܕܠܢ
ܫܘܦܢ ܘܐܝܬ ܦܢܝܬ
ܐܘܢ ܒܫܦܝܢ ܕܗܒܬ
ܠܝ [i]ܐܪܒܝܬ ܟܠ
ܦܬܘܪܢ ܠܒܢܝܗܝ
ܘܗܒܝܗܝ ܠܝ [k]ܒܡ
ܪܒܝܢܬܗ[k] ܐܝܢ
ܕܐܫܬܘܕܝܬ [a]ܠܝ ܒܡܫܝܢ
ܐܬܬܠܒܪܬ ܒܣܪܐ
ܢܬܬܘܣܦ [a]ܠܝ ܟܠ
ܕܐܝܬ ܠܝ ܐܝܢ
ܕܗܠܟܬ [1][l]ܠܫܒܝܒܝܕ
ܥܒܘܬ ܗܢܝܐ ܠܐ
ܢܬܬܒܒ ܒܐܪ̈ܙܝ
[m]ܘܫܥܒܕܬ ܠܝ ܠܫܥܒܕܘܬܐ[m]
ܐܙܕܒܢܬ ܘܐܬܝܬ[n]
ܡܢ ܩܪܝܬܐ [o]ܘܡܢ
[o]ܬܐܓܘܪܬܐ ܘܡܢ
ܦܕܢܐ [p]ܐܫܬܐܠܬ ܠܐ
ܐܣܬܠܐ ܡܢܗ̇
[q]ܕܡܫܬܘܬܐ [q]ܘܠܐ
ܐܬܒܣܡܗ̇ [r]ܠܫܥܒܕܘܬܐ
ܐܙܕܒܢܬ [s]ܕܚܫܘܬܐ
[s]ܕܚܘܪܐ ܠܒܫܬ

ܘܫܢܝܩܐ ܘܐܟܣܢܝܐ
ܘܥܒܕܐ ܘܫܢܝܛܐ
ܘܐܣܝܪܐ ܘܟܦܢܐ
ܘܨܗܝܐ ܘܥܪܛܠܝܐ
ܘܚܦܝܝܐ ܘܠܐܝܐ
ܬܛܠܠܬܢ ܠܐ [a]ܗܘܐ
ܢܦܫ ܬܘܒܠܝܢ
ܘܣܒܪܝ ܕܒܠܝܢ ܠܐ
ܢܒܗܬ ܠܐ ܢܗܘܘܢ
ܒܥܠܝ [b]ܡܫܝܦܢܐ
ܘܠܐܘܬܝ ܒܦܠܝܠܬܐ
ܠܐ ܢܫܬܒܚܢ ܠܐ
* * ܢܐܒܕܘܢ ܦܓܪܗܘܢ
ܘܓܠܘܬܝ ܬܒܝܒܬܐ
ܘܣܒܪܢܢ ܕܒܢ ܠܐ
ܬܫܠܦܘܢ ܠܐ ܢܫܠܦܘܢ
ܙܪܥܢ ܕܫܠܝܐ ܒܡܠܟܒܐ
ܡܢ ܐܪܥܢ [c]ܘܢܫܢܘܗܝ
ܠܐ ܢܫܬܒܚܘܢ [a]ܒܗ̇
ܠܐ ܒܢܝ [1][d]ܢܩܒܠ
ܐܪܒܢ [e]ܠܐܦܘܗܝ ܘܠܐ
ܡܫܒܚܝܢ ܕܢܦܠܘܢ
[f]ܒܐܘܪܚܗ ܕܐܪܒܝܢ[f]
ܘܬܘܒ ܐܡܪ̇ ܗܘܐ
ܒܬܦܢ ܢܓܒܬ
ܒܐܪܥܐ [g]ܬܙܕܐ
ܠܒܣܘܡܐ ܘܬܓܕܠ

[1] sic

a om. b ܡܫܝ̈ܚܐ c + ܒܗ̇ d ܡܡܠܠܐ e ܐܢ̈ܦܘܗܝ.
f ܒܐܘܪ̈ܚܬܗ ܕܐܒܘܢ g + ܟܬܒܐ h ܠܓܘܦܗ̇ i ܐܪ̈ܒܝܬܗ
k ܪ̈ܒܝܢܬܗ l ܠܫܒ̈ܝܕ m ܕܫܥܒܕܬ ܠܗ. ܠܐܫܬܥܒܕܘܬܐ n + ܘ. ܟܕ.
o–o om. p + ܘܡܢ ܐܢܬܬܐ q ܘܡܫܥ̈ܒܕܬܐ ܠܐ r ܠܫܥܒܕܘܬܐ
s ܬܐ ܚܘ̈ܪܐ

Wright p. ܫܙ l. 4

ܐܝܟܢܐ ܠܗ̇ ܘܠܐ f. 146 b
ܢܬܒܪܘܢ ܐܝܟ ܘܢ̈ܦܠܘܢ
ܘܠܫܘܒܚܐ ܒܪܝܐ
ܠܐ ܐܦܘܣ ܫܪܝܢ
ܒܢܘܗܪܗ ܦܨܝܚܐ
[a] ܒܗ̇ [a] ܡܢ * [b] ܠܢܛܪ
ܠܡܪܗ [b] ܒܗ̇ ܦܬܪ ܡܢ
ܒܝܬ ܡܫܬܘܬܐ
ܘܐܘܒܠܘܗܝ ܒܗ̇
ܡܦܠܦ ܕܢܣܣ [c] * *
ܠܐ ܐܢܫܘܗܝ ܒܢܝܢ
ܠܟ ܢܡܒܠ ܘܢܣܕܐ
ܠܢ ܕܫܠܡܬ ܒܢܝܢܟ
ܘܓܡܪܬ ܦܘܪܢܣܟ
[d] ܐܬܕܡܝܐ ܠܥܒܕܐ
* [e] ܫܪܝܪܐ ܕܫܘܠܛܢܐ
ܕܒܣܦܝܩܘܬܐ ܘܗܝܬܐ
ܠܐ ܡܣܬܟܪܐ ܒܥܘܗܪܐ
ܠܠܝܐ [f] ܒܠܗ ܠܐܝܬ
ܠܡܦܪ ܒܝܬ ܡܢ
ܚܘܫܐ [g] ܠܐ ܢܬܦܠܫ
ܣܓܝ ܒܡܘܫܬܐ
ܐܣܘܪܝܢ ܘܡܣܒܢ
ܒܬ̈ܠܠ ܫ̈ܢܝܢ
ܒܪܘܣܝܗܘܢ ܒܗ̇
[h] ܡܬܪܦܝܢ ܠܐ ܐܢܫܐ
ܐܝܕܝ ܐܪܡܝܬ ܥܠ

ܚܪܒܐ [i] ܕܦܓܪܐ
ܠܐ ܐܬܗܦܟܢ [i]
[k] ܠܐ ܢܬܦܬܠܘܢ ܢܫܠ [l]
ܚܘܪܝ ܘܡܦܠܓ ܠܚܝܕܐ
ܡܢ ܒܕܘ ܐܓܪܝ
ܐܣܒ [a] ܐܣܒ ܠܒܘܫܐ
[m] ܕܠܡܒܠܐ ܠܗ ܒܠܬܐ [m]
ܘܡܒܠܐ ܕܠܚܝܐ ܡܝܬܐ
ܫܠܡܬܗ ܢܦܪܬ
ܡܦܪܬ ܘܟܕܡܝܬܐ
[a] ܒܚܕܘܬܐ ܘܬܢܝܚܘܬܐ
[n] ܒܠܬܬܐ ܐܘܒܠܘܗܝ
ܠܦܪܘܣܟ ܘܐܣܓܘܕ
ܡܕܡ ܘܗܘܢ ܡܕܘܫܐ
ܒܡܪܬ ܒܝܬ ܩ̈ܦܣܐ
ܘܐܚܪܒܬ ܐܢܘܢ
ܒܐܪܒܐ ܐܣܒ ܡܢ
ܡܫܡܬܟ ܕܠܐ ܚܡܪܐ
ܠܡܚܝܢܐ ܕܒܝ [o] ܐܘܒܫܬ
[p] ܕܐܣܡܘܟ ܒܠ ܡܚܝܢ
ܚܝܬܐ [q] ܐܢܘܚܬ
ܠܐܣܝܐ [a] ܕܒܝ
ܕܐܫܠܡܬ ܠܝ ܡܠܠܬܗ
[r] ܪܥܝܐ ܒܝ [r] [s] ܢܦܫ ܡܢ
ܬܘܒܠܝܗ. ܚܘܝܐ ܒܒܕܬ
ܒܪܝܐ ܘܒܪܝܐ ܚܘܝܐ
ܢܫܬܡܠܐ ܒܢܝܢܟ

---

[a] om. [b] ܢܛܪܗ ܡܪܗ. [c] ܡܢ ܡܫܝܚܐ [d] ܐܬܕܡܝܐ [e] ܫܪܝܪܐ

[f] ܕܠܠܝܐ. [g] ܕܠܐ [h] ܡܬܪܦܝܢ [i] ܕܦܓܪ: ܘܠܡܣܬܝܒܘ ܠܐ ܐܬܗܦܟܬ.

[k] + ܕܢܬܦܬܠ [l] ܢܫܠܘ [m] ܕܡܒܠܐ ܒܠܬܗ [n] ܘܠܬܬܐ.

[o] + ܐܘܒܫܬܐ [p] ܐܣܡܘܟܢ [q] ܘܐܬܬܢܝܚ ܒܠܗ. [r] ܠܪܥܝܐ ܕܒܝ

[s] + ܒܪܘܡ. ܘܠܐ ܬܬܟܠܐ

Wright p. ܥܛ l. 4

f. 146 a

ܒܟܠ ܗ̈ܕܡܝ. ܠܒܣܡܬܪ,
ܠܐ ܗܦܟܬ ܘܠܡܕܡܝ,
ܥܠ ܐܫܬܘܬܦܬ. [a]ܐܬܐ
ܘܬܕܡܘܪܬܐ[a] ܠܐ
ܐܗܘܐ ܡܢܝܬܐ [b]
ܐܝܬ [c] [d]ܘܢܣܩܪܢܐ
ܡܠܝܬ [e]ܐܘܒܠ ܒܠܠܐ
ܕܪܒܘܬܐ. [f] ܚܣܕܐ
ܡܒܠܬ ܒܐܪܒܐ
ܦܘܪܥܢܐ ܥܒܕ ܠܝ
ܕܫܡܝܐ. ܠܐ ܢܪܓܫܘܢ
ܒܝ ܫ̈ܠܝܐ ܘܫܠܝܛܢܐ
ܥܠܝ ܠܐ ܢܬܚܫܒܘܢ
ܠܐ ܢܣܘܢܝܢ ܬ̈ܟܒܫܐ
⌜ܘ⌝ܓܒܝܢܐ ܒܝ ܠܐ
ܬܬܓܙܪܘܢ [g]ܠܐ ܢܗܪܘܢܝܢ
* * [g] ܫܦܠܐ ܘܟܝܫܐ
ܒܣܠܝܓܐ ܘܡܟܝܒܐ
⌜ܘ⌝ܟܒܪܐ ܘܫܝܦܐ [h]ܪܒܐ
[i]ܡܫܬܒܠܐ ܠܐ
ܡܟܪܣܝܢ ܠܚܡܣ ܘܒܡܕ
ܡܛܠ ܚܠܝܢ [j]ܫܘܒ
ܕܚܒܪ ܠܝ ܒܪܘܚܝܢ
[k]ܦܝܫܢ ܡܢܗ ܡܛܠ
ܕܢܣܘܢܝܗ ܠܐ
ܡܫܒܚܝܢ [l]ܒܟܠ ܐܢܫ
ܗܘܝܢ ܘܡܢ ܫܠܝܐ[l]
*ܥܠ ܐܝܠܝܢ [m]ܕܐܫܬܡܥܘ

ܠܗܘܢ [n]ܢܦܠܝܢ ܡܢܘܬܗܘܢ
ܕܒ̈ܢܝ [n]ܐܢܫܐ [o]ܗܝ,
ܡܒܝܢܐ ܘܡܒܕܩܢܐ
[p]ܠܐ ܐܢܫ [q]ܡܢܗܘܢ
ܦܓܥܐ[q] ܕܪܚܡ ܒܝܢܗܘܢ
ܗܘ [r]ܦܪܥܝܢ ܒܝܫܐ
[s]ܒܝܢ ܐܢܫܐ[s] ܐܝܠܢܐ
ܕܦܐܪܘܗܝ, ܡܪܬܐ[t]
[u]ܐܒܒܪ ܠܐܬܪܗܘܢ
ܒܥܠܝܐ[w]. [x]ܘܚܕܘܐ ܘܥܝܢܐ
[y]ܢܣܡܒܢ. ܘܐܘܩܕ
ܡܒܩ [z]ܕܚܝܐ ܘܐܟܠ
ܡܢܓܐ ܒܝ ܠܐ ܢܚܘܪ
[aa]ܢܬܒܘܪ ⌜ܒ⌝ܝܢ⌜ܘ⌝ܗܝ
[bb]ܒܢܘܗܪܐ ܕܐܝܬ
ܡܫܪܝܬ ܒܝ ܘܡܒܘܪ[bb]
ܦܘܡܗ [cc]ܕܫܘܒܪ̈ܐ
ܕ⌜ܒ⌝ܠܝ ܡܒܩ ܠܐ
ܢܗܘܐ ܠܗ[cc]. ܘܫܪܝ,
ܗܘܐ [dd]ܕܢܐܡܪ ܠܗܘܢ[dd]
ܕܐܝܬ [ee]ܗܘܐ ܠܘܬܗ
[ff]ܒܢܬ ܢܒܥܝܐ[ff]. ܗܝܡܢܘ
[gg] [hh]ܠܡܫܝܚܐ ⌜ܐܠܗ⌝ܐ [ii]
ܗܝܡܢܘ [kk]ܠܡܫܝܚܐ
ܘܠܡܕܒܪܢܐ ܕܥ̈ܒܕܘܗܝ,
ܗܝܡܢܘ ⌜ܠ⌝ܡܫܝܚܐ
ܕܐܝܠܝܢ ܕܐ⌜ܠ⌝ܗܘ ܒܦܘܠܚܢ⌜ܗ⌝

---

[a] ܬܕܡܘܪ̈ܬܐ ܘܐܬܘܬܐ   [b] + ܠܐ   [c] + ܘܢܒܝܐ ܠܐ ܐܫܬܥܝܬ.
[d] ܘܢܩܘܪܐ   [e] ܢܦܠ   ܥܠܝܟܐ ܕܬܪ̈ܝܗܘܢ ܟܠܗܝܢ. + [f]   [g] ܠܐ ܢܫܠܘܢ ܒܝ
[h] ܘܪܒܐ   [i] ܕܡܬܒܠܒܠܐ   [j] + ܘܚܝܐ   [k] + ܘ ܒܪ   [l] ܒܟܠܗܝܢ ܒܪ
ܘܡܥܠܝܐ ܢܦܠܝܢ   [m] ܕܡܫܬܡܥܝܢ   [n] om.   [o] ܗܘܐ   [p] ܘܠܐ   [q] ܦܓܥܐ
ܡܢܗܘܢ. ܡܛܠ   [r] ܦܪܥܝܢ   [s] ܚ̈ܫܝܟܐ.   [t] + ܗܘ   [u] ܐܒܗ̈ܬܗܘܢ
ܘܐܬܪ̈ܐ ܠܗܘܢ. + [w]   [x] ܚܕܘܬܐ   [y] ܢܣܡܟܘܢ.   [z] ܥܘܩܢ.   [aa] + ܐܠܐ
[bb] ܒܢܘܗܪܝ ܕܐܝܟ ܒܪܐ ܐܝܟ ܗܘ. ܘܡܫܒܚܪ   [cc] ܥܦܪܐ ܕܡܒܩ ܒܠ
ܠܝܬ ܠܗ. ⁘   [dd] ܬܘܒ ܠܡܐܡܪ ܠܗܘܢ   [ee] ܗܘܐ   [ff] ܒܢܒܥܝܐ.
[gg] + ܒܪ   [hh] ܡܫܝܚܐ
ܕܐܟܪܙ ܟܐܢܐ. ܗܝܡܢܘ ܒܝܫܘܥ ܡܫܝܚܐ ܕܐܬܡܨܝ ܐܠܗܐ. + [ii]   [kk] ܠܡܫܝܚܐ

Wright p. ܥܘ l. 1

ܠܡܠܟܐ ܕܗܘܐ[a] ܪܘܙܐ f. 145 b
ܢܦܫܝ[b] ܕܡܠܟܐ ܙܒܢܐ
ܕܐܙܠ ܘܐܩܒܠ[c]
ܠܡܠܟܐ[c] ܫܦܝܪܐ
ܕܫܦܝܪܗ ܗܘ[d] ܡܬܪܓܠ
ܠܝ ܕܐܡܪ ܒܠܗܘܝ
ܡܫܒܚ ܕܐܝܬܘܗܝ
ܒܕ ܠܐ ܡܣܦܩܐ ܐܢܐ
[e]ܕܐܡܪ ܐܝܬ ܗܘ[f]
ܘܗܢܐ ܘܡܦܪܢܣܢܐ[d]
ܕܡܫܡܫܘܬܝ, ܘܡܫܠܛܢܐ
ܕܫܘܝܘܬܝ, [h] ܐܢܬ
ܗܘ, ܒܡܢ[1] ܒܕܡܐ
[i]ܕܐܬܐ ܐܢܐ ܘܡܩܒܠ
ܐܢܐ ܠܟ ܗܘ ܕܝܢ
ܠܡܫܠܐ ܘܢܝ[k] ܒܒܐ
ܗܘܐ ܡܢܗ ܘܐܡܪ
ܠܗ ܒܒܐ ܐܢܐ
ܡܢܝ ܒܪܢܐ[l] ܫܠܝܚܘܗ
ܕܐܠܗܐ ܚܕܬܐ[d]
ܐܦܐ ܠܝ ܐܙܠ[m]
ܐܦܝܣ[m] ܠܢܛܘ̈ܪܐ
ܕܫܒܝܫܐ ܘܡܦܣ ⌜ܐܢܐ⌝[d]
[n]ܠܟ ܕܬܐܙܠ ܒܡܢ
ܠܒܝܬܝ, ܘܬܬܠ ܠܝ
ܪܘܫܡܐ. ܘܐܡܗܐ[o] ܐܦ*
ܐܢܐ ܦܠܚܐ ܠܡܠܟܐ

ܐܠܗܐ[p] ܕܡܒܪܝ ⌜ܐܢܬ⌝
ܡܛܠ ܕܒܗܠܝܢ[q]
ܡܬܕܒܪ ܗܘܝܬ[r] ܒܕ
ܠܐ ܢܬܚܝܒܘܢ ⌜ܐܒܝ⌝[s]
ܡܪܝ[s], ܘܐܬܠ ⌜ܠܝ⌝
ܠܡܫܝܢܪ ܐܢܬܬܐ
ܒܪ ܒܫܪܝܢ[t] ܘܚܕܐ
⌜ܫܢܬܐ⌝[u] ܐܝܬܝ, ⌜ܘܡܣܟܢܐ⌝
ܘܗܐ ܐܝܬ[d] ܠܝ[d] ⌜ܫܒܩ⌝
ܫܢܝܢ ⌜ܕܐܙܕܘܓܬ⌝[w]
ܒܢܘܓܐ ܕܐܢܬܬܐ
ܡܢ ܡܕܡ ܓܒܪ
ܕܐܣܒ ܐܢܬܬܐ
ܐܢܬܬܐ ܐܚܪܬܐ
ܠܐ [x]ܢܣܒ ܗܘܝܬ[x]
ܘܠܐܒܐ ܐܝܟ ܒܛܠܠܐ
ܫܒܩ ܗܘܝܬ ⌜ܠܗ⌝ ܘܒܪܐ
ܘܒܪܬܐ ܡܢ ܐܢܬܬܐ
ܕܗܘܒ ܠܝ ܠܐ ܗܘܐ˙
ܠܝ ܒܕܒܝܠ ܘܐܦ ܗܘ,
ܐܢܬܬܝ, ⌜ܒܢܟܦܘܬܐ⌝
ܒܡܕܪܬ ܒܡܢ
ܫܢܐ ܗܠܝܢ ܗܦܟܢܐܬܐ[d]
ܘܡܘܡܢܐ ܐܠܘ
ܫܠܝܡܐ ܗܘܬ ܘܠܟ
ܫܢܬ ܘܫܡܫܬ[y] ܡܠܬܟ.
ܠܝ ܗܘܐ ܗܘܐ

¹ Cod. ܒܡ

---

a ܕܗܫܐ ܗܘܐ   b + ܒܗ: c ܘܐܩܒܠܘܗܝ. ܗܢܝܢ ܘܒܗܘܢ ܒܗܠܝܢ   d om.
e ܕܐܡܪܝܢܘܗܝ.   f + ܡܪܝ ܒܪ   g ܕܫܡܪܘܬܝ. ܘܡܦܪܢܣܢܐ ܕܡܫܡܫܘܬܝ.   h +
i ܠܫܪܬܐ. +   k ܒܪܗ ܕܒܢܘܗܝ ܕܟܠܟܝ. +   l + ܡܫܝܚܐ
m ܕܐܙܠ ܘܐܦܣ   n ܠܝ   o ܕܫܢܐ. +   p + ܝܗܒܬܐ   q + ܒܥܠܡܝ ܕܐܬܩܪܒܬ
r + : ܒܠܠܘܬܝ   s ܡܕܢܗܝ ܐܟܢ: t + ܒܪ   u ܥ̈ܠܡ   w + ܠܝ ܗܘܐ ܡܢ
x ܢܣܒܬ.   y ܐܘ ܫܡܫܬ

Wright p. ܪܥ l. 4

[a]ܐ * * * ܐ ܘܗܝ,[a] [b]ܫ̈ܢܝܐ
ܕܠܟܠܗܝܢ ܡܕܝܢܬܐ
ܗܘܬ [c]ܐܠܐ ܒܐܘܠܨܢܐ[d]
ܪ̈ܒܐ ܐܝܬܝܗ̇ ܗܐ
ܘܒܢܝܐ [e]ܕܒܘܪܢܝܐ[e] ܐܟܣܢܝܐ
ܡܦܩܢ ܐܢܐ ܗܘܝܬ
ܠܢܦܘܪ̈ܐ ܕܫܒܝܢܐ [f]
ܕܬܐܙܠ ܒܗܝ [g]
[h]ܕܐܫܬܘܕܝܬ ܠܝ ܕܬܐܙܠ
ܒܗܝ[h] [i]ܡܢ ܘܠܐ ܠܒܪ
ܡܢ ܐܢܐ ܒܕܪ̈ܬܐ
* * * ܦܠܓܐ ܡܐ * * *
* * * ܠܗܝ ܒܢܦܫܬ * * * [i]
ܘܡܪ ܗܠܝܢ ܢܡܪܒ
ܡܘܗܕܐ [k]ܫܠܝܚܝܐ
ܕܡܪܢܝܬܐ ܐܡܪ ܠܗ [l]
ܒܪܝ ܐܢ ܗܘ [m]ܡܗܝܡܢ
ܐܝܬ ܚܝܬ ܕܬܪ̈ܥܬܗ
[n]ܕܐܠܗܐ ܐܝܟܢܐ
[c]ܠܟܪ̈ܘܙܘܗܝ, ܡܟܝܐ [o] ܘܒܪ
ܗܘܐ ܡܡܠܠܝܢ ܗܘܘ
ܦܬܓܡܐ ܘܡܟܪ̈ܙܢܝܢ
ܘܢܘܪܝܐ [p] ܒܬܪܥܐ
ܕܒܝܬ [q]ܫܒܝܢܐ ܦܢܝܢ
ܗܘ, [r]ܘܫܡܥ ܠܢܦܘܪ̈ܐ
ܕܫ̈ܒܝܢܐ ܬܠܡܝܕܐ
ܘܫܬܩܝܢ [c]ܘܬܡܗܢܐ

f. 145 a
ܘܩ̈ܪܘܢ [s]ܦܐܣܐ. ܘܐܟܠܘ
ܐܚ̈ܝܢ [t]ܠܗܘܬ ܕܝܗܘܕܐ[t]
[u]ܘܠܐ ܠܡܦܘܪ ܪܒ
ܚܝܠܐ ܘܠܒܪܬܗ
ܘܠܘܩܝ[u] ܘܠܚܒܝܫܐ
ܟܠܗܘܢ ܒܪ ܡܬܟܢܝܢ
ܘܫܡܥܝܢ ܠܗ ܠܝܗܘܕܐ·
[w]ܬܠܬܝܗܘܢ ܡܢ[w]
ܡܕܡܝܗܘܢ, ܘܗܘ
ܐܡܪ [x]ܠܗܘܢ ܡܢܘ
ܐܪ̈ܦܝܢܝܢ ܕܬܐܬܝܢ
ܠܗܘܢ [y]ܘܡܢ ܦܬܚ
ܠܒܝܢ ܬܪܥܐ ܕܢܬܚܙܐ
ܗܘܐ ܒܐܦܝܢܢ
ܐܡܪ̈ܐ ܠܗ ܠܢܦܫܐ
ܠܐ ܗܘܐ ܐܢܬ
ܦܬܚܬ ܠܝ ܬܪܥܐ
ܘܐܡܪܬ ܠܝ [z]ܕܬܐܬܝܢ
ܠܒܝܬ [aa]ܫܒܝܢܐ ܕܬܐܙܠ
ܘܢܒܪ ܠܐܚܝܢ ܕܬܡܢ
ܘܗܢܝܢ ܢܦܩܐ ܡܪܢ
ܫܒܩܘܗ [bb]ܒܗ ܘܒܪ
ܡܠܝܢ ܬܪܥܐ ܐܒܕܬ
ܠܝ ܡܢܝܢ [h]ܘܐܬܬܬ
ܒܠܬ ܠܝ ܡܢܝܢ
ܠܗ ܘܦܫܝܬ ܠܝ
[h]ܡܢܝܢ [cc]ܫܡܥܝܢ ܕܝܢ[cc]
ܡܠܐ ܕܬܪܥܐ

---

[a] ܫܢܝܐ ܘܗܝ ܫܢܝܐ ܗܘܬ. [b] ܘܫܢܝܐ [c] om. [d] + ܒܪ [e] ܐܟܣܢܝܐ. ܕܒܘܪܢܝܐ — Wright p. ܥܣܘ l. 4
[f] + ܠܝ ܐܝܬ ܐܝܟ ܕܫܬܘܕܝܬ ܗܘ ܐܢܐ [g] +: ܠܟܠܗܝ [h—h] om. [i] ܡܢܐ
ܒܪ ܘܠܐ ܒܕܪ̈ܬܐ ܟܠܗܝܢ ܒܪܒ ܐܢܐ. ܘܡܐܟܝܠ ܐܝܬ ܠܝ ܠܫܠܝܚܘܬܐ
ܕܡܪܝܐ ܗܘ ⁘ ⁘ [k] ܫܠܝܚܘܗ [l] ܫܠܝܚܐ ܠܗܝܢ.+ [m] ܕܡܗܝܡܢܝܢ
[n] ܕܐܠܗܢ. ܘܢܫܐ ܠܟܪ̈ܘܙܘܬܗ. + [o] ܡܬܒܣܡܝܢ. + [p] [q] ܐܟܣܢܝܐ
[r] ܘܫܡܥ [s] ܕܦܐܣܐ. [t] ܠܗܘܬ ܝܗܘܕܐ. [u] ܘܟܠܗܘܢ ܘܫܪ ܠܝܗܘܕܐ
ܘܠܐܚܪ̈ܢܐ ܘܠܐܘܪܚܐ ܘܠܐܚܘܬܗ ܘܠܒܪ̈ܬܗ ܕܝܗܘܕܐ. [w] ܘܫܡܥܝܢ ܬܠܡܝܕܘܗܝ
[x] ܠܗܘܢ. [y] ܘܦܬܚ [z] ܕܬܐܬܝܢ [aa] ܫܒܝܢܐ; [bb] ܒܗ ⁘ [cc] ܘܫܡܥܝܢ

[a] ܘܐܬܬܚܝܕܘ ܒܟܐ̈ܦܝܢ f. 165 b
[b] ܡܣܟܢ ܕܝܢ ܠܢܛܘܪ̈ܐ
ܕܠܗܘܢ [*c] ܘܐܠܨܘܢ
ܘܗܐ ܦܝܣܝܢ
ܘܒܥܝܢ ܡܢܟ
ܕܬܥܒܕ ܠܢ ܓܠܝܢܐ
ܕܢܬܪܦܘܢ ܒܗ ܦܓܥܐ
ܡܢܝܢ ⌜ܫܡܥܬܗ⌝ ܕܡܢܢ،
ܡܠܟܐ ܐܡܪ [d] ܝܗܘܕܐ
ܠܦܓܪ̈ܝܐ ܐܬܥܒܝܕܢ ⌜⌝ܠܝ
ܠܘܩܕܡ ܐܣܒܝܢܐ
ܐܬܚܫܒܬܘܢ ܐܡܪܐ
ܠܗ ܦܓܪܢܐ ܐܝܬ [e]
ܡܢ ܠܘܬܟ ܠܐ ܫܝܢܬ
ܐܠܐ ܐܢ ܚܕܐ ܫܒܥܐ
ܘܠܐ [f] ܝܕܥܬ ܐܝܟܢܐ
[g] ܐܬܚܫܒܬܘܢ [h] [i] ܘܕܬܫܡܥܘܢ
[i] ܕܡܢ ܢܦܫܬ ⌜⌝ܫܡܥܬ
[k] ܫܕܪ ܡܕܝܢ̈، ܘܐܬܝܢܝܢ
ܠܝ [k] ܦܓܪ̈ܝܐ ܘܐܡܪ
ܠܝ ܠܐ ܒܕܝܠ ܫܠܝܛ
ܒܥܝ ܗܘ ܫܪܝܐ
ܡܛܠ ܕܫܡܥܝܢ ⌜⌝ܠܝ [l]
ܕܒܡܫܝܚܐ ܘܒܡܥܝܢܐ
[m] ⌜ܘܒܫܡܝܐ ܘܒܠܫܡܐ⌝ [m] [n] ܒܒܕ
ܚܪܫܐ [n] ܘܠܟܝ ܒܕܒܝܠ
ܠܐ ܚܪܫܝ ܐܠܐ
[o] ܐܬܦܟܣ ܠܝ [p] ܕܐܡܪ

ܐܢܐ ܠܟܝ ⌜ܕܐܝܟ ܠܐ⌝
[q] ܡܬܦܝܣܬ
ܐܡܪ ܐܢܐ ܠܟܝ [q]
[*r] ܕܡܫܬܘܕܥ [r] ⌜ܐܢܐ ܒܟܝ⌝ ܕܡܫܐ
⌜ܕܡܘܒܕ⌝ ܐܢܐ ܠܟܝ ⌜⌝
ܡܕܒ ܐܢܐ ܟܢܝܪ
[s] ܕܒܡ⌜⌝ܝܢܐ ܘܡܫܝܚܐ
ܘܠܫܡܐ ܘܫܡܝܪܐ⌝ ܠܐ [s]⌜
ܠܗܫܐ ⌜ܡܠܝܢ⌝ܐܝܬ
ܐܫܬܠܛ ⌜ܒܟܝ⌝
ܘܐܢܐ ܐܡܪܬ ⌜ܠܗ⌝
[t] ܟܠ ܕܢܟܝܬ ܒܒܕ [u] ܟܠ
ܦܓܪ، ܗܘ ܫܠܝܛ
ܐܢܬ [w] [x] ܪܘܚܝ ܓܪ [x] ܠܐ
ܡܘܒܕ ܐܢܐ ⌜⌝ܒܡܢ
ܘܒܕ ܗܠܝܢ ܫܡܥ
ܡܢܝ ܫܒܫܝܢ ܬܫܝܬ
[y] ܦܪܘܠܝܢܗ ܒܒܝܬܐ [z]
ܫܒܘܒܐ ܘܐܝܬ، ⌜⌝ܐܦ
ܒܪܝܫ ܩܪܝܒܗ
[aa] ܠܡܓܕܘܢܝܐ ܘܠܢܘܪܝܐ
[bb] ܫܒܫ ܐܢܝܢ ܠܘܬܝ، [bb]
[cc] [dd] ܘܐܦܩܬ ⌜⌝ ܐܢܬ [dd]
ܘܗܐ [ee] ܩܕܡܝܢ
ܦܬܚܝܢ ⌜ܗܘܝ⌝ [ee] ܐܠܐ
ܗܒ⌝ ܠܝ ܪܘܫܡܐ
ܘܐܬܦܩܩ ܩܒܪܗ

---

[a] ܕܐܬܬܚܝܕ [b] ܘܡܣܟܢ [c] ܘܚܠܦ. [d] + ܠܗ̇ [e] + ܦܘܡܢ Wright p. ܥܛ l. 5
[f] ܢܕܥ ܐܢܬ [g] ܫܡܥܢ [h] + ܗܘܝܢ. [i] ܘܐܝܟ ܕܝܢ ܕܐܫܬܡܥܬ
[k] ܡܕܝܢ̈ ܦܓܪ̈ܝܐ ܫܕܪ ܘܐܫܬܠܛ ܠܝ ܕܐܝܟ ܐܢܐ [l] ܗܘ ܠܝ ܟܢܝ.
[m] ܘܒܠܫܡܐ ܘܒܫܡܝܐ [n] ܒܫܢܐ. [o] ܐܬܦܝܣܬ [p] + ܡܕܝܠ
[q–q] om. [r] ܕܐܠܐ ܡܫܬܘܕܥ [s] ܕܒܡܝܐ ܕܒܢ̈ܝܐ ܘܒܡܫܝܚܐ ܘܒܠܫܡܐ
ܘܒܫܡܝܐ ܠܐ ܡܫܒ ܠܟ: ܠܐ ܒܕܡܐ [t] ܒܠܚܘܕ [u] + ܠܝ.
[w] + ܕܡܬܒܥܐ ܠܗ ܒܗܠ ܕܢܟܝܬ. [x] ܢܦܫ ܕܝܢ [y] + ܗܘ [z] + ܫܕ
[aa] + ܐܦ [bb] ܘܫܒܫ ܐܢܝܢ ܠܐܢܫ. ܘܡܘܬܪܐ ܡܢ ܠܘܬܟ ܠܐ + [cc]
ܟܠܗ ܗܘܐ. [dd] ܘܐܢܬ ܗܘ ܐܦܩܬ [ee] ܩܕܡܝܢ ܦܬܚܝܢ.

f. 152 b

[j]ܘܐܢܬܬܗ ܘܒܪܬܗ[k]
[l]ܐܬܘ ܠܒܝܬ
ܘܚܢ[l] ܘܟܕ ܚܙܬܗ
ܡܙܝܪ ܐܢܬܬܗ
ܕܘܚܢ ܐܬܒܗܠܬ
[m]ܘܣܓܕܬ ܠܗ ܘܐܡܪܐ
ܠܗ ܐܢܬ ܡܐܣܝܢܐ
ܡܢ [n]ܒܘܪܗܢ ܒܓܠܝܠܐ
ܐܢܬ ܗܘ [a]ܗܘ ܕܚܙܝܬ
[o]ܒܠܠܝܐ ܕܐܬܝܠܕܬ
ܠ ܓܠܝܠܐ ܗܢܐ
[p]ܕܢܝܬܘܢ ܠܘܬܟ ܠܒܝܬ
ܫܒܝܐ ܘܠܐ ܥܒܘܕܬܟ
ܒܡܫܝܚܘܬܟ ܕܐܢܐ
[q]ܐܬܐ ܐܠܐ ܐܢܬ
ܐܬܝܬ ܠܘܬܝ, ܘܟܕ
ܐܡܪܬ ܗܠܝܢ
[r]ܐܬܦܢܝܬ ܠܒܣܬܪܗ
[s]ܘܠܝܬ ܗܘ ܓܠܝܠܐ
[t]ܐܡܪܐ ܠܗ ܠܝܗܘܕܐ.
[u]ܠܐ ܡܨܪܝܐ ܐܢܐ
ܒܠܚܘܕ, [w]ܕܐܗܠ
[x]ܓܠܝܐ ܠܝܬܘܗܝ, ܕܐܬܝܠܕܬ[x]
[a]ܗܕܐ ܐܡܪܐ ܠܗ̇
ܣܗܘܕܐ [y]ܣܥܘܕ
ܡܟܝܠ[y] ܗܘܐ ܠܟܝ

[a]ܗܘܘ [b]ܒܐܘܪܚܐ
ܥܠܬ ܒܗܘܢ ܡܒܝܪ
ܐܢܬܬܗ [c]ܐܬܝܐ
ܠܒܝܬ ܫܒܝܐ. ܘܗܝ[d]
ܐܫܬܘܕܥܬܗ ܘܐܡܪܐ
ܠܗ ܐܢܫ ܘܚܢ [e]ܐܡܪ
ܠܗ̇ ܐܝܢ ܘܐܡܪܬ, ܚܬܝ,
ܡܒܝܪ ܐܡܪܐ ܠܗ
ܐܝܢ ܐܡܪ ܠܗ̇
ܠܐܢܫܐ ܐܙܠܬܝ,
ܒܗܢܐ ܒܙܢܐ
ܒܠܫܘܕܝܢ ܘܐܢܒܝܢܐ
ܐܒܚܢܬ, ܠܡܘܣ [f]
ܐܡܪܐ ܠܗ ܕܗܢܐ
ܓܠܝܠܐ ܗܘ ܒܠܝ
ܐܢܗ ܘܐܬܚܠܬ
ܘܫܢܬ ܒܫܠܡ ܕܐܠܐ
ܠܘܬ ܗܘ ܐܒܣܢܝܐ
ܐܒܝܐ ܕܫܒܝܪ
[g]ܕܐܬܚܠܡ ܐܡܪ ܠܗ̇
ܘܚܢ [h]ܐܢܝܐ ܓܠܝܠܐ
ܕܐܢܬ ܒܡܒܢ ܘܗܝ,
ܐܡܪܐ ܠܗ ܠܐ
ܚܝܬ ܠܗ ܕܗܐ
ܒܡܢܝܢ ܐܚܝܕ
ܘܡܣܒܝܢ ܠܗ ܘܟܕ
ܗܘܢ ܡܣܠܠܝܢ [i]
ܡܗܘܕܐ ܒܡ ܟܘܦܘܪ

---

[a] om. [b] ܒܐܘܪܚܐ [c] ܗܘܝܢ ܒܗ + [d] ܗܝ + [e] ܘܐܡܪ

Wright p. ܟܐܙ l. 7

[f] ܡܢ ܒܝܬܠܚܡ ÷ + [g] ܕܐܬܚܠܠܬ ܐܬܒܠܡ : [h] ܐܝܢܐ [i] ܐܬܝܐ +

[j] ܘܥܡ ܐܢܬܬܗ [k] ܘܥܡ ܡܫܒܚܢܐ ܘܓܙܝܪܐ ܘܢܨܒܬܐ. + [l] ܘܐܬܘ

ܘܟܠ ܠܒܝܬܗ ܕܗܘܝܢ ÷ ÷ [m] ܘܣܓܕܬ [n] ܒܘܪܗܢܐ [o] ܒܠܠܝܐ

[p] ܕܢܝܬܘܢ [q] ܐܠܐ ܐܠܐ. [r] ܐܬܦܢܝܬ [s] ܘܠܝܬܘܗܝ [t] ܘܐܡܪܐ

[u] ܕܠܐ [w] ܐܗܠܟ. [x] ܘܓܠܝܐ ܗܘ ܕܐܬܝܠܕܬ ܠܝ ܠܝܬܘܗܝ. ÷

[y] ܡܟܝܠ ܣܥܘܕ

[a]ܗܘ ܡܫܡܫܢܘܬܐ [a]ܘܗܝ f. 152 a
[b]ܪܗܛܐ ܗܘܬ [c]ܓܕܗܘܢ
ܘܟܕ ܟܠܘ ܠܟܢܫܬܗ
[d]ܕܓܦܘܪ ܒܪܗ ܕܡܙܕܝ
ܡܠܟܐ ܒܕܢܐ ܠܠܝܐ
ܗܘܐ [e]ܘܡܠܟ ܡܢܗܪ
ܗܘܐ ܠܗܘܢ [f] ܘܥܒܪܝ
ܗܘܐ ܝܗܘܕܐ ܕܢܓܠܐ
[g]ܘܐܡܪ ܗܟܢܐ ܫܒܪܐ
ܘܐܠܗܐ ܕܡܫܝܚܐ
[h]ܘܣܒܪܐ ܘܬܘܟܠܢܐ
ܕܡܫ̈ܒܚܢܐ ܒܝܬ
ܛܘܒܐ ܘܢܝܚܐ ܕܠܥ̈ܠܡܐ
ܡܠܐ ܕܐܬܐ ܡܢ
ܪܘܡܐ· ܐܝܟܢܐ [i]ܪܒܘܬܐ
ܕܢܝܚܐ ܒ * ܛܒܬܐ[i]
ܒܝܬ ܛܘܒܐ ܘܠܡܐܢܐ
ܕܢܦܘ̈ܫܐ ܒܐܬܪܐ
[k]ܕܫܠܝܛܢܐ ܐܣܝܐ
[l]ܕܡܢ ܡܘܬܐ ܡܐܣܐ
ܠܒܢܝ ܐܢܫܐ ܐܠܝܢ
ܕܗܝܡܢܘ [l]ܒܗ ܐܘܕܘܦ
ܫܠܡ ܡܫܝܚܐ [a]ܘܐܦ
[m]ܫܠܡܘܗܝ ܐܝܟ ܠܐ ܐܘܕܘܦ
[n]ܘܐܝܬ [n]ܢܝܚܬ ܠܥܝܢܘܢ
ܒܫܝܠܐ ܬܘܦܝܐ
[a]ܘܫܠܘܬ [a]ܘܒܕ [o]ܫܐܘ

[p] [q]ܠܐ ܐܥܒܫܘ[q] ܫܠܝܛܐ
ܕܡܘܬܐ ܠܡܣܒܪܘ
ܘܫܠܘܬ ܒܥܒܘܫܝܐ[r]
[s]ܐܫܠܝܢ ܕܒܟ ܐܬܟܠܘ[s]
ܘܪܕܝܬ ܠܗܘܢ ܐܘܪܚܐ
ܠܪܘܡܐ ܘܒܥܘܒܕܬܟ
[a]ܐܪܕܘ ܠܗܘܢ [t]ܘܗܝܡܢܘ
[t]ܐܟܠܬ ܐܢܘܢ ܠܕܝܪܟ
ܘܣܠܩܬ ܐܢܘܢ [u]ܒܒܪܐ
ܒܪܐ ܕܪܚܡܐ [w] * * *
[w]ܠܟ [x] ܐܫܬܪܪܬ ܡܢ
ܐܒܐ [y]ܕܡܫܒܚܝܢ ܫܠܝܢ
[y]ܠܟ ܒܪܐ ܕܡܢ
ܐܒܘܗܬܐ ܟܠܝܬܐ
ܘܠܡܫܪܝܬܐ [z]ܐܫܬܠܚܬ
ܡܪܐ ܕܒܢܝܢܐ ܕܠܐ
[aa]ܡܬܚܠܠܫ [bb]ܦܓܪܐ
* * * * * * ܡܟܘܠ
ܒܬܪܐ ܕܡܠܐܟܝܢ
ܒܪܬܗ ܡܢ ܒܘܬܪܐ[bb]
[cc]ܡܫܒܚܢܐ ܕܐܫܬܡܥ
ܘܟܦ ܠܢܘܗܝܢ ܐܪܒܥܝܢ
ܡܫܒܚܢܐ ܕܢܦܫܬܢ
ܝܗܘܬܐ ܡܢ ܦܘܒܗ
ܐܝܬ ܡܪܝ ܗܘܝ ܟܠ
ܘܚܢ ܘܟܠ ܦܪܝܫܐ
ܘܟܠ ܡܝܫܪ [a]ܘܟܢܫ

---

[a] om. [b] ܘܪܗܛܐ [c] ܘܐܬܪܐ ܡܫܡܫܝܢ ܗܘܘ ⁘ [d] ܕܘܙܢ Wright p. ܥܣܒ l. 5
[e] ܘܡܠܐܟܐ [f] + ܡܢ ⁘ [g] ܘܐܡܪ [h] ܡܣܒܪܐ
[i] ܠܬܘܬܐ ܕܡܫ̈ܒܚܘܬܗ. [k] ܕܫܘܒܚܐ. [l] ܕܡܢ ܒܝܬ ܡܢܝܚܐ
[m] ܘܫܠܡܘܗܝ [n] ܐܝܬ ܗܘ ܢܝܚܬ [o] ܘܫܐܘܘܢ [p] + ܬ̈ܒܝܬܐ ܘܒܥ
[q] ܘܠܐ ܐܥܒܫ [r] + ܡܫܝܚܐ. [s] ܘܐܫܬܒܚܬ ܒܟܝ ܟܠܗܘܢ ܡ̈ܫܒܚܝܢ:
[t] ܒ̈ܢܝܟ ܪܘܚ. ܘܐܟܠܬ [u] ܒܒ̈ܢܝܟ. [w] ܡ̈ܠܟܘܬܐ. ܕܚܝܠܐ
[x] + ܠܟ [y] ܕܡܫ̈ܒܚܘܗܝ ܡܫܒܚܝܢ ܠܗ. [z] ܐܫܬܠܚܬ. [aa] ܡܬܚܠܠܫ.
[bb] ܒܬܪܐ ܕܡܠܐܟܐ ܒܪܬܗ ܡܢ ܒܬܪ ܕܡܘܬܗ. [cc] ܡܫܒܚܢܐ

f. 168 a

[a]ܐܢܘܢ [a]ܒܡܫܝܚܢ ܘܒܝܫ
ܐܢܘܢ [b]ܒܕܝܠܢ [c]ܘܗܘܝ
ܠܗܘܢ ܗܕܝܐ ܒܐܘܪܚܐ
ܕܛܝܒܘܬܐ ܗܘܝ
ܠܗܘܢ [d]ܗܕܝܐ ܒܐܬܪܐ
ܕܒܘܪܗܢܐ ܗܘܝ
ܠܗܘܢ ܡܫܝܚܝܢܐ
ܒܐܬܪܐ ܠܐܢܫܐ ܘܕܫ
ܐܢܘܢ ܒܐܬܪܐ ܛܘܒܐ
ܘܪܒܐ ܐܢܘܢ ܡܢ
ܚܒܠܐ ܒܐܬܪܐ
ܕܒܥܠܕܒܒܐ ܗܘܝ
ܐܣܝܐ ܠܦܓܪ̈ܝܗܘܢ
ܘܐܣܝܐ [e]ܠܢܦܫܬܗܘܢ
[f]ܒܒܕ ܐܠܘܢ
ܢܡܘܣܐ [a]ܕܒܝܫܐ ܘܡܣܒܠܐ
ܩܕܝܫܐ ܘܬܬܒܪ ܒܗܘܢ
[g]ܪܘܚܢ ܩܕܝܫܬܐ ܘܒܝܫ
ܟܠ [h]ܐܡܪ [i]ܠܡܫܒܚܢܐ [k]
ܐܫܠܡ ܐܝܟ ܠܐܣܘܬܐ.
ܘܐܫܠܡܬ ܐܝܟ
ܘܡܫܝܚܬ ܠܗܝܟ
ܦܪܘܩܐ ܘܡܪܕܬ ܐܝܟ
ܠܗ ܘܚܢ ܕܝܢ [l]ܡܥܒܪ
ܠܘܩܒܠ[l] ܘܗܘ[m] ܢܗܘܪܐ
ܫܩܠ ܗܘܐ[m] [a]* * *

ܡܫܝܚܐ ܘܫܒܩ [n]ܗܘܐ
ܘܐܡܪ [a]ܥܠܘܗܝ
ܦܐܪܐ ܫܦܝܪܐ [o] ܕܚܫ
ܡܢ ܦܐܪ̈ܐ ܒܗ ܠܐ
ܡܬܦ * ܩ ܕܚܝܢܐ
* * * ܘܦܒܐ ܕܡܠܬܐ
* * * * * * ܚܝܠܐ
* * * [o] [p]ܘܐܠܒܫܝܢ ܠܗ[p]
ܒܒܝܫܐ [q]ܘܪܒܝܢ
[r]ܒܝܕ ܒ̈ܥܠܕܒܒܝܗܘܢ[r]
[s]ܘܐܙܠܘ ܠܡܫܬܪܗܘܢ
ܘܢܦܠܘ ܥܠ ܐܦܝܗܘܢ
[t]ܬܫܪܐ ܥܠ [u]ܡܫܝܚܐ
ܗܢܐ[u] ܕܫܡܫܢ [a]ܘܩܕܝܫܐ
ܡܩܕܫܝܢ ܥܠܘܗܝ
ܘܐܡܪܝܢ ܒܪܫܗ
ܕܘܝܢ ܘܗܘܝܢ ܒܪܫܗܘܢ
ܕܗܠܝܢ ܘܐܡܪ
ܒܫܡܝܢ ܢܫܘܒ ܡܫܝܚܐ
ܢܗܘܐ ܠܗܘܢ [w]ܠܢܦܫܬܐ
ܗܠܝܢ[w] ܠܫܘܒܚܝܢ [x]ܕܫܘ̈ܒܐ
ܘܫ̈ܛܗܐ ܘܠܒܘܛܠܗ
ܕܒܥܠܕܒܒܐ ܘܠܐܣܘܬܐ
[y]ܕܢܦܫܬܐ ܘܦܩܕ
ܗܘܐ [z] ܠܡܥܕܪܢܐ
ܕܬܫܡܫܘܢ [a]* * * * ܐ

---

[a] om. [b] ܠܕܝܼܠܢ. [c] + ܘܒܠܚܘܕ ܐܢܘܢ ܒܡܫܝܚܢ. [d] ܒܐܘܪܚܐ
[e] ܢܦܫ̈ܬܗܘܢ. [f] ܘܓܒܕ [g] ܪܘܚܐ [h] + ܩܠܝܠ. [i] + ܠܗ̇
[k] + ܒܪܬܐ [l] ܠܡܦܩ ܒܪܐ. [m] ܘܡܩܒܠ ܢܗܘܪܐ [n] + ܚܠܘܦܝ
[o] ܕܥܡܝܩ ܛܡܝܪܐ ܝܬܝܪ ܒܡܠܬܐ ܕܡܦܫܩܐ. [p] ܕܠܒܫܘܢ [q] ܘܪܒܘ
[r] ܡܢ ܒܥܠ̈ܕܒܒܝܗܘܢ. ܡܟܐ ܕܐܬܚܙܝܘ ܡܢ ܟܬ̈ܒܝܗܘܢ ܩܕ̈ܝܫܐ. + [s]
ܐܝܟ ܡܕܝܢ ܗܕܐ ܥܒܪ ܥܠ ܡܫܝܚܐ ܗܢܝ ܐܝܟ ܕܒܪܢܬ ܠܗ ܥܠ ܡܫܝܚ.
ܘܟܠܬܟ ܠܐ ܡܣܟܝܢ ܕܢܦܩܘܢ. ܬܐܬܐ ܟܣܘܡܟܬܟ ܗܝ ܕܢܒܥܬ ܒܗܘܢ
ܒܒܥܠܕܒܒܝܟ: [t] ܘܬܒܙܪܐ [u] ܗܢܐ ܡܫܝܚܐ [w] ܠܗܠܝܢ ܢܦܫ̈ܬܐ
[x] ܫܘ̈ܒܐ [y] ܕܢܦܫ̈ܬܗܘܢ ܘܕܦܓܪ̈ܝܗܘܢ ܀ [z] + ܠܗ̇

Wright p. ܥܓ l. 4

ܦܪܟܣܝܣ ܕܝܗܘܕܐ ܬܐܘܡܐ

f. 168 b

ܐܠܝܢ. ܘܗܘ ܠܘܝܢ
ܡܫܝܚ ܗܘܐ. ܘܟܕ
ܡܫܝܚ ܐܢܘܢ ܐܝܬ
ܐܢܘܢ ܠܡܝܐ [a]ܘܐܡܪ
[a]ܠܗܘܢ ܒܫܡ ܐܒܐ
ܘܒܪܐ ܘܪܘܚܐ
[b]ܘܡܩܕܫܬܐ [c]ܒܫܡܟ
ܡܐܡܪܐ ܫܡܝܢܐ
ܘܟܕ [c]ܗܠܝܢ ܐܡܪܬ،
ܠܚܡܐ ܘܟܣܐ [d]
ܘܒܪܟ ܥܠܘܗܝ،
ܘܐܡܪ ܦܓܪܟ ܡܩܕܫܐ
ܕܐܙܕܩܦ ܥܠ ܐܦܝܢ
ܐܟܠܝܢ ܘܕܡܟ
ܡܚܝܢܐ *ܕܐܬܐܫܕ
ܥܠ ܐܦܝܢ [e]ܫܬܝܢ ܚܝܢ[e]
ܢܗܘܐ ܠܢ ܦܓܪܟ
ܠܚܝܐ ܘܕܡܟ ܠܫܘܒܩܢ
ܚܛܗܐ [f]ܚܠܦ ܡܪܪܬܐ
ܕܐܫܬܝܬ ܚܠܦܝܢ
ܬܫܬܩܠ ܡܢ ܡܪܪܬܗ
ܕܒܥܠܕܒܒܢ [g]ܘܚܠܐ
ܕܐܫܬܝܬ [h]ܚܠܦܝܢ
* * * ܡܢ * * * ܬܗ
* * * * * * ܘܚܠܦ[h]
ܘܪܘܩܐ ܕܩܒܠܬ
ܡܛܠܬܢ ܢܩܒܠ ܚܝܢ

ܡܫ̈ܠܡܢܐ ܘܕܩܒܠܬ
ܟܠܝܠܐ ܕܟܘܒܐ
[i]ܡܛܠܬܢ ܢܩܒܠ [k]ܟܠܝܠܐ
ܕܠܐ ܚܡܐ ܘܕܐܬܟܪܟܬ
ܒܣܝܓܐ ܡܛܠܬܢ
ܢܬܥܛܦ ܚܝܢ ܒܟܠܝܠܟ [l]
ܕܠܐ ܡܥܕܪܢܐ ܘܕܐܬܩܒܪܬ
ܒܝܬ ܩܒܘܪܐ ܚܕܬܐ [m]
ܢܩܒܠ [n] ܚܝܢ [o]ܒܚܝܢܐ
ܚܕܬܐ ܕܒܫܡܝܐ
ܗܘܐ ܘܕܩܡܬ
ܘܐܬܢܚܡܬ [o]ܢܬܢܚܡ
[p]ܘܢܚܐ ܘܢܩܘܡ ܩܕܡܝܟ
ܒܕܝܢܐ [q] ܘܐܦ[r] ܡܓܐ[r]
ܐܘܟܪܝܣܛܝܐ ܘܡܢܗ
ܠܗܘܢ ܘܠܦܪܢܣܐ
ܘܠܡܥܕܘܪ [s]ܘܠܥܕܪܢܘܬܐ
[s]ܘܠܡܥܕܪ ܘܠܐܝܬܘܬܗ
ܘܠܒܪܬܗ ܕܢܥܕܘܪ
ܘܐܡܪ ܬܗܘܐ ܠܟܘܢ
[a]ܗܕܐ [a]ܠܟܘܢ ܐܘܟܪܝܣܛܝܐ [t]
[u]ܘܠܚܝܐ [w] ܘܠܚܕܘܬܐ
ܘܠܫܘܠܡܢܐ ܘܠܐܣܝܘܬܐ
ܕܢܦܫܬܟܘܢ [x] ܘܗܢܘܢ
ܐܡܪܘ ܐܡܝܢ [y]ܘܩܠܐ
ܐܫܬܡܥ [y] ܕܐܡܪ

---

[a] om. [b] ܕܩܘܕܫܐ. [c] ܘܟܕ ܥܡܕ ܐܢܘܢ ܘܚܬܡܗ : ܗܕ ܡܪܝܐ : + [d]

[e] ܫܬܝܢ. [f] ܘܚܠܦ [g] ܘܚܠܐ [h] ܚܠܦ ܡܪܪܬܗ ܬܬܢܝܚ ܬܬܠܝ ܡܚܝܠܘܬܢ.

[i] ܫܠܝܡ. [k] + ܚܝܢ [l] + ܟܠܢ [m] + ܫܠܡ ܚܕܝܘܬܢ. [n] + ܟܠܢ

[o] ܚܝܝܢ ܕܒܫܡܝܐ. ܘܐܬܢܚܡܬ ܕܢܬܢܚܡ [p] ܚܝܢ. [q] + ܕܩܘܕܫܬܐ. [r] ܘܡܢܟ

[s] ܘܠܡܥܕܪ ܘܠܥܕܪܢܘܬܐ. [t] + ܗܕܐ [u] ܠܚܝܐ [w] + ܘܠܚܝܐ

[x] + ܘܦܓܪܟܘܢ. [y] ܘܐܫܬܡܥ ܩܠܐ

Wright p. ܪܥܕ l. 3

For EU product safety concerns, contact us at Calle de José Abascal, 56–1°,
28003 Madrid, Spain or eugpsr@cambridge.org.

www.ingramcontent.com/pod-product-compliance
Ingram Content Group UK Ltd.
Pitfield, Milton Keynes, MK11 3LW, UK
UKHW030900150625
459647UK00021B/2703

* 9 7 8 1 1 0 8 0 1 8 9 8 2 *